Frida Ramstedt

Das Möbel-Handbuch

FRIDA RAMSTEDT

Das Möbel-Handbuch

Ein Leitfaden für Auswahl, Anordnung und Pflege von Objekten in Ihrem Zuhause

Aus dem Schwedischen von Anja Lerz

ullstein extra

Inhalt

6

BETTEN

7

MATERIALIEN

8

ZEITLEISTE

9

PLANUNGSGRÖSSEN UND KONZEPTE

Anhang

Machen Sie es sich bequem

Was genau soll das eigentlich heißen? Natürlich kann man die Aufforderung ganz unterschiedlich interpretieren, aber dann könnte man auch sagen: Nehmen Sie Platz, setzen Sie sich oder: lehnen Sie sich zurück und fühlen Sie sich wie zu Hause. Eine gut gemeinte Geste, die heutzutage jedoch lange nicht bei allen Möbeln und Einrichtungsformen umsetzbar ist. So vieles spricht uns optisch an, ist aber unfassbar unbequem für den Körper. Wie kommt das? Und was können wir dagegen tun?

In meinem ersten Buch habe ich Tipps und Tricks von erfahrenen Raumausstattern und Stylisten verraten und die Grundprinzipien einer gelungenen Inneneinrichtung geschildert. In diesem Buch nun versammle ich Fachwissen und Faustregeln von Möbeldesignern und Tischlern: Alles, was man wissen muss, wenn man Möbel kaufen möchte, die schön und bequem sind.

Je mehr ich über das Thema Einrichten lerne, desto mehr begreife ich, dass ich es nicht beherrsche. Klingt vielleicht schräg, aber ich denke, umgekehrt betrachtet ergibt es durchaus Sinn: In dieser Erkenntnis liegt Sprengkraft. Wenn mir mit meinen siebzehn Jahren Berufserfahrung im Bereich Raumausstattung und Inneneinrichtung immer noch so viele wichtige Einzelheiten in Bezug auf Konstruktion und Funktion von Möbeln neu sind, bin ich damit wohl kaum allein. Diese Perspektive hilft mir, das Potenzial darin zu erkennen, dass mein Wissen ausbaufähig ist, anstatt das als Problem wahrzunehmen.

In den vergangenen zehn Jahren haben wir mehr Geld für Einrichtung ausgegeben als je zuvor. Wir kaufen nicht nur mehr und teurere

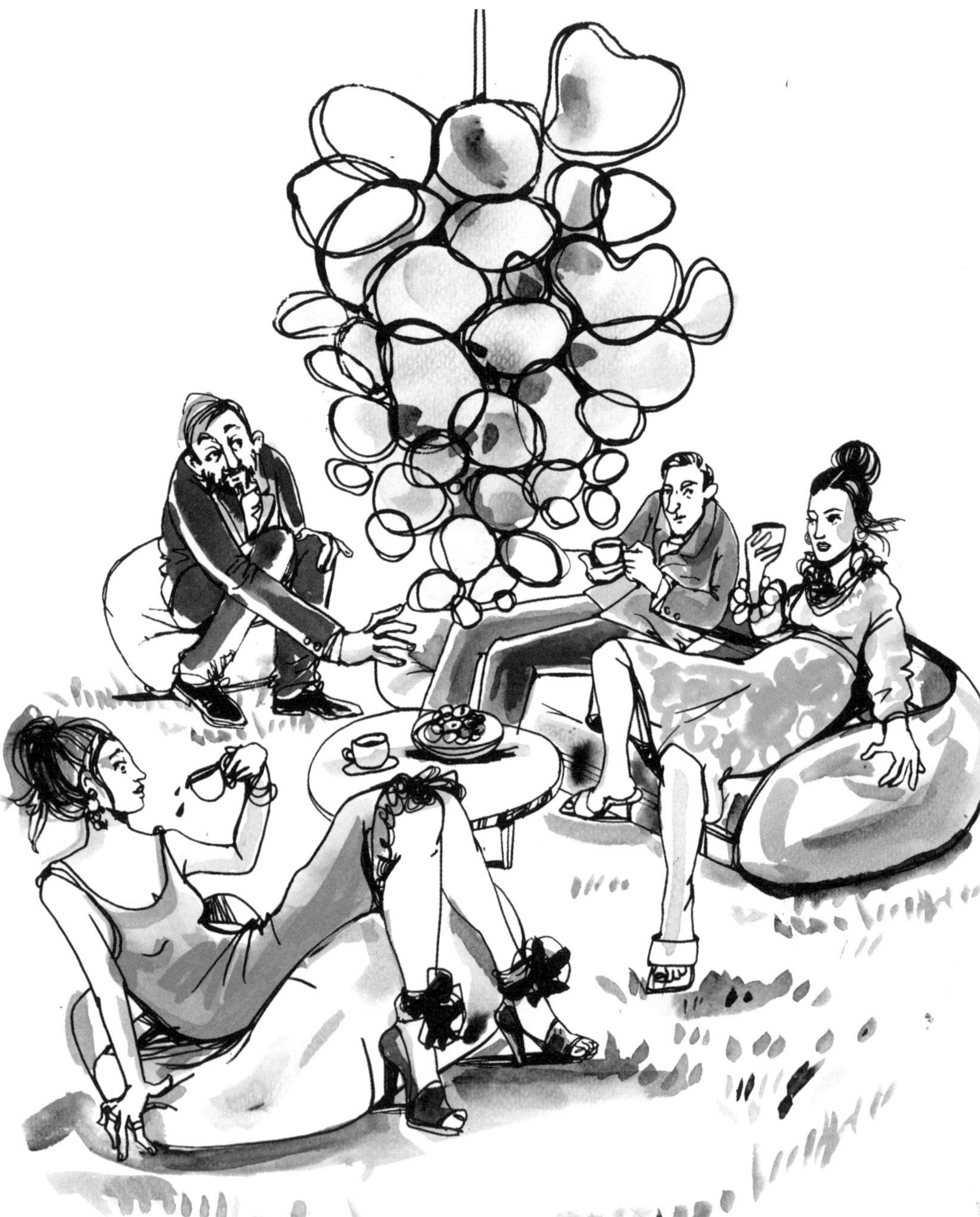

Sachen für unser Zuhause, sondern auch immer mehr Möbel, die wir vor dem Kauf gar nicht ausprobiert haben. Außerdem standen uns noch nie zuvor so viele Auswahlmöglichkeiten wie heute zur Verfügung; Internet und Onlineshopping sei Dank können wir in jedem Winkel der Welt einkaufen. Trotzdem gibt es erstaunlich wenig handfeste Informationen darüber, was wirklich wichtig ist und was man wissen sollte – einmal abgesehen von Tipps zur Farbgebung und bezüglich der Frage, welcher Stil diese Saison gerade angesagt ist.

Innendesign: Ein Handbuch für alle, die ihr Zuhause lieben schrieb ich, weil ich kein vergleichbares Buch finden konnte. Das Buch, das Sie nun in Händen halten, ist quasi aus der gegenteiligen Situation heraus entstanden: Genau genommen gibt es eine Unmenge an Büchern, die sich mit Verbraucherinformationen zum Thema Möbelwahl befassen. Die meisten davon sind jedoch über siebzig Jahre alt. Ratschläge, die in den Fünfzigerjahren des vergangenen Jahrhunderts aktuell waren, werden dem enormen Angebot und den neuen Materialien und Produktionsmethoden von heute aber einfach nicht mehr gerecht. In der Einrichtungsbranche haben sich in den vergangenen Jahrzehnten bahnbrechende Veränderungen vollzogen, in der Fachliteratur aber so gut wie gar keine.

Heute wissen wir oft eher, welche Stühle uns optisch ansprechen, als welche wir bequem finden. Manchmal muss man sich sogar erst einmal vergewissern, ob man auf den Traumstühlen überhaupt sitzen kann. Sind sie einzigartige Skulpturen oder auch bequem? Und falls ja – für wen? Was sind denn eigentlich die wichtigsten Bewertungs- und Vergleichskriterien bei einem Möbelstück, worauf muss man bei einer fundierten Entscheidung achten? Wenn wir nachhaltiger und langfristiger konsumieren möchten, ist es nicht nur wichtig, das Bewusstsein für Fragen hinsichtlich besserer Materialwahl und kürzerer Transportwege zu schärfen, sondern auch, ernsthaft danach zu streben, unsere Einrichtung persönlicher zu gestalten – davon bin ich überzeugt. Wir erwarten schließlich auch nicht, dass ein und dasselbe Jeans-Modell auf alle Hintern passt, wie könnten wir das dann von ein und demselben Stuhl erwarten?

Mancher malt abstrakte Kälber,
und wird als Genie verehrt.
Doch wer schreinern möchte selber,
muss Hand anlegen ehrenwert.

Mancher dichtet frei und vage
und wird mit reichlich Lob beschenkt.
Doch einen Tisch für alle Tage
bringt nur zustande, wer klar denkt.

Unendlich ist der Träume Land
das Auge schwärmt von Wunderdingen,
doch die Intelligenz der Hand
kann kein Mensch je erzwingen.

Alf Henriksons Gedicht »Handen« (»Die Hand«)

1

Mit dem Körper als Maßstab

Dass bequeme Möbel bequem oder unbequeme Möbel unbequem sind, ist kein Zufall. In diesem Kapitel erfahren Sie, welche Messpunkte ausgebildete Möbeldesigner beim Entwerfen ihrer Stücke normalerweise berücksichtigen, aber auch, auf welche Maße Sie bei sich beim Ausprobieren und Bewerten achten sollten, um besser entscheiden zu können, welche Passform optimal für Sie geeignet ist. *Über Geschmack lässt sich nicht streiten*, oder wie war das? Aber es geht nicht nur um unterschiedliche Geschmäcker, sondern vor allem um sehr unterschiedliche Formen.

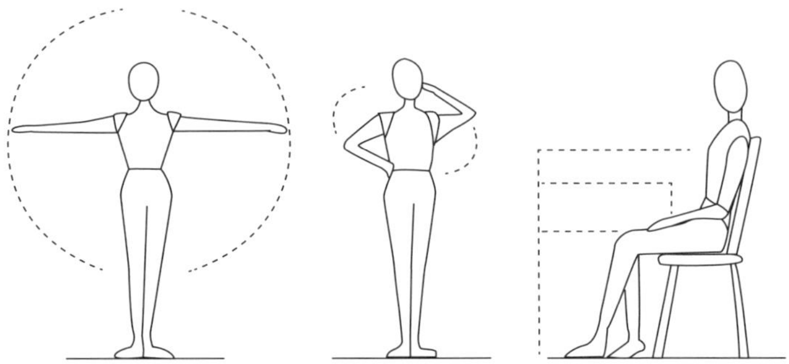

Anthropometrie

Der Körper ist der Maßstab, den wir immer zur Verfügung haben. Indem wir uns selbst als Ausgangspunkt nehmen, lernen wir, die Proportionen der Objekte in unserer Umgebung einzuschätzen und zu verstehen. Auch bei der Passform und der Anwendbarkeit der Dinge, die wir schaffen, spielt der »Maßstab Mensch« eine entscheidende Rolle. Wenn ein Möbeldesigner ein Möbelstück entwirft, das nicht nur schön aussehen, sondern auch einen gewissen Nutzwert haben soll, sind statistische Daten der angepeilten Zielgruppe deshalb das wichtigste Handwerkszeug.

Die Lehre von den Körpermaßen des Menschen und der Proportionalität der Körperteile heißt Anthropometrie, ein Wort, das sich vom Griechischen *anthropos* (Mensch) und *metron* (Maß, Messwerkzeug) ableitet. Indem man eine größere Anzahl Menschen vermisst, erhält man Daten, mittels derer die statistische Normalverteilung berechnet werden kann. Einfacher ausgedrückt: Man ermittelt, welche Maße am häufigsten vorkommen.

Messpunkte in Stillstand und Bewegung

Bei der Vermessung des menschlichen Körpers wird zwischen strukturellen und funktionellen Maßen unterschieden. Die strukturellen Maße beziehen sich auf bestimmte Messpunkte am stillstehenden Körper, die funktionellen dagegen beschreiben unsere Schritt- und Reichweite und den Raum, den wir in der Bewegung oder bei der Durchführung bestimmter Aktivitäten benötigen. Das funktionelle Maß wird mitunter auch als dynamisches Maß bezeichnet. Dabei sind diese Begriffsdefinitionen oder exakte Maße gar nicht so wichtig. Es geht vielmehr darum, die Grundprinzipien zu verstehen und zu berücksichtigen, dass die Definitionen und Maße dabei eben eine Rolle spielen.

Beim Gehen oder aber beim Stehen benötigen wir unterschiedlich viel Platz – logisch, oder? Ebenso liegt es auf der Hand, dass wir abhängig von unserer jeweiligen Körperlänge eine unterschiedlich große Reichweite haben, etwa, wenn wir zu einem Oberschrank in der Küche hinauflangen. Demselben Gedankengang entsprechend verwundert es dann auch nicht, dass der gleiche Sessel von unterschiedlichen Personen mit unterschiedlichen Körperformen oder Sitzpositionen unterschiedlich wahrgenommen wird.

WUSSTEN SIE, DASS …?

Homo mensura, also Protagoras' These, dass der Mensch das Maß aller Dinge sei, ist das Motto der 1923 gegründeten Möbelschule der Dänischen Kunstakademie. Vielleicht ist das einer der Gründe, warum sich die dänischen Designklassiker aus dem 20. Jahrhundert bis heute so gut halten.

Äußerlichkeiten, auf die es ankommt

Das anthropometrische Maß wird angewendet, um Produkte zu entwickeln, die so vielen Menschen wie nur möglich gerecht werden. Das bedeutet, man strebt nach einem Produkt, dessen physische Passform für so viele Mitglieder der gedachten Zielgruppe wie möglich geeignet ist.

Traditionell galten in der schwedischen Häuserplanung die Männer als der ausschlaggebende Maßstab für den Platzbedarf, beispielsweise hinsichtlich der Höhe und Breite von Türöffnungen. Andererseits geben Frauen, die ganz allgemein betrachtet häufig nicht ganz so hochgewachsen sind, die Reichweite vor, also wie hoch der höchste Regalboden oder die Kleiderstange im Kleiderschrank angebracht werden sollte.

Wichtige Messgrößen für Raumausstatter und Möbeldesigner

Ein kurzer Rundumblick in der Stadt reicht, um festzustellen, dass alle Menschen unterschiedlich groß sind und es zudem bei der ein und derselben Größe eine Menge unterschiedlicher Körperformen gibt. Für Designer von Möbeln und anderen Objekten gibt es sowohl Bücher als auch Aus- und Fortbildungen, bei denen man lernt, wie man Möbel so entwirft, dass sie für möglichst viele Menschen bequem sind.

Es folgen einige Maße aus dem Standardwerk *Human Dimensions & Interior Space* (1979), die als Grundlage für das Beurteilen von Abständen und Orientierungshilfe bei konstruktionstechnischen Fragen dienen. Auch Ihnen helfen diese Maße gewiss weiter, weil Sie mit diesem Wissen die formbedingten Funktionen der Möbel rascher erfassen.

Maße im Stehen

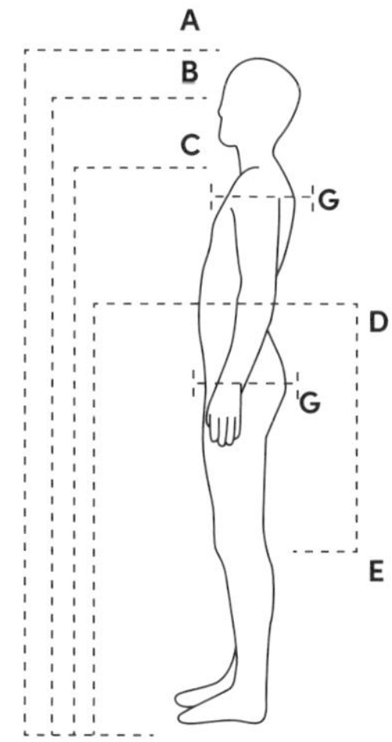

A. Körperhöhe

Nützliche Messwerte zur Festlegung von Standardmaßen und Mindesthöhen für alle möglichen Elemente, von Türstöcken und -blättern bis hin zur Höhe von Hindernissen, die sich über dem Kopf befinden (wie Deckenleuchten oder Regalen).

B. Augenhöhe im Stehen

Damit lässt sich unter anderem die optimale Höhe für alles Mögliche bestimmen, von Sichtschutzwänden und Bilderhängungen bis hin zur Anordnung von Leuchten. Auch die kleinste Person im Haushalt sollte in der Lage sein, aus dem Fenster zu schauen und ihr Gesicht im Badezimmerspiegel zu sehen.

C. Schulterbereich

Mithilfe der Maße von Schulterhöhe und -breite beurteilen wir die optimale Breite, Gestaltung und Höhe der Rückenlehnen von Sofas, Sesseln und Stühlen – aber auch die Sitzbreite mehrerer Personen nebeneinander, da die Schultern vieler Menschen breiter sind als ihre Hüften.

D. Ellenbogenhöhe stehend

Wird für die standardisierte Höhe von unter anderem Spülen und Arbeitsflächen in Küchen verwendet, in denen im Stehen gearbeitet wird, aber auch für Waschtische in Badezimmern. Laut dem von der schwedischen Verbraucherzentrale herausgegebenen Buch *Kök, planering och inredning* (1972) sollte sich der Ellenbogen etwa 10 Zentimeter über der Oberfläche der Arbeitsplatte befinden, wenn man den Oberarm locker herabhängen lässt und den Unterarm nach vorn dreht. In *Human Dimensions & Interior Space* (1979) wird diese Angabe sogar präzisiert: Der Abstand sollte 7,6 Zentimeter betragen.

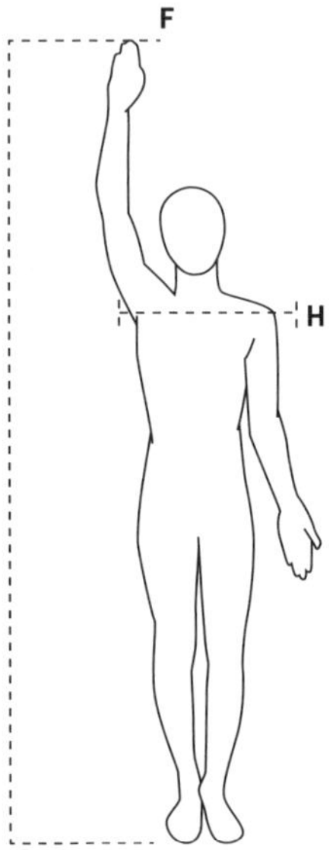

E. Kniehöhe

Die Kniehöhe dient zum Beispiel dazu, die richtige Höhe von Stühlen und Sitzmöbeln zu bestimmen. Auch bei der Gestaltung von Tischen dient sie als Richtschnur, um zu verhindern, dass man gegen das Untergestell stößt.

F. Reichweite in der Senkrechten

Wird für die Bestimmung der Standardabmessungen des obersten Regals von beispielsweise Küchenschränken, Bücherregalen, Vitrinen, Kleiderschränken, Garderoben und Hutablagen verwendet.

G. Maximale Körpertiefe

Um die Tiefe des Körpers zu vermessen, orientiert man sich an dem – von der Seite betrachtet – vordersten und dem hintersten Punkt des Körpers. Vorn befindet sich der Punkt mit der größten Tiefe häufig in Brusthöhe, hinten dagegen meist im Bereich des Gesäßes. Dieses Maß eignet sich unter anderem dazu, den Bedarf an Mindestdurchgangsmaßen in engen Räumen abzuschätzen.

H. Maximale Körperbreite

Die maximale Entfernung zweier Punkte etwa auf Schulter-/Achselhöhe, von vorne betrachtet. Dieses Maß wird zur Berechnung von allem Möglichen herangezogen, von der Mindestbreite von Rückenlehnen bis zu Türöffnungen. Hier sind Fehler schnell passiert, denn auch die Bewegungsfreiheit (das funktionale Maß) muss berücksichtigt werden, um sicherzustellen, dass man sich nicht eingeengt fühlt.

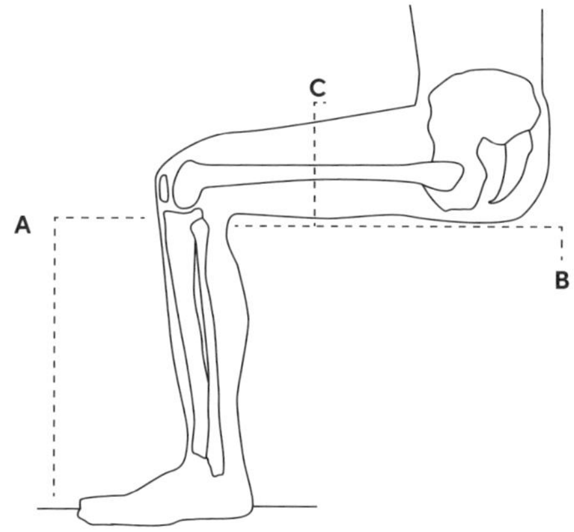

Maße im Sitzen

A. Popliteale Höhe
Die Höhe der Kniekehle wird im Sitzen gemessen und gibt den Abstand zwischen der Fußsohle und dem unteren Teil des Knies an. Anhand dieses Wertes wird die geeignete Höhe, Form und Ausführung von beispielsweise Stühlen und Polstermöbeln festgelegt.

B. Popliteale Länge
Diese Messung bezieht sich auf den horizontalen Abstand von der Innenseite des Knies/des Unterschenkels bis zum äußersten Punkt der Gesäßrückseite. Sie wird für die Bestimmung der geeigneten Tiefe von Sitzmöbeln wie Stühlen, Sofas, Sesseln und auch Toiletten verwendet. In diesem Fall reicht das Augenmaß oft schon aus, um zu erkennen, dass viele Sessel und Sofas viel zu tief sind, weshalb man auf ihnen mit ausgestreckten Beinen sitzen muss.

C. Oberschenkel im Sitzen
Man misst von der Sitzfläche bis zum höchsten Punkt des Oberschenkels. Dieses Maß wird beispielsweise bei der Gestaltung von Tischen angewandt, damit man nicht mit den Beinen an das Untergestell stößt, es ist aber auch für Sie als Käufer nützlich, um Fehlanpassungen oder Zusammenstöße zu vermeiden. Nachdem sich der Größte aus der Familie auf einen Ihrer Stühle gesetzt hat, messen Sie doch einmal, wo sich der höchste Punkt der Oberschenkel befindet, und vergleichen Sie

das Ergebnis mit dem Abstand zum niedrigsten Punkt der Tischplatte oder des Untergestells. Ist genug Luft dazwischen oder stößt derjenige mit den Beinen an den Tisch?

Hüftbreite sitzend

Wie breit sind Ihre Hüften und Ihr Gesäß im Sitzen? Bei Stühlen mit höherer Rückenlehne und Seitenwangen oder Armlehnen ist dies ein hilfreicher Richtwert, denn bei zu geringem Abstand fühlt man sich schnell eingeengt.

Breite der Ellenbogen

Gibt den Abstand zwischen den Ellenbogen an. Anhand dieses Maßes lässt sich berechnen, wie viele Personen an einem Esstisch Platz haben, wenn sie mit Messer und Gabel essen (was schnell mal vernachlässigt wird, ob Sie es glauben oder nicht), oder wie viel Platz man am Schreibtisch zum Zeichnen und Schreiben benötigt.

GEOGRAFISCHE UNTERSCHIEDE

Völlig wertfrei können wir aufgrund anthropometrischer Messungen festhalten, dass es bei den Körpermaßen der Menschen in verschiedenen Teilen der Welt geografische Unterschiede gibt. Im Laufe der Zeit haben sich Gene und sozioökonomische Faktoren (wie der Zugang zu nahrhaften Lebensmitteln und sauberem Wasser) in den verschiedenen Regionen der Welt unterschiedlich entwickelt, wodurch, so wird vermutet, das Wachstum und die durchschnittlichen Körpermaße der jeweiligen Bevölkerung beeinflusst wurden.

Und was hat das nun mit Ihnen zu tun? Im Bereich der Möbelbranche ist dies von großer Relevanz, weil es unter Umständen Probleme mit sich bringt, Möbel und Einrichtungsgegenstände aus anderen Teilen der Welt zu bestellen, da die Abmessungen und Standards von den uns vertrauten abweichen können. Das kann dazu führen, dass das Einrichtungspuzzle sich nicht wie erwartet zusammenfügt oder die Passform der Möbel nicht ganz Ihrer Körperform entspricht.

Der ergonomische Balanceakt

Wussten Sie, dass der Kopf etwa fünf Kilogramm wiegt? Wir balancieren also quasi eine kleine Bowlingkugel auf unserem Körper. Vor diesem Hintergrund ist es leicht nachzuvollziehen, dass auch die Berechnungen hinter gut gemachten Möbeln ein ergonomischer Balanceakt sind.

Die meisten kennen das Konzept der Ergonomie wahrscheinlich vom Arbeitsplatz und wissen, dass es dabei um das Zusammenspiel von Mensch und Arbeitsmitteln geht. Die Ergonomie ist ein interdisziplinäres Fachgebiet, in dem Kenntnisse aus Biologie, Technik und Psychologie kombiniert werden, um Gesundheitsrisiken zu verringern und Unfälle zu vermeiden. Wichtig war das Wissen über Ergonomie ursprünglich vor allem fürs Büro, aber da heute immer mehr Menschen von zu Hause aus arbeiten, liegt es nahe, sich auch Gedanken über die Ergonomie im häuslichen Bereich zu machen.

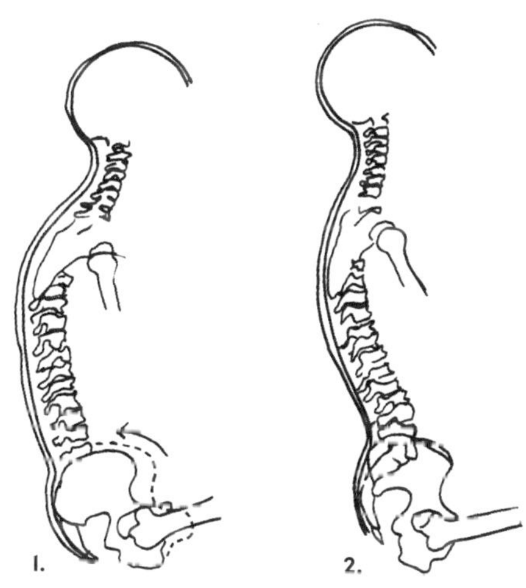

1. Ein Möbelstück, das ohne Berücksichtigung des menschlichen Wohlergehens entworfen wurde, trägt eher zu einer Sitzhaltung bei, die den Körper belastet.
2. Die natürliche S-Kurve des Rückens, die ein gut konzipiertes Möbelstück unterstützen sollte.

Wie sieht Ihre Ergonomie zu Hause aus? Wie setzen Sie Ihren Körper im täglichen Leben ein? Sitzen Sie anständig auf Ihren Stühlen? Schlafen Sie bequem in Ihrem Bett? Wie stehen Sie beim Kochen in der Küche? Wie ist die Beleuchtung in Ihren Räumen positioniert und ausgerichtet?

Für jemanden, der sich gleich in die kreative Phase der Inneneinrichtung stürzen will, klingt das vielleicht sehr trocken – aber in ein paar Jahren werden Sie sich dafür bedanken, dass Sie nicht nur an den Raum, sondern auch an Ihr eigenes Wohl gedacht haben, da bin ich mir ganz sicher.

Bei der Wahl eines Bürostuhls für die Arbeit machen sich die meisten Gedanken über die Ergonomie, beim Serienschauen auf dem Sofa oder bei einem ausgiebigen gemeinsamen Essen am Küchentisch denken wir allerdings kaum über unsere Sitzhaltung nach. Mit der Zeit kann man jedoch auch dadurch Rückenschmerzen oder Nackenprobleme bekommen. Deshalb halte ich es für absolut angebracht, solcherlei Dinge auch bei der Anschaffung von Möbeln, die nicht für die Arbeit bestimmt sind, im Hinterkopf zu behalten, schließlich nutzen wir sie ja ebenfalls stundenlang und können uns dabei ebenso im Laufe der Zeit Verletzungen durch wiederholte Beanspruchung (eng-

WUSSTEN SIE, DASS …?

Die Krümmung der menschlichen Wirbelsäule nach vorn wird als Lordose bezeichnet. Am Beckenkamm, etwa dort, wo man den Gürtel trägt, sollte die Lordose gestützt werden. Wenn man sich auf einem Stuhl zurücklehnt, benötigt der Körper in diesem Bereich am meisten Halt, damit der Rücken seine natürliche Form behält.

lisch *Repetitive-Strain-Injury-Syndrom* oder kurz RSI-Syndrom) zuziehen.

In unserem täglichen Leben kommt den Möbeln die Aufgabe zu, das Gewicht unseres Körpers so zu verteilen, dass wir uns ausruhen können, ohne die natürliche S-Kurve unseres Rückens zu stören. Im Sitzen wird unser Gewicht hauptsächlich von unseren Sitzbeinhöckern getragen, wodurch unsere Füße und Knie entlastet werden. So können sich die nicht beanspruchten Muskeln entspannen. Ungünstig gestaltete Möbel hingegen führen mitunter dazu, dass ein Teil des Körpers auf Kosten anderer geschont wird, weil das Gewebe gestaucht, die Durchblutung behindert und die Hüfte in einer Position nach vorn geschoben wird, durch die sich die Wirbelsäule krümmt, was wiederum den Hals dazu veranlasst, die Fehlhaltung auszugleichen – er wird zusätzlich belastet.

Proxemik

Neben den physischen Messungen gibt es auch Theorien über unser emotionales Bedürfnis nach Abstand zu anderen Menschen, die bei der Planung von Möbeln miteinbezogen werden sollten. Je nachdem, wie gut wir die Menschen um uns herum kennen oder welche Tätigkeit wir ausüben wollen, gilt es, unterschiedliche Abstände zu berücksichtigen. In der Fachsprache wird dies Proxemik genannt, nach dem lateinischen Wort *proximare* für »sich nähern«. Dabei handelt es sich um ein Forschungsgebiet, das sich mit der Frage nach Nähe und Distanz zwischen Mensch und Objekt beschäftigt. Und warum ist das bei der Auswahl von Möbeln so interessant? Weil es bei dem Abstand zwischen den Sitzplätzen auf einem Sofa oder der Breite eines Tisches eben nicht nur darum geht, wie viel Raum wir für unseren Körper benötigen, sondern auch für unser Wohlbefinden. Gut möglich, dass wir rein körperlich durchaus in der Lage wären, näher neben jemandem auf dem Sofa zu sitzen, wir uns damit aber schlicht nicht wohlfühlen würden. Diese Distanzen variieren von Kultur zu Kultur; man spricht gewöhnlich von Hoch- und Niedrigkontaktkulturen. Das Konzept der Proxemik wurde 1963 von dem amerikanischen Forscher und Anthropologen Edward T. Hall eingeführt, der vier Zonen identifizierte, die Ihnen bei der Einrichtung Ihrer Wohnung nützlich sein können. Um Halls Ideen anzuwenden, braucht man nicht mit einem Meterstab zu hantieren. Meiner Meinung nach führt es schon zu deutlich besseren Entscheidungen, wenn man sich die Bereiche einfach nur grob vorstellt.

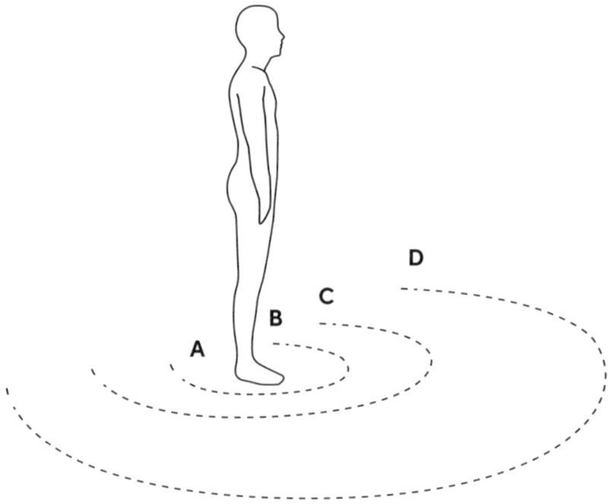

A. **Intimdistanz:**
0 bis 45 Zentimeter.

B. **Persönliche Distanz**
(bei einem Gespräch etwa):
circa 45 Zentimeter
bis 1,20 Meter

C. **Soziale Distanz:**
circa 1 bis 3 Meter

D. **Öffentliche Distanz**
(im öffentlichen Raum):
über 3 Meter Abstand

2

Des Kaisers neue Möbel

Skandinavisches Design folgt seit Langem dem Leitspruch »Form follows function«. Für die kompromisslose Verbindung von Ästhetik und Ergonomie, Kunstfertigkeit und Konstruktionstechniken sind wir international bekannt. Aber mal ganz ehrlich: Stimmt das noch? Wenn man bedenkt, welche Möbel wir heute in großen Mengen kaufen und welche Modelle in Magazinen und anderen Medien die meiste Aufmerksamkeit erhalten? Das Interesse an der Inneneinrichtung und die Bereitschaft, in das eigene Heim zu investieren, hat in den vergangenen Jahrzehnten enorm zugenommen, keine Frage. Aber haben unser Wissen und unser Sinn für Funktionalität und Qualität bei Möbeln mit dieser Entwicklung Schritt gehalten – oder sich gar verschlechtert?

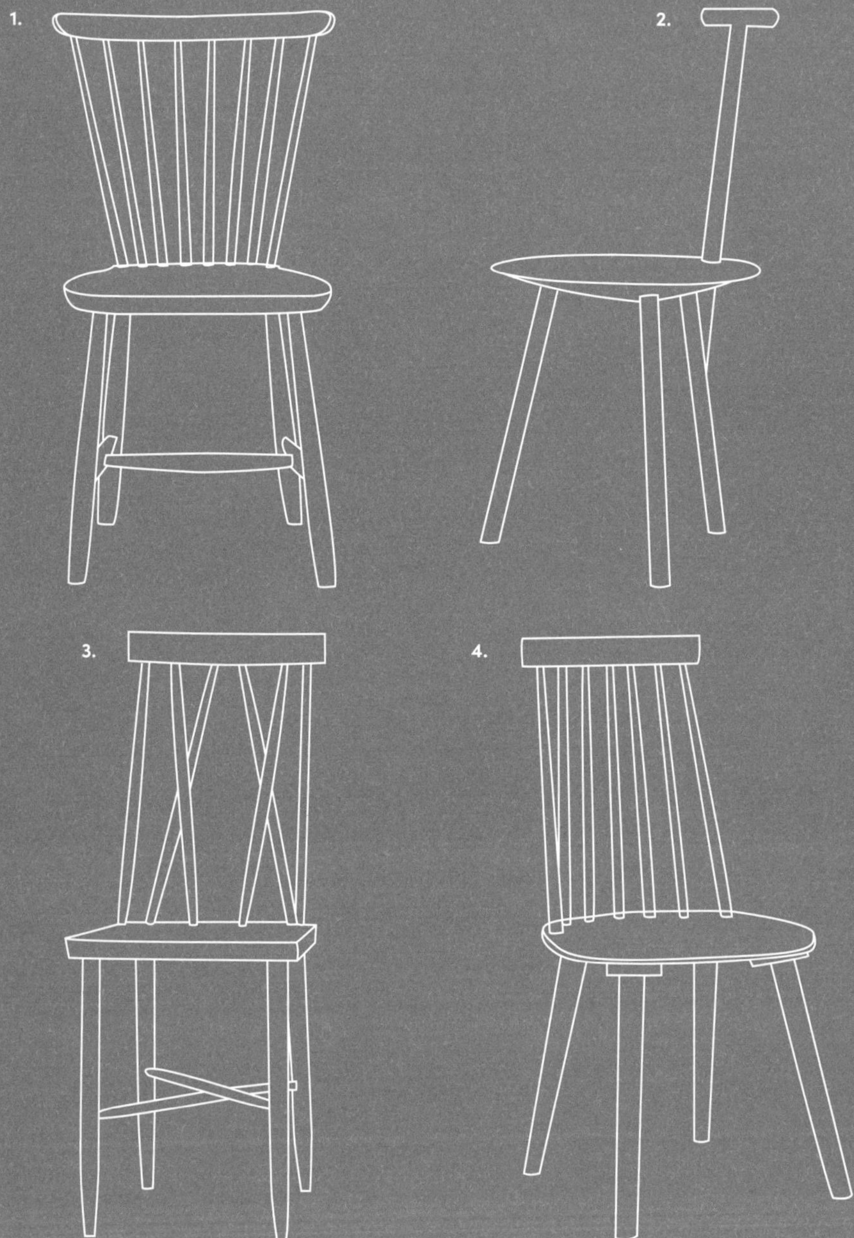

Vom englischen Windsor-Stuhl inspirierter Sprossenstuhl in vier Varianten, mit vier unterschiedlichen Schwerpunkten.

1. Klassisch (bequem) 2. Kunstwerk (skulptural)

3. Konzeptuell (experimentell) 4. Kommerziell (rationalisiert)

Komfort, Kunstwerk, Konzept oder Cashcow?

Klingt seltsam, ist aber so: Man kann sich nicht immer darauf verlassen, dass ein Stuhl ein Stuhl ist – oder gar, dass er mit dem Gedanken an Komfort entworfen wurde. Hinter den Formen und Proportionen der heutigen Möbel stecken unzählige Beweggründe und Zielsetzungen. Manche sind eher Skulpturen oder Kunstobjekte als Sitzmöbel, während andere das Ergebnis konzeptioneller Experimente von Designern und Herstellern sind, denen es vor allem darum geht, ihren Namen oder ihre Marke in Szene zu setzen – und nicht Sie auf einen Stuhl, in eine bequeme Position.

Einige Möbel haben sich auch zu wichtigen Einsteiger- und Massenprodukten entwickelt, etwa Stühle, weil sie so oft als Ensemble verkauft werden. Wer Stühle an einen Kunden liefert, wird wahrscheinlich mehr als einen verkaufen, mit etwas Glück auch noch einen dazu passenden Tisch – und wie wäre es noch mit einer Lampe?

Und mit einem Mal geht es für die Einzelhändler um so hohe Summen (und bei den Verbraucherinnen und Verbrauchern um hohe Zinssätze für Kredite), dass sich der Kampf um den Kunden nicht nur auf die Tageseinnahmen auswirkt, sondern womöglich sogar auf den gesamten Jahresumsatz, wenn es gelingt, eine größere Menge Menschen für sich zu gewinnen. Da liegt es nahe, zugunsten besserer Gewinnspannen oder ästhetischer Reize Kompromisse bei der Ergonomie und den menschlichen Proportionen einzugehen.

Ich möchte klarstellen, dass dies kein Entweder-oder sein muss: Die Form stellt nicht unbedingt das Gegenteil von Funktion dar. Ein Designer muss in der Lage sein, eine solche Dualität zu schaffen, das ist die Grundlage seiner Arbeit. Dennoch bleibt der Komfort erstaunlich oft auf der Strecke. Vielleicht, weil nicht immer Möbeldesigner als Produktmanager tätig sind, sondern eher Einkäufer und Betriebswirte oder eben diejenigen, die sich besser mit Marketing und Strategie als mit Tischlerei auskennen.

Die Möbel im Geschäft auszuprobieren, anstatt sie nur online zu bestellen, bietet natürlich eine gewisse Orientierungshilfe, aber eigentlich fühlt sich das meiste doch ganz passabel an, wenn man sich nur kurz hinsetzt. Jeder, der schon einmal eine Bergwanderung unternommen hat, kann das wahrscheinlich bestätigen – dabei kommt einem selbst ein harter Felsen manchmal unerwartet bequem vor. In der Regel merkt man erst dann, wo die Probleme liegen, wenn man einen Stuhl über einen längeren Zeitraum hinweg einem Belastungstest unterzogen hat, also welche Schwachstellen die Möbel haben, wie sich die verschiedenen Teile nach ein paar Stunden Benutzung anfühlen und andere wichtige Aspekte – die man vielleicht hätte bedenken sollen, bevor man ein halbes Dutzend davon mit ebenso vielen Wochen Lieferzeit bestellt. Für die Herstellung von Möbeln für öffentliche Einrichtungen gelten strenge Anforderungen, während vieles, was an Privatpersonen verkauft wird, so weit rationalisiert wurde, dass es die Bezeichnung Möbel eigentlich nicht mehr verdient. Ich habe mal gehört, wie jemand dieses Phänomen als das Supermarktbrot der Raumausstattung bezeichnet hat: Zwischen dem Aussehen und der tatsächlichen Wahrnehmung der Dinge gibt es einen enormen Unterschied.

Je mehr Sie über die Grundsätze für die Konstruktion von Stühlen erfahren, desto mehr wird Ihnen auffallen, wie oft Kunst und Konzept, vor allem aber der Kommerz, Vorrang vor Komfort und Nutzen haben.

Qualitätskriterien für Möbel

Was macht eigentlich – abgesehen von seinem ästhetischen Wert – die Qualität eines Möbelstücks aus? Bevor wir uns mit der Anatomie der Möbel befassen und ihre Bestandteile analysieren, finden Sie hier einige Anhaltspunkte, die bei den weiteren Betrachtungen nützlich sein werden.

Gebrauchswert

Wie sieht es mit der Zweckmäßigkeit des Möbelstücks aus? Inwieweit eignet es sich für den vorgesehenen Zweck? Der tatsächliche Gebrauchswert der heutzutage verkauften Möbel ist sehr unterschiedlich. Viele Möbelstücke sind zwar schön, aber längst nicht alle in gleichem Maße zweckmäßig.

Werkhöhe

Ich habe irgendwo gelesen, dass die Poesie der Handwerkskunst genauso wichtig ist wie die Wunder der neuen Technologien. Eleganter kann ich es auch nicht ausdrücken, wenn es darum geht, die handwerkliche Leistung hinter einem Möbelstück zu erkennen. Bei genialen Konstruktionen geht es nicht um Abkürzungen, sondern um die Feinheiten, durch die sich Design von der Dutzendware abhebt.

Zweck und Zusammenhang

Ist das Möbelstück für den Zweck konzipiert, für den Sie es verwenden möchten? Nehmen wir einmal den klassischen Kaffeehausstuhl: Er ist das Ergebnis einer rationalisierten industriellen Herstellung und verfügt über viele Eigenschaften, die in der Gastronomie besonders geschätzt werden. Er sieht gut aus und ist kompakt, sodass viele Gäste auf kleinem Raum Platz finden, und wiegt auch nicht viel, sodass man die Tische rasch umstellen kann. Ausgehend von dem heutigen Wissensstand über Ergonomie und das Thema Sitzen ist der Sitzkomfort allerdings nicht gerade optimal. In einem Café macht das nicht so viel aus, dort möchte man schließlich, dass die Gäste nicht allzu lange verweilen. Aber wenn solche Stuhlmodelle in Privathaushalten Einzug halten und im Trend liegen, sieht die Sache schon ein bisschen anders aus. Dort will man sich schließlich zu langen gemütlichen Mahlzeiten zusammenfinden und es bequem haben. Reißt man ein Möbelstück aus seinem ursprünglichen Zusammenhang heraus, ist oft der neue Kontext das Problem, nicht das Objekt selbst.

Langlebigkeit

Wie gut halten die Möbel dem Verschleiß durch den täglichen Gebrauch stand? Einige Hersteller führen selbst Tests durch und bewerten die zeitliche Belastbarkeit, damit sie für eine bestimmte Nutzungsdauer Garantien geben können. Andere wiederum machen keine Angaben dazu und hoffen, dass man nicht danach fragt.

Nachhaltigkeit

Wie wurden die Möbel hergestellt und wo? Welche Materialien wurden verwendet, und wie wurden sie transportiert? Wie wirkt sich das auf die für uns alle wichtigen natürlichen Ressourcen und auf die Menschen in der Produktionskette aus?

Sicherheit

Ist das Möbelstück sicher? Für jeden? Gibt es Schwachstellen oder Mängel in der Bauweise, die Menschen oder anderen Gegenständen schaden könnten? Dieser Punkt ist in den verschiedenen Ländern unterschiedlich geregelt, wird aber leicht übersehen, wenn man Möbel aus dem Ausland bestellt.

»Die Aufgabe des Möbelarchitekten besteht darin, eine gute Funktion mit einer ausdrucksstarken Form zu verbinden.«

Erik Berglund, *Tala om kvalitet* (Über Qualität reden)

Gutes Holz und hochwertige Arbeit

In der Möbelbranche wird heute viel über Nachhaltigkeit geredet, aber meist geht es dabei vor allem um das Material, weniger um die handwerkliche Fertigung oder die Feinheiten der Konstruktion. Dabei sind bezüglich der Frage, wie lange wir ein Möbelstück benutzen können und (viel wichtiger) wollen, Komfort und Verarbeitung mindestens genauso wichtig. Gerade in diesem Bereich gibt es viel Neues zu lernen und zu bestaunen. Daher lehne ich mich mal aus dem Fenster und verspreche Ihnen, dass Sie nach der Lektüre dieses Buches Möbel mit einem ganz neuen Blick betrachten werden!

Wie wäre es, wenn wir Autos auf die gleiche Weise bewerteten, wie wir es inzwischen aus der Presse in Bezug auf neue Möbel gewohnt sind? »Hersteller X hat ein neues Fahrzeug auf den Markt gebracht, das in zehn verschiedenen Farben erhältlich ist. Die stromlinienförmige Karosserie ist von der Natur inspiriert.« Und sonst so? Wie fährt es sich? Wie hoch ist seine Höchstgeschwindigkeit, welche technischen Eigenschaften hat es? Was verbirgt sich unter der Motorhaube, und zeichnet sich das Design durch etwas Einzigartiges oder Innovatives aus? Was hat der Hersteller gut, was weniger gut gemacht?

Völlig undenkbar, dass ein Motorjournalist bei der Vorstellung eines neuen Fahrzeugmodells keine Fragen zur Funktion oder zum Design stellt! Doch bei der Berichterstattung über Innenarchitektur gehen die meisten kaum über subjektive Urteile zur Ästhetik eines neuen Möbelstücks und zur Inspiration des Designers hinaus. Dabei kosten viele exklusive Möbelstücke und Lampen inzwischen mindestens so viel wie ein Kleinwagen und werden im Alltag von uns genauso oft genutzt, wenn nicht sogar intensiver.

Ist ja auch nicht so, als würde alles auf dem Möbelmarkt mit dem gleichen Maß an Sorgfalt und Qualität hergestellt. Und zwar mit voller Absicht. Einige Hersteller greifen zu Tricks, um die Preise zu senken und Mängel geschickt zu kaschieren, was uns Verbrauchern die Beurteilung zusätzlich erschwert. Von Möbelkäufern wird außerdem erwartet, dass sie intuitiv wissen, wie man die verschiedenen Elemente am besten miteinander kombiniert. Dabei sind alle Möbel Teamplayer, und der Beruf des Raumausstatters erfordert eine mehrjährige Ausbildung. Wenn wir unsere Einkäufe nach Hause geliefert bekommen, führt das daher nicht selten zu Kopfzerbrechen und Frust. Da haben wir wochenlang auf etwas gewartet, und dann passt das womöglich nicht einmal zu den Möbeln, die wir bereits zu Hause haben. Aber selbst dieses Problem wird bei den heutigen Einrichtungsanregungen oft nicht berücksichtigt. Nicht einmal offenkundige Ungenauigkeiten werden in den Homestorys aufgezeigt (meistens bleiben sie sogar unerwähnt). Deswegen tun wir diesen Unsinn vielleicht mit einem Achselzucken ab, werden unzufrieden und tauschen Möbel vorschnell aus, lange bevor ihr physisches Leben zu Ende ist. Ich glaube, so langsam verstehen Sie meine Verdrossenheit, oder? Vor diesem Hintergrund wundert es mich, dass wir keine höheren Anforderungen an diejenigen stellen, die über Raumgestaltung berichten und schreiben – es geht um so viel mehr als nur um das Beschreiben des Aussehens und der Bezugsquellen.

In den vergangenen Jahren haben die Meldungen an die Allgemeine Beschwerdekammer zugenommen. Vermutlich, weil nicht alles, was verkauft wird, den Standards entspricht, die wir für selbstverständlich halten.

Die schwedische Verbraucherschutzbehörde hat kürzlich einen Test von Etagenbetten für Kinder durchgeführt, bei dem nur eines von siebzehn als ausreichend sicher eingestuft wurde! Wir haben es also mit einem großen Problem zu tun: Trotz Zertifizierungen und Sicherheitsanforderungen, trotz EU-Normierung und verschiedener Kennzeichnungen finden immer noch nicht ordnungsgemäß konstruierte Möbel den Weg in unsere Wohnungen und unser Leben, weil wir sie in gutem Glauben kaufen.

3

Sitzmöbel

Neben dem Bett kommt Sitzmöbeln für viele oft eine hohe Bedeutung zu. Ein gut gemachter Stuhl, ein Sofa oder Sessel, der den Körper am Ende eines langen Tages umfängt, fühlt sich fast wie eine Umarmung an, ist ein sicherer Ort, der einen Moment der Ruhe und neue Energie bietet. Das Leben ist viel zu kurz, um ungemütlich zu sitzen. In diesem Abschnitt befassen wir uns mit Begriffen wie Sitzwinkel, Rückenlehnen, Oberflächen und wichtigen Körperkontaktpunkten, damit Sie sich in dem riesigen Angebot einen Überblick verschaffen und eine bessere Vorstellung davon entwickeln können, welche Modelle Sie bequem finden und warum.

Stühle

Beginnen wir mit dem Gegenstand, auf dem man am häufigsten sitzt – dem Stuhl. Man sagt, er sei die Bewährungsprobe für Möbeldesigner, wie die Soße für einen Koch. Ein gut gemachter Stuhl ist ein Balanceakt zwischen Form, Funktion, Proportion und Stabilität. Selbst ein Blinder vermag oft schnell zu erkennen, ob bei einem Stuhl eine handwerkliche Werkhöhe gegeben ist oder nicht. Allerdings ist es im heutigen Handelsverkehr nicht immer möglich, Probe zu sitzen, und das Angebot so groß, dass es gar nicht zu schaffen ist, alle Modelle auszuprobieren.

Glücklicherweise lässt sich die Fähigkeit, Möbel einzuschätzen und die grundlegende Grammatik der Designsprache zu verstehen, so weit trainieren, dass Sie schon per Augenmaß eine Vorstellung davon bekommen, was Ihrem Körper guttut und was nicht – fast so intuitiv wie mithilfe der Körperwahrnehmung.

Die Anatomie des Stuhls

Für die Analyse eines Stuhls muss man ihn in seine Hauptbestandteile zerlegen. Dabei gibt es vorrangig drei Dinge, die es einzeln und in ihrer Beziehung zueinander zu bewerten gilt: die Sitzfläche, die Lehne und die Beine.

DER ÅKERBLOM-STUHL

BENGT ÅKERBLOM (1901–1990) war ein schwedischer Arzt. Er vertrat die Ansicht, dass die Stühle, die zur Zeit seines beruflichen Wirkens auf dem Markt waren, den unteren Rücken nicht ausreichend stützten, weil die Strebe der Rückenlehne zu weit oben angebracht war. Außerdem war er der Meinung, dass sich Sitzfläche und Rückenlehne eines Stuhls nicht in einem 90-Grad-Winkel treffen sollten, die Lehne vielmehr zur besseren Entlastung des Rückens leicht nach hinten geneigt sein müsste. Åkerblom empfahl zudem, die Standard-Sitzhöhe der Stühle so weit zu senken, dass die Füße auf dem Boden einen guten Stand haben. Dies vermeide Druck auf die Unterseite der Oberschenkel und fördere so die Durchblutung der Beine und Füße. Infolge der niedrigeren Sitzhöhe müssten auch die Tische niedriger gestaltet werden, um Schulterverspannungen zu verhindern.

Åkerblom beauftragte den Architekten Gunnar Eklöf, auf der Grundlage seiner ergonomischen Prinzipien eine Reihe verschiedener Stühle zu entwerfen, die von mehreren Fabriken hergestellt und unter dem Namen Åkerblom-Stuhl verkauft wurden. Zwischen 1949 und 1958 wurden etwa 120 000 Åkerblom-Stühle verkauft, 45 000 davon ins Ausland. Bengt Åkerblom interessierte sich brennend für Anatomie und Ergonomie und promovierte 1948 mit seiner Dissertation *Standing and Sitting Posture* (Die Haltung des Menschen im Stehen und Sitzen). Die charakteristische Krümmung der Stuhllehne wurde als *Åkerblom-Knick* bekannt und inspiriert Möbeldesigner bis heute.

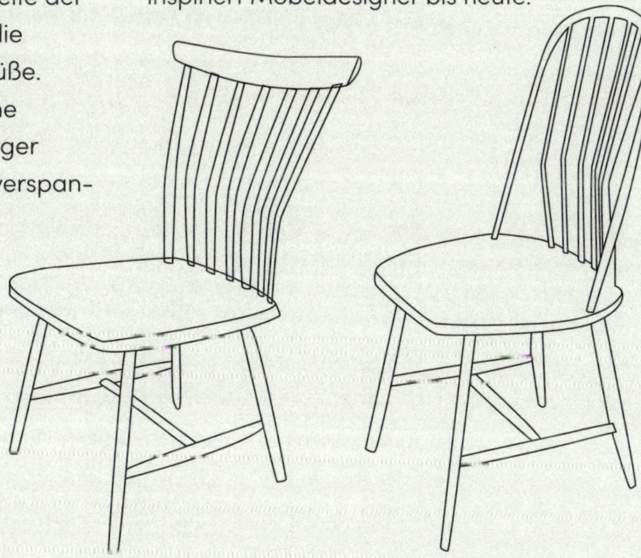

Die Sitzfläche

Obwohl uns von Kindheit an beigebracht wird, am Esstisch still zu sitzen, tun wir das in der Praxis nur selten. Ein wesentliches Unterscheidungsmerkmal zwischen guten und schlechten Stühlen ist, dass wir in der Lage sein müssen, darauf gelegentlich die Position zu wechseln. Beim Essen beispielsweise müssen wir unsere Sitzposition mehrmals ändern können: Zum einen, weil wir ständig automatische Signale von den inneren Organen des Körpers (über das Muskelspindelsystem) erhalten, dass es Zeit für einen Wechsel ist, und zum anderen, weil wir in der Lage sein müssen, unsere Arme und unseren Oberkörper zu bewegen, wenn wir mit Besteck essen, das Essen zum Mund führen oder nach dem Trinkglas auf dem Tisch greifen. Eine gut geformte Sitzfläche sollte Unterstützung und Entlastung bieten, ohne den Körper in einer statischen Position zu fixieren.

Zu tief sollte die Sitzfläche auch nicht sein, da wir uns sonst nicht mit dem Rücken an der Lehne abstützen können. Vorzugsweise ist sie etwas kürzer als der Abstand zwischen Gesäß und Knie, da wir andernfalls unsere Beine nicht beugen können und Gefahr laufen, wie eine Puppe mit ausgestreckten oder baumelnden Beinen dazusitzen. Die Kante des Sitzes in der Nähe der Kniekehle sollte sanft abgerundet sein, wie ein Wasserfall, ohne scharfe Kanten, die das empfindliche weiche Gewebe kurz vor der Kniekehle eindrücken oder einschneiden könnten. Nach Möglichkeit sollte zwischen der Vorderkante des Sitzes und der Kniekehle ein paar Fingerbreit Platz sein, damit die Unterseite des Beins, wo sich oberflächliche Blutgefäße und Nerven befinden, nicht belastet wird. Dies soll den Blutfluss in den Beinen bei langem Sitzen erleichtern, damit es nicht zu einer Stauung in den Beinen kommt. Ist die Sitzfläche zu kurz, zu knapp oder zu schmal, drückt sie gegen die Außenseite der Oberschenkelmuskeln, was bei längerem Sitzen ebenfalls Beschwerden verursachen kann.

Ein Stuhl mit verstellbarer Rückenlehne sollte eine Sitzfläche haben, die vorn nach oben geneigt und vorzugsweise griffig (nicht rutschig) ist, damit der Unterkörper nicht nach vorn gleitet und der Rücken bei

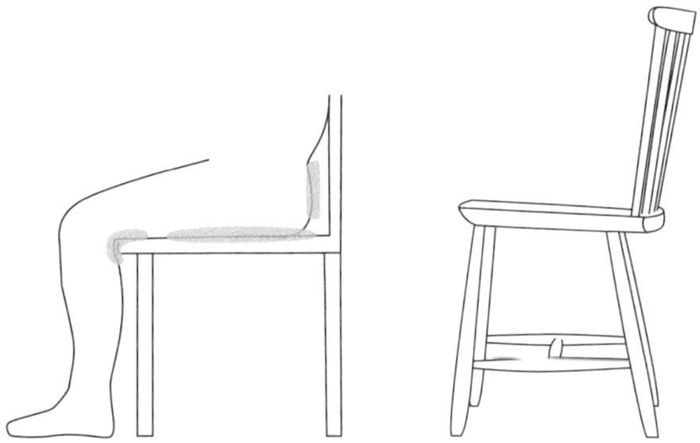

Die Form der Sitzvorderkante, die Tiefe und die Neigung der Sitzfläche beeinflussen den Sitzkomfort eines Stuhls oft maßgeblich.

längerem Sitzen, etwa bei einer Tischgesellschaft, nicht in eine unbequeme Position gerät.

Und zuletzt ist es wichtig, darauf zu achten, ob die Sitzhöhe gut mit dem Abstand zwischen Fußsohle und Kniekehle harmoniert (mehr zur poplitealen Höhe im Abschnitt über Anthropometrie auf Seite 14).

Wenn der Sitz zu hoch ist, erreichen wir den Boden nicht mit den Fußsohlen, ist er zu niedrig, bilden die Knie einen spitzen Winkel. Das fühlt sich beinahe an, als säße man in der Hocke, und das ist auf Dauer nicht sonderlich bequem.

Worauf Sie bei der Sitzfläche achten sollten

- Größe, Form und Konturen der Sitzschale müssen zu Ihrem Po passen.
- Die Sitztiefe sollte nicht zu großzügig bemessen sein – sonst reichen Sie nicht mehr an die Rückenlehne, die Ihren Oberkörper erheblich entlasten soll.
- Die Sitzhöhe muss stimmen. Denken Sie daran, dass das Sichtmaß bei gepolsterten Stühlen von den Maßen beim tatsächlichen Gebrauch abweichen kann. Um zu prüfen, ob die Sitzhöhe zum vorgesehenen Tisch passt, messen Sie sie immer im zusammengedrückten Zustand (also wenn jemand auf dem Stuhl sitzt). Vergessen Sie dabei nicht, dass ein schwerer Mensch einen Polstersitz stärker zu-

sammendrückt als ein leichter. Bereits wenige Zentimeter können einen erheblichen Unterschied ausmachen und zu unnötigen Verspannungen in Schultern und Nacken führen.

- Die Vorderkante des Sitzes ist sanft abgerundet oder wasserfallförmig, nicht scharf oder kantig.
- Die Sitzfläche ist leicht nach hinten geneigt, damit Sie nicht rutschen oder sich anstrengen müssen, um eine bequeme Sitzposition beizubehalten.

Die Rückenlehne

Stühle, die eine leicht nach hinten geneigte Rückenlehne haben, sind zu bevorzugen, weil sie eine bequemere Sitzposition am Tisch bieten und eine Entlastung des Oberkörpers ermöglichen, ohne ihn zu blockieren. Durch die leichte Rückwärtsneigung werden außerdem der Sitzwinkel und die Hüfte um etwas mehr als 90 Grad geöffnet, was die Durchblutung erleichtert.

Die Rückenlehne sollte weder zu hoch noch zu gerade oder zu schmal sein, sonst wird der Körper eingeengt, was dazu führt, dass man

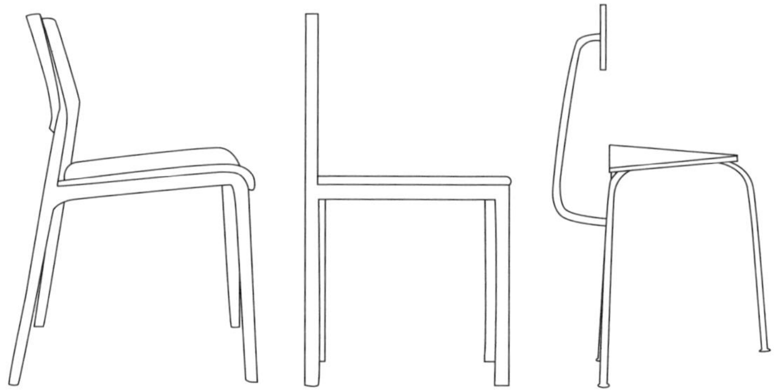

Höhe und Form der Rückenlehne im Verhältnis zu den Schulterblättern, dem Neigungswinkel des Rückens und der Unterstützung im Lendenwirbelsäulenbereich (Lordosenstütze) sind oft ausschlaggebend dafür, wie bequem das Zurücklehnen auf einem Stuhl ist.

das Kinn nach vorn schiebt oder nur schwer die Sitzposition wechseln kann. Die Rückenlehne muss sowohl breit als auch stabil genug sein, um das Gewicht des Oberkörpers zu tragen, andernfalls sitzt man praktisch auf einem Hocker. Ich vergleiche das Gefühl gerne mit dem Tragen von zu kleiner Unterwäsche: Wenn BH-Träger in den Rücken schneiden, kann einem das den ganzen Tag verderben, egal, wie schön die Kleidung ist, die man darüber trägt.

Ein weiterer wichtiger Punkt ist die senkrechte Wölbung der Rückenlehne und die Position der Lordosenstütze, sprich, wie hoch sie sich über der Sitzfläche befindet, denn dies beeinflusst die Sitzqualität. Fehlt sie ganz, plumpst der Rücken bei schlechter Haltung ins Leere wie ein Brief in den Briefkasten.

Worauf Sie bei der Rückenlehne achten sollten

- Die Neigung der Rückenlehne, denn sie beeinflusst den Sitzwinkel des Stuhls und die Möglichkeit, die Hüfte um mehr als neunzig Grad zu öffnen.
- Die Höhe der Rückenlehne, denn sie wirkt sich darauf aus, wie stark Sie den Stuhl als Entlastung für Ihren Oberkörper empfinden. Eine zu niedrige Rückenlehne bietet wenig Halt, eine zu hohe Rücken-

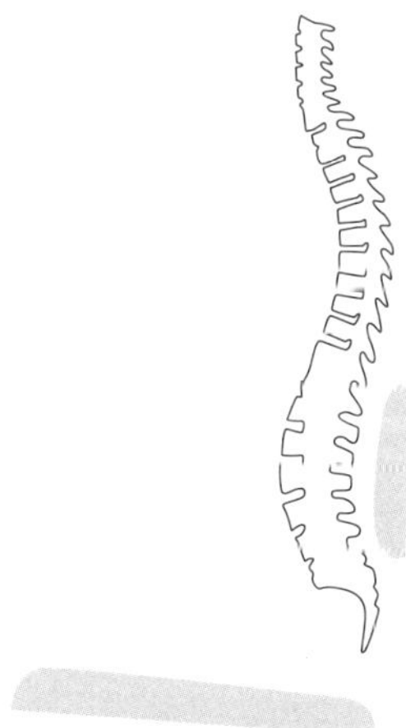

Form und Position der Rückenlehne im Verhältnis zur S-Kurve des Rückens wirken sich auf Komfortgefühl und Entlastung aus.

Ohne eine Lordosenstütze 17 Zentimeter über der Sitzfläche besteht die Gefahr, dass sich die Lendenwirbelsäule (bei längerem Sitzen) krümmt, was zu Beschwerden und Schmerzen führen kann.

lehne schränkt möglicherweise die Bewegungsfreiheit des Kopfes ein und führt dazu, dass man sich nach vorn lehnt.

- Die Breite der Rückenlehne, aber auch ihre Wölbung in der Waagerechten und ihre Form beeinflussen den empfundenen Sitzkomfort, wenn man sich nach hinten lehnt. Eine konkave Rückenlehne ist oft bequemer als eine gerade, da sie dem Oberkörper mehr Bewegungsfreiheit bietet und der Sitzende seine Position auf dem Stuhl besser anpassen kann.
- Oberfläche und Struktur der Lehne können beim Anlehnen mehr oder weniger bequem sein. Mitunter scheuern Rückenlehnen mit einer dreidimensionalen Struktur und/oder Hohlräumen oder üben Druck auf die Wirbelsäule oder empfindliche Stellen aus, sodass es einem manchmal beinahe so vorkommt, als würde man sich an ein Nagelbrett anlehnen.

Beine, Streben und Stege

Mit dem Fußboden verbunden ist der Stuhl durch Beine und Stege beziehungsweise die Mittelstrebe des Stuhls. Ihre Anzahl, Positionierung und Neigung bestimmt, wo der Schwerpunkt des Stuhls liegt und wie stabil der Stuhl sowohl bei Benutzung als auch bei Nichtbenutzung ist. Drehen Sie den Stuhl ruhig einmal um und schauen Sie sich die Eckklötze unter der Sitzfläche an, die geben nämlich Aufschluss über die Verarbeitungsqualität und die Haltbarkeit des Stuhls.

Worauf Sie bei den Beinen achten sollten

- Die Position und der Winkel der Beine, weil man daran schon gut sieht, wie die Gewichtsverteilung und wie groß das Kipprisiko ist. Ganz gerade Beine reagieren empfindlicher auf Stöße von der Seite, leicht nach außen abgewinkelte Beine federn sie besser ab.
- Wenn die Rückenlehne nach hinten geneigt ist, sollten die hinteren Beine auch genügend weit herausragen, um das Gewicht des Stuhls, insbesondere aber das des Oberkörpers auszugleichen.

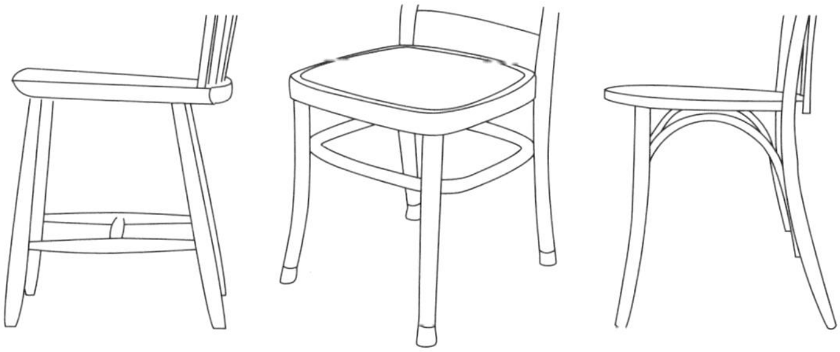

Ob sich der Stuhl stabil anfühlt oder nicht, hängt oft von der Unterseite der Sitzfläche ab, davon, wie die Beine montiert und ob und wie sie miteinander verbunden sind und wie sich das Körpergewicht verteilt.

- Verstrebungen und Stützen sind zwar für die Stabilität der Konstruktion oft notwendig, sollten aber weder unsere natürliche Sitzposition noch unsere willkürlichen Bewegungen behindern (zum Beispiel neigen wir beim Aufstehen dazu, die Füße unter den Stuhlsitz zu schieben). Tun Sie einmal so, als hätten Sie beim Aufstehen von einem Stuhl ohne Armlehnen keinen Platz, um Ihre Füße unter sich zu stellen. Ganz schön schwer, sich so einigermaßen elegant zu erheben!
- Eckklötze unter dem Sitz dienen dazu, die Stuhlbeine zu stützen und zu stabilisieren.
- Hervorstehende Beine weisen möglicherweise darauf hin, dass ein Stuhl stapelbar ist. Vergewissern Sie sich, dass sie nicht zu weit vorstehen oder so positioniert sind, dass Druck auf Knie oder Oberschenkel ausgeübt wird.
- Wie groß ist die maximale Tragfähigkeit des Stuhls? Damit der Stuhl dem Körpergewicht standhalten kann, ist eine sorgfältige Auswahl der Materialien wichtig. In den Vereinigten Staaten werden Stühle oft mit Angaben bezüglich Höchstbelastung oder -gewicht verkauft. Hersteller von Billigprodukten schützen sich oft vor Beschwerden, indem sie eine geringere Belastungsgrenze angeben.
- Wie schwer ist der Stuhl? Ist er leicht genug, damit Sie ihn problem-

los mit einer Hand bewegen können, aber gleichzeitig stabil genug, um nicht ins Kippen zu geraten oder umzufallen?

- Wie fühlt sich die Form der Rückenlehne in Ihrer Hand an? Das ist wichtig, wenn Sie den Stuhl beim Hinsetzen oder Aufstehen herausziehen wollen.
- Verfügt der Stuhl über eine Krümelspalte (auch »Crumb Gap« – CG – genannt)? Soll heißen: Gibt es eine Öffnung zwischen Sitzfläche und Rückenlehne, damit Krümel und Essensreste weggewischt werden können, oder besteht die Gefahr, dass die Reste in der Spalte zwischen Sitzfläche und Rückenlehne stecken bleiben? Besonders wichtig bei gepolsterten Stühlen!
- Ist der Stuhl stabil verarbeitet? Prüfen Sie, wie die Teile miteinander verbunden sind, beispielsweise dort, wo Rückenlehne, Sitzfläche und Beine aufeinandertreffen. Diese Stellen werden beim Gebrauch am stärksten beansprucht und unterliegen den größten Scherkräften und Abnutzungserscheinungen. Achten Sie darauf, wie der Stuhl verarbeitet ist und ob er im Falle einer Beschädigung repariert werden kann.

»Es ist beinahe einfacher, einen Wolkenkratzer zu bauen als einen Stuhl!«

Ludwig Mies van der Rohe

Wichtige Maße im Verhältnis zu anderen Möbeln

- Sitzhöhe im Verhältnis zur Tischhöhe. Eine gängige Empfehlung lautet 27 bis 30 Zentimeter.
- Armlehnen im Verhältnis zum Tischrahmen. Lässt sich der Stuhl so weit darunterschieben, dass Sie ganz dicht an den Tisch herankommen, oder sind die Armlehnen im Weg, sodass die Arme beeinträchtigt werden?
- Beinfreiheit unter dem Tisch. Empfehlenswert ist ein Freiraum von mindestens 63 Zentimetern, damit sowohl die eigenen Beine als auch die des Stuhls Platz finden.
- Die passende Stuhlbreite ergibt sich sowohl aus der Anzahl der Sitzplätze pro Tisch als auch der Position der Tischbeine. Die übliche Schätzung liegt bei 57 bis 60 Zentimetern pro Person, aber gepolsterte Stühle sind oft breiter, und die verschiedenen Stuhlmodelle können mit den unterschiedlichen Teilen des Tisches oder dem Untergestell kollidieren, und dann muss man den Stuhl die ganze Zeit hin- und herrücken, um nicht an das Tischbein zu stoßen.
- »Fußabdrücke« von Stuhl und Tisch. Verhaken sich Beine oder Stützen ineinander? Messen Sie den Stuhl an seiner breitesten Stelle – oft ist der Abstand zwischen den Beinen größer als die Breite der Stuhllehne. Auf Englisch wird dies oft als *the furniture footprint*, der Fußabdruck der Möbel, bezeichnet. Dieses Maß ist wichtig, damit man darauf achtet, dass die Beine unterhalb der Sitzfläche nach außen abgewinkelt und damit breiter sind als die über der Tischplatte sichtbare breiteste Stelle des Stuhls.

AUFGEPASST!

Bei der Auswahl von Stühlen und der Beurteilung ihres Aussehens ist es wichtig, auf den Betrachtungswinkel zu achten. In Onlineshops werden die Stühle oft von vorn und von der Seite dargestellt – aber denken Sie daran, dass Sie den Stuhl zu Hause an einem Tisch vor allem von hinten sehen werden.

Haben Sie schon einmal versucht, von einem Stuhl aufzustehen, ohne dabei die Füße unter die Sitzfläche zu schieben? Unerwartet schwierig, oder?

Deswegen vermeiden Möbeldesigner bei gut gemachten Stühlen störende Verstrebungen an der Vorderseite, sodass unter der Sitzfläche ein Freiraum von 60 Grad entsteht.

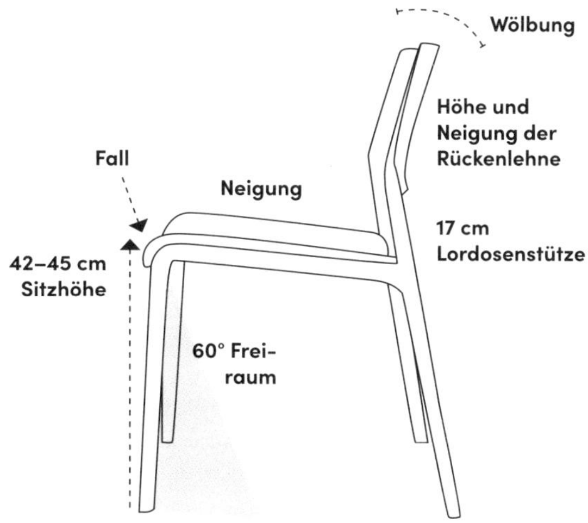

Kurze Checkliste: Wichtige Maße in Bezug auf den Körper

- Die empfohlene Sitzhöhe beträgt 42 bis 45 Zentimeter über dem Boden. Ein zu niedriger Stuhl führt dazu, dass das Becken nach hinten kippt, wodurch sich der Rücken rundet und eine krumme Haltung entsteht, die nach einer Weile Schmerzen verursacht. Bei einem zu hohen Stuhl reichen die Füße nicht ganz zum Boden. Man hat das Gefühl, mit den Beinen zu baumeln, wobei ein unnatürlicher Druck unten an den Oberschenkeln entsteht.
- Die Sitzfläche sollte keine scharfen Kanten haben, die bei einer Änderung der Sitzposition am Körper scheuern können.
- Stabilität im Sitzen beginnt im Becken. Der Körperschwerpunkt sollte auf den Sitzbeinhöckern liegen, da dadurch das Becken nach vorn gekippt ist und man stabil sitzt. Daher sollte die Vorderkante der Sitzfläche eines Esszimmerstuhls etwas höher sein als die Hinterkante, weil sonst die Gefahr besteht, dass der Körper falsch belastet wird.
- Auf einem Bürostuhl hingegen sitzt man oft in einer eher vornübergebeugten Position, weshalb die Sitzfläche bei der Arbeit vorn etwas niedriger sein sollte als hinten.

- Die Rückenlehne muss Bewegungsfreiheit bieten und sollte vorzugsweise nicht ganz bis zur Sitzfläche reichen, da sonst die Bewegungsfreiheit beim Sitzen eingeschränkt und das Becken blockiert wird.
- Wenn die Rückenlehne hoch ist, sollte sie der senkrechten Wölbung des Rückens folgen, damit man sich ungehindert bewegen kann. Ist sie zu hoch, drückt sie den Kopf nach vorn, was bei längerem Sitzen möglicherweise zu einer Belastung von Rücken, Schultern und Nacken führt. Auch sollte sie nicht zu kurz oder zu schmal sein, damit sie nicht in die Schulterblätter einschneidet oder deren Beweglichkeit beeinträchtigt.
- Die waagerechte Wölbung der Rückenlehne sollte der Form des Körpers folgen und nicht zu eng sein.
- Die Rückenlehne wird nicht nur vom Rücken benutzt. Achten Sie also auch auf eine gute Griffmöglichkeit: Jedes Mal, wenn Sie den Stuhl herausziehen, um sich zu setzen, greifen Sie an die Rückenlehne. Wo am Stuhl wird diese Abnutzung auftreten?
- Die Ellbogenhöhe eines Menschen befindet sich etwa 25 Zentimeter von der Sitzfläche entfernt. Im Verhältnis dazu sollten die Armlehnen eines Sessels weder zu hoch noch zu niedrig sein. Durch eine zu hohe Armlehne zieht man die Schultern hoch, und eine zu niedrige oder schräge Armlehne bietet überhaupt keinen Halt.
- Armlehnen sollten eher nach hinten geneigt sein und nicht zum Tisch hin, damit die Arme gut darauf ruhen können. Sonst kann es zu Verspannungen in den Armen kommen, da der Körper gegen die Schwerkraft arbeiten muss.
- Die Sitzfläche sollte gerade sein und nicht zu viele Hohlräume aufweisen, durch die das weiche Gewebe Ihres Körpers gedrückt wird. (Es gilt zu vermeiden, dass die Sitzfläche einen Abdruck am Allerwertesten und den Oberschenkeln hinterlässt.)
- Die Sitzfläche sollte nicht so geformt sein, dass sie bei längerem Sitzen in die Unterseite der Oberschenkel einschneidet.
- Gepolsterte Sitze werden im Laufe der Zeit zusammengedrückt. Prüfen Sie daher die Ausführung, um sich zu vergewissern, dass

beim Nachgeben der Polsterung keine Unannehmlichkeiten (wie Schrauben, Fugen und Befestigungselemente) den Komfort beeinträchtigen.

Die Schwachstellen des Stuhls

- Da wir die Rückenlehne oft anheben und daran ziehen, ist es wichtig, dass sie für diese Belastung ausgelegt ist. Die Rückenlehnen von gepolsterten Stühlen sollten nicht zu wuchtig oder weich sein. Wenn wir sie nicht von oben greifen können, quetschen wir die Seiten ein, was eventuell Abdrücke und Unebenheiten in der Polsterung hinterlässt. Stühle mit filigranen Rückenlehnen aus zerbrechlichen Materialien wie Holz können beim Bewegen ungleichmäßig belastet oder gar beschädigt werden, sodass sich die Rückenlehne nach einiger Zeit lockert oder zu wackeln beginnt. Stühle aus Stahlrohr sind manchmal schwer zu greifen und rutschen einem womöglich aus der Hand. Gepolsterte Stühle bekommen leicht Flecken, wenn sie während des Essens bewegt werden.
- Stuhlbeine, -zargen und -stege sind bei der Benutzung Druck und Belastung ausgesetzt, und zwar nicht nur beim Sitzen, sondern auch jedes Mal, wenn man aufsteht oder sich hinsetzt und wenn der Stuhl über den Boden geschoben wird. Falls Ihr Fußboden natürliche Unebenheiten aufweist (zum Beispiel Fliesenboden), sollten Sie Stühle mit stabilen Beinen wählen, die eine größere Kontaktfläche haben, um das Wackelrisiko zu reduzieren. Die vorderen Stuhlbeine werden in der Regel stärker beansprucht als die hinteren (da sie den meisten Bodenkontakt haben, wenn Sie den Stuhl mit nur einer Hand ergreifen).
- Geschwungene Holzstuhlbeine sind mitunter tückisch. Wenn die Wölbung nicht dem Verlauf der Holzfasern folgt, besteht die Gefahr, dass die Beine unnötig stark auf Belastungen reagieren. Besondere Vorsicht ist bei bugholzähnlichen Stühlen geboten, bei denen das Holz nicht durch Wasserdampf geformt, sondern gesägt wurde, da dadurch die Holzfasern durchtrennt werden und somit ein größeres Bruchrisiko bei Belastung besteht. Gerade weil die Fa-

sern gezwungen sind, dem Kurvenverlauf zu folgen, halten echte Bugholzmöbel höheren Belastungen stand.

- Wenn sich Stahlschrauben an Bugholzstühlen lockern, scheuern sie und vergrößern dabei mit der Zeit die Löcher, sodass es unmöglich wird, sie wieder festzuziehen. Prüfen Sie daher regelmäßig, ob die Schrauben richtig angezogen sind, damit sie sich nicht dauerhaft lösen. Die Länge und Qualität der Schrauben unter der Sitzfläche von Bugholzmöbeln ist ebenfalls ein Qualitätsindikator.
- Mittels Metallkomponenten (wie Schrauben) montierte Holzstühle folgen der natürlichen Bewegung des Holzes nicht so gut wie bei verzapften oder verleimten Holzverbindungen und müssen daher gegebenenfalls nachgezogen werden.
- Bei Stühlen aus geschweißtem Stahlrohr besteht die Gefahr einer Materialschwächung oder Verformung, wenn Löcher vorgestanzt werden, um den Kundinnen und Kunden die Endmontage zu erleichtern. Vermeiden Sie daher den Kauf von Stahlrohrmöbeln, bei denen das Material bündig mit dem Schraubenkopf abzuschließen scheint. Prüfen Sie auch die Schweißnähte sorgfältig, da sie nach längerem Gebrauch oder bei Überlastung häufig erste Anzeichen von Verschleiß zeigen.
- Auf der Sitzfläche sammeln sich schon mal Krümel. In öffentlichen Räumen werden bevorzugt Modelle mit einem Hohlraum zwischen Rückenlehne und Sitzfläche verwendet, um zu verhindern, dass sich Staub und Schmutz in diesem Bereich festsetzen.
- Sind die Kanten an gepolsterten Gestellen scharf, besteht die Gefahr, dass sie mit der Zeit Löcher in den Sitz reißen.
- Die Oberflächen von Stühlen können beispielsweise durch Knöpfe und Reißverschlüsse oder Jeans-Nieten beschädigt werden.
- Umgekehrt können Kleidungsstücke beschädigt werden, etwa wenn Strumpfhosen oder empfindliche Stoffe über scharfe Kanten des Stuhls scheuern.
- Bei der Verwendung starker Reinigungs- und Desinfektionsmittel können sich Flecken bilden.

- Bei der Selbstmontage von Möbeln führen zu fest angezogene Schrauben schlimmstenfalls zu Schäden im Holz.
- Wenn der Stuhl umkippt, entstehen unter Umständen Sprünge. Stühle mit Kufen und gebogenen Stahlrohrbeinen müssen deshalb mit Klötzen versehen werden.
- Bei starker Belastung kommt es mitunter vor, dass Verstrebungen unter der Sitzfläche splittern oder sich lockern, insbesondere, wenn sie zum Abstellen der Füße oder zum Abstützen beim Aufstehen verwendet werden.
- Wenn Schrauben und Metallteile rosten und/oder erodieren, treten häufig Flecken auf, was sich besonders bei Möbeln im Außenbereich oft als problematisch erweist.

EIN UNBEKANNTER PIONIER DER MÖBELENTWICKLUNG

LASSEN WIR DIE GESCHICHTE des Designs Revue passieren, liegt der Fokus in der Regel auf den ikonischen Objekten – auf Klassikern, die auch heute noch relevant sind und so den Namen ihrer Designer in die Zukunft tragen. Eine eher unbekannte Persönlichkeit, die indes erheblichen Einfluss auf das zeitgenössische Design hatte, ist Erik Berglund. Der studierte Möbelarchitekt arbeitete zunächst als Zeichner für Carl Malmsten, bevor er Professor wurde und den größten Teil seiner Karriere der Möbelforschung und bahnbrechendem Möbeldesign widmete.

HEUTE REICHEN EINEM DESIGNER manchmal nur fünf erfolgreiche Jahre, um international Anerkennung zu finden. Erik Berglund widmete ganze fünf Jahrzehnte seiner beruflichen Tätigkeit dem Studium und der Verbreitung von Wissen über die Funktionen, die Nachhaltigkeit und die Haltbarkeit von Möbeln, wobei er sich besonders auf die Abmessungen und Proportionen von Sitzmöbeln konzentrierte. Dennoch ist er den meisten relativ unbekannt. Schade eigentlich, denn sein Beitrag zum modernen Möbelwissen ist unübertroffen, und die von ihm verfassten Bücher und Grundprinzipien werden noch heute von Fachleuten auf der ganzen Welt angewandt. Das Möbelinstitut und die Initiativen zur Standardisierung der Möbelproduktion in Schweden in der Mitte des 20. Jahrhunderts wurden seinerzeit vielleicht angezweifelt – aber meiner Meinung nach lautet die große Frage, die wir uns heute rückblickend stellen sollten: Würden wir in Schweden heute immer noch so einen guten Ruf genießen, wenn wir damals diese lebhaften und kritischen Diskussionen nicht geführt hätten?

IM JAHR 1945 wurde Erik Berglund von Gregor Paulsson als Zeichner eingestellt. Kurz darauf wurde er Studienleiter bei der Schwedischen Gesellschaft für Kunsthandwerk und Design (heute Svensk Form), wo er Studienkreise leitete und landesweit Ausstellungen zu Bildungszwecken organisierte.

1948 FÜHRTE ERIK BERGLUND die erste Funktionsstudie für Möbel in Schweden durch, die eine Standardisierung und Verbesserung der schwedischen Bettenkultur zum Ziel hatte.

1950–1960 GRÜNDETEN ERIK BERGLUND und Tryggve Johansson unter der Schirmherrschaft des schwedischen Handwerksverbandes eine Farbschule und führten in Schweden und anderen Ländern »Wohn-Zirkel« und Kurse über das »natürliche Farbsystem« durch. Die Farbschule legte den Grundstein für die schwedische Farbausbildung und das spätere Schwedische Farbinstitut (Svenska Färginstitutet).

1953 WURDE VOM AUSSCHUSS für Produktdeklaration ein Komitee gegründet, das Methoden zur Bestimmung und Meldung der technischen Qualität von Möbeln erarbeiten sollte. Auch Erik Berglund war beteiligt. Das Möbel-Testlabor war sehr erfolgreich und erregte auch in anderen Ländern Aufmerksamkeit. Bis heute werden die schwedischen Methoden vielerorts angewendet.

DAS MÖBELINSTITUT war eine zum Teil staatlich finanzierte Einrichtung, die 1967 auf Initiative verschiedener wichtiger Berufsverbände gegründet wurde und unter anderem mit IKEA und Konstfack zusammenarbeitete, um neue Prüfmethoden, eine Norm für die Büroeinrichtung in Behörden sowie eine eigene Methodik zur Warenprüfung (Möbelfakta) zu entwickeln.

ERIK BERGLUND wurde zum Geschäftsführer, Direktor und Forschungsleiter ernannt und baute im Rahmen der Arbeit des Möbelinstituts auf den Untersuchungen auf, die er und Brita Åkerman seit den Vierzigerjahren durchgeführt hatten. Während seiner achtzehnjährigen Tätigkeit als Geschäftsführer war er an rund tausend Studien über verschiedene Arten von Möbeln beteiligt und zudem Mitautor von etwa sechzig Berichten. 1984 bat Berglund um seine Entlassung, um sich ganz auf seine Forschung konzentrieren zu können. Als das Möbelinstitut 1992 sein 25-jähriges Bestehen feierte, wurde das Unternehmen von Stockholm nach Jönköping verlegt, in der Hoffnung, die Nähe zu den großen Produzenten in Småland würde den Betrieb neu beleben. Leider war das Gegenteil der Fall.

AN SEINEM NEUEN STANDORT hielt sich das Möbelinstitut nicht lange und wurde drei Jahre später geschlossen. Die Arbeit bleibt jedoch bestehen. Die Erkenntnisse des Instituts finden in der Designbranche noch immer ihren Widerhall und leben in vielen Details fort, die die Lebensqualität in schwedischen Wohnungen verbessern.

Vor- und Nachteile verschiedener Sitzformen

Sitze aus Massivholz

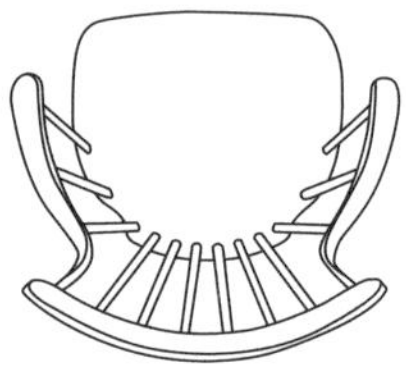

- + Holzsitze reagieren auf Körperwärme und werden häufig als angenehm wahrgenommen, weil die Temperatur des Körpers schnell auf die Holzoberfläche übertragen wird (im Unterschied zu Metallteilen, die sich zunächst kalt anfühlen).
- + Sitzflächen aus Holz können gepflegt, abgeschliffen und neu gestrichen werden.
- – Holz ist ein Material, das von Feuchtigkeits- und Temperaturschwankungen beeinflusst wird. Bei Hitze trocknet und schrumpft es, bei Feuchtigkeit quillt es auf. Vermeiden Sie es, Holzstühle in der Nähe von Wärmequellen wie Heizkörpern und Kaminen aufzustellen, da sich Trockenrisse bilden können.
- – Sonnenlicht bewirkt Farbveränderungen beim Holz. Wenn bei Ihnen ein Esstisch und Stühle in der Nähe eines Fensters stehen, sollten Sie sie gelegentlich umstellen, damit sie gleichmäßig nachdunkeln.
- – Je nach Oberflächenbehandlung sind Holzstühle anfällig für Flecken. Wenn auf einer Oberfläche Flüssigkeit verbleibt, kann sie einsickern und Flecken verursachen, die nur schwer zu entfernen sind. Flüssigkeiten und Essensreste sollten daher immer sofort aufgewischt werden.

Geflochtene Sitze

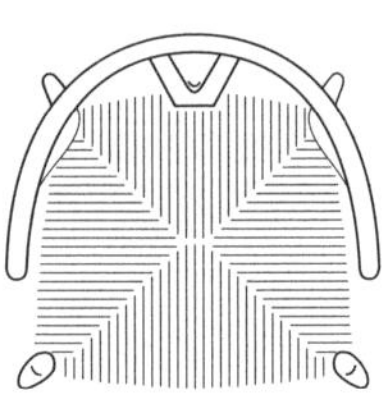

- + Ein Vorteil von beispielsweise Jute oder Papierkordel ist ihr deutlich geringeres Gesamtgewicht und ihre bessere Handhabbarkeit im Vergleich zu Stühlen mit massiven Holzsitzen.
- + Geflochtene Sitzflächen sind nicht starr, sondern von Natur aus flexibel und geben leicht nach, was viele Menschen als bequemer empfinden als starre Sitzflächen.

- Flechten ist ein Handwerk, das Präzision erfordert, damit das Endergebnis schön gleichmäßig wird. Bei der rationalisierten und unter Preisdruck stehenden Produktion lässt die Verarbeitung aus der Nähe betrachtet oft zu wünschen übrig. Ein Y-Stuhl (oder auch Wishbone Chair) muss etwa eine Stunde am Stück geflochten werden – deshalb werden den Mitarbeitenden in den Fabriken von Carl Hansen in Dänemark regelmäßig Massagen angeboten, damit ihr Körper das besser verkraftet. Ob ein Billiganbieter ebenso viel Rücksicht auf seine Angestellten nimmt?
- Geflochtene Sitze können mit der Zeit nachgeben und etwas absacken, was den Sitzkomfort beeinträchtigt und ein regelmäßiges Nachspannen erforderlich macht. Bei hochwertigen Stühlen ist dies möglich, bei billigeren jedoch nicht, da der Rahmen für ein Nachspannen nicht ausgelegt ist.
- Geflochtene Sitze knarren oft ein wenig und geben beim Verändern der Sitzposition körperähnliche Geräusche von sich, was in manchen Situationen lästig sein kann.
- Geflochtene Sitze können Abdrücke auf der Haut hinterlassen, wenn Sie beispielsweise einen Rock tragen.
- Geflochtene Sitze sind schwieriger abzuwischen, wenn jemand versehentlich etwa Brei darauf verschüttet (ich spreche aus eigener Erfahrung).

Rattan

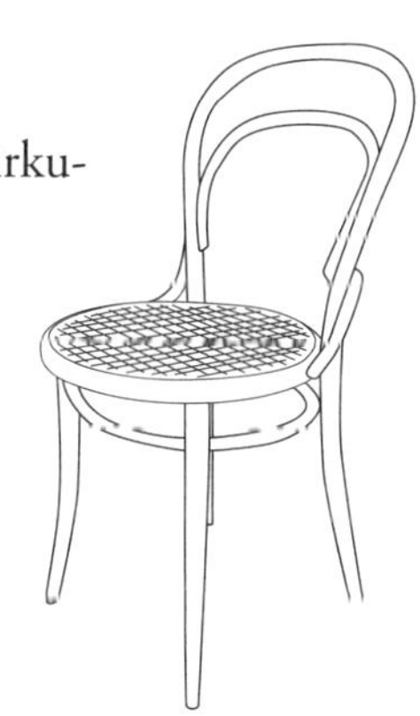

+ Ein atmungsaktives Naturmaterial, das eine natürliche Luftzirkulation aufweist.
+ Geringes Gewicht, dadurch leicht zu bewegen.
+ Rattansitze lassen sich relativ einfach und kostengünstig selbst neu beziehen. Rattan kann als Meterware gekauft werden.
- Empfindlich gegen punktuelle Belastung, etwa wenn man sich mit einem Fuß auf die Sitzfläche stellt.

- Rattan ist ein Naturprodukt, das mit der Zeit spröde und empfindlich werden kann. Abhilfe schafft ein regelmäßiges Befeuchten des Materials.
- Sollte nicht in der Nähe von Wärmequellen oder in direktem Sonnenlicht aufgestellt werden.

Kunststoff- und Schalenformen

+ Dauerhaft formbeständig.
+ Leicht abzuwischen und sauber zu halten.
+ Wiegen oft weniger als vergleichbare Modelle aus Massivholz oder Metall.

- Vermitteln bei einem großen Sitzwinkel und glattem Material schnell das Gefühl, auf einer Rutsche zu sitzen.
- Sitzflächen aus Kunststoff sind nicht atmungsaktiv, und das Sitzen wird deshalb nach einer gewissen Zeit unangenehm, insbesondere in wärmeren Umgebungen und in wärmerem Klima. Je mehr Haut mit dem Sitz in Berührung kommt, desto mehr hat man oft das Gefühl, am Stuhl festzukleben.
- Kunststoffsitze können durch scharfe Tischkanten, aber auch durch Knöpfe und Nieten an der Kleidung Kratzer und Schrammen bekommen.
- Schräge Sitze mit hohen Seiten können die Position der Oberschenkel blockieren und die Bewegungsfreiheit einschränken.

Polsterstühle

+ Oft für längere Tischgesellschaften angenehmer.
+ Gepolsterte Sitze und Rückenlehnen tragen zu einer besseren Raumakustik bei.
– Anfällig für Flecken und schwerer sauber zu halten.
– Unbedingt, immer und unter allen Umständen Probe sitzen! Ein gepolsterter Stuhl ist nur schwer mit dem bloßen Auge zu beurteilen. Was verbirgt sich unter der Polsterung, und wie sitzt es sich? Wenn die Sitzfläche hart oder uneben ist, sitzen Sie ungern längere Zeit darauf. Ist sie zu weich, fällt es Ihnen vielleicht schwer, aufzustehen oder Sie sinken schnell in sich zusammen.

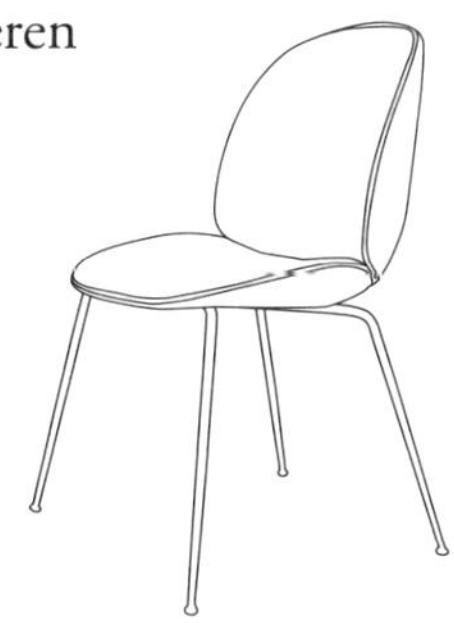

Metall und Blech

+ Stühle aus Metall stehen manchmal auf Kufen, wodurch ein natürlicher Schwingeffekt entsteht, aber eben auch eine ganz andere Geräuschkulisse als bei Stühlen mit vier Beinen, vor allem, wenn sie bewegt oder an den Tisch geschoben werden. Darüber hinaus lassen sich solche Stuhlbeine mit speziellen Blöcken miteinander verbinden, um in Zuschauerräumen und größeren Sitzbereichen gerade Reihen zu bilden. Unter anderem deshalb sieht man in öffentlichen Räumen, Schulen und Restaurants häufig Stühle mit Metallrahmen.
+ Stühle aus Metall und Blech lassen sich oft höher stapeln, weil sie weniger wiegen als Holzstühle und hoheren Belastungen standhalten.
– Metall und Blech fühlen sich auf der Haut kühler an.
– Treten Beschädigung oder Abnutzung auf, ist es mitunter eher schwierig, sie selbst zu reparieren.

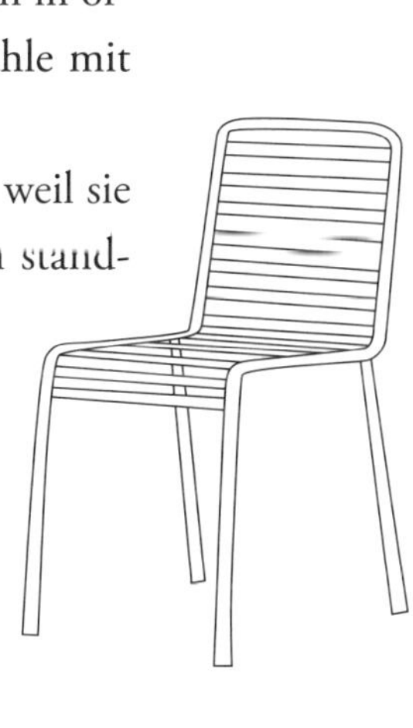

Gitter und Lamellen (aus allen Materialien)

+ Dank der nicht durchgängigen Sitzfläche ist diese Art von Stuhl tendenziell leichter als andere.
+ Die Lochung ermöglicht die Luftzirkulation, was sich in warmen Klimazonen und Umgebungen positiv auswirkt.
+ Verleiht dem Raum ein luftigeres Gefühl als etwa Polsterstühle.
– Auch wer zu Hause keinen solchen Stuhl hat, hat sich wahrscheinlich schon einmal im Sommer an einem heißen Tag in einem Restaurant im Freien auf ein entsprechendes Modell gesetzt. Man setzt sich ahnungslos hin, aber schon bald bleibt die Haut in den Vertiefungen stecken, und im schlimmsten Fall nimmt man beim Aufstehen den halben Stuhl in Form von Flecken oder Linien auf der Unterseite der Oberschenkel mit. Sitzflächen mit Löchern prägen sich manchmal schlimmer in den Körper ein als die Netzverpackung bei einem Weihnachtsschinken. Da nimmt man besser ein Sitzkissen.

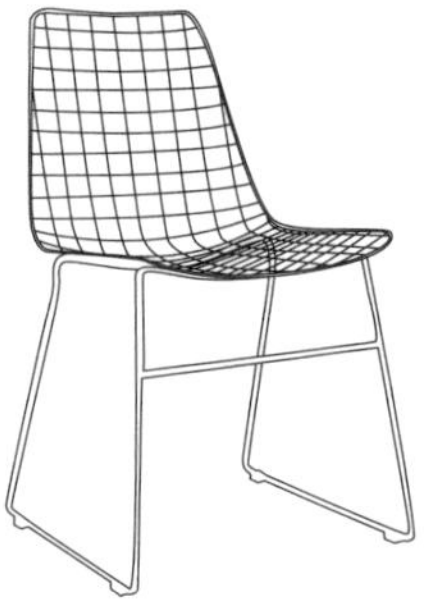

Stiletto-Stühle

Warum wird ein Holzboden von jemandem mit Stiletto-Absätzen oft stärker beschädigt als von einem mehrere Tonnen schweren Elefanten? Das liegt nicht nur daran, dass Elefanten selten zu Partys eingeladen werden, sondern auch an der Größe der Kontaktfläche mit dem Boden. Die schmale Spitze eines Stiletto-Absatzes drückt das gesamte Gewicht des Körpers auf weniger als einen (in Zahlen: 1) Quadratzentimeter, während die viel flacheren Füße von Elefanten das Gewicht gleichmäßiger und auf eine größere Fläche verteilen. Bei Möbeln verhält es sich im Prinzip genauso.

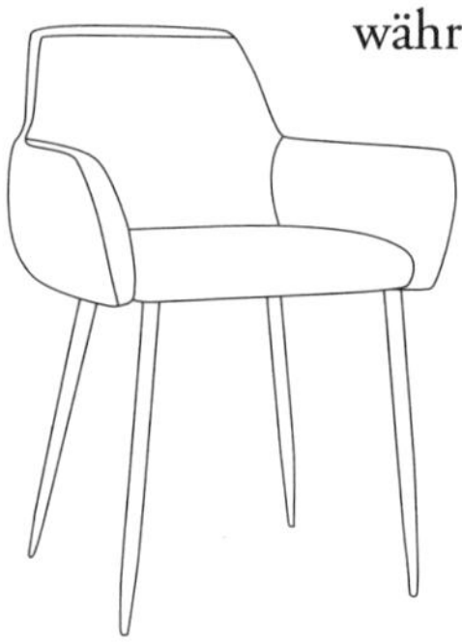

Je spitzere (und weniger) Beine ein Stuhl hat, desto wahrscheinlicher ist es, dass er Druckstellen auf dem Boden hinterlässt. Filzgleiter und Ähnliches helfen zwar ein wenig, aber im Laufe der Zeit steigt das Risiko, dass der Stuhl rutscht, je kleiner die Fläche ist. Wenn Sie also unschöne Abdrücke und Kerben in Ihren lackierten oder weichen Holzböden (z. B. Kiefer) befürchten, rate ich Ihnen von Stiletto-Stühlen ab. Das sollten Sie auch bei einer Terrasse bedenken, damit der neu verlegte Holzbelag keine hässlichen »Andenken« in Form von Schrammen oder Druckstellen von Ihren Gartenmöbeln bekommt.

Stapelbare Stühle

Als stapelbar werden Stühle bezeichnet, die zu Türmen übereinandergestellt werden können. Damit von »stapelbar« überhaupt die Rede sein kann, müssen mindestens drei Stühle übereinandergestellt werden können. Meistens wird der Stapel diagonal nach oben und vorn aufgebaut, aber es gibt auch Varianten von stapelbaren Stühlen, die sich nach hinten neigen und daher senkrecht gestapelt werden können (wie der Orchesterstuhl von Sven Markelius), oder Modelle, bei denen der Stapel seitlich aufgebaut wird. Es gibt auch Varianten, bei denen sich der Stapel um seine eigene Achse dreht (siehe Åke Axelssons *Gästis*). Die einfachste Form des Stapelns ist natürlich die, bei der man die Sitzfläche umklappt, um die Stühle waagerecht zu stapeln (Klapp- oder Faltstühle). Unabhängig davon, für welche Variante Sie sich entscheiden: Um die Qualität der ausgewählten Stühle beim Kauf überprüfen

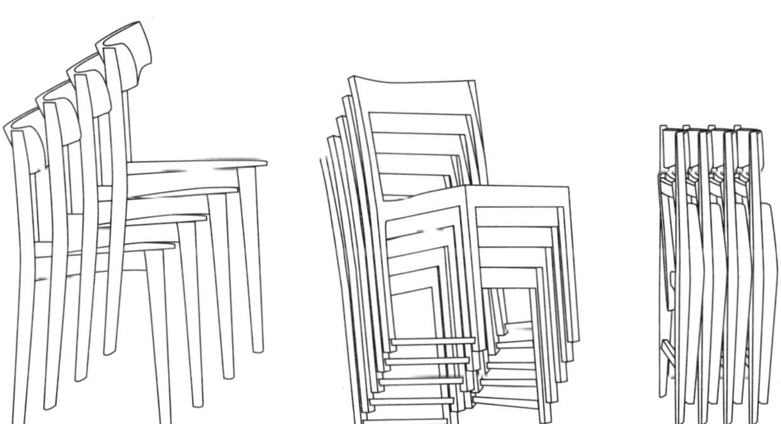

zu können, sollten Sie im Hinterkopf behalten, dass die Druckpunkte und Belastungsbereiche beim Stapeln oft etwas anders sind als beim Sitzen.

Lassen sich die Stühle leicht voneinander trennen oder verhaken sich die Beine ineinander? Vergewissern Sie sich, dass die Materialien, die miteinander in Berührung kommen, aufeinander abgestimmt sind und nicht von Schrauben und hervorstehenden Teilen der darüber oder darunter platzierten Stühle zerkratzt werden. Wenn fünf Stühle übereinander passen, ist das gut, mehr als acht sind jedoch ungewöhnlich, es sei denn, man kann sie auf einen Wagen stellen, um die Stabilität zu gewährleisten. Wenn Sie in Schweden stapelbare Stühle für öffentliche Einrichtungen kaufen, unterliegen diese strengen Belastungsanforderungen – aber es gibt auch stapelbare Stühle für den Hausgebrauch, die nicht immer gleichermaßen durchdacht konzipiert oder rigoros getestet wurden.

!

SCHON MAL DARÜBER NACHGEDACHT, DASS …

… man bei Sprossenstühlen wesentlich länger zum Abwischen braucht als bei einem Stuhl mit glatter Rückenlehne? Eine Überlegung wert, wenn Sie kleine Kinder haben, die häufig Essen durch die Gegend werfen.

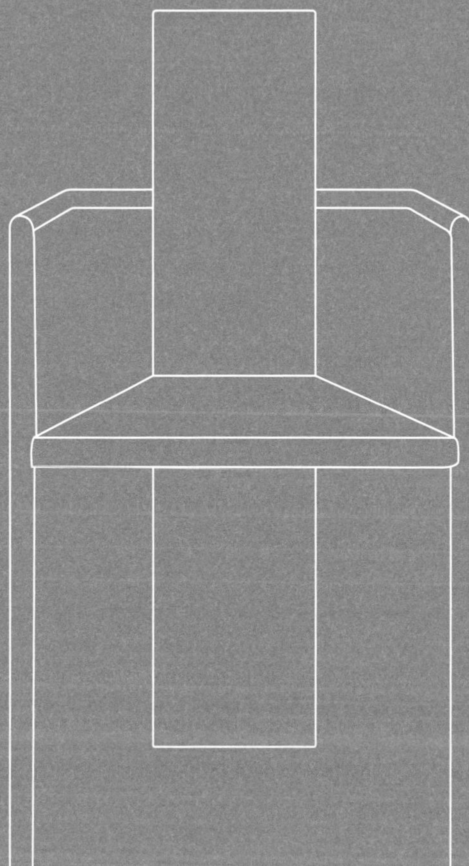

Der Stuhl *Concrete* von Jonas Bohlin für Källemo stellt einen Wendepunkt in der schwedischen Designgeschichte dar. War die Branche bislang von der kenntnisreichen Produktentwicklung beherrscht worden, setzte sich nun eine neue Sichtweise sowohl bezüglich des Möbeldesigns als auch der Möbel als Kunstobjekte durch.

Eine zeitgenössische Stuhl-Story

Dass ein wirklich bequemer Stuhl der Beginn einer langen Designkarriere sein kann, haben wir bereits festgestellt. Dass aber auch ein widerspenstig-unbequemes Modell seinen Zweck erfüllen kann, beweist die Designikone Jonas Bohlin mit seinem Abschlussprojekt *Concrete*. Es wurde erstmals 1982 auf der Konstfack-Ausstellung für Abschlussstudenten gezeigt und markierte nicht nur den Beginn von Bohlins Karriere, sondern auch den Beginn der schwedischen Postmoderne – eines neuen und freieren skandinavischen Designs nach Jahrzehnten der Standardisierung und Belastungstests. »Qualität liegt im Auge des Betrachters und im Herzen, nicht im Hintern!«, soll Sven Lundh, der Geschäftsführer von Källemo, ausgerufen haben, als er den Stuhl zum ersten Mal sah. *Concrete* ging in Produktion und wurde wie ein Kunstdruck in einer Auflage von 100 nummerierten Exemplaren hergestellt.

Aber sollte man sich nicht darauf verlassen können, dass ein Stuhl ein Stuhl ist? Wo zieht man eigentlich die Grenze zwischen Kunst, Handwerk und Möbeldesign? Meine persönliche Meinung ist, dass es eine solche Grenze gar nicht geben sollte, sondern man sich daran erfreuen sollte, solange die Qualität und die Arbeit hochwertig sind. Unredlicher Pfusch jedoch macht niemanden glücklich. Und genau da liegt meiner Ansicht nach heute meist der Hund begraben: Nicht das künstlerische Niveau der limitierten Auflagen ist das Hauptproblem, sondern das eher schamlos niedrige Niveau der Massenproduzenten.

Ein jüngerer Wendepunkt in der schwedischen Designgeschichte ist die Kommerzialisierung, die in den fröhlichen 2010er-Jahren in der Inneneinrichtungsbranche einsetzte. Heutzutage haben viele Unternehmen Möbel in ihr Sortiment aufgenommen, ganz gleich, ob es sich dabei um Lebensmittelketten, Bekleidungshersteller oder Autoteilehändler handelt. Allerdings beschäftigen längst nicht alle von ihnen Möbeldesigner. Und dies hat meiner Meinung nach die Angebots-, Qualitäts- und Preisentwicklung in der Branche stark beeinflusst – und zwar auf eine nicht gerade positive Weise.

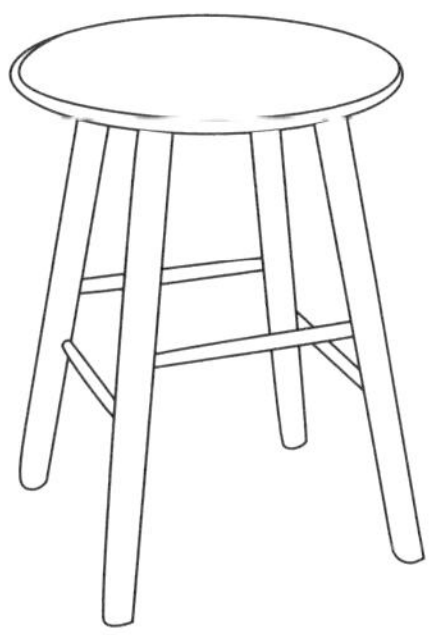

Die Stege sind in unterschiedlichen Höhen an den Beinen angebracht (am häufigsten).

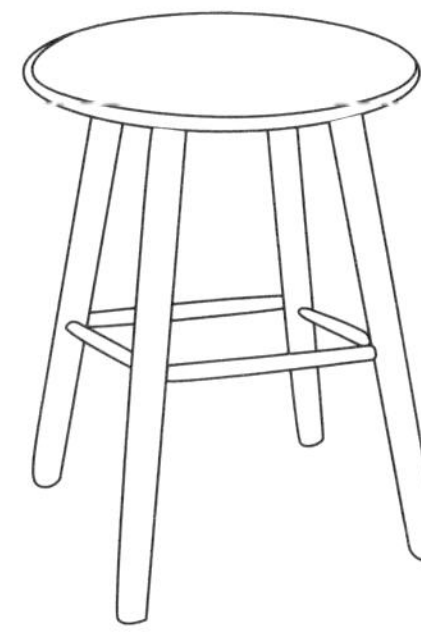

Die Stege sind in derselben Höhe an den Beinen angebracht (sehr selten).

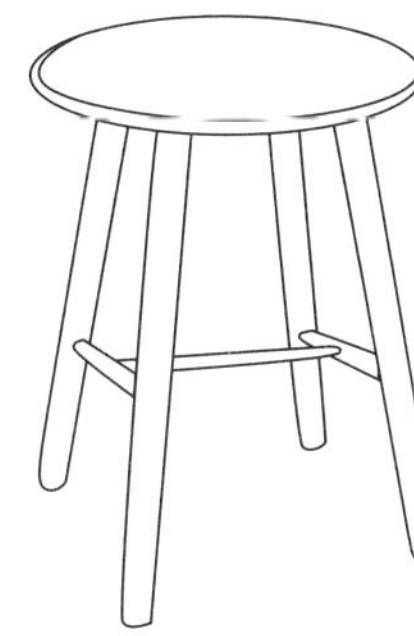

Bei H-förmigen Stegen ist ein Höhenunterschied nicht erforderlich.

Hocker

Hocker sind eine der ältesten Formen von Sitzmöbeln; ihre Ursprünge reichen bis ins antike Griechenland zurück. Von einem Stuhl unterscheidet sich ein Hocker strukturell dadurch, dass er keine Rücken- oder Armlehnen hat.

Hocker können nicht nur als Sitzgelegenheit dienen, sondern auch als Beistelltisch, als Nachttisch im Schlafzimmer oder als Ablage neben dem Lesesessel im Wohnzimmer.

Unabhängig davon, für welchen Zweck Sie einen Hocker kaufen, kommt es auf die richtigen Maße an, damit er bei der Benutzung nicht kippt oder wackelt und alles, was Sie auf ihm platzieren (sich selbst oder Ihre Sachen), zu Boden fällt. In diesem Abschnitt weise ich Sie auf einige Dinge hin, die Sie vor dem Kauf unbedingt beachten sollten.

Sitzhöhe

Die empfohlene Sitzhöhe für einen Hocker ist dieselbe wie für einen Stuhl, nämlich 42 bis 45 Zentimeter. Die empfohlenen Höhen von Barhockern finden Sie in einem separaten Abschnitt auf Seite 70.

Die Form der Sitzfläche

Die Sitzfläche oder Sitzschale, wie sie auch genannt wird, sollte groß genug sein, damit Sie Ihr Gesäß oder, wenn der Hocker als Tritthocker verwendet werden soll, Ihre Füße darauf platzieren können. Heutzutage gibt es viele kreative Formen von Sitzflächen, die nicht immer unbedingt körperfreundlich sind. Der erste Schritt besteht darin, zu prüfen, wie gut die Form des Sitzes mit der Größe und Form Ihres Hinterns harmoniert.

Abgerundete Sitzfläche

Genau wie ein Stuhl muss auch ein Hocker im Kniebereich abgerundet sein, damit er bequem ist. Da ein Hocker keine Rückenlehne hat, sollte er entweder über die gesamte Sitzfläche abgerundet sein oder eine klar erkennbare Vorder- und Rückseite haben.

Die Beine

Ein Hocker hat normalerweise drei oder vier Beine, die je nach Winkel und Positionierung im Verhältnis zur Sitzfläche für mehr oder weniger Stabilität und Kippsicherheit sorgen. Leicht nach außen abgewinkelte Beine senken den Schwerpunkt ab und machen den Hocker damit stabiler. Ein Hocker aus schwerem Material besitzt eine ganz andere Stabilität als einer aus leichtem Material, insbesondere wenn die Beine leichter sind als die Sitzfläche. Die Tragfähigkeit des Hockers hängt von der Positionierung der Beine ab. Achten Sie daher darauf, ob und wie die Beine des Hockers miteinander verbunden sind.

Bei Hockern mit langen dünnen Beinen befinden sich die Streben selten auf genau derselben Höhe, wodurch sie maximale Stabilität gewährleisten. Bohrt man die Löcher für die Streben auf gleicher Höhe in ein und dasselbe Bein, nimmt man in der Regel zu viel Material an einer Stelle weg, als dass das Bein seine Tragfähigkeit beibehalten könnte. In Ausnahmefällen (z. B. bei Jonas T. Lindvalls Barhocker *Miss Button* für Stolab) lässt sich das Problem lösen, indem man die Enden der Streben abwinkelt und sie im Inneren des Beins zusammenlaufen lässt, aber das erfordert enorme handwerkliche Präzision, hochwertiges Holz und einen starken Leim. Daher gibt es oft einen leichten Höhenunterschied zwischen den Punkten, an denen sich die Querstreben an den Beinen treffen. Eine weitere Alternative sind H-förmige Kreuze.

Stapelbarkeit

Viele Hocker sind stapelbar, weshalb sie besonders praktisch sind. Allerdings kann die Art und Weise, wie die Beine positioniert und konstruiert sind, den Komfort beeinträchtigen. Bei dem dreibeinigen *Spin* von Staffan Holm bildet sich mit jedem zusätzlichen Hocker ein spiralförmiges Muster. Dadurch wird der Stapel an und für sich schon zu einem dekorativen Detail und braucht nicht in einer Abstellkammer versteckt zu werden. Denken Sie also daran, vor dem Kauf Probe zu sitzen und die Stapelbarkeit zu testen.

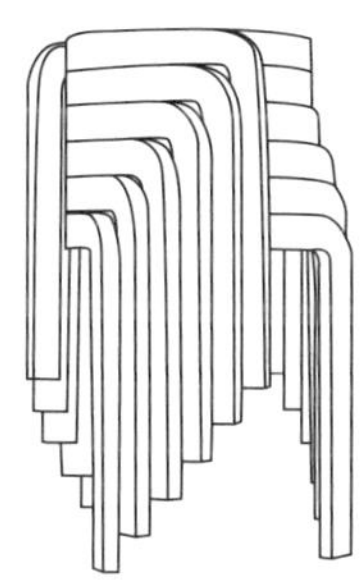

Tritthocker

Neben den Schemeln sind auch Tritthocker in schwedischen Haushalten üblich. Sie ähneln im Aufbau einer Treppe und haben oft einen in die Oberseite eingefrästen Griff, der das Umstellen erleichtert. Ein Tritthocker kann sowohl als zusätzliche Sitzgelegenheit als auch als Leiter dienen, wenn Sie in einem höheren Regal oder in einem Oberschrank nach etwas greifen mussen. Achten Sie auf die Tiefe der Stufe, damit Sie sicher stehen können, und darauf, dass die Positionierung und der Abstand der Stufen groß genug sind, damit Sie nicht mit Fuß und Unterschenkel dagegenstoßen.

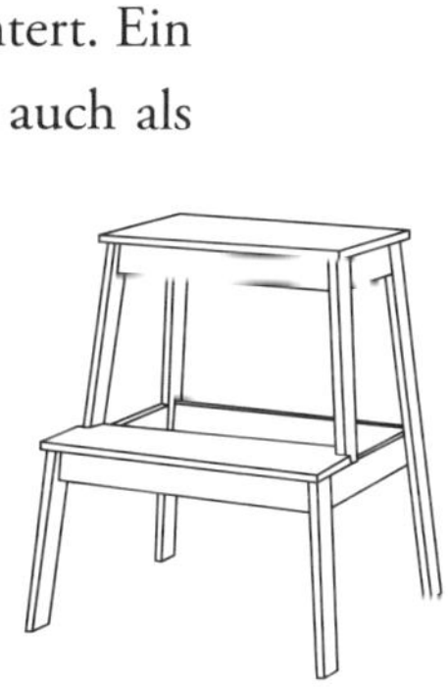

Kauftipps für Hocker

- Testen und prüfen Sie den Hocker nicht nur, wenn Sie ruhig dasitzen, sondern probieren Sie auch aus, wie sich der Hocker in einer aktiveren Sitzposition anfühlt, zum Beispiel, wenn Sie sich nach vorn gegen einen Tisch lehnen, als ob Sie essen würden. Oder wenn Sie sich bücken, um sich die Schuhe zu binden, falls Sie den Hocker im Flur benutzen wollen.
- Je tiefer der Schwerpunkt eines Hockers, desto stabiler ist er.
- Verstellbare Hocker, bei denen man die Höhe durch Drehen/Schrauben der Sitzfläche nach oben oder unten verändert, wirken in hohen Positionen manchmal etwas wackeliger. Testen Sie den Hocker daher immer in allen gewünschten Höhen, nicht nur in der im Geschäft voreingestellten.
- Kippeln Sie ein wenig hin und her, um abzuschätzen, ob der Hocker

MAUERBLÜMCHENKLASSIKER

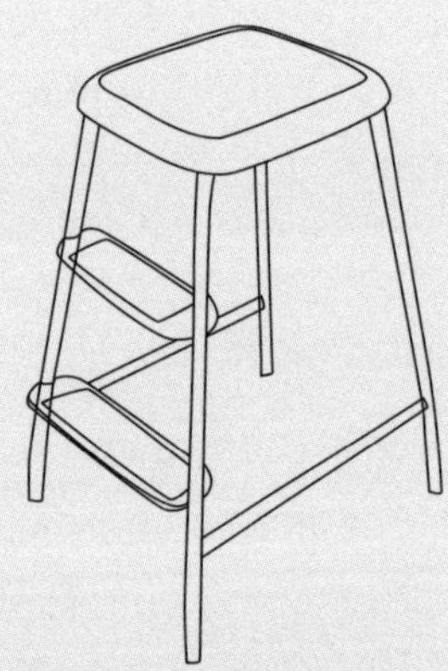

Der Tritthocker oder Hausfrauenhocker, wie er auch genannt wird, ist ein Mauerblümchen unter den schwedischen Designklassikern, von dem in seiner Glanzzeit angeblich fast 700 000 Exemplare verkauft wurden!

Der Hocker diente zum einen als Sitzgelegenheit für die Hausfrau, die damals gut acht Stunden am Tag in der Küche verbrachte, und zum anderen als Leiter für Regale und Schränke. Bröderna Lindqvist AB Motala soll die erste schwedische Firma gewesen sein, die diese Tritthocker herstellte, aber das Unternehmen hat sich die Idee nie patentieren lassen. So kam es, dass ein anderes schwedisches Unternehmen eine eng daran angelehnte Variante unter dem Namen AWAB (Abkürzung für Anderstorps Werkstads AB) produzierte und auch andere ähnliche Modelle existieren.

stabil ist und guten Kontakt zum Boden hat. Ein dreibeiniger Hocker steht immer stabil, unabhängig davon, wie eben der Boden ist. Oder wie die Mathematiker sagen: Drei Punkte definieren eine ebene Fläche.

- Seien Sie vorsichtig bei Tritthockern mit hohen Längsseiten. Wenn man schräg auftritt und sich dabei auf eine Seite stellt, gerät womöglich der ganze Hocker aus dem Gleichgewicht und fällt um.
- Überprüfen Sie die Breite und Neigung der Stufen sowie die Beschaffenheit der Oberfläche, um eine Stolper- oder Rutschgefahr auszuschließen.
- Wenn man einen Hocker transportiert, hat man keine Rückenlehne zum Festhalten zur Verfügung, also greift man in der Regel spontan nach der Sitzfläche. Wie fühlt sich der Hocker beim Anheben und Tragen an? Können Sie ihn mit einer Hand gut greifen oder brauchen Sie beide Hände, damit er nicht über den Boden schleift?

Barhocker

Seinen Namen verdankt der Barhocker der Tatsache, dass er ein gängiges Sitzmöbel in Bars und Restaurants ist, in denen man sich kurz hinsetzen und trotzdem etwa die gleiche Augenhöhe mit den stehenden Gästen und dem Personal halten möchte. Auch wer zu Hause keine richtige Bar hat, kann mit einem Barhocker ein paar zusätzliche Sitzplätze an einer Kücheninsel oder einer anderen Arbeitsplatte schaffen, wo Platz zum kurzen Verweilen ist.

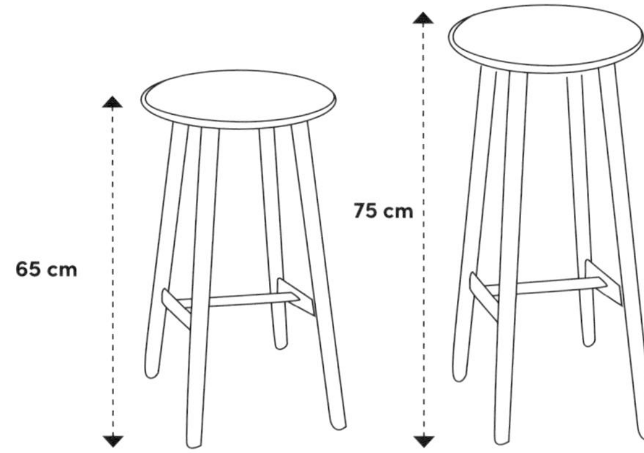

Sitzhöhe

Barstühle und -hocker werden hauptsächlich in zwei Standardgrößen hergestellt, 60 Zentimeter oder 75 Zentimeter hoch. Einer der häufigsten Fehler gerade bei Barstühlen ist, dies zu übersehen und sie in der falschen Höhe zu kaufen. Damit ist die Tischplatte dann entweder zu hoch oder zu niedrig, wodurch es für die Oberschenkel zu eng wird. Für welche Variante Sie sich entscheiden sollten, hängt also ganz von der Höhe des Tisches oder der Höhe des Tresens ab. In der Regel eignet sich die Sitzhöhe von 65 Zentimetern am besten für Tische, Arbeitsplatten und Kücheninseln, die auf einer Ebene mit der Küchenarbeitsfläche liegen, während die Sitzhöhe von 75 Zentimetern für etwas höhere Stehtische oder für Kücheninseln mit einer Theke geeignet ist (eine vorspringende und erhöhte Arbeitsplatte). Es gibt auch höhenverstellbare Modelle, bei denen die Sitzhöhe je nach Bedarf angepasst werden kann.

Rückenlehnen

Der Unterschied zwischen Barstühlen und Barhockern besteht darin, dass Erstere Rückenlehnen haben und Letztere eher wie Hocker mit überlangen Beinen aussehen. Die Rückenlehnen von Barstühlen gibt es in verschiedenen Formen, von einer kleinen Erhöhung der Sitzfläche bis hin zu regulären, stabilen Rückenschalen. Zunächst empfiehlt es sich, zu prüfen, ob die Rückenlehnen der ausgewählten Stühle tatsächlich eine Unterstützung und Entlastung der unteren Wirbelsäule bieten – sofern gewünscht. Andernfalls handelt es sich meist um ein dekoratives Detail, das keinen praktischen Einfluss auf die Sitzposition hat. Andererseits weist die Form der Rückenlehne, unabhängig von ihrem Zweck, womöglich Merkmale auf, die das Sitzen im Endeffekt unbequemer machen. Probieren Sie einen Stuhl daher immer in verschiedenen Sitzpositionen aus, um ein Gefühl für ihn zu bekommen, etwa mit geradem Rücken/aufrecht, nach vorn an eine Tischplatte gelehnt, nach hinten gelehnt und eher entspannt und aktiv, als würden Sie auf dem Stuhl essen oder die Zeitung lesen und dabei Ihre Arme bewegen.

Treffen sich ein Hocker und eine Arbeitsplatte …

Neben dem Sitzkomfort sollten Sie bei der Entscheidung für einen Barhocker mit Rückenlehne auch das Material und die Rundung der Arbeitsplatte im Auge behalten. Soll der Barhocker an einer Arbeitsplatte mit einer scharfen Kante stehen, darf die Rückenlehne nicht so empfindlich sein, damit der Kontakt mit ihr im Laufe der Zeit keine Abdrücke hinterlässt und Verschleiß verursacht. Ein konkretes Beispiel: Wenn eine Rückenlehne aus Kunststoff ständig gegen eine scharfkantige Arbeitsplatte stößt, weil der Barhocker zu fest an den Tresen gerückt wird, führt das zu Macken an den Kanten. In diesem Fall ist ein Hocker ohne Rückenlehne, der ganz unter die Arbeitsplatte geschoben werden kann, oder ein Barstuhl mit weicherer Rückenlehne mit einem strapazierfähigen Stoffbezug vielleicht die bessere Wahl.

Beine und Verstrebungen

Ein wichtiges Detail, auf das Sie beim Kauf von Barhockern und Hockern achten sollten, ist eine Stütze für die Füße. Diese wirkt beim Hinsetzen wie eine Trittstufe. Da man ein ganzes Stück über dem Boden sitzt, erreicht ihn nicht jeder mit den Füßen, weshalb eine Stütze oder Entlastungstrebe am Stuhlbein ein wichtiges Hilfsmittel zur Veränderung der Sitzposition ist. Wenn man die Sitzhaltung verändert, stemmt man sich oft unwillkürlich gegen die Stütze, was besonders in einer Umgebung, in der Straßen- oder Hausschuhe getragen werden, sowohl physikalisch (Belastung) als auch mechanisch (Reibung/Oberflächenverschleiß) eine große Beanspruchung darstellt. Mit unseren Beinmuskeln üben wir einen enormen Druck aus, weshalb diese Stütze aus einem robusten Material gefertigt und gut in den Halterungen befestigt sein muss, damit ein Erwachsener sie nicht versehentlich beschädigen kann. Auf lange Sicht gesehen hängt das Ausmaß des Verschleißes maßgeblich von der Konstruktion solcher Stützstreben ab, etwa, ob sie verbunden (Holz) oder geschweißt sind (Metall).

Stuhlbeinmikado

Wie schon bei der Berechnung der Anzahl der Personen, die an einem Tisch Platz finden, ist normalerweise nicht die Größe der Möbel ausschlaggebend für den Abstand, sondern die Ellbogenfreiheit, wenn man sitzt. Deshalb sind 60 Zentimeter pro Sitzplatz bei Barhockern und Hockern ebenfalls ein guter Richtwert, auch wenn man in dem Fall meist etwas dichter zusammenrückt, da man selten lange darauf verweilt. Allerdings sollte man bei Barhockern bezüglich des Abstandes beachten, dass ihre Beine oft nach außen weisen, um den Schwerpunkt nach unten zu verlagern und Stabilität zu schaffen. Die Grundfläche des Möbelstücks ist also meist größer als die Sitzfläche. Da verkalkuliert man sich schnell und stellt zu viele Stühle zu dicht nebeneinander, wodurch sich die Beine verheddern, wenn man sich hinsetzen will. Es kommt also nicht nur auf die Größe der Sitzfläche und die Ellbogenfreiheit an, sondern auch auf die »Breitbeinigkeit«, die bestimmt, wie viele Barhocker man aufstellen kann, bevor es zu eng am Tisch wird.

Verschiedene Sitzflächen und ihre Materialien

Bei der Wahl der Sitzfläche und des Materials des Barhockers geht es nicht nur um Ästhetik, sie wirken sich auch maßgeblich auf den Komfort und die Strapazierfähigkeit der Sitzfläche aus.

Holz

Eine Sitzfläche aus Holz reflektiert die Körperwärme, was normalerweise als angenehmer empfunden wird als andere, kühlere Materialien.

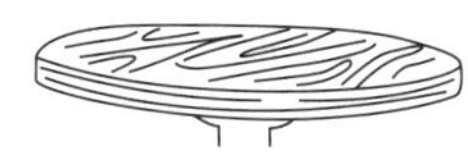

Metall

Barhocker mit Metallteilen fühlen sich für den Körper und das Gesäß kühler an als andere Werkstoffe.

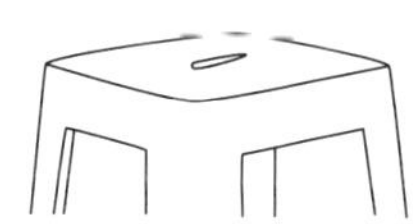

Plastik

Plastiksitze sind leicht abzuwischen und sauber zu halten, werden nicht durch Feuchtigkeit oder verschüttete Lebensmittel beschädigt und halten auch in Umgebungen mit schwankenden Temperaturen stand, etwa in Wintergärten. Allerdings sind Kunststoffe in der Regel empfindlich und verkratzen leicht. Ist der Sitz gewölbt, besteht bei bestimmten Kleidungsstücken Rutschgefahr. Wenn Sie sich für eine Sitzfläche aus Plastik entscheiden, sollten Sie bedenken, dass das Material nicht atmungsaktiv ist und sich bei längerem Sitzen vor allem auf nackter Haut und in warmen Umgebungen schweißnass und klebrig anfühlen kann.

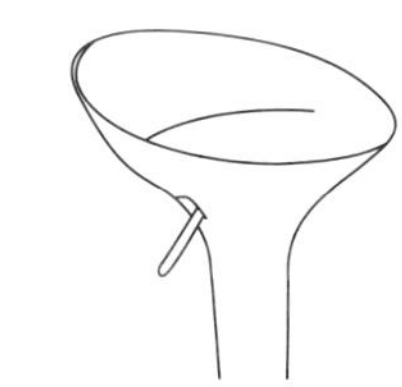

Stoff

Ein mit Stoff bezogener Sitz ist weicher und vermittelt ein gemütlicheres Gefühl, ist aber andererseits eventuell auch anfälliger fur Flecken (je nach Qualität des Stoffes). In Räumen oder Umgebungen, in denen häufig Shorts oder Röcke getragen werden, sollte man auf Stoffe besser verzichten, da diese häufig als rau oder kratzig empfunden werden.

Leder

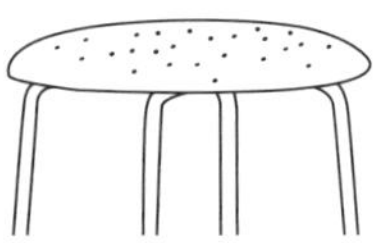

Ein mit Leder bezogener Barhocker macht oft einen exklusiveren Eindruck und bekommt mit der Zeit eine schöne Patina. Aber Vorsicht: Scharfe Gegenstände und Details an der Kleidung wie Jeansknöpfe und Reißverschlüsse hinterlassen oft unschöne Spuren. Eine günstigere Alternative zu Leder ist Kunstleder, das zudem etwas strapazierfähiger ist.

Sitzflächen aus Sattel- oder Leinengurten

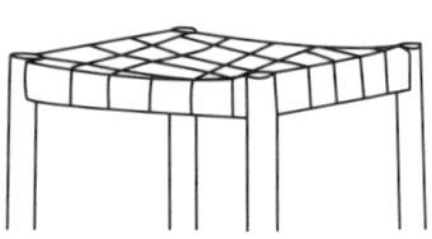

Sie bieten einen luftigen und weichen Sitz, neigen aber oft dazu, ein wenig durchzuhängen, und müssen nach ein paar Jahren eventuell neu bespannt werden.

Rattan

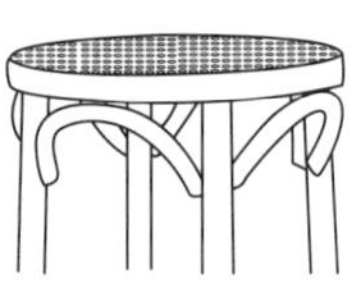

Bei Sitzen aus Rattan oder Seil sind zwar die reinen Materialkosten oft günstiger als etwa bei Massivholz und Leder, es ist aber aufwendiger, sie zu flechten und sauber zu verbinden. Günstige Möbel aus diesen Materialien sollte man sich also ganz genau anschauen. Geflochtene Sitze können durch das Gewicht Abdrücke im Gesäß hinterlassen und für Menschen unbequem sein, die keine eingebaute eigene Polsterung am Po haben. In der Regel gibt es einen großen Unterschied zwischen der Verarbeitung und der Dichte von High-End-Möbeln und einfacheren Budget-Modellen. Ein Rattansitz ist empfindlich gegen punktuellen Druck und wird leicht beschädigt, wenn jemand, der schwer ist, etwas Hartes (wie ein Handy) in der Gesäßtasche hat oder sich beim Aufstehen mit den Daumen abstützt. Und diese Sitze verkraften es nicht, wenn man sich daraufstellt.

Kauftipps für Barhocker

- Der Barstuhl oder -hocker sollte die richtige Sitzhöhe im Verhältnis zur Tischplatte haben. Wie bei normalen Stühlen wird ein Abstand von 27 bis 30 Zentimetern zwischen der Sitzfläche und der Arbeits- oder Tischplatte empfohlen. Andernfalls spüren Sie den ungünstigen Abstand schnell im Nacken und in den Schultern.
- Wenn der Barhocker eine verstellbare Höhe hat, prüfen Sie, wie gut der Hebe- und Senkmechanismus funktioniert. Billigere Stühle ruckeln oft und können mit der Zeit schwergängig werden. Dann besteht die Gefahr, dass sich das Anheben und Absenken des Sitzes ein bisschen so anfühlt, als würde man in einer Rakete sitzen.
- Höhenverstellbare Sitze kann man manchmal auch drehen. Testen Sie, ob der Stuhl in der gewünschten Position richtig arretiert werden kann.

»Das perfekte Sitzen ist eine Kunst, sollte es aber nicht sein. Vielmehr sollten Sitzmöbel so kunstfertig gemacht werden, dass das Sitzen darin kein Kunststück ist.«

Bruno Mathsson

- Vermeiden Sie zu rutschige Sitze. Ansonsten besteht die Gefahr, dass man aus dem Stuhl heraus- oder in ihn hineinrutscht, was auf Dauer unangenehm ist.
- Barhocker ohne Rückenlehne lassen sich bei Nichtgebrauch in der Regel komplett unter die Arbeitsfläche schieben und schaffen so mehr freie Fläche im Raum. Praktisch für kleinere Räume.
- Bei Barstühlen und Barhockern mit einer sehr tiefen Sitzfläche ist man weiter von der Arbeitsfläche und/oder der Rückenlehne entfernt. Je nach Design kann das Vorbeugen die Stabilität beeinträchtigen – es entsteht das Gefühl, nach vorn zu schaukeln.
- Barhocker mit Kufengestell machen beim Verschieben weniger Geräusche und fühlen sich beim Wechsel der Sitzposition möglicherweise stabiler an. Aber Vorsicht bei zu runden Kufen – fehlen Keile, besteht Kippgefahr.
- Sie sollten immer Probe sitzen und die Stabilität testen. Wackelt oder knarrt der Stuhl, wenn Sie die Position wechseln?
- Kleine Menschen müssen von höheren Stuhlmodellen oft herunterhüpfen oder -rutschen. Wie verträgt der Stuhl das dabei auftretende Wackeln, und wie verträgt er auf Dauer das Abrutschen über die vordere Kante des Sitzes? Gibt es Teile, die durch diese Bewegung verschleißen könnten?

Bänke

Bänke können in ganz unterschiedlichen Räumen von Nutzen sein: am Esstisch in der Küche, damit mehr Menschen Platz haben, als Sitzgelegenheit im Flur, um sich die Schuhe anzuziehen, im Badezimmer neben der Badewanne, um mit den Kindern beim Baden zu spielen, oder als Ablagefläche, wenn man selbst einmal die Gelegenheit hat, kurz abzutauchen. Oder aber im Freien, um sich im Garten ein Weilchen auszuruhen, oder als Sitzgelegenheit an einer sonnengewärmten Mauer.

Allen Bänken, egal, wo man sie hinstellen will, ist gemeinsam, dass sie kippsicher und stabil sein sollten, damit sie nicht in der Mitte durchhängen, wenn man sich hinsetzt. Außerdem ist es wichtig, dass die Tiefe der Bank nicht zu knapp bemessen ist, damit Sie darauf Platz haben, sonst kommt es Ihnen schnell so vor, als würden Sie auf einer Eisenbahnschiene sitzen. Ebenso sollten Sie die Füße vorzugsweise beim Aufstehen unter die Bank schieben können, ohne den Oberkörper zu Hilfe nehmen zu müssen. (An Orten, an denen man nur kurzzeitig sitzt, kann man in diesem Punkt auch einen Kompromiss eingehen und eine Bank mit verstecktem Stauraum oder einem Schuhregal darunter wählen).

Hier sind einige Richtlinien, die helfen, in Sachen »Bankgeschäfte« Fehlkäufe und unnötige Rücksendungen zu vermeiden, vor allem, wenn Sie Ihre Bank online oder in einem Antiquitätengeschäft erstehen, denn die älteren Standardmaße stimmen möglicherweise nicht mit den heute gängigen überein.

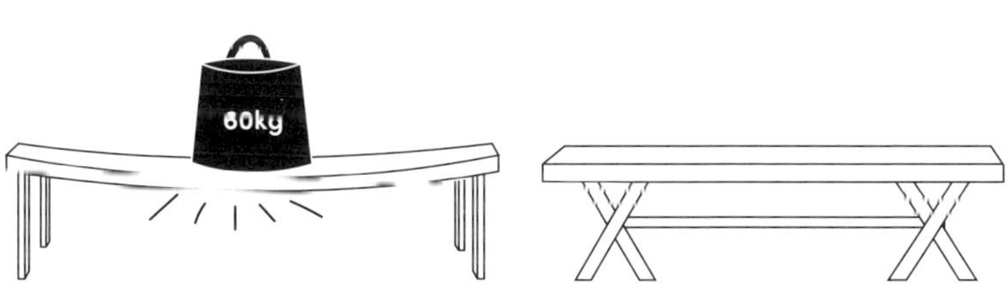

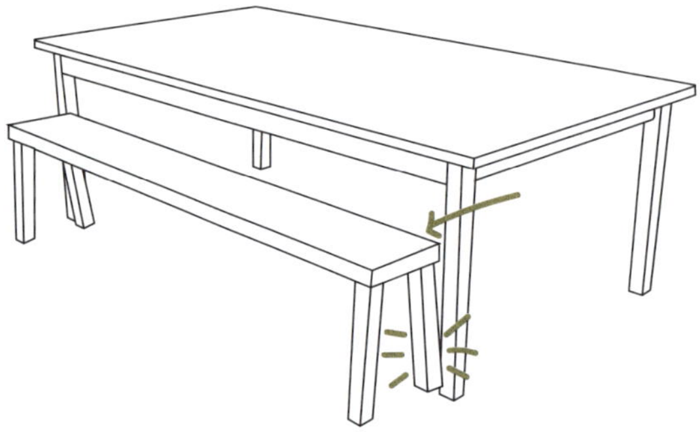

Die Länge der Sitzbank sollte auf die Breite des Tisches und auf die Position der Tischbeine abgestimmt sein. So lässt sich vermeiden, dass die Bank gegen die Tischbeine/-streben stößt und die Sitzfläche zu weit übersteht, wie auf dem Bild zu sehen ist.

- Die Bank sollte eine Sitzhöhe von 41 bis 45 Zentimetern haben, also etwa so hoch wie ein Esszimmerstuhl sein. Falls die Bank nicht an einem Tisch stehen soll, darf die Sitzhöhe eher im niedrigen Bereich sein.
- Der Abstand zwischen Sitzfläche und Tischplatte sollte 27 bis 30 Zentimeter betragen, damit man bequem sitzen kann, ohne dass der Nacken schmerzt oder man die Schultern hochziehen muss.
- Die Sitzfläche muss etwa 40 Zentimeter tief sein, damit Gesäß und Oberschenkel bequem Platz finden. Eine schmalere Bank schneidet

BITTE BEACHTEN

Bänke für Esstische, an denen man längere Zeit verbringt, werden nicht empfohlen, da das aufrechte Sitzen ohne Rückenlehne schnell unbequem wird.
Das Sitzen auf einer Bank in einer Gruppe mit anderen ist schwierig, wenn man einen Rock trägt, vor allem einen engen. Dadurch kann man kaum die Beine über die Bank schwingen. Wenn also jemand in der Mitte der Bank aufstehen will, müssen alle anderen das auch tun.
Oft sind leicht nach außen geneigte Beine bei einer Bank (genau wie bei Tischen und Hockern) stabiler, weil sie dann weniger leicht kippt.

womöglich in die Oberschenkelmuskeln ein, und man kann nicht lange darauf sitzen, während eine zu breite Bank einen unnatürlichen Sitzwinkel erfordert.

- Rechnen Sie mit etwa 60 Zentimetern Sitzbreite pro Erwachsenem (einschließlich Ellbogenfreiheit), um abzuschätzen, wie viele Personen auf die Bank passen.
- Idealerweise sollte die Vorderkante der Sitzbank etwas unter den Tisch reichen – sonst müssen manche leicht nach vorn gelehnt sitzen und riskieren nach einiger Zeit Rückenschmerzen.

Schreibtischstühle

Der Kampf um eine gute Ergonomie im Homeoffice entscheidet sich oft bei der Wahl des Schreibtischstuhls. Natürlich spielt dabei auch der Beruf eine Rolle. Wenn man einen guten Stuhl hat, der für langes Sitzen geeignet ist, kommt man beim Tisch aber oft mit einer einfacheren Lösung aus als andersherum.

Ein guter Schreibtisch- oder Bürostuhl sollte eine Lordosenstütze bieten und entweder verstellbar sein oder die optimale Höhe im Verhältnis zu dem Tisch haben, an dem Sie sitzen. Während eines langen Arbeitstages muss die Körperhaltung regelmäßig verändert werden – deshalb ist es wichtig, ein Stuhlmodell zu wählen, das Ihnen diese Möglichkeit bietet (damit Sie sich nicht eingeengt fühlen), um das Risiko von Verletzungen durch wiederholte Belastungen zu verringern.

Im Folgenden werden einige Faktoren aufgelistet, die bei der Entscheidungsfindung von Nutzen sind, wenn man verschiedene Modelle von Schreibtischstuhlen ausprobiert.

Verstellbare Rückenlehne

Achten Sie darauf, einen Stuhl zu nehmen, der Ihre Lendenwirbelsäule stützt, damit die natürliche S-Kurve erhalten bleibt und Sie nicht in einer Position landen, in der Sie nach einer Weile wie Gollum aussehen. Um den Rücken bei der Arbeit am Schreibtisch zu entlasten, sollte der Stuhl Berührung mit Ihrem Steißbein haben, und die Rückenlehne sollte sowohl in der Höhe als auch in der Neigung verstellbar sein, damit Sie Ihre Sitzposition von Zeit zu Zeit variieren können. Dann können Sie die Rückenlehne verstellen oder kippen, wenn Sie eine Pause machen, sich zurücklehnen und ein Dokument lesen oder vielleicht länger telefonieren wollen. Mit einem Modell, das sich verstellen und justieren lässt, haben Sie zudem die Möglichkeit, auch die Tiefe des Sitzes je nach Bedarf zu verändern.

Ist die Sitzfläche verstellbar?

Achten Sie darauf, dass die Sitzfläche des Stuhls zu Ihrem Körper passt und sich weder in der Breite noch in der Tiefe zu groß oder zu klein anfühlt. Bietet die Sitzfläche des Stuhls Unterstützung und Entlastung für den gesamten Oberschenkel und darüber hinaus? Dann ist es wahrscheinlich nach einer Weile unbequem. Denken Sie daran, dass vorn am Sitzkissen zwischen Sitzfläche und Knie etwa eine Faust breit Platz sein sollte. Dort verlaufen Blutgefäße und Nerven recht nah unter der Oberfläche. Werden diese über einen längeren Zeitraum zusammengedrückt, beeinträchtigt das die Blutzirkulation in den Beinen, was schlimmstenfalls zu geschwollenen Waden und Füßen führt. In einem Bürostuhl zu versinken kann allerdings genauso schlimm sein wie über Bord zu gehen, wenn also die Hälfte des Hinterns überquillt und die Sitzfläche in den Oberschenkel einschneidet.

TIPP!

Büro- und Arbeitsstühle sollten fünf Rollen haben, damit sie stabil stehen, nicht zuletzt, weil sich der Schwerpunkt rasant verlagert, wenn wir uns anlehnen oder nach etwas greifen. Allerdings haben das längst nicht alle Modelle, es lohnt sich also, darauf zu achten!

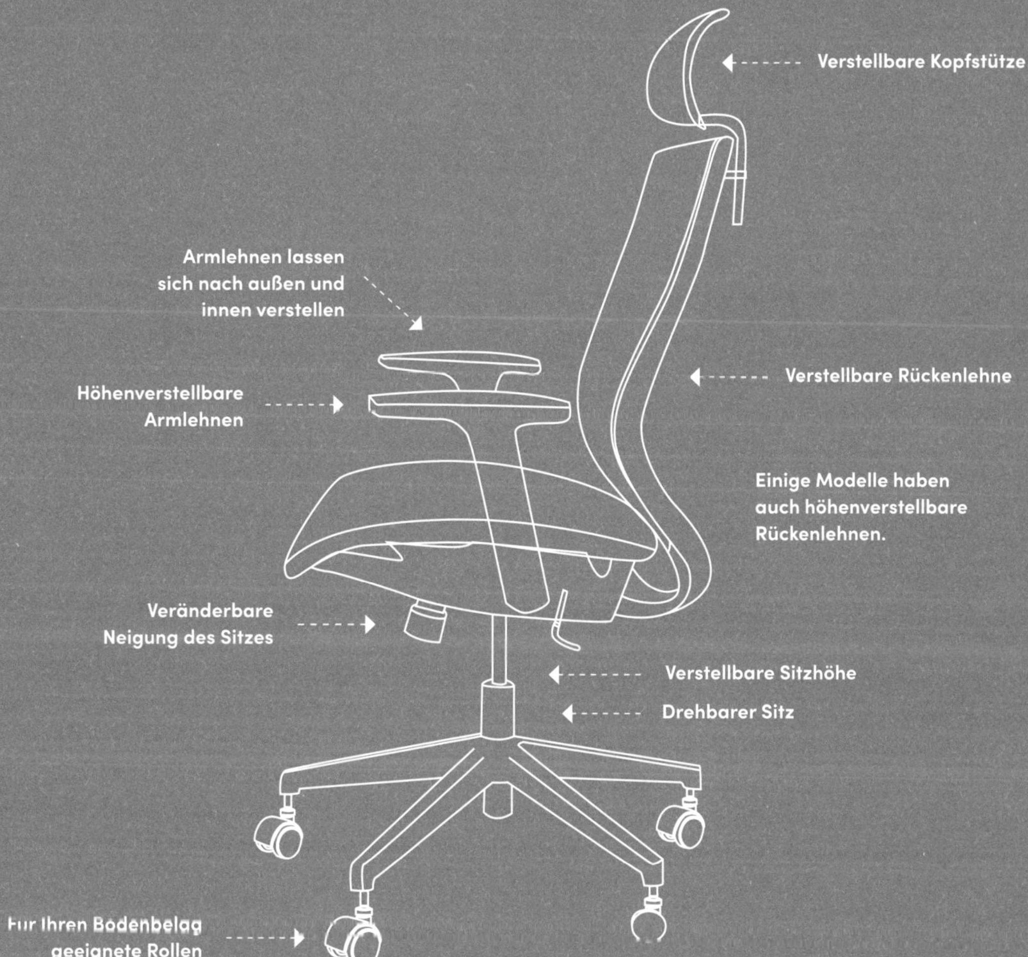
Verstellbare Kopfstütze
Armlehnen lassen sich nach außen und innen verstellen
Höhenverstellbare Armlehnen
Verstellbare Rückenlehne
Einige Modelle haben auch höhenverstellbare Rückenlehnen.
Veränderbare Neigung des Sitzes
Verstellbare Sitzhöhe
Drehbarer Sitz
Für Ihren Bodenbelag geeignete Rollen

Am besten wählen Sie einen Stuhl mit verstellbarer Sitzfläche. Beim Arbeiten sollte die vordere Kante idealerweise einige Zentimeter niedriger sein als die hintere (anders als beim Sitzen auf einem normalen Stuhl), damit Steiß und Nacken bei Schreibarbeiten in einer guten Position bleiben. Vermeiden Sie außerdem schalenförmige und rutschige Stuhlflächen.

Ist die Sitzhöhe verstellbar?

Ergonomen hüten sich sehr, pauschale Antworten zur optimalen Sitzhöhe zu geben. Auf die gesamte Körperhaltung kommt es an! Damit Sie Ihre Handgelenke nicht zur Tastatur hin abknicken und den Blick gut auf den Bildschirm richten können, sollten Sie in der Lage sein, Ihre Fußsohlen auf den Boden zu stellen und mit dem Oberkörper in der richtigen Höhe zum Tisch zu sitzen. Ein Abstand von 41 bis 45 Zentimetern zwischen Boden und der Sitzfläche ist meist eine gute Richtschnur. Wenn Sie in einen höhenverstellbaren Stuhl investieren, haben Sie jede Menge Gestaltungsspielraum, sodass der Stuhl bei Ihnen zu Hause oder bei jemandem, der einen anderen Schreibtisch hat als Sie, eine längere Lebensdauer hat.

Sind die Armlehnen justierbar?

Wenn Sie den Platz dafür haben, sollten Sie einen Stuhl mit Armlehnen wählen und darauf achten, dass diese sich sowohl in der Höhe als auch seitlich verstellen lassen, um die Arme und die Muskeln in Hals, Nacken und Schultergürtel optimal zu entlasten. Manchmal werden verstellbare Armlehnen in der Produktbeschreibung auch als »free float« bezeichnet.

Wenn Sie einen Stuhl mit Armlehnen kaufen, achten Sie immer darauf, dass er unter den Schreibtisch passt und dabei nicht mit Schubladenelementen oder Rahmenteilen unter der Tischplatte kollidiert.

Drehen sich die Rollen und das Gestell?

Falls genügend Platz vorhanden ist, empfiehlt sich ein Stuhl auf Rädern mit drehbarem Untergestell. So hat der Stuhl die Arbeit und nicht Sie, wenn Sie sich am Schreibtisch bewegen oder sich umdrehen, um etwas aus einem Regal hinter sich zu erreichen. Vergessen Sie dabei nur nicht den Untergrund: Stühle mit Rollen neigen dazu, an Teppichkanten hängen zu bleiben, und möglicherweise benötigen Sie eine Unterlage für den Boden. Überprüfen Sie, ob Ihr Stuhl austauschbare Rollen hat, damit Sie je nach Bodenbeschaffenheit (harter Boden oder weicher Teppich unter dem Schreibtisch) den richtigen Typ wählen können.

Das Material des Sitzes

Wenn Sie die oben genannten Punkte abgearbeitet haben, ist es an der Zeit, über das Material des Sitzes nachzudenken. Das heißt noch lange nicht, dass es nur um die Ästhetik geht, denn je nach Art der Polsterung wird ein und derselbe Bürostuhl ganz unterschiedlich wahrgenommen.

Leder ist robust und bekommt mit der Zeit eine schöne Patina, kostet aber oft etwas mehr und ist nicht atmungsaktiv, wodurch es sich nach längerem Sitzen schon mal schweißnass anfühlen kann. Außerdem können Lederbezüge knarzen und Geräusche machen, wenn man sich bewegt. Stuhlkissen mit Textilbezug sind weicher und in der Regel günstiger als Leder, können aber auch kratzen und scheuern, wenn man Pech hat – also sollten Sie nicht nur der Farbe wegen Muster bestellen, sondern auch, um die Beschaffenheit zu fühlen. Bedenken Sie, dass sich Büromöbel, auf denen man acht Stunden am Tag sitzt, schneller abnutzen als andere gepolsterte Stühle in Ihrem Zuhause, daher sind die Anforderungen an die Haltbarkeit hoch. Oft tritt der Verschleiß an bestimmten Stellen oder Teilen des Stuhls auf. Wenn Sie also auf der Suche nach einem langlebigen Arbeitskollegen sind, sind sowohl der Martindale-Test zur Abrieb- und Pillingprüfung als wichtige Methode zur Bewertung der Haltbarkeit als auch die Farbechtheit des Stoffes das zusätzliche Geld wert. Mehr zum Thema Polstermöbel erfahren Sie in dem Abschnitt über Sofas.

Mesh und Netzgewebe wirken optisch luftiger und aufgrund der Löcher oft auch ein wenig durchsichtiger, wodurch diese Stühle mitunter einen etwas schickeren Eindruck machen. Ideal also, wenn man einen kleinen Raum als Homeoffice einrichten möchte. Sie sind jedoch schwieriger zu reinigen und zu reparieren, wenn sie Löcher bekommen.

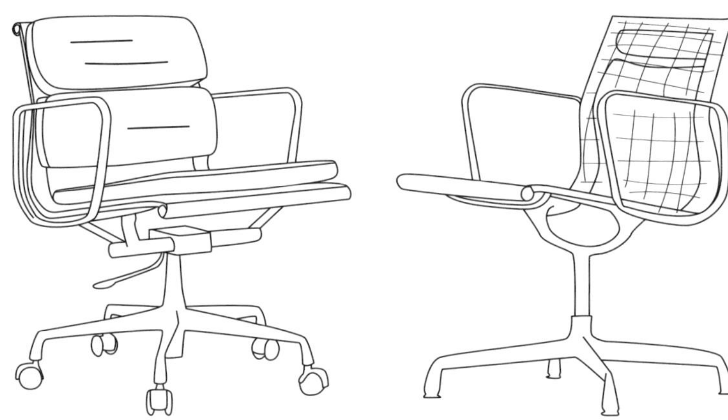

Bürostühle mit einem gepolsterten Sitz bieten eine weichere Oberfläche für das Gesäß, während ein Mesh-Sitz für eine bessere Luftzirkulation sorgt.

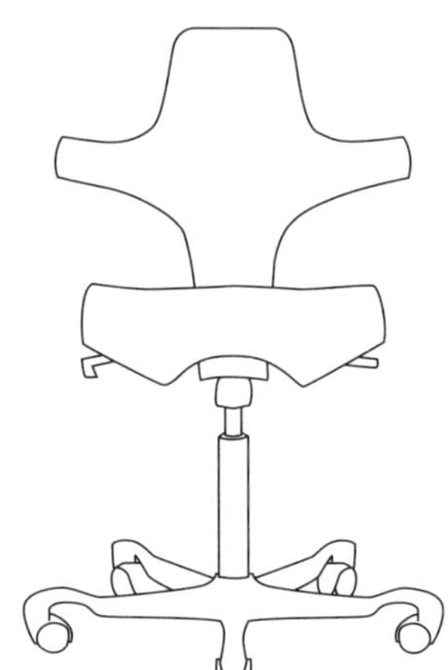

Auf einem Sattelstuhl sitzt man in einer sogenannten »Reiterposition«. Das erschwert das Zusammensinken des Rückens und fördert eine bessere Haltung. Das Design von Sattelstühlen soll außerdem die Blutzirkulation in den Beinen verbessern und im Vergleich zu einem normalen Bürostuhl mehr Bewegungsfreiheit bieten.

Die Farbe

Ganz zuletzt kommt nun der Punkt, mit dem viele Leute anfangen: die Farbe des Bezugs. Wie auch bei Skibekleidung empfehle ich, Weiß und Schwarz zu vermeiden, gerade bei Bürostühlen, deren Polsterung nicht gewaschen werden kann. Weiß, weil Schmutz (von täglichen Berührungen und Daumenabdrücken mit Druckerschwärze und Make-up) oft sofort sichtbar ist und sowohl auf der Rückenlehne als auch auf dem Sitz Spuren hinterlässt. Schwarz, weil es mit der Zeit ausbleichen kann und Staub, Stoffflusen, Haare, Schuppen und mehr auf einem dunklen Untergrund genauso sichtbar sind wie auf einem weißen. Grau und andere Zwischentöne auf der Farbskala sind daher oft vorzuziehen. Je nachdem, ob der Stuhl sich in den Raum einfügen oder hervorstechen soll, kann man mit Kontrast- oder Camouflage-Effekten arbeiten, um die Blicke auf den gewählten Fokus im Raum zu lenken.

TRICKS ZUR VERBESSERUNG DER ERGONOMIE

Wenn Sie auf einem »normalen« Stuhl arbeiten, lohnt es sich, in ein Kissen zu investieren, das an der Rückenlehne befestigt wird, um einen ähnlichen Effekt wie bei der Lordosenstütze eines Bürostuhls zu erzielen.

Wenn der Bildschirm zu niedrig ist, beispielsweise, wenn man lange an einem Laptop arbeitet, sackt der Oberkörper nach vorne und der Nacken verkrampft sich. In diesem Fall hilft Ihnen ein Laptopständer, den Blick zu heben und Ihre Haltung zu verbessern.

Es gibt auch keilförmige Sitzkissen, die hinten dicker sind als vorne, sodass man sich leicht nach vorn neigt.

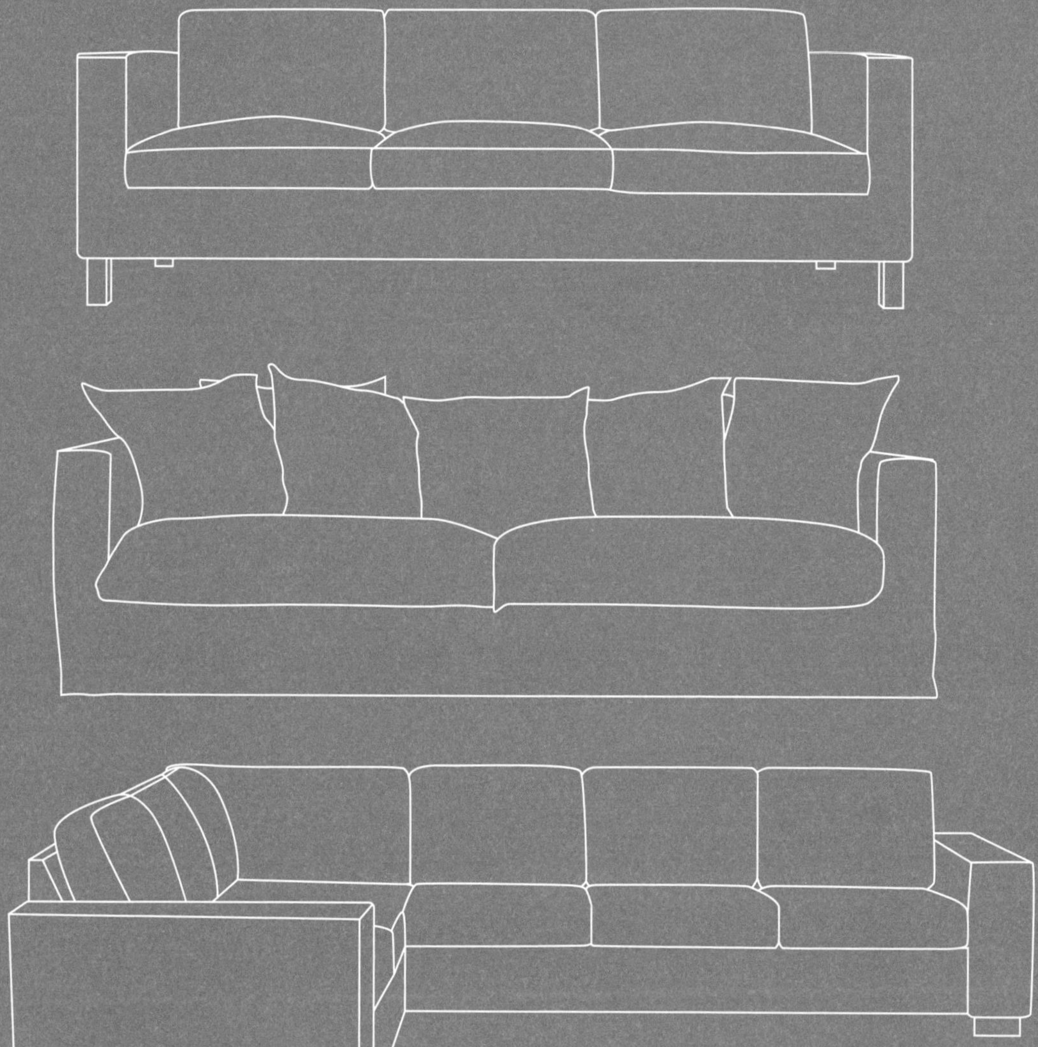

Sofas

Der Kauf eines Sofas ist eine große Investition, sowohl im wörtlichen als auch im übertragenen Sinne. Zum einen, weil es das Möbelstück ist, das nach dem Bett normalerweise den meisten Platz in unserer Wohnung einnimmt, zum anderen, weil Sofas in der Herstellung und damit in der Anschaffung kostenintensiv sind. Außerdem ist es das Möbelstück, auf dem die meisten von uns (wenn sie wach sind) die meiste Zeit verbringen. Ebendarum unterliegt ein Sofa im Laufe seines Lebens auch einer Menge Verschleiß. Da ist es vielleicht nicht verkehrt, sich vor dem Kauf gründlich zu informieren. Aber wie unterscheidet man gut von schlecht, wenn es um Polstermöbel geht? In diesem Abschnitt versuche ich, sowohl die sichtbaren als auch die unsichtbaren Qualitätsunterschiede herauszuarbeiten.

Sieben auf einen Streich – kleine Checkliste für Sofakäufer

Bevor wir uns mit den Details befassen, hier ein kleiner Spickzettel mit sieben schnellen Kauftipps rund ums Sofa, damit Sie bei der Suche nach einem neuen Sofa nichts Wichtiges übersehen.

- Größe – wie viel Platz ist in der Wohnung vorhanden und wie viele Sitzplätze werden benötigt?
- Sitzgewohnheiten – wie sitzen Sie und wie nutzen Sie das Möbelstück im Alltag?
- Gestell – Qualität, Preisniveau und Langlebigkeit
- Polsterung – Auswahl der Materialien, Weichheit und Komfort
- Pflege – Wahl der Polsterung und Zeit für die Pflege
- Stil – Ästhetik, Schnitt und Silhouette
- Farbgebung – Farbton und Kontrast zum Raum

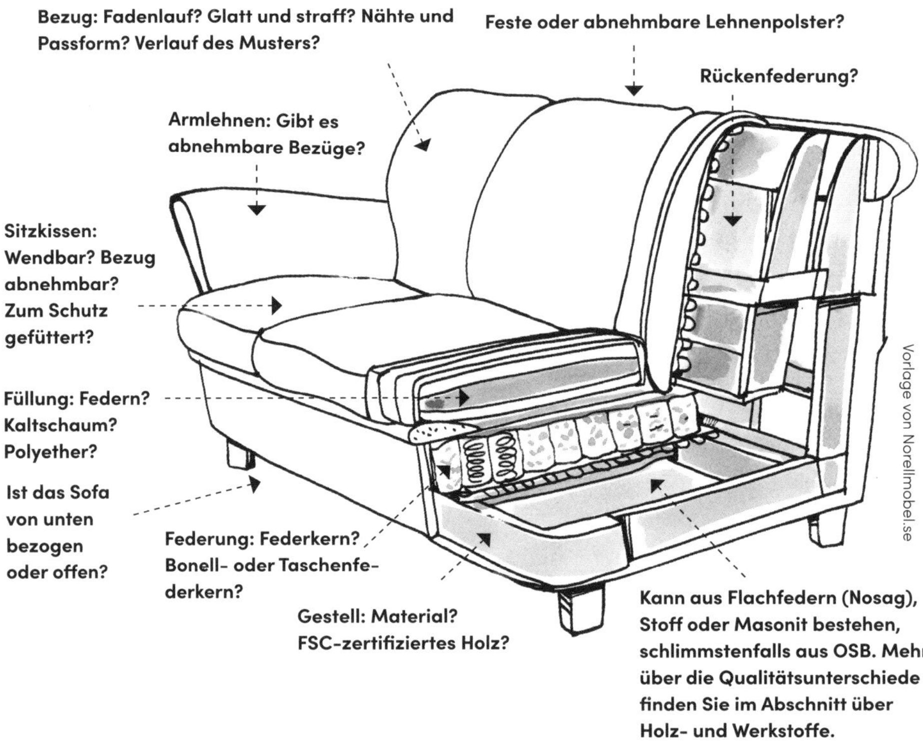

Die Anatomie eines Sofas

Das Gestell

Bei der Auswahl eines Sofas gilt es, unter dem Stoff, mit der Grundstruktur, zu beginnen. Das Gestell ist vergleichbar mit dem Skelett des Sofas und bildet das Fundament, auf dem der Rest des Möbelstücks aufgebaut ist. Bei einem hochwertigen Sofa ist der Rahmen oft aus Massivholz. Weil man ihn aber nicht auf den ersten Blick sieht, wird er von vielen Billigherstellern vernachlässigt, was sowohl die Lebensdauer verkürzt als auch zukünftige Wiederbelebungsversuche in Form von Reparaturen erschwert. Die einfachsten Modelle haben sogar manchmal einen Rahmen aus OSB- oder Spanplatten, was weder Komfort noch Haltbarkeit garantiert.

Ein weiterer Punkt ist, dass das Gestell nicht durch die Polsterung zu spüren sein sollte. Es darf auch keine scharfen Ecken und Kanten geben, da die Bezüge dadurch schnell verschleißen. Deswegen befindet sich auf dem Gestell oft eine dünne Schicht Watte oder Schaumstoff, was die Überprüfung eines Polstermöbelstücks erschwert, wenn es erst einmal im Geschäft steht. Der Kauf eines Sofamodells mit ganz oder teilweise sichtbarem Gestell hat den Vorteil, dass man es völlig anders begutachten kann und somit wirklich weiß, was man bekommt.

Tipps für die Qualitätsprüfung des Gestells

- Die Qualität des Gestells lässt sich schnell und unkompliziert überprüfen, indem man das Sofa an einem der vorderen Beine etwas anhebt. Hebt sich das Bein auf der gegenüberliegenden Seite nicht vom Boden ab, deutet das möglicherweise darauf hin, dass sich das Gestell unter Druck verbiegt oder verdreht, wodurch das Sofa mit der Zeit absackt.
- Erkundigen Sie sich beim Verkaufspersonal, wie das Sofa aufgebaut ist. Wenn man Ihnen Ihre Fragen nicht beantworten kann, spricht allein das in der Regel schon Bände. In diesem Fall sind Sie nicht in einem Geschäft, das Qualität verkauft.
- Das Gewicht des Sofas gibt einen weiteren Hinweis auf die Stabilität des Rahmens. Ein Massivholzsofa ist immer schwerer. Auch ein Blick unter das Sofa verrät vieles: Die Unterseite einfacherer Sofas ist nicht immer abgedeckt, sodass Sie dabei vielleicht erkennen können, welches Material verbaut wurde.
- Steht Massivholz für Qualität und Spanplatten für das genaue Gegenteil, so gibt es doch auch eine ganze Bandbreite dazwischen. Manche Sofagestelle bestehen aus geschweißtem Metall, andere aus Sperrholz. Die Qualität eines Sperrholzrahmens schwankt in Abhängigkeit davon, aus wie vielen Schichten er besteht, im Allgemeinen aber hält er Stößen besser stand als Spanplatten. Bei einem Sperrholzgestell lassen sich außerdem die Schrauben nachziehen, wenn sie sich mit der Zeit lockern, in einer Spanplatte hingegen muss dazu ein neues Loch gebohrt und die Schrauben müssen ver-

setzt werden. Überdies hält einfacheres Spanplattenmaterial Feuchtigkeit nicht so gut stand und neigt deshalb in feuchter Umgebung dazu, aufzuquellen und sich zu verformen.

Die Federung

Bevor ich mich näher mit dem Thema Polstermöbel beschäftigte, dachte ich, dass vor allem die Kissen über den Komfort eines Sofas entscheiden, dabei gibt in vielen Fällen die Schicht darunter den entscheidenden Ausschlag. Hat das Sofa eine Federung? Wenn ja, was für eine? Das ist nämlich längst nicht bei allen der Fall, die billigsten sind oft durchgehend aus Kaltschaum und haben Polyether direkt auf die Spanplatte geklatscht. Also: Die eigentliche Federung des Sofas befindet sich im Rahmen unter den Sitzkissen. Achten Sie deshalb darauf, dass das Sofa oberhalb der Zargenauflage mit einer Polsterung oder einem dämpfenden Material wie Nosag, Bonell-Federung oder Taschenfederkern ausgestattet ist.

Nosag (Flachfederung, auch Schlangen- oder Zickzackfeder genannt)
Bei Nosag handelt es sich um einen verketteten, welligen und federnden Metalldraht innerhalb des Rahmens. Gelegentlich sind zwischen den Reihen aus Schlangenfedern auch Gummibänder gespannt, die das Gewicht von einer Feder auf die anderen verteilen, was zu einer gleichmäßigeren Dämpfung und einem besseren Sitzkomfort führt.

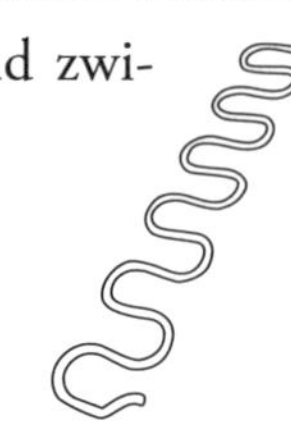

Bonell-Federung
Spiralfedern, die miteinander verbunden oder ineinander verhakt sind.

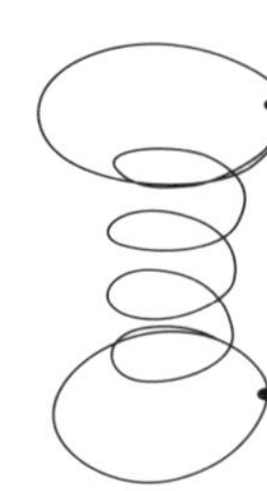

Taschenfederung
Bei einer Taschenfederung ist jede Schraubenfeder in einer stoffähnlichen Tasche untergebracht, damit die Belastung individueller verteilt

wird. So wirkt sich eine niedergedrückte Feder nicht wie bei einer Bonell-Feder auf die danebenliegende aus. Auf diese Weise lässt sich die Spannung des Sofas einstellen und der Sitzkomfort erhöhen. Spiralfedern haben unterschiedlich viele Windungen: Je mehr Windungen, desto höher der Widerstand.

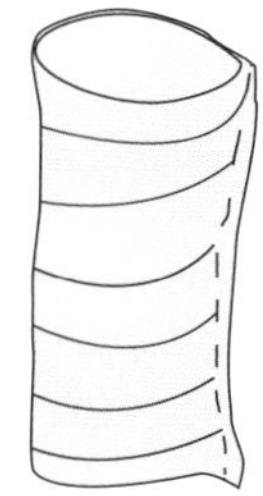

Mehr über die Federung steht im Abschnitt über Betten, denn die Federung von Betten und Sofas ist nach dem gleichen Prinzip aufgebaut.

Die Polsterung

Die Polsterung von Sofas besteht in der Regel aus Kaltschaum und Polyether, einem Kunststoff auf Erdölbasis, was für bewusste Verbraucherinnen und Verbraucher etwas problematisch ist, da diese Stoffe meist aus fossilen Brennstoffen hergestellt werden. Zudem unterscheidet sich die Qualität von Schaumstoff. Je schwerer die Polsterung, desto besser.

Billigere Sofas haben zwischen Gestell und Kissen in der Regel nur eine Schicht Schaumstoff. Wer höhere Ansprüche an seine Polstermöbel hat, arbeitet ähnlich wie bei einer Torte mit Schichten: Unten am Holzrahmen kommt eine härtere Schaumstoffschicht, darüber eine weichere und ganz oben die weichste Schicht. Das sorgt für eine stärkere Dämpfung und einen höheren Sitzkomfort. Auf einem solchen Sofa ist der Holzrahmen nicht zu spüren, egal, wie stark man auch drückt.

Für zusätzlichen Komfort befinden sich in den anspruchsvolleren Sofas in den Sitzkissen verschiedene Schichten aus geleimtem Polyether, wodurch der Ruckenbereich weicher und der Kniebereich fester ist. Die Schichten dienen dazu, die perfekte Neigung zu erreichen, die wie bei Stühlen hinten niedriger und vorn höher sein sollte. Daher lässt sich die Position der Kissen von Ecksofas nicht verändern, der Teil an der Ecke ist wie ein Fächer geschichtet, damit die Vorderkante stabiler bleibt als der weiche Teil an der Rückenlehne. Auch bei Sofas mit wendbaren Kissen lässt sich die Neigung des Polyethers nicht beeinflussen, wodurch sich unter Umständen Rückschlüsse auf den zu erwartenden Komfort ziehen lassen. Neben Kaltschaum gibt es auch einige Anbieter, die Sofas aus natürlichen Materialien produzieren, bei denen der Kern aus Naturkautschuk und Naturlatex mit einer Deckschicht aus Daunen besteht.

Kaltschaum

Bei der Produktion von Schaumstoffen werden Polyole hinzugefügt: Kaltschaum und Polyether enthalten jeweils eine Art von Polyolen. Die Qualität von Kaltschaum ist in der Regel etwas besser als die von Polyether.

Die Schaumstoffherstellung könnte man vielleicht mit dem Brotbacken vergleichen, dann stünde Polyether sozusagen für Schaum mit Weizenmehl, Kaltschaum für Schaum mit Hartweizen. Kaltschaum gibt es in verschiedenen Qualitäten, deshalb lohnt es sich, die Werte der Sofas zu überprüfen. Das sogenannte Raumgewicht wird in kg/m^3, Kilogramm pro Kubikmeter, gemessen. Eine hohe Dichte bedeutet, dass das Sofa zwar etwas härter ist, aber auch langlebiger. Weichere Sofas sind zwar anfangs bequem, fühlen sich aber nach einer Weile

TIPP!

Die Produktion von Schaumstoff für Polstermöbel in der EU unterliegt der sogenannten REACH-Verordnung. Überprüfen Sie außerdem, ob die Füllung des Sofas, das Sie kaufen möchten, ein Umweltzeichen trägt, wie zum Beispiel Ecolabel und OEKO-TEX 100. Für aus dem Ausland importierte Sofas gelten möglicherweise andere Vorschriften in Bezug auf die bei der Herstellung verwendeten Chemikalien. Vorsicht ist auch bei Schaumstoff mit schwer entflammbaren Substanzen geboten, da diese nicht sonderlich gut verträglich sind. In einigen Ländern sind sie aufgrund abweichender Brandschutzbestimmungen vorgeschrieben, weshalb manche Hersteller den Ausfuhrmöglichkeiten wider besseres Wissen den Vorrang vor der chemischen Belastung geben.

unförmig an und halten nicht so lange. Kaltschaumkerne gibt es von 20 kg/m^3 bis zu 55 kg/m^3 Schaumstoff, wobei die extremen Werte selten empfehlenswert sind, weder hinsichtlich des Komforts noch der Festigkeit. Ein guter Richtwert ist ein Raumgewicht von 30 bis 35 Kilogramm, damit die Polsterung lange hält.

Ein Kessel Buntes: Verbundschaumstoffe

Verbundschaumstoff besteht aus zerkleinerten und zerrissenen Resten der Schaumstoffproduktion, die unter hohem Druck mit Klebstoff fixiert wurden. Da es sich um ein Abfallprodukt handelt, kann seine Dichte und Härte variieren, je nachdem, was gerade zur Verfügung stand.

Kugelfaser und (Polyester-)Watte

Watte ist von der Konsistenz her lockerer, während Kugelfasern, wie der Name schon sagt, zu Kugeln gewirkt werden, wodurch sie vergleichsweise formstabiler sind. Beides muss jedoch regelmäßig aufgeschüttelt und gelockert werden, damit das Material nicht zusammensackt. Die Watte wird meist zum Auspolstern des Rahmens verwendet, während die Kugelfaser eher in Kissen benutzt wird.

Daunen/Vogelfedern

Sie werden zum Füllen der Kissen und Polster verwendet. Echte Daunen sind erheblich teurer als Federn, es gibt sie in unterschiedlicher Qualität, aus Betrieben mit besserer und schlechterer Tierhaltung. Bei einer schlechteren Qualität sind mehr harte Partikel enthalten, wohingegen Daunen eine ganz bestimmte Federart bezeichnen, die vom unteren Federkleid des Vogels stammt und weicher ist. Viele Menschen verwenden den Begriff fälschlicherweise auch, wenn es sich genau genommen gar nicht um Daunen handelt. Es gibt auch recycelte Federn. Lesen Sie die Inhaltsangabe sorgfältig durch und erkundigen Sie sich im Geschäft. Füllungen aus Daunen und Federn schmiegen sich unvergleichlich besser an, wenn man sich zurücklehnt, sind aber tendenziell teurer und erfordern mehr Pflege. Bei Polstern und Kissen mit Daunenfüllung besteht die Gefahr, dass Federn durchkommen, wenn sie nicht sorgfältig abgedichtet sind. Rückenkissen und Kissen mit losen Füllungen sollten in Kammern oder Abschnitte unterteilt sein, damit sie gleichmäßig verteilt sind. Andernfalls neigen die Daunen dazu, zu verklumpen und sich zu sammeln, wodurch die Polsterung ungleichmäßig wird. Durch die Zwischenwände verteilen sich die Daunen besser, und das Kissen bauscht sich leichter auf. Außerdem befinden sich in den verschiedenen Polsterflächen des Sofas unterschiedliche Mengen an Daunen, um den Sitzkomfort zu maximieren. Bei einem Rückenkissen zum Beispiel sind unten mehr Daunen erforderlich als oben, damit die Lendenwirbel gestützt werden und man sich bequem anlehnen kann. Bei einem Sitzkissen werden in den Bereichen, auf denen man tatsächlich sitzt, mehr Daunen verarbeitet, und dort, wo das Rücken- auf das Sitzkissen trifft, weniger. So bleiben die Kissen in Form, weil sie nicht gegeneinanderdrücken. Um zu verhindern, dass die Unterteilungen im fertigen Kissen zu sehen sind, bringen die anspruchsvolleren Anbieter darüber eine abschließende Daunenschicht an. Manchmal werden die Daunen mit anderen Materialien gemischt, damit sie ihre Form behalten und sich leichter aufschütteln lassen.

Rosshaar

Ein natürliches Material, das aus dem Schweif und der Mähne von Pferden (mitunter auch Rindern) gewonnen wird und durch die Behandlung locker und flauschig wird, weshalb es sich als Polsterung eignet. Im Abschnitt über Betten finden Sie weitere Informationen über Rosshaar als Polstermaterial.

Der Sofabezug

Die Wahl des Bezugs ist in erster Linie eine Frage des Geschmacks. Wenn man sich aber angesichts der großen Auswahl kaum zurechtfindet, sind einige Qualitätsaspekte vielleicht hilfreich. Worauf legen Sie Wert?

Auch bei festen Polstern ist der Bezug oft abnehmbar. Dann sollte ein Innenbezug/Futter vorhanden sein, um unnötigen Verschleiß zu vermeiden. Da sich, wenn man sich auf dem Sofa bewegt, auch der Bezug bewegt, schützt dieser Innenbezug vor Reibungsverschleiß durch den Kaltschaum.

Den einen Stoff wählt man also selbst aus, das Futter dagegen ist eine eher unsichtbare Schicht zwischen Polster und Füllung. Bei hochwertigen Sofas wird die Polsterung mit einem Baumwollstoff bespannt, bei einfacheren und billigeren Modellen dagegen wird oft ein filzartiger Vliesstoff aus 100 Prozent Polypropylen verwendet (mehr über dieses Material erfahren Sie im Abschnitt über Textilien und Textilfasern auf den Seiten 309–317).

Wenn wir über Sofas sprechen, benötigen wir fast eine eigene Fachsprache in Sachen Raumausstattung. Im Folgenden sind einige Begriffe aufgeführt, die man für die Übersetzung der Produktbeschreibungen zum Thema Polstermöbel kennen sollte. Mehr über Textilien steht auch im Abschnitt über Materialien auf den Seiten 309–316.

WUSSTEN SIE, DASS ...?

Für ein Naturledersofa ist es nicht besonders zuträglich, wenn es 30 Zentimeter oder weniger von einem Heizkörper oder einer anderen Wärmequelle entfernt steht.
Unter anderem deshalb sind Ledersofas auf der Rückseite oft mit Kunstleder ausgestattet – so lassen sie sich besser platzieren (und sind billiger in der Herstellung).

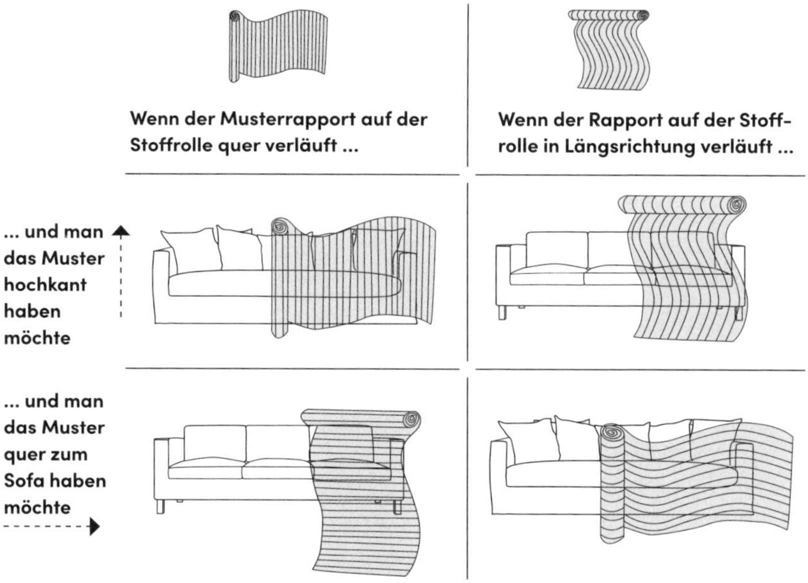

Wenn Sie ein gemustertes Sofa kaufen oder neu beziehen, achten Sie darauf, in welcher Richtung der Musterrapport auf der Stoffrolle verläuft, damit hinterher auch alles so aussieht, wie Sie es sich vorstellen. Es hängt sowohl von der Breite des Stoffes als auch von der Größe der Sofakissen ab, welche Richtung am hübschesten aussieht.

Martindale

Die Strapazierfähigkeit der Polsterung eines Sofas wird in Martindale gemessen. Um die Strapazierfähigkeit zu messen, wird eine Stahlkugel über den Stoff gerollt – je mehr Umdrehungen der Bezug aushält, desto besser.

Pilling-Klassen

Wie sehr der Möbelstoff zur Bildung von kleinen Knötchen oder Noppen (= Pills) neigt, wird in Pilling gemessen. Dabei handelt es sich um eine fünfstufige Skala, die die Abriebfestigkeit der Textilfasern angibt.

1. Viel Pilling auf der gesamten Oberfläche des Stoffes.
2. Deutlich sichtbare Knötchen auf dem größten Teil des Stoffes.

3. Mäßige Pilling-Bildung, vorwiegend an den am stärksten beanspruchten Stellen.
4. Sehr wenige Knötchen, die normalerweise nicht auffallen.
5. Überhaupt keine Knötchen.

Lichtechtheit oder Farbechtheit

Möbelstoffe reagieren mehr oder weniger empfindlich auf Sonne und UV-Licht. Deshalb wird die Lichtechtheit auf einer Skala von 1 bis 8 gemessen, wobei 8 die Bestnote ist. Für den Innenbereich sind 4 bis 5 üblich. Dies ist vor allem bei dunklen und gemusterten Stoffen zu beachten, da die Farben selten gleichmäßig über das gesamte Sofa ausbleichen, sondern vermehrt an den Stellen, die der Sonne am stärksten ausgesetzt sind, und anderswo, wo sich beispielsweise Zierkissen befinden, möglicherweise gar nicht.

Trockenabrieb

Der Begriff zeigt an, dass ein Polsterstoff oder Sofabezug abfärben kann, ohne dass die Oberfläche mit Feuchtigkeit in Berührung gekommen ist. Färbt das Sofa ab, wenn Sie darauf sitzen? Ebenso ist zu prüfen, ob Ihre Kleidung womöglich Spuren auf dem Sofa hinterlässt. Wenn Sie wissen, dass Sie oder ein Familienmitglied immer Bluejeans tragen, aber einen weißen Bezug aussuchen, ist die Kombination vielleicht nicht so ganz optimal.

Nassabrieb

Gibt an, wie stark sich der Bezugsstoff bei Kontakt mit feuchten Oberflächen wie nassen Hosen verfärben könnte. Gemessen auf einer Skala von 1 bis 5.

Einlaufen/Einsprung

Verändert sich die Größe des Polsterstoffs beim Waschen? Wenn Sie ein Sofa mit waschbaren Bezügen kaufen, sollten Sie darauf achten.

Zigaretten-Test
Ein anerkannter Labortest, bei dem festgestellt wird, ob ein Stoff oder Leder die Hitze einer brennenden Zigarette aushält, ohne sich zu entzünden. Allerdings bedeutet ein »Ja« lediglich, dass die Polsterung feuerfest ist, Brandflecken können trotzdem entstehen.

Sofakissen
Die Sitz- und Rückenkissen eines Sofas.

Zierkissen
Kissen, die zum Sofa gehören, aber keine Rückenkissen sind.

Rolle
Ein zylinderförmiges Sofakissen.

Die Unterseite

Nicht alle Sofas sind an der Unterseite bezogen. Dadurch gelangt der Staub leichter in das Innere des Sofas und sammelt sich um die Federung herum an, wo er langfristig Probleme verursachen kann. Ein

AUFGEPASST!

Leinenbezüge sind für Sofamodelle mit spürbar scharfen Kanten an Armlehnen und Ecken nicht geeignet. Im Laufe der Zeit nutzen sich die Fasern des Stoffes an diesen Stellen ab, was unter Umständen zu Löchern führt.
Wenn Sie sich für einen gemusterten Bezug entscheiden, weisen die Nähte und der Bezug möglicherweise Qualitätsunterschiede auf. Ein gewissenhafter Hersteller passt die Muster immer an und schafft saubere Übergänge zwischen den verschiedenen Teilen des Sofas, während weniger sorgfältige Massenproduzenten nicht über die nötige Marge verfügen, um die gleiche Verarbeitung zu bieten.

Unterbezug ist somit schon ein Qualitätsmerkmal an sich. Bei einfacheren Modellen kann man oft direkt in das Innere des Sofas hineinschauen, oder es wurde bei der Herstellung ein dünner Kunststoff-Vliesstoff angeheftet, nicht unähnlich dem Material, das manchmal im Garten als Pflanzvlies oder als Abdeckung verwendet wird.

Etwas hochwertigere Sofas werden oft mit einer zu öffnenden Lösung ausgestattet, etwa mit einem Klettverschluss oder einem Reißverschluss im Bezug, sodass man zum Reparieren des Möbelstücks problemlos an das Innere herankommt. Die exklusiveren Modelle verwenden sogar gedruckte Logos.

Seitdem ich das herausgefunden habe, inspiziere ich die Unterseite von Sofas. Man muss nur ein schnelles Foto mit dem Handy machen, und schon kann man die Unterseite des Sofas überprüfen, während man darauf sitzt.

Die Sitztiefe

Die Sitztiefe des Sofas wird bei eingelegten Sitz- und Rückenkissen von der Vorderkante der Sitzfläche bis zum Beginn des Rückenkissens gemessen. Es handelt sich dabei also um die nutzbare Sitzfläche. Das heißt, man misst die Sitztiefe eben nicht von der Vorderkante des Ge-

WUSSTEN SIE, DASS …?

Möbelfakta ist ein nach schwedischen und internationalen Normen (EN und ISO) ausgerichtetes neutrales Prüf- und Kennzeichnungssystem für Möbel und Einrichtungsgegenstände, das von akkreditierten Laboren durchgeführt wird und bestimmte Standards für Haltbarkeit, Materialqualität, Stabilität, Entflammbarkeit, Oberflächenbehandlung und Sicherheit abfragt.

stells bis ganz zur Rückseite oder von der Vorderkante bis zu den Zierkissen, da diese Fläche je nach Größe und Position der kleineren Kissen variieren kann. Wie bei Stühlen sollte der hintere Bereich des Sofas weicher oder niedriger sein als der vordere. Bei billigen Sofas sorgt die Füllung der Sitzpolster womöglich für den gegenteiligen Effekt, weil sie verklumpt und die Sitzpolster sich dann in der Mitte wölben.

Die Sitzhöhe

Die Sitzhöhe des Sofas wird vom Boden bis zum höchsten Punkt der Sitzkissen gemessen. Beachten Sie bitte, dass die Kissen beim Sitzen auf dem Sofa je nach der Weichheit der Polsterung und dem Gewicht desjenigen, der darauf sitzt, zusammengedrückt werden. Die statische Sitzhöhe weicht also von der dynamischen Höhe ab. Eine schwere Person drückt die Polsterung stärker zusammen und erlebt daher die Sitzhöhe anders.

Winkel und Höhe der Lehne

Je nachdem, wie stark die Rückenlehne eines Sofas geneigt ist, kann man sich aufrecht oder eher halb liegend darauf niederlassen. Je stärker die Neigung, desto größer sind die Anforderungen an die Rückseite des Sofas, die das Gewicht des Oberkörpers tragen und ihn dadurch entlasten soll. Und je stärker die Lehne geneigt ist, desto tiefer muss auch die Sitzfläche sein – und desto kürzer der Abstand zum Boden, damit man nicht mit den Beinen in der Luft baumelt. Die Höhe der Lehne in sitzender Position entspricht nicht der Gesamthöhe des Sofas. Diese Höhe wird nicht immer angegeben, sollte aber vom höchsten Punkt des Sitzkissens bis zum oberen Ende der Lehne gemessen werden. Hat das Sofa eine wellen- oder kamelrückenförmige Lehne, misst man vom höchsten Punkt des Sitzkissens bis zum tiefsten Punkt der Rückenlehne.

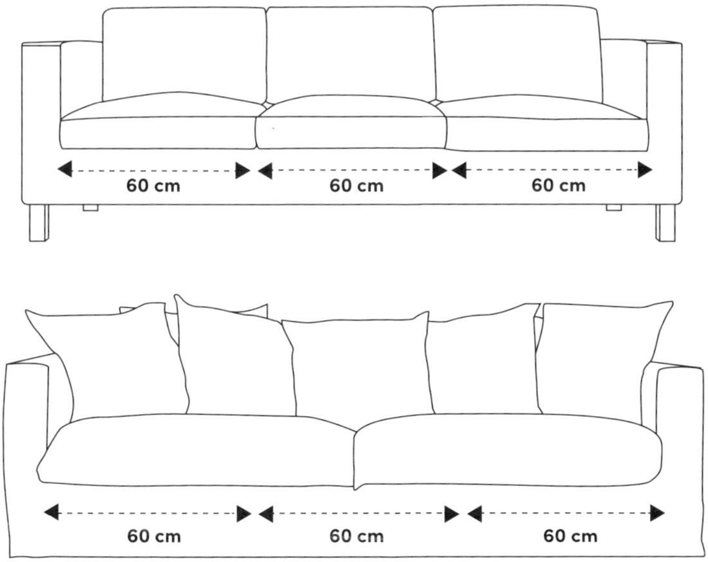

Messen Sie die Breite des Sofas von der Innenseite einer Armlehne zur anderen. Falls die Kanten des Sofas nicht gerade sind, messen Sie von der engsten Stelle auf der einen Seite bis zur engsten auf der anderen, um eine Vorstellung davon zu bekommen, wie viele Personen darauf Platz haben.

Wie viele passen auf das Sofa?

Man könnte meinen, dass es beim Kauf eines Sofas nicht allzu schwierig sein sollte, herauszufinden, wie viele Personen darauf Platz finden, denn die meisten Händler kategorisieren ihre Sofas nach der Anzahl der Sitzplätze. Aber wie lässt sich überprüfen, ob die Angaben des Händlers wirklich stimmen, oder wie können Sie das selbst einschätzen, zum Beispiel, wenn Sie ein gebrauchtes Sofa kaufen? Nicht immer lässt sich dies durch einfaches Zählen der Sitzkissen feststellen. Manche Dreisitzer-Sofas haben drei Kissen, andere ein, zwei oder vier. Es ist vielmehr eine Frage des Designs. Um auf Nummer sicher zu gehen, zücken Sie einen Meterstab und rechnen Sie nach: Für einen Erwachsenen werden etwa 60 Zentimeter Sitzfläche inklusive Ellbogenfreiheit benötigt.

Je nach Breite und Polsterung der Sitzkissen und eventuellen Lücken zwischen den Kissen sind manche Plätze allerdings möglicherweise gar nicht nutzbar. Deswegen sollten Sie darauf achten, dass man überall auf dem Sofa bequem sitzen kann, damit aus einem Dreisitzer-Sofa nicht in Wirklichkeit ein Zweisitzer-Sofa wird, weil niemand in der Mitte sitzen will, wo man vielleicht zwischen zwei Kissen versinkt oder einen harten Teil des Gestells am Po oder Rücken spürt.

Außerdem stellt sich die Frage, was Sie wollen. Erinnern Sie sich an den Abschnitt über »Proxemik«? Wenn nicht, blättern Sie zurück zu den Seiten 23/24.) Sich am Freitagabend mit der Familie aufs Sofa zu kuscheln, ist eine Sache, aber wenn man Leute eingeladen hat, die man nicht so gut kennt, möchte man vielleicht nicht ganz so nah beieinandersitzen. Diese Überlegung sollten Sie im Hinterkopf behalten.

Die Breite der Armlehnen

Je breiter und höher die Armlehnen oder Seitenteile eines Sofas sind, desto weniger Sitzfläche bleibt übrig. Wenn ein Sofa insgesamt 186 Zentimeter misst und breite Armlehnen hat (z. B. je 20 Zentimeter), wird man schnell feststellen, dass drei Erwachsene wohl kaum bequem auf dem Sofa sitzen können, auch wenn der Anbieter das Modell als Dreisitzer-Sofa bezeichnet. Breite Armlehnen eignen sich gut für diejenigen, die dazu neigen, halb zu liegen oder sich an die Seiten des Sofas zu lehnen. Allerdings sind schmale Armlehnen mit weniger Polsterung unbequem, wenn man häufig auf dem Sofa liegt und seinen Kopf an die Armlehne lehnt.

TIPP!

Zierkissen dienen nicht nur der Dekoration, sondern auch dazu, die Sitztiefe anzupassen. Wer aufrechter sitzen möchte, kann sie als Stütze verwenden, und wer lieber halb liegen möchte, legt sie beiseite.

Kauftipps für Sofas

- Wie viel Platz steht Ihnen für das Sofa zur Verfügung? Berücksichtigen Sie nicht nur die Breite von Wand und Sofa, sondern auch die Tiefe der Möbel und alle hervorstehenden Teile. Auch Sockel- und Fußleisten, Heizkörper, Fensterbänke, Steckdosen und den Radius von Zimmer- und Balkontüren sowie Möbel mit Türen (z. B. Medienmöbel, Bücherregale, Vitrinen und Sideboards) nicht vergessen!
- Wie viel Platz ist vor dem Sofa? Je stärker die Rückenlehne des Sofas geneigt ist, desto mehr Platz wird vor dem Sofa für die Beine benötigt, die entsprechend weiter ausgestreckt werden.
- Wie viel Belastung und Abrieb hält die Polsterung aus? Ein allgemein empfohlener Mindestwert für Wohnsofas liegt zwischen 15.000 und 25.000 Martindale.
- Wie stark neigt das Sofa zur Knötchenbildung? Ein Pilling-Wert von 4 bis 5 deutet auf eine langlebige Qualität für den täglichen Gebrauch hin.
- Wie hoch ist das Volumengewicht der Sitz- und Rückenkissen? Für ein Sofa, das täglich benutzt wird, werden 30 bis 35 kg/m³ empfohlen. Weichere Kissen nutzen sich schnell ab.
- Wie viel sind Sie bereit, in Wartung und Pflege zu investieren? Daunenpolster müssen regelmäßig aufgeschüttelt werden, damit die Daunen nicht verklumpen und ihre Flauschigkeit verlieren.
- Last but not least: Passt das Sofa in Ihre Wohnung? Passt es zu Ihnen, im wörtlichen und übertragenen Sinne? Um einen problemlosen Transport zu garantieren, messen Sie alle Durchgänge und Hindernisse aus – von der Haustür und der Diele bis hin zum Abstand zur Hecke des Nachbarn an der Haustür, dem Treppenhaus, engen Fluren und so weiter.

Allgemeine Waschanleitung für Sofabezüge

Beachten Sie bitte immer die Waschanleitung auf dem Etikett Ihres Sofabezugs. Darüber hinaus gibt es noch einige andere allgemeine Empfehlungen, die Sie beherzigen sollten:

- Wenn Sie die Sofabezüge auf mehrere Waschladungen aufteilen müssen, verwenden Sie für ein gleichmäßigeres Ergebnis unbedingt das gleiche Waschprogramm und das gleiche Waschmittel. Ein und derselbe Stoff kann bei verschiedenen Temperaturen, Waschmitteln und Programmen nämlich unterschiedlich ausfasern (Knötchen bilden) oder Farbe verlieren. Also aufgepasst – sonst ist Ihr Sofa nach dem Waschen plötzlich nicht mehr einfarbig!

- Vermeiden Sie die Verwendung von Bleichmitteln oder Weichspülern und trocknen Sie die Textilien nicht im Freien, da sonst die Gefahr besteht, dass sie in der Sonne ungleichmäßig ausbleichen.
- Schütteln Sie die Bezüge gründlich aus, bevor Sie sie in die Maschine geben, drehen Sie sie auf links und überprüfen Sie die Ecken, um Daunen und anderen Schmutz zu entfernen, der den Stoff beim Waschen verfärben könnte. Außerdem kann die Waschmaschine durch Rückstände von Vogelfedern und anderen Polstermaterialien in Mitleidenschaft gezogen werden, das kann ich Ihnen aus eigener Erfahrung versichern.
- Schließen Sie vor dem Waschen alle Reißverschlüsse und alle Knöpfe, damit sich der Stoff nicht verzieht.
- Trocknen Sie die Stoffbezüge liegend und bei Raumtemperatur. Geben Sie Sofabezüge niemals in den Wäschetrockner (es sei denn, der Hersteller weist darauf ausdrücklich hin), da sonst die Gefahr besteht, dass sie reißen oder beschädigt werden.
- Denken Sie daran, das Sofa wieder zu beziehen, bevor die Bezüge vollständig getrocknet sind, denn wenn der Stoff noch leicht feucht ist, geht es einfacher.

Häufige Beschwerden über Sofas

- Die Farben und Materialien stimmen in der Realität nicht mit den Abbildungen in Onlineshops oder Werbekatalogen überein. Das gilt hauptsächlich für helle Sofas in Weiß, Grau, Beige und Grün.
- Die Sitzpolster sind zu hart und unbequem.
- Das Sofa ist schnell »durchgesessen« und hat seine Form verloren.
- Das Sofa ist an den Nähten und Ritzen schlecht verarbeitet, Teile sind schief, der Stoff reibt an scharfen Elementen des Sofarahmens.

- Das Stoffmuster ist schlecht eingepasst.
- Die Rückenlehne ist viel zu niedrig, und es ist unbequem, wenn man sich zurücklehnt.
- Das Sofa ist nicht tief genug, sodass man nur aufrecht wie auf einem Stuhl sitzen kann.
- Das Sofa quietscht und knarrt.
- Der Stoff ist empfindlich und reißt leicht oder kratzt.
- Die Füße wirken instabil und geben nach, wenn viele Menschen gleichzeitig auf dem Sofa sitzen.
- Die Kissen wandern nach oben oder zur Seite, und es entstehen Ritzen, sodass auf dem Sofa weniger Personen Platz finden als in der Produktbeschreibung angegeben.

Kosten pro Benutzung – *KPB*

Erinnern Sie sich an das Konzept der KPB, Kosten pro Benutzung, aus meinem Buch *Innendesign*? Billige Sofas sind meist nur zum Zeitpunkt des Kaufs billig. Legt man den Preis auf die KPB um, kann billig auf lange Sicht ziemlich teuer sein, da Sie wahrscheinlich schneller das Möbelstück ersetzen müssen, als wenn Sie ein Qualitätsprodukt kaufen, das Sie mehrmals reparieren und neu beziehen können.

GANZ EHRLICH: WIE SITZEN SIE WIRKLICH?

Nicht immer trauen wir uns, die Sofas im Laden auch wirklich so auszuprobieren, wie wir sie im echten Leben benutzen. Erkennen Sie sich in einer der folgenden Positionen wieder?

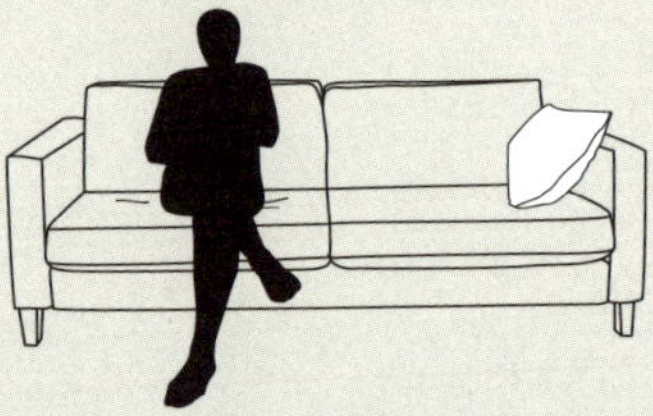

Wählen Sie kein allzu tiefes Sofa. Sonst sitzen Sie am Ende wie eine Puppe da und baumeln mit den Beinen in der Luft.

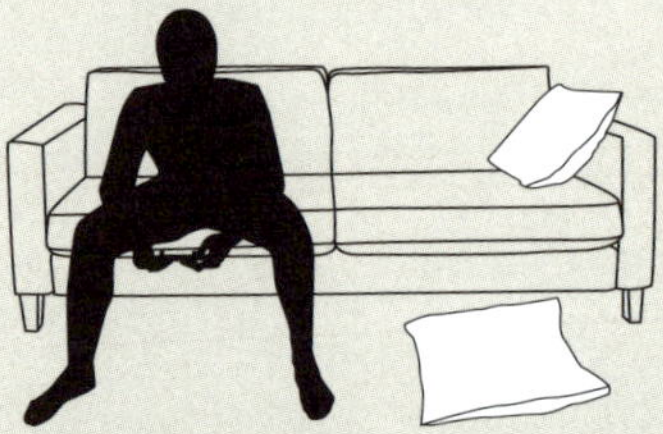

Entscheiden Sie sich für ein Sofa mit Polstern, die äußeren Belastungen standhalten können, ohne dass sie sich plattdrücken oder verformen.

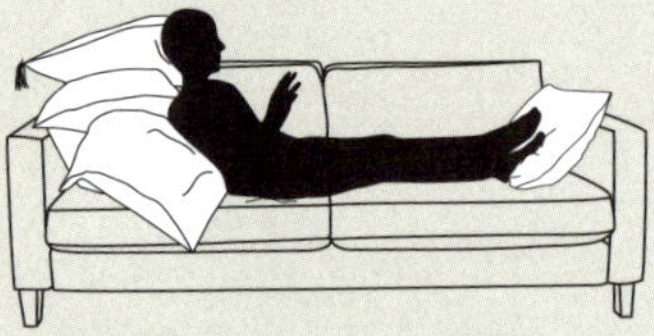

Wählen Sie kein Modell mit zu schmalen, zu niedrigen oder – noch schlimmer – gar keinen Armlehnen.

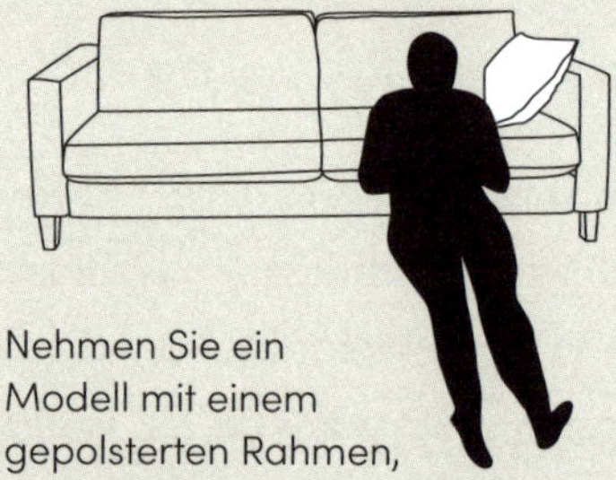

Nehmen Sie ein Modell mit einem gepolsterten Rahmen, der auch an der Unterseite vorne (unter den Sitzkissen) weich ist, damit Sie eine bequemere Rückenlehne haben, wenn Sie auf dem Boden sitzen.

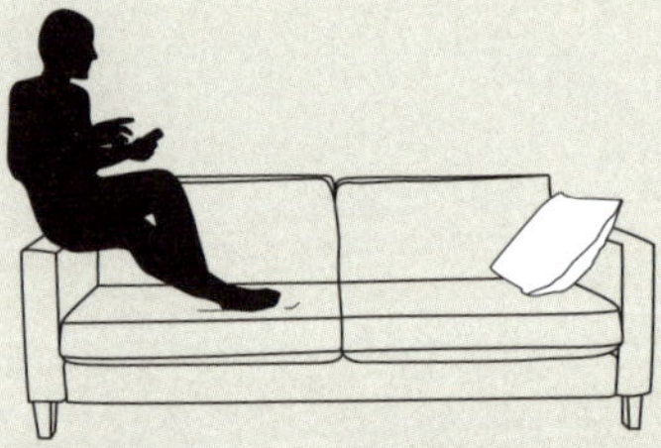

Auf die Armlehnen sollte man sich eigentlich nicht setzen, aber Kinder und Jugendliche machen nun mal gerne, was sie wollen, wenn man nicht hinschaut. Wenn Sie wissen, dass das Sofa häufig stürmischen Besuch bekommt, sollten Sie daher von Modellen mit sehr schwachen Armlehnen Abstand nehmen.

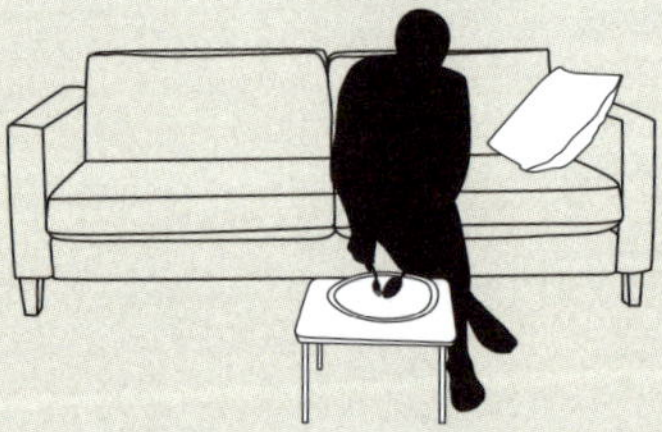

Falls Sie wissen, dass Sie ein Auf-dem-Sofa-Esser oder Vorwärtsbeuger sind (oder mit einem solchen zusammenleben), wählen Sie ein Sofa mit waschbaren Polstern. Außerdem sollten Sie bedenken, dass Sie beim Sitzen und Vorbeugen (z. B. beim Essen auf dem Sofa) die Vorderkante der Kissen häufig beanspruchen. Deshalb sollten Sie sich nicht für ein Sofa entscheiden, dessen Kissen über das Gestell hinausragen, da diese sonst schnell durchhängen und ihre Form verlieren.

Sessel

»Können Sie mir einen schönen Sessel empfehlen, der zu unserem Sofa im Wohnzimmer passt?«

Ungewöhnlich ist diese Frage nicht, aber schwer zu beantworten, wenn man nicht weiß, wie der Fragesteller darauf sitzen möchte.

Soll der Sessel Teil einer geselligen Sitzgruppe sein und zum gemütlichen Beisammensein und zu Gesprächen einladen? In diesem Fall ist es nicht ganz so prickelnd, wenn man beim Zurücklehnen schon fast in eine halb liegende Position kommt, sodass einem die anderen, die vielleicht etwas aufrechter auf dem Sofa sitzen, direkt in die Nasenlöcher schauen – oder umgekehrt. Soll der Sessel hauptsächlich zum Ansehen von Filmen und Serien genutzt werden? Dann ist ein hart gepolstertes Modell, in dem man nur in einer sehr aufrechten Haltung sitzen kann, wahrscheinlich nicht das Richtige. Wenn Sie lieber mit einem guten Buch entspannen und einen bequemen Lesesessel suchen, sollte dieser den Nacken stützen, weil man sich oft zurücklehnt, um den Oberkörper vom Gewicht des Kopfes zu entlasten.

Bei der Entscheidung für einen Sessel ist die Frage nach der häufigsten (oder bevorzugten) Sitzposition ein weitaus wichtigeres Kriterium als die nach Ihrem Einrichtungsstil. Aber das eine schließt das andere nicht unbedingt aus. Um den richtigen Sessel zu finden, müssen Sie lediglich lernen, die Winkelsprache eines Sessels zu lesen, die genauso offensichtlich ist wie seine Designsprache.

Wenn Innenarchitektinnen und Innenarchitekten Möbel zu Sitzgruppen zusammenstellen, sind die Sitzwinkel ein wichtiges Entscheidungskriterium, doch wenn man heute im Internet nach Sesseln sucht, sind die Modelle oft wild gemischt und eine Suchfunktion oder einen Filter in Bezug auf die verschiedenen Rückenneigungen oder Sitztiefen gibt es in der Regel nicht.

Sessel können anhand der unterschiedlichen Sitzpositionen und Winkel in Untergruppen eingeteilt werden. Man unterscheidet dabei unter anderem:

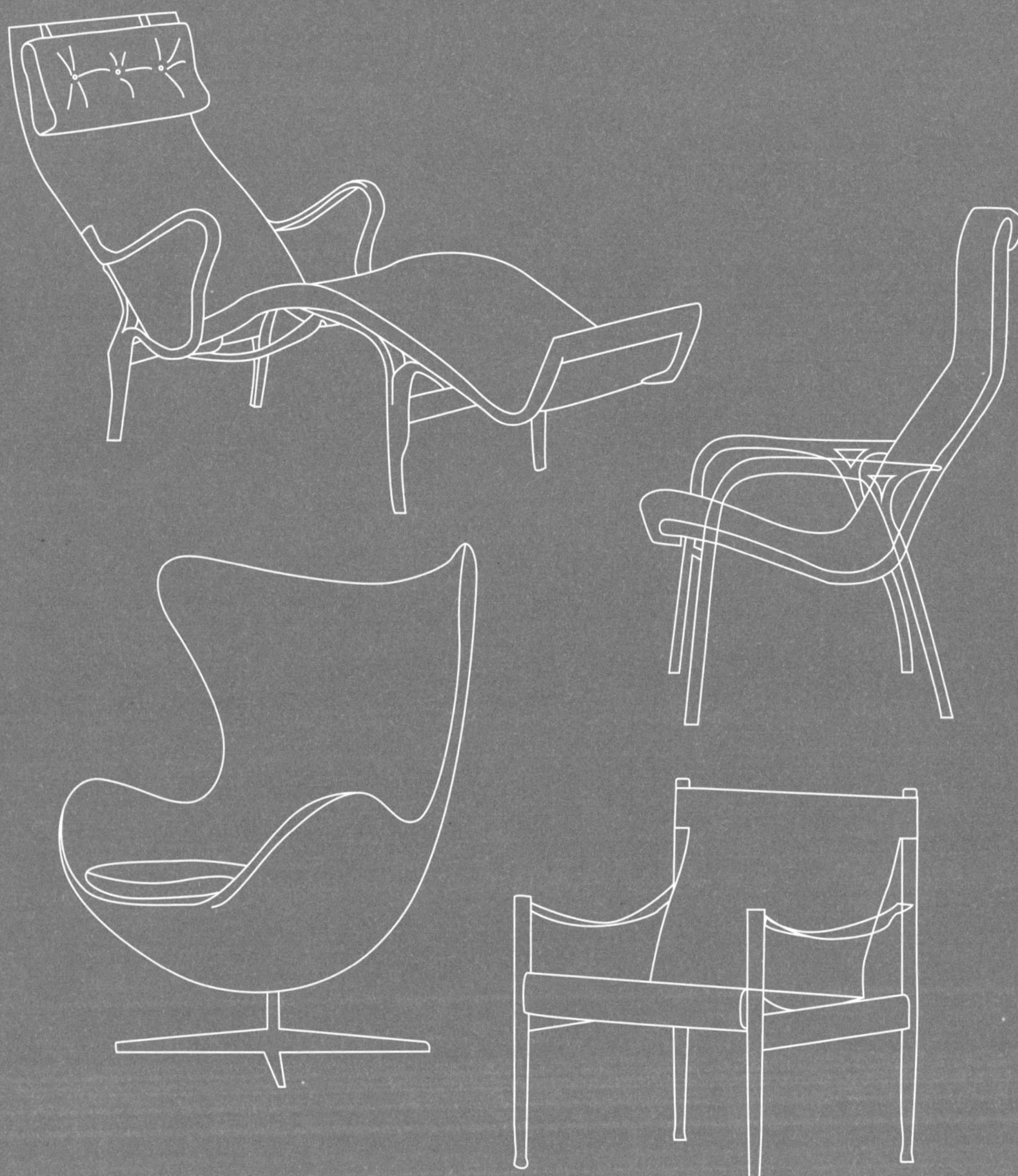

- Gepolsterte Lehnstühle/Clubsessel
- Sessel/Loungesessel
- Lesesessel/Ruhesessel
- Liegesessel

Richtwerte für Sessel

Für das aufrechte Sitzen empfiehlt sich eine nicht zu weiche Sitzfläche, sonst nimmt man schlimmstenfalls unversehens eine Position ein, die eher an Hocken oder Kniebeugen im Fitnessstudio erinnert. Eine zu große Sitztiefe führt außerdem unter Umständen dazu, dass kleine Menschen die Rückenlehne nicht erreichen und sich entscheiden müssen, ob sie ihre Füße auf dem Boden haben oder (mit ausgestreckten Beinen) sich anlehnen wollen.

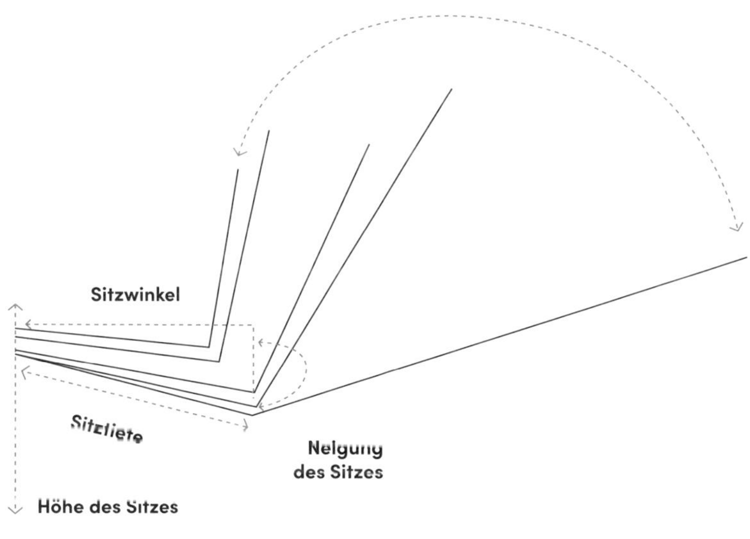

Verschiedene Sitzwinkel für Ruhesessel. Je stärker die Rückenlehne geneigt ist, desto niedriger muss die Sitzfläche sein, damit die Füße den Boden berühren können. Die Illustration ist dem Buch *Bostadsplanering* von Björn Klarqvist entnommen.

Bei eher nach hinten geneigten Sesseln ist es wichtig, dass der Winkel und die Höhe der Rückenlehne aufeinander abgestimmt sind. Bei einer Rückenneigung größer als 30 Grad ist eine Nackenstütze erforderlich, um dem Kopf den nötigen Halt zu geben. Je größer die Sitztiefe, desto bequemer sollte der Sessel sein.

Wenn man sich sehr zurücklehnt, etwa in Ruhe- und Liegesesseln, lässt sich die Sitzhöhe in der Regel so weit absenken, dass man sich mit den Füßen auf dem Boden abstützen kann. Ist der Sessel zu hoch, baumeln die Beine frei in der Luft, was unbequem ist und eine unangenehme Spannung in der Oberschenkelmuskulatur verursacht. Dagegen hilft ein Fußschemel.

- Von einem zu weichen Sessel und einer zu weichen Rückenlehne werden die Bauchmuskeln beim Hinsetzen und Aufstehen stärker beansprucht, was insbesondere für Frauen im gebärfähigen Alter durchaus eine Rolle spielt.
- Ist der Abstand zwischen den Armlehnen zu klein, fühlt man sich eingeengt, und es ist schwieriger, die Sitzposition zu verändern, was

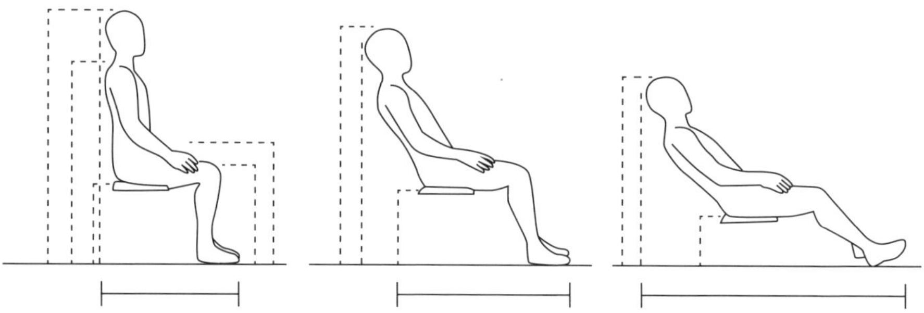

Je weiter die Rückenlehne eines Sofas oder Sessels nach hinten gekippt ist, desto mehr Platz nehmen die Beine und Füße vor dem Möbel ein. Das sollten Sie bedenken, falls Sie nicht so viel Platz haben.

man ja zum Beispiel beim Anschauen eines Films hin und wieder einmal tun möchte.

- Wenn Sie einen Sessel mit einer gepolsterten Sitzfläche kaufen, überprüfen Sie die Position der Knöpfe. Besonders tief genähte Polster weisen möglicherweise unangenehme Beulen in der Sitzfläche auf, je nachdem, wo die Polsterung im Verhältnis zu Ihrem Körper platziert ist und wie hart sie ist. Probieren Sie sie unbedingt aus und erspüren Sie dabei, ob die Knöpfe möglicherweise an Ihrem Gesäß und Ihrem Rücken drücken.
- Ältere Menschen sitzen gerne etwas höher in einem Sessel, weil sie dann leichter aufstehen können. Es ist auch wichtig, dass die Armlehnen stabil sind und man sie gut greifen kann.

Bei einer mit Stoff oder Leder bespannten Sitzfläche spürt man die Holz- oder Stahlrohrteile manchmal sehr deutlich. Deswegen ist es wichtig, auf die Konstruktion des Rahmens und die Position der tragenden Streben (z. B. unterhalb des Knies) zu achten, da sie Druckstellen verursachen können. Außerdem neigen diese Sessel dazu, mit der Zeit steiler zu werden, da sich der Stoff ausdehnt und damit die Lehne nach unten zieht und strafft.

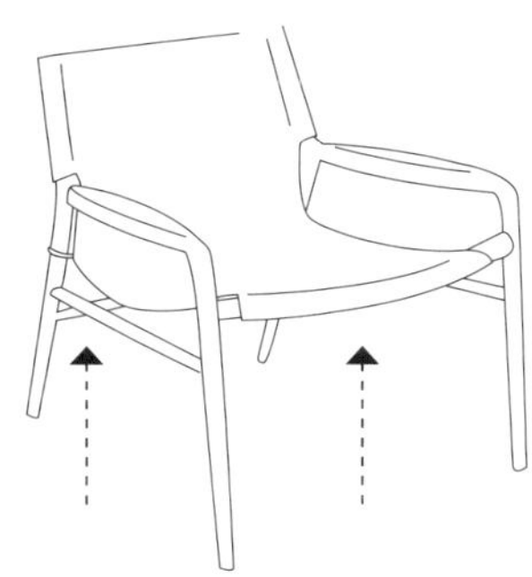

AUFGEPASST!

Die Armlehnen und Rückenlehnen von Sesseln lassen Rückschlüsse darauf zu, wie leicht sich die Sessel zum Putzen oder Umstellen bewegen lassen. Je breiter und weicher die Sessel sind, desto schwieriger lassen sie sich verschieben. Armlehnen aus Holz und Metall bekommt man in der Regel leichter zu fassen als gepolsterte Gestelle.

Rücken Sie dem Sessel auf die Naht!

Bitte denken Sie daran, sich die Bezüge und Nähte von Polstersesseln genau anzusehen, vor allem an den Armlehnen und der Rückenlehne. Die Keder sollten gleichmäßig gespannt sein, wichtig ist aber auch, dass sie unten am Stoff anliegen und nicht »hochstehen«, da dies auf eine Überdehnung hindeutet. Zu straff gespannte Stoffe nutzen sich schneller ab und können mit der Zeit reißen. Zusätzlich sollten Sie darauf achten, dass der Fadenverlauf des Bezugs gerade ist und sich nicht diagonal über den Sitz zieht. Bei gut gefertigten Möbeln laufen die Fäden gerade über die Vorderkante (es sei denn, es handelt sich um eine bewusste Abweichung aufgrund des Designs, aber normalerweise ist es ziemlich offensichtlich, wenn es auf Nachlässigkeit oder Pfusch zurückzuführen ist).

»Möbel sind für mich wie Menschen. Sie sollten Charakter und Persönlichkeit haben, aber ihre Einzigartigkeit nicht hinausposaunen.«

Kerstin Hörlin-Holmquist

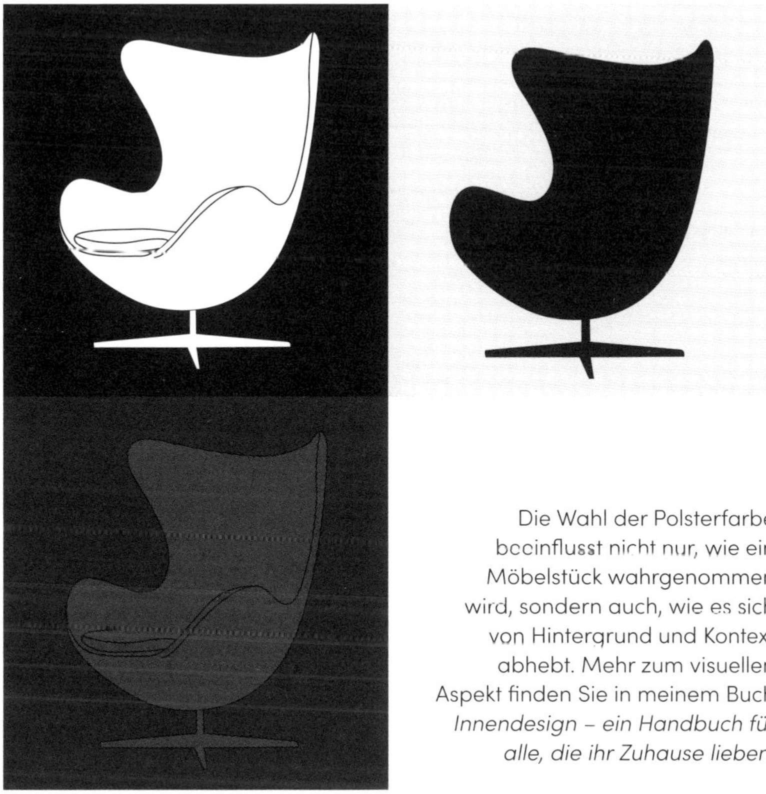

Die Wahl der Polsterfarbe beeinflusst nicht nur, wie ein Möbelstück wahrgenommen wird, sondern auch, wie es sich von Hintergrund und Kontext abhebt. Mehr zum visuellen Aspekt finden Sie in meinem Buch *Innendesign – ein Handbuch für alle, die ihr Zuhause lieben.*

Sich einfügen oder herausstechen?

Soll sich Ihr neuer Sessel einfügen oder herausstechen? Das Möbelstück wird je nach der gewählten Farbe und Helligkeit im Verhältnis zur Wand dahinter oder zum Rest der Einrichtung unterschiedlich wahrgenommen. Es lohnt sich, darüber nachzudenken, ob der Sessel ein Blickfang im Raum sein oder »nur« im Hintergrund mitsingen soll.

Schaukelstühle

Seit jeher nutzen die Menschen schaukelnde und wiegende Bewegungen, um Ruhe zu finden, sei es, um kleine Kinder in den Schlaf zu wiegen, um Schmerzen zu lindern oder um das Gemüt zu beruhigen.

Eigentlich ist es gar nicht so abwegig, den Schaukelstuhl mit einer Wiege für Erwachsene zu vergleichen, denn das Möbelstück soll den Kufenbetten nachempfunden worden sein, die die amerikanische Glaubensgemeinschaft der Shaker für ihre älteren Angehörigen anfertigten. Kurz gesagt: Ein Schaukelstuhl ist ein Stuhl auf Kufen, der die darin sitzende Person mit der richtigen Technik in einer sanften Bewegung hin- und herschaukelt.

Schaukelstühle lassen sich auf viele verschiedene Arten gestalten. So ist das Rückenteil mal höher, mal niedriger, man kann ihn mit oder ohne Armlehnen ausstatten und die Streben und Länge der Beine variieren. Es heißt, die früheste Fassung sei im 18. Jahrhundert in den

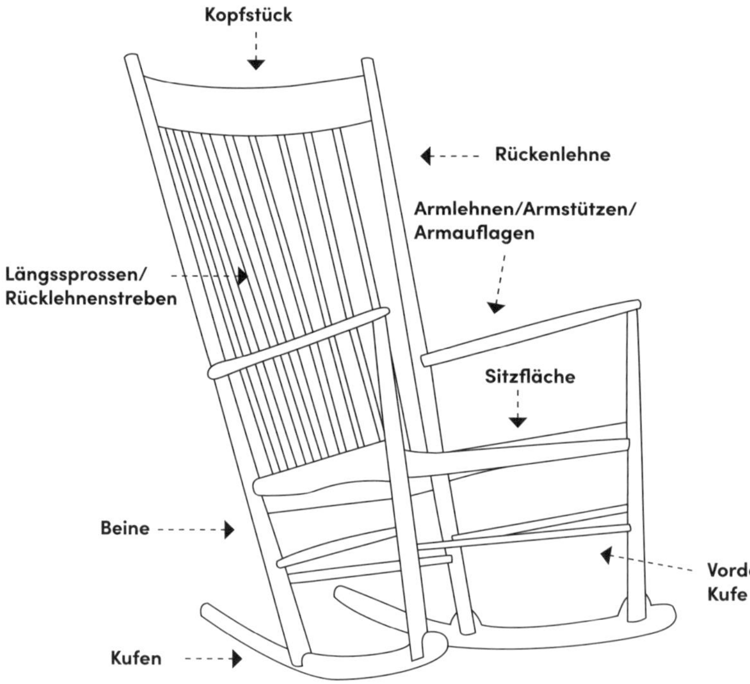

USA entwickelt worden, jedoch fand diese Form schnell auch in Europa Verbreitung, und heute werden Schaukelstühle auf der ganzen Welt genutzt.

Dem Schaukelstuhl werden viele gesundheitliche Vorteile zugeschrieben. Die rhythmische Bewegung soll die Durchblutung und das Lymphsystem fördern, Schmerzen lindern und eine beruhigende Wirkung haben. In der Altenpflege werden Schaukelstühle oft als Hilfsmittel für Menschen mit Demenz und Angstzuständen eingesetzt.

Anatomie des Schaukelstuhls

Sitzhöhe

Ein Schaukelstuhl hat eine etwas niedrigere Sitzhöhe als ein normaler Stuhl, damit man trotz der ausgeprägten Neigung der Lehne mit den Füßen den Boden gut erreicht und bequem schaukeln kann.

WUSSTEN SIE, DASS …?
US-Präsident John F. Kennedy war ein großer Fan von Schaukelstühlen. Angeblich besaß er bis zu 14 Stück – einige davon speziell für ihn angefertigt. Einer begleitete ihn auf seinen Reisen sogar in der Air Force One! Die Schaukelstühle linderten seine Rückenprobleme. Der Appalachian Oak Rocker wird heute noch unter dem Spitznamen »Kennedy Chair« hergestellt, auch die schwedische Stuhlfabrik in Nässjö führte zeitweilig ein Modell mit dem Namen des Präsidenten. Ein Schaukelstuhl soll auch das einzige Möbelstück gewesen sein, das er aus seinem Büro im Senat mit ins Weiße Haus nahm, als er Präsident wurde.

Gleichgewichtspunkt

Alle Schaukelstühle haben einen Gleichgewichtspunkt. Wo sich dieser befindet, variiert je nach Bauart des Stuhls. Um ihn zu bestimmen, suchen Sie den Punkt, an dem der Schaukelstuhl den Boden berührt, wenn niemand darin sitzt. Ziehen wir von diesem Berührungspunkt aus eine imaginäre senkrechte Linie, sollte sie etwa eine Faustlänge entfernt von der Brust eines Erwachsenen verlaufen (auch wenn gerade niemand auf dem Stuhl sitzt).

Ein guter Schaukelstuhl sollte den Druck auf die Wirbelsäule verringern. Liegt der Schwerpunkt des Schaukelstuhls nicht weit genug hinten, muss man den Schaukelstuhl ständig mit den Beinen und Füßen nach hinten schieben, um den Rücken im richtigen Winkel entlasten zu können – und wenn das zu Verspannungen im Unterkörper führt, ist das eher kontraproduktiv.

Fußschemel

Mit einem Fußschemel ist es möglich, den Körper in die von den Amerikanern als »Zero-Gravity-Punkt« bezeichnete Position zu bringen. Durch das Anheben der Füße entsteht automatisch ein breiterer Rückenwinkel, wodurch sich der untere Rücken aufrichtet. Zudem bekommt man durch das Verlagern der Füße auf Herzhöhe ein fast schwereloses Gefühl, das zu tiefer Entspannung führt.

Kauftipps für Schaukelstühle

- Aufgepasst bei vollkommen geraden Rückenlehnen, sowohl seitlich betrachtet (ohne Rundung) als auch waagerecht (ohne Wölbung). Ein ergonomischer Schaukelstuhl unterstützt die natürliche S-Kurve des Rückens. Da jedoch jeder Körper anders ist, sollten Sie ein Modell finden, das zu Ihrem Körper passt: Es sollte sowohl den unteren Rücken stützen als auch Platz für die Schulterblätter bieten. Stimmt die Rückenlehne nicht ganz mit Ihrem Körper überein, versuchen

Sie es mit losen Rückenpolstern und einem Nackenkissen, das umgehängt oder umgebunden werden kann. Oder wählen Sie ein anderes Modell!

- Eine zu kurze Lehne in Kombination mit langen Kufen kann dazu führen, dass man sich sehr tief nach hinten lehnt, ohne dass Rücken und Kopf gestützt werden, was schlimmstenfalls Verspannungen und Schmerzen in Schultern und Hals verursacht.
- Je nach Länge und Krümmung der Kufen ergeben sich unterschiedliche Schaukelmöglichkeiten. Kurze Kufen erzeugen eine kürzere Pendelbewegung. Geradere Kufen bringen nicht so viel Schwung, wodurch eine eher abgehackte Schaukelbewegung entsteht.
- Für die Stabilität des Schaukelstuhls sind vorrangig die Verbindungs- und Verstrebungselemente wichtig. Da der Schaukelstuhl bei der Benutzung in Bewegung ist, werden die verschiedenen Montagepunkte stärker beansprucht als bei einem fest stehenden, normalen Stuhl. Kontrollieren Sie daher sorgfältig die Verbindungselemente und Verstrebungen. Die Ausführung der Verbindungen gibt oft einen Hinweis auf die Qualität des Möbelstücks (siehe auch den Abschnitt über Materialien und Holz). Ein billiger, in Massenproduktion hergestellter Schaukelstuhl verfügt selten über die gleichen Eigenschaften wie ein solideres Stück.
- Zu kleine und schmale Armlehnen werden schnell als unbequem empfunden. Bei abgerundeten Armlehnen ist es oft schwierig, die Arme darauf zu stützen, ohne abzurutschen, was nicht unbedingt förderlich für die Entspannung ist. Beim Schaukeln umgreift die Hand unwillkürlich die Armlehne, deshalb sollten Sie nachfühlen, ob diese eine schöne Oberfläche haben (etwa sanft abgerundet sind) oder scharfe Kanten, die womöglich in die Unterarme schneiden. Breite und tiefe Armlehnen, die Platz für Unterarm, Ellbogen und Handgelenk bieten, ohne dass

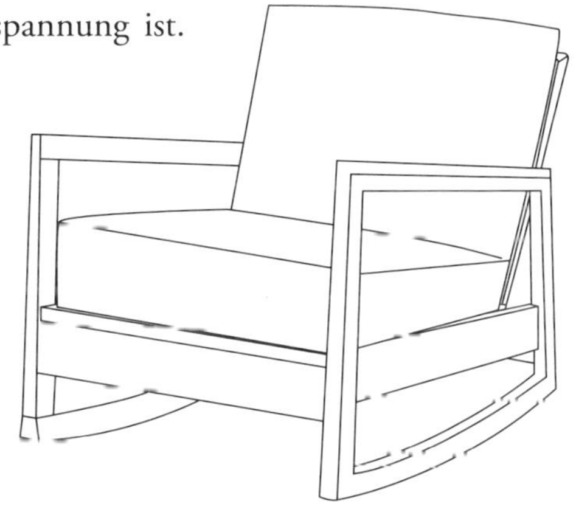

diese Körperteile verrutschen oder eingezwängt werden, sind zu bevorzugen.

- Vermeiden Sie Schaukelstühle, bei denen sich eine Längssprosse genau in der Mitte befindet, da diese sonst die Wirbelsäule direkt berührt. Erfahrene Möbeldesigner platzieren die Längssprossen seitlich davon.
- Knarrt der Stuhl? Wenn man einen antiken Schaukelstuhl über ein Online-Auktionshaus kauft, ist das natürlich schwer zu beurteilen, aber doch schade, wenn man das im Nachhinein herausfindet, denn das Geräusch nimmt einem die Freude, wenn man sich ausruhen will. Fragen kostet nichts.

WUSSTEN SIE, DASS …?

Das Ehepaar Charles und Ray Eames schuf eine Abwandlung seines berühmten Formschalenstuhls mit Kufen. Es heißt, dass alle frischgebackenen Mütter in der Herman-Miller-Fabrik in Michigan ihn nach der Geburt als Geschenk erhielten. Sie sollten einen guten Stuhl zum Stillen bekommen.

4

Tische

Das schwedische Wort »bord«, Tisch, geht auf das altgermanische »boroa« für »Brett« zurück, »Tisch« auf das althochdeutsche Wort »tisc« (entlehnt aus lat. »discus« für Wurfscheibe, flache Schüssel, Platte). Bevor die Menschheit sich nämlich halbwegs zivilisiert benahm und wir den Tisch auf ein Gestell setzten, soll er in seiner einfachsten Form ein Holzbrett gewesen sein, das beim Essen oder Arbeiten auf den Schoß gestellt wurde. Heutzutage gibt es viele verschiedene Arten von Tischen, die sich mit anderen Möbeln kombinieren lassen: Esstische, Couchtische, Schreibtische, Beistelltische und Nachttische, um nur einige zu nennen. In diesem Kapitel erfahren Sie mehr über eine Möbelform, die fast alle zu Hause haben.

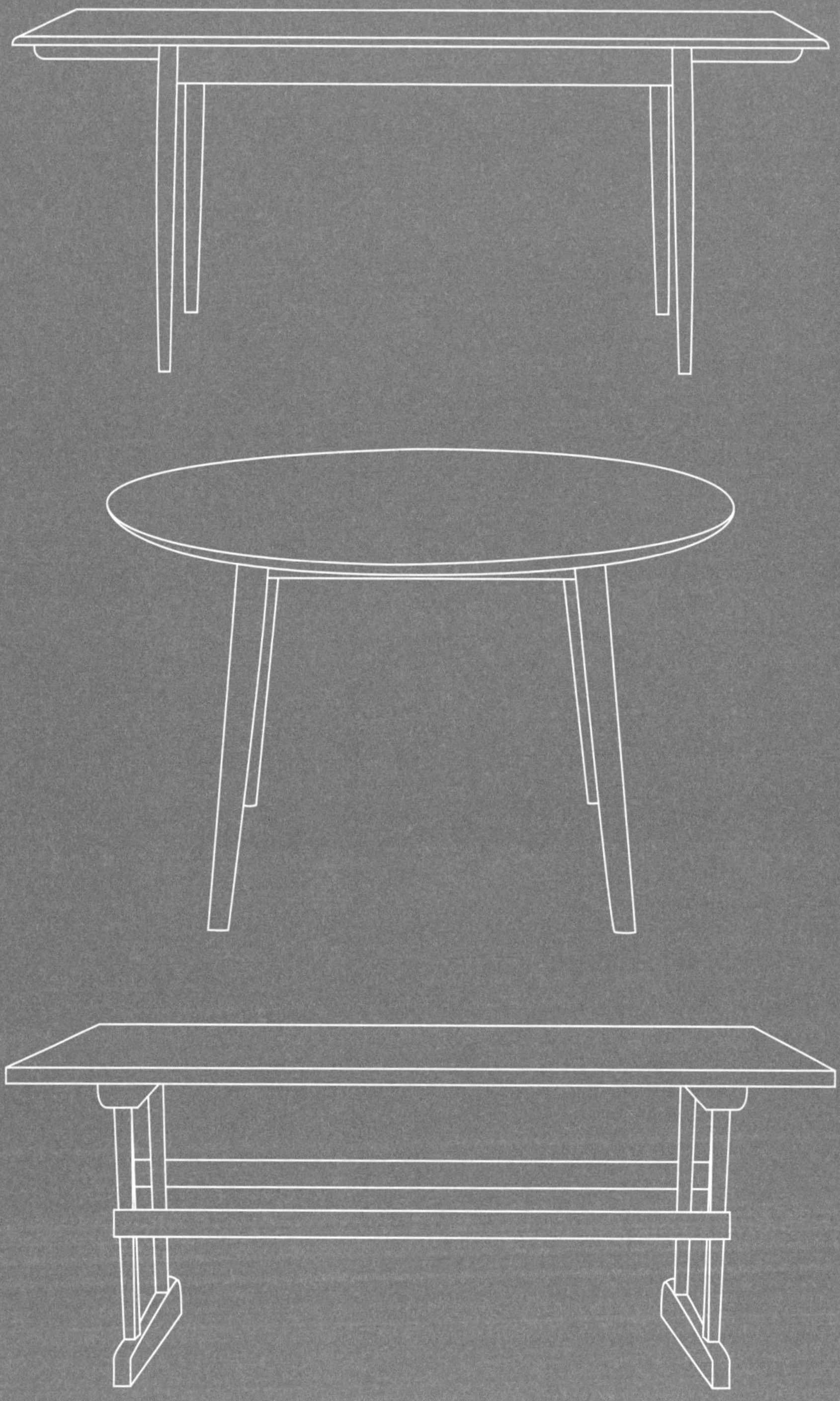

Esstische

Die Küche wird ja gerne als das Herz des Hauses bezeichnet, somit müsste der Esstisch die Aorta sein – die Hauptschlagader. Immerhin ist er das Möbelstück, um das sich die Familie normalerweise versammelt, um einerseits bei Frühstück, Mittagessen, Nachmittagskaffee und Abendessen neue Energie zu tanken, andererseits aber auch, um sich zu unterhalten, Hausaufgaben zu machen oder in Ruhe die Morgenzeitung zu lesen.

Ein solider und stabiler Esstisch macht die Mahlzeiten angenehmer, doch es gibt noch viele weitere Faktoren, die sich auf unser Wohlgefühl auswirken. Hier sind einige Tipps und Ratschläge, die Ihnen bei der Entscheidung für einen Tisch helfen, an dem eine oder mehrere Personen ihre Mahlzeiten einnehmen.

Die Bestandteile des Tisches

Ein Esstisch besteht aus einer Tischplatte, die in der Regel auf einem Untergestell ruht, also einem zusammengefügten Rahmen aus Zargen mit Beinen an jeder Ecke. Längere Tische haben bisweilen eine Mittelschiene, um die Tischplatte in der Mitte zu stützen. Befinden sich die Tischbeine ganz außen und sind völlig gerade, ergeben sich daraus höhere Anforderungen an die Konstruktion, damit das Ganze stabil ist. Sind die Beine leicht nach außen geneigt, hält der Tisch nach den Gesetzen der Physik Stößen etwas besser stand. Um zu prüfen, wie gut der Tisch Erschütterungen standhält und wie schnell die Vibrationen abebben, machen Sie den Stoßtest und schieben ihn seitwärts. Bei einem instabilen Tisch dauert es sehr lange, bis er zum Stillstand kommt, während eine solidere Konstruktion schwerer zu erschüttern ist.

Die Tischplatte

Schauen Sie sich die Tischplatte und ihre Bauweise ganz genau an. Tischplatten aus Massivholz bestehen in der Regel aus mehreren verleimten oder zusammengefügten Teilen. Wenn das Holz trocknet, kann es sich verziehen oder Risse bekommen. Bei schnell hergestellten Tischen aus der Massenproduktion finden sich möglicherweise Leimreste. Bei furnierten Tischen sollten Sie die Machart des Furniers überprüfen (lesen Sie mehr über Furnier und verschiedene Muster im Abschnitt über Materialien auf den Seiten 278–282). Auch das Gewicht der Platte variiert, je nachdem, worauf das Furnier verleimt wurde. Auf einem Bild erkennt man das nicht, also lesen Sie stets die Produktbeschreibung, wenn Sie einen Tisch im Internethandel kaufen.

Tischplatten aus Massivholz sind von sehr unterschiedlicher Qualität, je nachdem, welche Holzart der Hersteller verwendet und wie gut er die Eigenschaften des Holzes kennt und berücksichtigt hat. Da Holz aufgrund von Temperatur-, Feuchtigkeits- und jahreszeitlichen Ver-

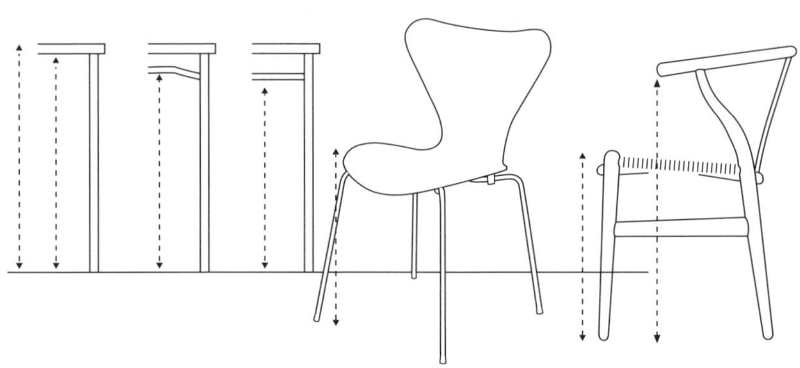

Dass die Stühle zum Tisch passen sollten, ist nicht nur eine Frage der Ästhetik, sondern auch der Ergonomie und Funktion. Wenn Tischgestell und Armlehnen kollidieren, besonders wenn die Armlehnen über die ganze Länge und bündig mit der Vorderkante der Sitzfläche abschließen, sitzt man unter Umständen nicht mehr bequem. Deshalb sind die Lehnen bei gut designten Stühlen oft ein wenig kürzer.

änderungen arbeitet, sollten Sie dem entgegenwirken und die Platte möglichst wenig bewegen, um Risse und Verformungen zu vermeiden. Schauen Sie sich die Tischplatte von der Seite an und untersuchen Sie das Muster der Jahresringe im Faserverlauf. Weist sie auf der Stirnseite stehende Jahresringe auf, ist eine Rissbildung so gut wie ausgeschlossen.

Zeigt die Tischplatte jedoch waagerechte Jahresringe, ist sie deutlich weniger formstabil. Im Abschnitt über Holz (ab Seite 262) werden die Gründe dafür genauer erläutert.

Tischplatten aus Materialien wie Stein und Beton sind in der Regel sehr schwer, was höhere Anforderungen an die gesamte Tischkonstruktion stellt.

Das Untergestell

Gerade etwas schwerere Platten ruhen oft auf einem Untergestell oder auf Standfüßen aus verschiedenen Materialien. Da Holz sich in der Breite eher verzieht als in der Länge, stellen die Befestigung beziehungsweise die Verbindungen am Untergestell eines Holztisches oft eine Herausforderung dar. Hier trennt sich die Spreu vom Weizen bei den Herstellern von Qualitäts- und Massenware. Die einfachsten und billigsten Möbel haben Metallbeschläge, etwas hochwertigere Tische dagegen oft versteckte Befestigungen, zum Beispiel versenkte Schrauben oder Stifte.

Die Größe des Untergestells unter der Tischplatte entscheidet auch darüber, welche Stühle zu einem Tisch passen. Das liegt zum einen an der Höhe der Sitzfläche und dem benötigten Bewegungsspielraum für die Oberschenkel und zum anderen an der Höhe der möglicherweise vorhandenen Armlehnen, die damit zusammenstoßen könnten.

Die Beine

Die empfohlene Höhe eines Esstisches beträgt 72 bis 75 Zentimeter, die Länge der Beine variiert jedoch je nach Dicke der Tischplatte und des Untergestells. Außer einzelnen, jeweils an den Ecken angebrachten Tischbeinen stehen verschiedenste Modelle von Beinen und Stützen zur Auswahl.

Leicht angewinkelte Beine sind in der Regel stabiler als gerade, Tischbeine mit Kufen und Gestellfüßen (die aufgrund ihrer Konstruktion mehr Kontakt zum Boden haben) sind allerdings meist noch stoßresistenter.

In der Physik ist der Massenschwerpunkt ein gedachter Punkt, auf den sich das Gesamtgewicht des Möbels konzentriert. Bei einem Möbelstück sollte er so niedrig (so nah am Boden) wie möglich sein, damit es bei der Benutzung nicht umkippt. Der Schwerpunkt eines Tisches ist jedoch nicht immer gleich. Da er während der Benutzung unterschiedlichen Belastungen ausgesetzt ist, kann man nicht davon ausgehen, dass sich der Schwerpunkt immer an der gleichen Stelle befindet: Mal landet ein schwerer Kochtopf in der Nähe der Tischkante, mal stützt sich jemand vornübergebeugt mit den Ellbogen auf oder beim Aufstehen auf der Tischplatte ab. All das kann den Tisch zum Wackeln bringen. Wie viel Belastung hält das Tischbein oder die Stütze aus? Die Kräfte wirken auch längst nicht immer senkrecht auf einen Tisch. Was, wenn er von spielenden Kindern zur Seite geschoben wird, sich jemand vorbeidrängt oder ein anderes Möbelstück dagegengedrückt wird? Wenn der Untergrund, auf dem der Tisch steht, uneben ist – etwa aufgrund von Dielenfugen, erhöhten Fliesen, einem dicken Teppich oder Bodenabsenkungen –, befinden sich die Beine mitunter nicht immer genau im richtigen Verhältnis zueinander. Auch das ist eine mögliche Entscheidungshilfe bei der Wahl der passenden Beine und Größen.

Für runde Tischplatten eignet sich zum Beispiel ein Mittelfuß mit einer runden Säule. Handelt es sich hingegen um eine quadratische oder rechteckige Tischplatte, ist dies überhaupt nicht zu empfehlen, da das Belastungsprofil dann nicht stimmt und die Gefahr besteht, dass der Tisch bei der kleinsten Bewegung umkippt. Im Folgenden finden Sie einige Beispiele für Fachbegriffe und Bezeichnungen verschiedener Tischbeine.

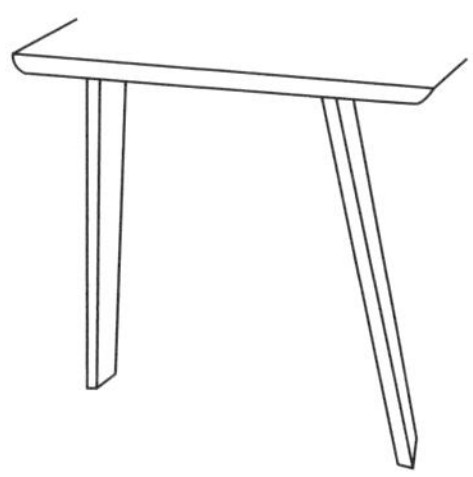

gespreizt/schräg gestellt mit Zarge

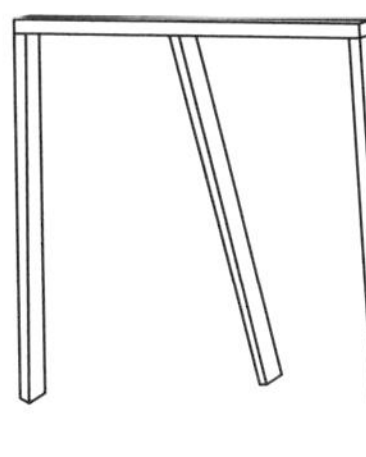

Tischbock

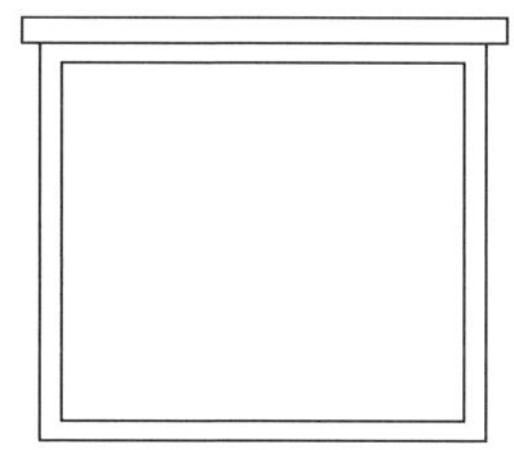

Rahmengestell

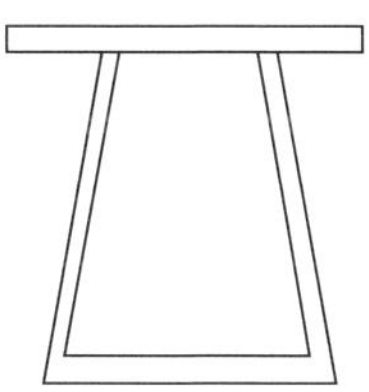

Trapezgestell oder Kufen

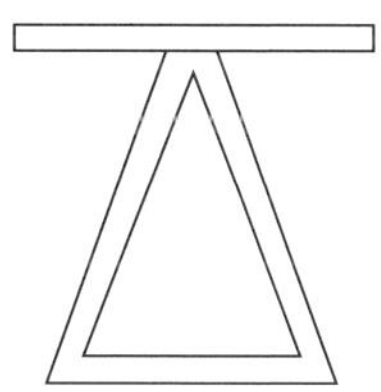

Dreieckig

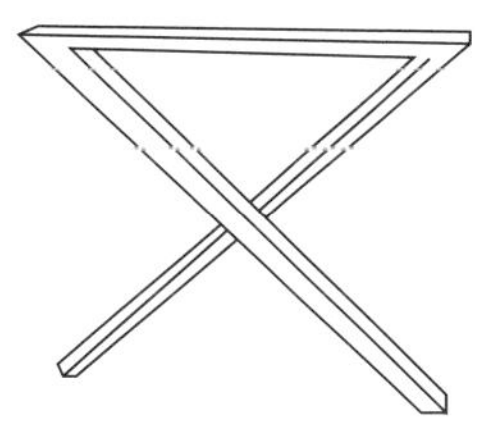

Kreuzgestell

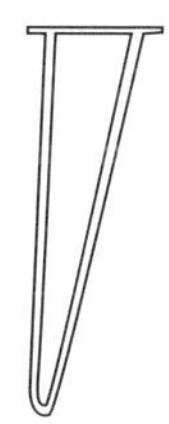

Hairpin-/Haarnadelbeine

TIPP!

Ein runder Tisch mit drei Beinen steht immer fest, auch wenn der Boden uneben ist.

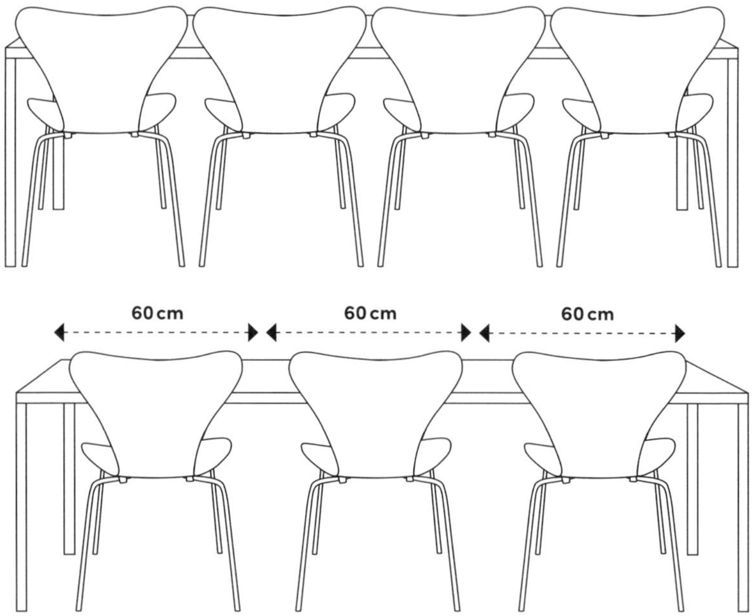

Wie viele Personen an einem Esstisch Platz finden, hängt nicht maßgeblich von der Anzahl der Stühle ab. Berücksichtigen Sie vielmehr die Breite des Oberkörpers eines Erwachsenen und den damit verbundenen erforderlichen Bewegungsradius.

Wie viele Personen passen an den Tisch?

Wie viele Personen leben in Ihrem Haushalt oder kommen normalerweise zum Essen zu Ihnen? Für die Berechnung gibt es Standardmaße, bei denen von 60 Zentimetern Ellbogenfreiheit pro Person ausgegangen wird. Messen Sie die Tischbreite und teilen Sie sie durch 60. Vergessen Sie aber nicht, das Design der Stühle und die Breite der Armlehnen zu berücksichtigen, damit sich alle problemlos hinsetzen und wieder aufstehen können.

Genau deswegen werden die langen Tische in Nobelrestaurants so millimetergenau eingedeckt. Apropos: Manchmal benötigt die Kleidung bei besonderen Anlässen wie Hochzeiten oder Banketten auch etwas mehr Platz, ebenso wie bei Feierlichkeiten im Freien, wenn man sich etwas überzieht.

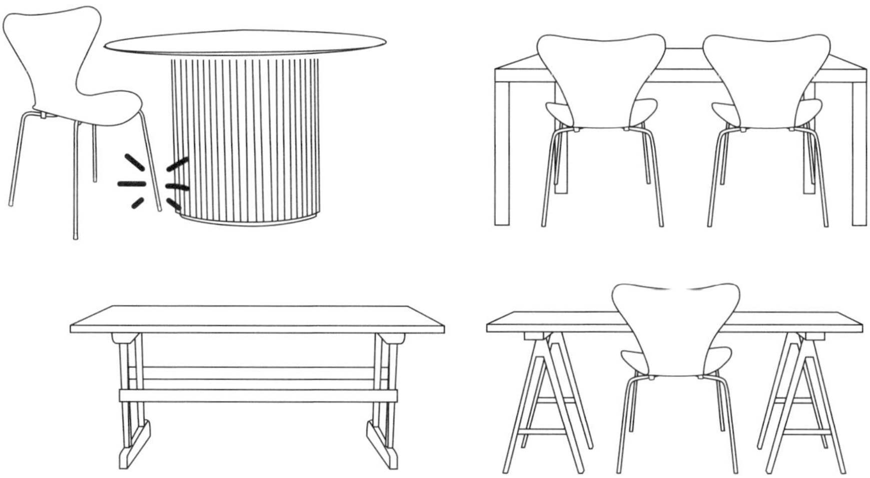

Tischbeine, Stuhlbeine und Menschenbeine: Unter einem Esstisch kommt eine ganze Menge zusammen. Deshalb ist es besser, alle Abmessungen genau zu überprüfen, bevor man sich für teure Möbel entscheidet.

Position der Tischbeine?

Wie viele Menschen am Tisch Platz haben, richtet sich auch nach der Position der Tischbeine. Eine unüberlegte Positionierung macht eine 60 Zentimeter breite Fläche schnell unbrauchbar, weil man sich die Knie stößt oder nicht mehr an die Tischkante herankommt. Das ist ein häufiger Fehler von Möbelherstellern, die die Produktion auf Kosten der Funktion und der Benutzerfreundlichkeit rationalisiert haben, um den Preis oder die Transportkosten zu optimieren.

Haben Sie einen Tisch mit einer Säule in der Mitte ins Auge gefasst? Dann achten Sie darauf, dass die Säule und die Stühle, mit denen Sie den Tisch kombinieren wollen, harmonieren, also der Säulenfuß nicht zu breit ist, sonst lassen sich die Stühle nicht darunterschieben.

TIPP!

Bei kleinen runden Tischen mit drei Beinen können zwei Personen sich manchmal nicht gegenübersitzen, weil die Tischbeine den Stuhlen im Weg sind.

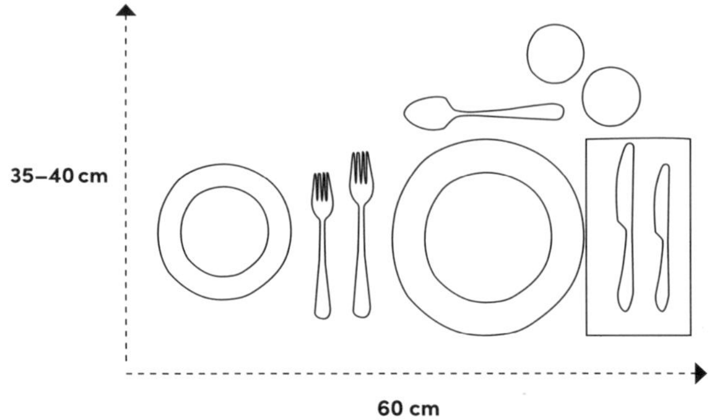

Wie viel Platz pro Gedeck?

Auf der Tischfläche benötigt jede Person Platz für einen Teller, ein Glas und Besteck. Normalerweise rechnet man dafür mit 60 × 35–40 Zentimetern pro Person. Da die Größe unseres Geschirrs und unserer Gebrauchsgegenstände seit der Festlegung dieser Standardmaße aber zugenommen hat, lohnt es sich vielleicht, die Breite der Teller und Gläser zu messen, die Sie bei sich zu Hause verwenden, damit Sie sich nicht verschätzen. Gedeck-Check! Da es sowohl im Alltag als auch bei Festen viele verschiedene Geschirrformen und Arten gibt, den Tisch zu decken, ist es sinnvoll, mit dem eigenen oder dem für diesen Anlass vorgesehenen Essgeschirr nachzumessen. Sie haben noch keinen Tisch oder kein Geschirr zu Hause? Dann probieren Sie es auf dem Boden aus, markieren Sie die Außenmaße des Tisches mit Kreppband und schneiden Sie die Maße von Tellern, Servierplatten und Schüsseln aus Papier aus.

Platz für Geschirr, Vasen und Servierplatten

Je breiter der Tisch, desto mehr Platz haben Sie für das Geschirr zwischen den Gedecken. Die Schüsseln und Töpfe von heute sind größer als noch vor 50 Jahren. Wenn Sie also wissen, dass Sie das Essen oft in der Mitte des Tisches anrichten oder servieren, sollten Sie auch dafür genügend Platz einkalkulieren.

Platz im Raum

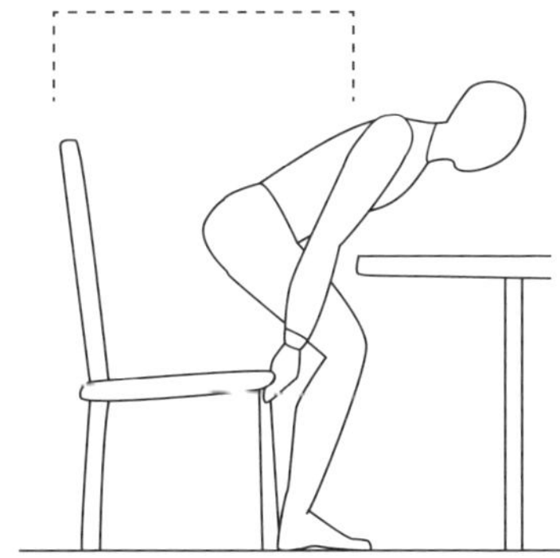

Der Tisch sollte mindestens 70 bis 80 Zentimeter von der nächstgelegenen Wand entfernt sein, damit man sich setzen und aufstehen kann, ohne dagegenzustoßen. 80 Zentimeter sind Standard, aber wenn es eng ist, reichen auch 70 aus. Wenn der Esstisch in der Küche steht und an die Arbeitsplatte grenzt, wo die Türen von Backofen und Geschirrspüler geöffnet werden, sind 120 Zentimeter ein gängiger Richtwert.

Tischform und Passform?

Wenn die Kleidung so eng ist, dass man nicht richtig atmen kann, oder wenn der Stoff bei modernen Klamotten nicht einmal die Hälfte des Hinterns bedeckt, sind wir schnell dabei, die Bekleidungsindustrie zu kritisieren. Derartige Schnitte sorgen nicht nur für unbequeme Kleidung, sie schließen auch alle aus, deren Körper nicht ins Schema passt. Das sorgt bei vielen für Frust und Unbehagen. Ich behaupte nicht, dass diese Debatte unwichtig ist – aber in meiner Branche fehlt sie. Und zwar komplett.

Warum hinterfragt eigentlich niemand die nicht nachvollziehbaren Passformen der heutigen Einrichtungstrends und Möbel? Die Innenräume, von denen wir uns inspirieren lassen, scheinen allzu oft für Menschen so dünn wie Papierpuppen eingerichtet zu sein. Viele Tisch- und Stuhlkombinationen passen nicht einmal zusammen. Wie ist das wohl für diejenigen, die sich vielleicht gegen ein Restaurant entscheiden müssen, weil sie nicht auf den Stühlen sitzen können, oder die ihre Wohnung den gängigen Idealen entsprechend einrichten, nur um dann festzustellen, dass sie selbst gar nicht zu ihren Möbeln passen? Klar, es macht Spaß, ein schönes Zuhause und viele Likes auf Instagram zu haben. Aber was nützt es, wenn weder der eigene Körper noch die längeren Beine und Füße des Partners dazu passen? Es handelt sich auch um eine Form der Effekthascherei (und der Ressourcenverschwendung), die sowohl ein unrealistisches Einrichtungsideal schafft als auch zu Irritation und Frustration bei vielen führt, die sich womöglich davon haben inspirieren lassen. »Wenigstens schadet es nicht der Gesundheit«, werden Sie jetzt vielleicht denken. Aber wer weiß? Ich glaube nicht, dass die derzeit die sozialen Medien beherrschenden Möbelideale uns und unseren Wirbelsäulen guttun.

Ältere Tische und neue Stühle?

Derzeit ist es sehr angesagt, einen alten Tisch mit modernen Stühlen zu kombinieren. Dass das hübsch aussieht, will ich gar nicht bestreiten – ich habe selbst einen antiken Bocktisch im Wintergarten. Aber man muss sich doch darüber im Klaren sein, dass die Möbelhersteller damals andere Verfahren zur Stabilisierung der Tische verwendeten und die Möbel aus dem 19. Jahrhundert nicht passgenau für die heutigen standardisierten Stuhlmaße oder Körperformen konzipiert wurden.

Deshalb ist es wichtig, vor dem Kauf die Gestellkonstruktion und die Maße des Tisches zu überprüfen. Wie sieht der Tisch aus – und zwar auch unter der Tischplatte? Können Ihre Stühle überhaupt am Tisch benutzt werden? Wenn sich das Stützbein in der Mitte befindet, ist das kein Problem, aber wenn Zargen als Rahmen zwischen den vier Beinen montiert wurden, lassen sich die Stühle nicht unter den Tisch schieben, und dann ist das Sitzen für alle unnötig unbequem. Es ist schließlich völlig egal, wie gut die Möbel vom Stil her zusammenpassen, wenn die Beine miteinander ins Gehege geraten.

AUFGEPASST!

Bei der Einrichtungsplanung und der Berechnung der Maße gilt es zu bedenken, dass ein Esstisch nie allein steht. Die Breite der Stuhllehnen, mögliche Armlehnen und andere Teile, die nicht unter die Tischplatte geschoben werden können, vergrößern die Fläche der Tischgruppe.

Gängige Tischplattenformen

Rechteckig

Die in schwedischen Haushalten am häufigsten vorkommende Tischform. Da man pro Gedeck eine Breite von 60 und eine Tiefe von 40 Zentimeter benötigt, bietet sich diese Form hauptsächlich für Tische an, an denen mehr als zwei Personen an einer Seite Platz finden sollen.

Ovale/elliptische Form

Ovale Tische haben den Vorteil, dass die Personen ganz außen diejenigen in der Mitte besser sehen können, als wenn sie an einem rechteckigen Tisch säßen.

Racingtrack-/D-Format

Rechteckiger, länglicher Tisch in der Form einer Leichtathletikbahn, man könnte auch sagen in D-Form. Da das Abrunden der Ecken teurer ist, spiegelt sich das in der Regel im Preis wider, aber die abgerundeten Kanten sorgen für einen besseren Look und reduzieren die Anzahl der scharfen Ecken im Zimmer.

Bootsform

Diese Tischplattenform hat den Umriss eines Bootsrumpfes. Sie hat den gleichen Vorteil wie die ovalen Tische – nämlich dass diejenigen, die ganz außen sitzen, immer noch Blickkontakt mit allen anderen am Tisch haben. Denselben Nachteil hat sie allerdings auch: Sie ist etwas teurer in der Herstellung.

Rund

Runde Esstische sind in Bezug auf Geselligkeit unschlagbar, denn jeder kann Blickkontakt mit den anderen aufnehmen. So muss sich niemand ausgegrenzt fühlen, alle haben die Möglichkeit, sich am Gespräch zu beteiligen. Runde Tische für mehr als zwei Personen benötigen jedoch in der Regel mehr Platz, damit man mit den Stühlen nach hinten rücken kann.

Quadratisch

Es kommt darauf an, wo man einen quadratischen Tisch hinstellt. Wie ein runder Tisch braucht auch er Platz für die Stühle, bietet dafür aber ähnliche Vorteile in Sachen Geselligkeit.

Rechteckig mit abgerundeten Seiten

Ein in den Fünfziger- und Sechzigerjahren populäres Modell. Die abgerundeten Seiten lassen den Tisch weicher erscheinen, allerdings kann man keine geraden Tischsets verwenden, und auch Tischdecken für quadratische Tische eignen sich meist nicht.

Rechteckig mit angeschnittenen Ecken

Ein etwas schöneres Modell als das quadratische, bei dem die Kanten oft mit einer Zierleiste verbunden sind.

Achteckig

Eine ungewöhnliche Form, die überwiegend in einem eher förmlichen Umfeld verwendet wird.

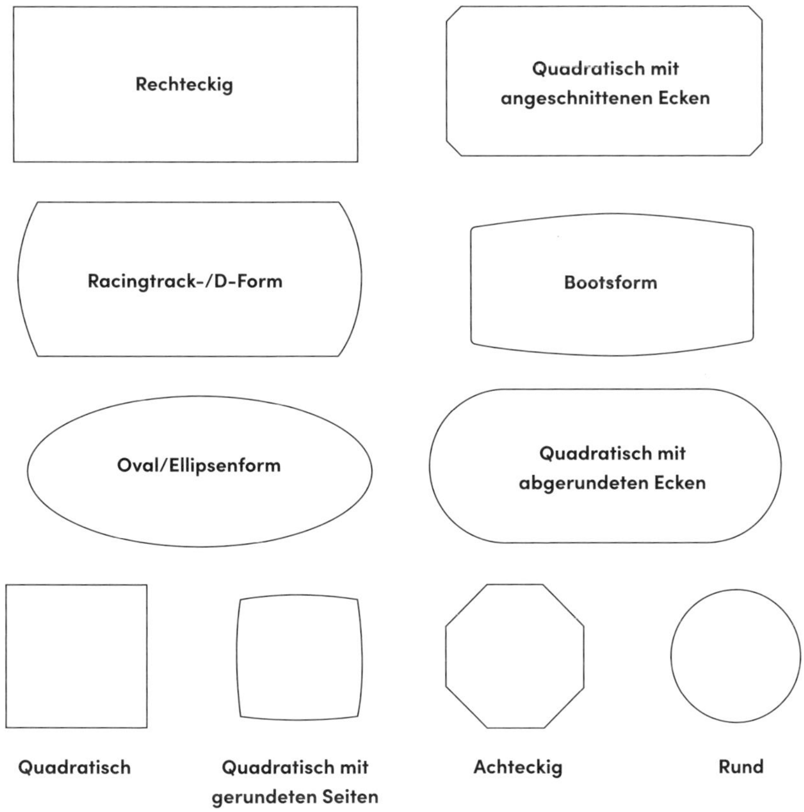

Ausziehbare Tische

Um bei besonderen Anlässen Platz für mehr Sitzplätze zu schaffen, kauft man am besten einen Tisch, der sich verlängern/vergrößern lässt. Auf diese Weise können Sie den Tisch an Ihre alltäglichen Bedürfnisse anpassen und sind gleichzeitig für größere Zusammenkünfte gerüstet.

Schauen Sie sich an, wie sich der Tisch im Verhältnis zu den Stuhl- und Tischbeinen verändert. Natürlich vergrößern die zusätzlichen Platten die Tischfläche, aber es kann trotzdem schwierig sein, Stühle so darunterzustellen, dass man bequem am Tisch sitzt. Bei Weitem nicht alle Möbelhersteller berücksichtigen dies, und sie wissen ja auch nicht, welche Stühle Sie haben, daher ist dies ein wichtiger Faktor für Sie als Verbraucherin oder Verbraucher, damit Sie keinen für Sie unbrauchbaren Ausziehtisch kaufen.

Verlängerungsplatten verlängern den Tisch an den Seiten, indem sie an einem Verlängerungsstück eingehakt werden. Das hat den Vorteil, dass die Tischplatte in ihrer normalen Position keine Spalte in der Mitte hat.

Einlegeplatten verlängern den Tisch in der Mitte, indem die »normalen« Tischplatten herausgezogen und ein oder mehrere Bretter dazwischen eingelegt werden.

Klapptische

Als Klapp- oder Falttische werden Tische bezeichnet, deren Aussehen durch ausklappbare Scheiben und Beine verändert werden kann, um unterschiedlich lange Tischflächen zu schaffen. Die Klappplatten sind wahlweise eckig oder abgerundet, und die Konstruktion des Gestells variiert je nach Herstellungsjahr und Modell. Allen gemeinsam ist, dass

TISCHDECKEN UND TISCHSETS AUF RUNDEN TISCHEN

Die Suche nach runden Tischdecken für Tische mit größerem Durchmesser ist manchmal nicht ganz so einfach.

Selbstverständlich können Sie auch selbst welche aus Meterware nähen, aber die meisten Stoffbahnen sind 140 bis 150 Zentimeter breit. Wenn Sie einen runden Tisch mit einem größeren Durchmesser haben, müssen die Muster/Textilien doppelt so breit sein, damit Sie den Stoff nicht zusammennähen müssen.

Benutzen Sie Tischsets? Runde und ovale Tische sind nicht ganz so kompatibel mit geraden Tischsets, da die Ecken je nach Form der Tischplatte über den Rand hinausragen.

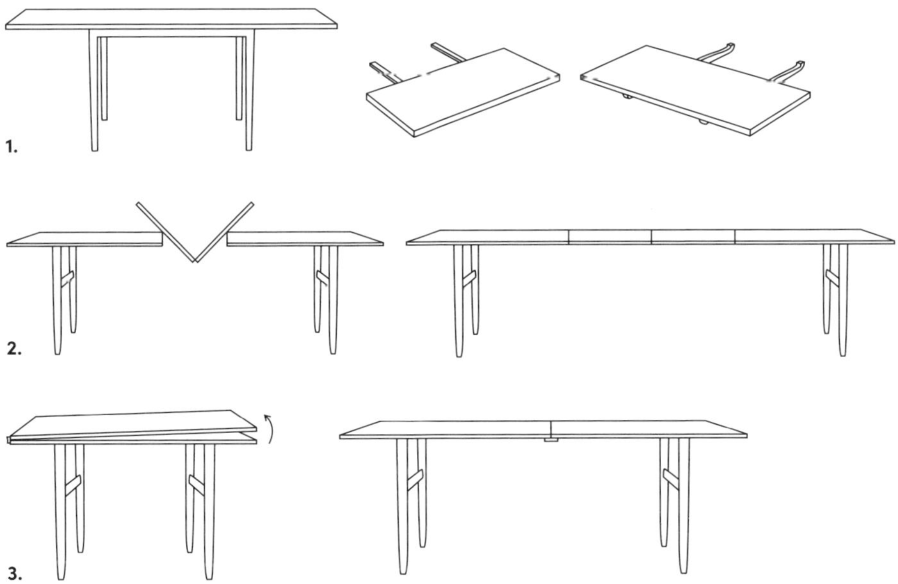

Drei gängige Erweiterungsprinzipien

1. Der Tisch wird mit zusätzlichen Platten an den Seiten verlängert.
2. Der Tisch wird auseinandergezogen und in der Mitte mit zusätzlichen Platten erweitert.
3. Die Tischplatte liegt doppelt auf und ist mit Scharnieren versehen, sodass sie ausgeklappt werden kann.

sie in der Mitte einen festen Teil und auf einer oder beiden Seiten ausklappbare Platten haben. Ältere Modelle besitzen oft Schubladen im Mittelteil. Diese wurden früher zur Aufbewahrung von Besteck und anderen Haushaltsgegenständen genutzt. Wenn der Tisch eingeklappt ist, beanspruchen diese Schubladen möglicherweise einen erheblichen Teil der Sitzfläche, je nachdem, wie weit die Platte herausragt (mehr über Stühle und empfohlene Tischmaße siehe Anfang dieses Kapitels, S. 126–128).

Dank seiner Konstruktion kann ein Klapptisch im unbenutzten Zustand als eine Art Beistelltisch dienen. Da sich die Beinpositionierung eines älteren Klapptisches selten mit modernen ergonomischen Stühlen verträgt, rate ich von der Verwendung als Esstisch für den

Alltag ab. Es geht mir nicht darum, diese Tische auszumustern – sie sind immer noch sehr gemütlich und stellen schöne Einrichtungsgegenstände dar –, aber als funktionale Möbel lassen sie viel zu wünschen übrig. In ausgeklapptem Zustand sind sie selten sonderlich stabil, haben in Bezug auf die heutigen Standards bei Stühlen und Schubladen nicht die richtige Höhe, und die Tischbeine stehen oft den Menschenbeinen im Weg, die ebenfalls unter die Tischplatte passen müssen. Als zusätzlicher Tisch in einer kleinen Küche oder als dekoratives Möbelstück haben sie aber immer noch einen Gebrauchswert.

Wenn Sie einen älteren Klapptisch suchen, achten Sie darauf, dass die Tischplatte und die Klappplatten einigermaßen eben sind. Im Laufe der Zeit verzieht sich das Holz häufig, wodurch der Tisch im ausgeklappten Zustand unbrauchbar wird. Überprüfen Sie außerdem, ob man die Klappplatte arretieren kann, damit sie nicht herunterfällt, wenn jemand dagegenrempelt oder der Tisch verschoben wird. Die Metallverschlüsse von Klapptischen nutzen sich im Laufe der Jahre ab, also prüfen Sie die Qualität, Stabilität und Austauschbarkeit der Scharniere, bevor Sie zuschlagen.

MI-901-KLAPPTISCH VON BRUNO MATHSSON

1936 BRACHTE DER MÖBELDESIGNER Bruno Mathsson eine geniale Weiterentwicklung des traditionellen Klapptisches auf den Markt, der in schwedischen Haushalten seit dem 17. Jahrhundert verwendet wurde. Die Tischplatte seines Modells *Mi 901* misst im zusammengeklappten Zustand lediglich 23 Zentimeter, im ausgeklappten aber volle 280 Zentimeter. Der Tisch lässt sich auch von einer einzelnen Person aus- oder zusammenklappen. Als die amerikanische Zeitschrift *Everyday Art Quarterly* Mitte der Fünfzigerjahre einen Artikel über schwedisches Design illustrieren wollte, tat sie dies mit einem einzigen Bild von ebendiesem besonderen Kunstwerk – das übrigens auch heute noch produziert wird.

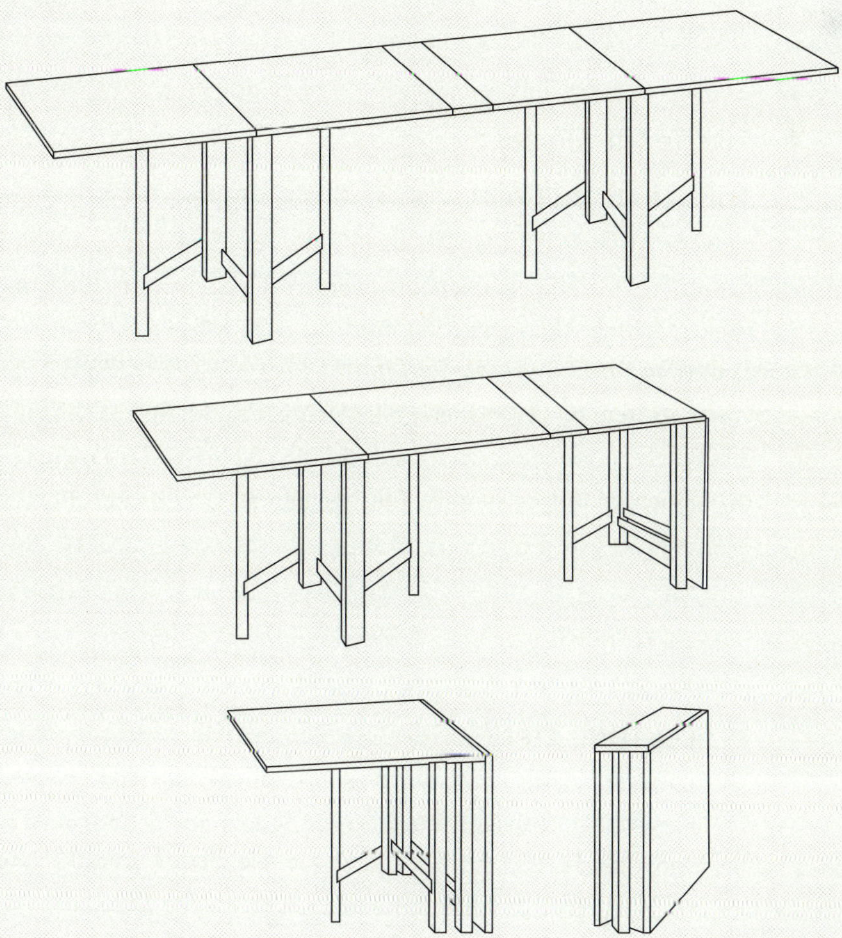

Einen Esstisch selbst bauen

Wer ein wenig handwerklich begabt ist, kann seinen Esstisch natürlich auch selbst bauen. Meiden Sie kesseldruckimprägniertes Holz oder mit Substanzen behandelte Werkstoffe, die nicht lebensmittelecht sind. Auch wenn man nicht vom Tisch isst (dafür haben Sie hoffentlich Teller), kommt die Oberfläche sowohl mit dem Essen als auch mit denjenigen in Kontakt, die daran sitzen. Vergessen Sie nicht, auch die Unterseite des Tisches zu schleifen. Viele achten nur auf die Oberseite und die sichtbaren Tischkanten, aber auch die Unterseite kommt mit den am Tisch sitzenden Menschen in Berührung, und Splitter und Unebenheiten können sowohl am Körper als auch an der Kleidung Spuren hinterlassen.

Tische für Kinder

Wie hoch ein Kindertisch sein sollte, hängt eher von der Körpergröße als vom Alter ab. Da das Wachstum aber in der Regel in einem bestimmten Normbereich verläuft, werden die Richtwerte für Kindertische oft nach Altersgruppen und nicht nach Körpergröße unterteilt. Laut dem Buch *Designing Furniture – from Concept to Shop Drawing* von Seth Stem von 1989 beträgt die Standardtischhöhe für Kinder von 3 bis 6 Jahren 56 Zentimeter, die Stuhlhöhe 32 bis 33 Zentimeter. Laut dem Buch benötigen Kinder, um bequem zu sitzen, eine Breite von 51 Zentimetern.

LEKTÜRE-TIPP!

Ulrika Myhrs Buch über die Ergonomie bei Kindern ist eine Orientierungshilfe bei der Bestellung von Schulmöbeln, aber auch eine lohnende Lektüre für Eltern und alle, die Einfluss auf die Umgebung haben, in der Kinder aufwachsen.

Häufige Beschwerden über Tische

- Die Tischplatte bekommt sehr leicht Macken und Kratzer vom Besteck oder heruntergefallenen Tellern, Gläsern, Töpfen und Pfannen. Man sollte Gegenstände auf den Tisch stellen können, ohne dass hässliche Spuren entstehen. Bitte lesen Sie sich vor einem Kauf im Internet die Bewertungen genau durch.
- Der Tisch wirkt instabil und wackelt, wenn mehrere Personen daran sitzen.
- Die Tischplatte wird durch starke Reinigungs- und Desinfektionsmittel oder durch Schmuck und Armbänder beim Putzen beschädigt.
- Auf manchen Oberflächen hinterlässt ein stehen gelassenes Wasserglas bleibende Spuren.
- Hölzerne Tischplatten bleichen durch Sonneneinstrahlung aus, weshalb es zu dauerhaften Schäden kommen kann, wenn man während des Urlaubs die Tischdecke darauf liegen lässt.
- Beine und Teile sind beschädigt worden. Nicht vergessen: Wenn Tische über unebene Böden geschoben werden (anstatt dass man sie anhebt), führen die Erschütterungen schlimmstenfalls dazu, dass die Verbindungen des Tisches kaputtgehen und das Untergestell

VISUELLE BEDEUTUNG

Zwei völlig gleich große Esstische wirken je nach Kontrast zum umgebenden Raum unterschiedlich wuchtig. Farbe und Material des Tisches im Verhältnis zu seiner Umgebung lassen ihn größer oder kleiner erscheinen. Auch Gestell und Beine tragen dazu bei, ob ein Tisch mit den gleichen Außenmaßen schick oder wuchtig wirkt.

Das ist gerade in kleinen Räumen wichtig, in denen ein »vollgestellter« Eindruck vermieden werden soll. Noch wichtiger ist es aber bei offenen Grundrissen, wo eine gewisse optische Schwere in einem luftigen Raum einen Ausgleich schaffen soll.

beschädigt wird. Die Tischbeine können sich lösen oder sogar abbrechen.

- Der Tisch sah nicht so aus wie auf dem Bild im Onlineshop. Das gilt sowohl für lackierte und bemalte Tische als auch für Glastische. Glastische wirken bei Blitzlicht und im Tageslicht oft ganz anders als in der Realität.

Couchtische

Couchtische weisen viele bauliche Ähnlichkeiten mit Esstischen auf, müssen aber andere Maße und Eigenschaften mitbringen, um gut zu den niedrigeren Sitzmöbeln zu passen. Hier einige wichtige Details, die es zu beachten gilt, um Frustration und Fehlkäufe zu vermeiden.

Tischplatten und Formen

Eine Faustregel besagt, dass ein Couchtisch nicht breiter sein sollte als das Sofa, vor dem er steht. Empfohlen wird eine maximale Breite von zwei Dritteln der Gesamtgröße eines Sofas – aber mindestens 50 Prozent. Sonst ist die Wahrscheinlichkeit groß, dass sich die Möbel unverhältnismäßig groß oder klein ausnehmen.

Zur Form der Couchtischplatte im Vergleich zu der des Sofas raten Innenarchitekten in der Regel, dass die Möbel zwar Geschwister, aber keine Zwillinge sein sollten: Man sollte nicht zwei völlig identische Formen nebeneinanderstellen, weil dies eher den Sitzbereich verstopft und der »Durchgangsverkehr« behindert wird. Eine gewisse Verwandt-

TIPP!

Falls aufgrund der Form nicht jeder von seinem Sitzplatz auf dem Sofa aus an den Tisch heranreicht, ergänzen Sie das Ensemble um kleinere Beistelltische.

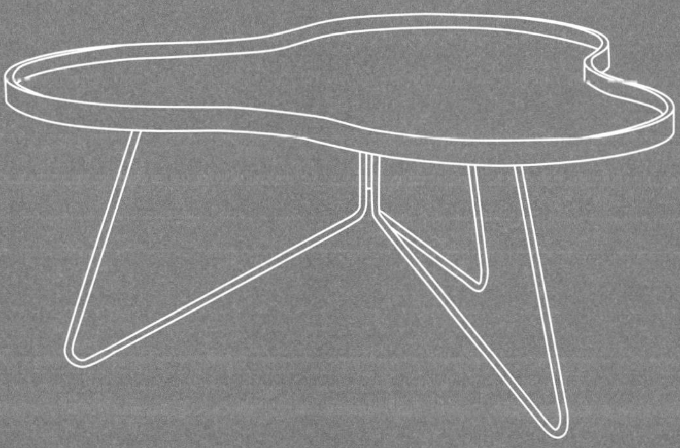

schaft der Möbelstücke dagegen ist durchaus wünschenswert; sie sollten sich farblich, von der Form und vom Material her ergänzen. Zu einer eher eckigen Sitzgruppe passen runde oder elliptische Tische, während Sofas mit abgerundeten Kanten und Enden durch einen eckigen Couchtisch ergänzt werden können, um so dem Gesamtbild Stabilität zu verleihen. Außerdem geht es den Innenarchitekten um Dynamik bei der Sitzecke. Wenn Sie ein rechteckiges Dreisitzer-Sofa mit einer rechteckigen Tischplatte auf gleicher Höhe wie die Sitzkissen kombinieren, sieht das daher selten so gut aus, wie wenn Sie sich zum Beispiel für runde Satztische in zwei verschiedenen Höhen und Größen entschieden hätten.

Höhe

Wie hoch sollte ein Couchtisch sein? Dazu gehen die Meinungen auseinander. Ein gängiger Richtwert ist plus/minus 10 Zentimeter von der Oberkante der Sitzpolster, wobei eine genaue Ausrichtung vermieden werden sollte. Höhere Tische eignen sich besser, wenn man auf dem Sofa oft Kaffee trinkt oder isst (weil man dann nicht vornübergebeugt sitzen muss), niedrigere hingegen passen in der Regel besser zu eher nach hinten geneigten Lounge-Sofas, weil bei dieser Sitzposition der Kopf tiefer ist. Haben Sie kleine Kinder, die gerne klettern oder neugierig an der Tischdekoration herumspielen, sind niedrige Couchtische allerdings möglicherweise nicht das Mittel der Wahl.

Die Beinfreiheit ermitteln

Bei der Auswahl eines Couchtisches lassen wir uns allzu leicht von Aussehen und Design fesseln und vergessen dabei oft, was weniger sichtbar ist (vor allem, wenn wir uns hinsetzen) – unsere eigenen Beine und Füße. Je steiler die Neigung der Rückenlehne Ihres Sofas, desto mehr Platz müssen Sie für die Füße einkalkulieren. Probieren Sie es einmal aus, jetzt, so wie Sie gerade sitzen: Je mehr Sie sich nach hinten lehnen, desto weiter vorn landen in der Regel die Füße, um das Gewicht des Oberkörpers auszubalancieren (und desto weiter unten müssen wir sitzen, damit die Füße den Boden erreichen).

Wie wirkt sich das auf die Wahl eines Couchtischs aus? Tja: Wenn Sie in Ihrem Wohnzimmer nicht unbegrenzt Platz haben, muss der Couchtisch Platz für die Füße bieten. Andernfalls muss der gesamte Couchtisch nach vorn geschoben werden – doch dann beansprucht die gesamte Sitzgruppe mehr Fläche. Daher sind massive Couchtische, Spiegelwürfel und Ottomanen in der Praxis oft nur schwer unterzubringen. Es lohnt sich, das zu berücksichtigen, wenn Sie Ihr Wohnzimmer so einrichten wollen, dass Ihre Sitzgruppe nicht nur schick aussieht, sondern auch dazu einlädt, es sich darauf bequem zu machen.

Vor- und Nachteile verschiedener Materialien für Couchtische

Glas

Vorteile: Bei begrenztem Platzangebot sind Glastische großartig, weil sie dem Raum einen luftigeren Charakter verleihen. Außerdem reflektiert Glas Licht, was das Zimmer aufhellt und das Raumgefühl verstärkt. Ein gemusterter Teppich unter dem Tisch ist auch besser zu sehen. Das ist vorteilhaft, wenn man zum Beispiel Orientteppiche mit Mustern in der Mitte hat, die nicht durch einen großen Tisch verdeckt werden sollen.
Nachteile: Daumenabdrücke und Schmutzflecken sind sofort sichtbar. Sind klebrige Finger im Haus, zieht das unter Umständen endloses Wischen nach sich. Obendrein nimmt die Farbe des Glases durch das Eisen im Material manchmal einen Grünstich an, was aus den Produktbildern im Internet nicht immer klar hervorgeht – dieser Effekt kann sich je nach Licht in Ihrer Wohnung auch noch verstärken. Nehmen Sie auf jeden Fall einen Tisch mit gehärtetem Sicherheitsglas. Weitere Informationen dazu gibt es im Abschnitt über Glasmaterialien auf den Seiten 320–322. Gehärtetes Glas kostet zwar mehr, bewahrt aber sowohl Sie als auch Ihre Kinder und gegebenenfalls Ihre Haustiere vor bösen Unfällen.

Holz

Vorteile: Aufgrund der Maserung und der Unregelmäßigkeit der Oberfläche wirkt das Material natürlich und einzigartig. Zudem sorgt Holz verglichen mit Stein und Kunststoff für eine ganz andere Akustik im Raum, reflektiert die Körperwärme und fühlt sich warm an.
Nachteile: Für diejenigen, die sich einheitliche Farben wünschen, stellt die Musterung möglicherweise einen Nachteil dar. Je nach Ausführung benötigt Holz auch mehr Pflege. Der Werkstoff arbeitet und reagiert auf den Feuchtigkeitsgehalt der Umgebung, daher sollte er in Umgebungen, in denen er großen Temperaturschwankungen oder Feuchtigkeit ausgesetzt ist, mit Vorsicht eingesetzt werden (z. B. in Wintergärten, im Winter unbeheizten Berghütten oder in der Nähe von Swimmingpools).

Chrom

Vorteile: Glänzt und schimmert und bringt Leben in Zimmer mit matten Oberflächen.
Nachteile: Nimmt die Farben der Umgebung auf und wird von ihnen beeinflusst. Wenn Sie Pech haben, entstehen darüber hinaus optisch störende Spiegelungen, die je nach Beleuchtungswinkel oder Tageslichteinfall blenden.

Naturstein

Vorteile: Solides, stabiles und zeitloses Material.
Nachteile: Stoßempfindlich. Kann splittern, wenn er nicht behandelt wird. Die Ecken sind für Kinder, die das Laufen noch nicht gelernt haben, zu scharfkantig (das Material ist allgemein kaum geeignet für Kleinkinder). Nicht gut als Tischplatte geeignet, wenn man oft Partys feiert oder gerne Kaffee trinkt, da das Material anfällig für Ringe und Flüssigkeiten ist. Untersetzer sind ein Muss.

Beton

Vorteile: Günstiger als Naturstein. Ziemlich resistent gegen mechanischen Abrieb. Bekommt nach einiger Zeit eine schöne Patina.
Nachteile: Wenn die Oberfläche nicht imprägniert ist, entstehen leicht unschöne Flecken durch farbige Flüssigkeiten.

Laminat/Melamin (und Ähnliches)

Vorteile: Geringes Gewicht, dadurch beim Reinigen oder Umdekorieren leicht zu verschieben. Widerstandsfähiger gegen oberflächliche Flecken. Oft preisgünstig. In organischen Formen und vielen Variationen erhältlich.
Nachteile: Zerkratzt möglicherweise. Bei Beschädigung nur schwer zu reparieren. Wenn Sie oder jemand in Ihrer Familie gerne die Füße auf den Tisch legt, ist es nicht ausgeschlossen, dass er über den Wohnzimmerboden wegruscht.

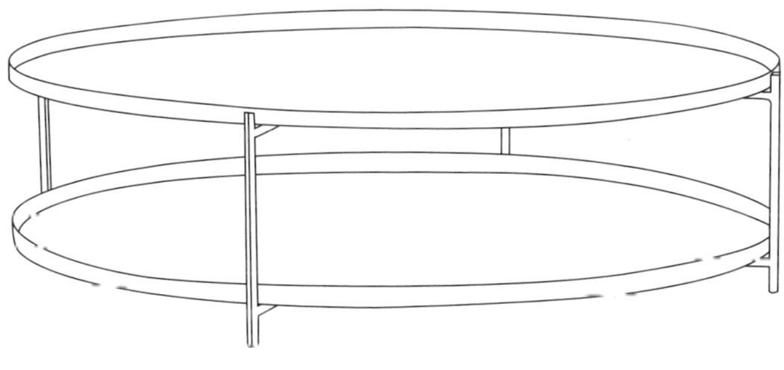

Couchtische mit Einlegeböden, die sich so nah über dem Boden befinden, dass man mit der Staubsaugerdüse nicht darunterkommt, erschweren mit hoher Wahrscheinlichkeit auf Dauer das Putzen, weil man den Tisch jedes Mal verrücken muss.

Häufige Beschwerden über Couchtische

- Rahmen und Untergestell sind wackelig.
- Die Tischplatte ist empfindlich gegen Flecken und Kratzer. Weiße Tischplatten können sich etwa durch Kaffee und Wein dauerhaft verfärben.
- Tischplatten und Beine sind verschiedenfarbig (vorrangig Furnier und Holz) wie auch manchmal die Platten von Satztischen.
- Kippgefahr – die Ausführung des Tisches stellt eine Gefahr für kleine Kinder dar.
- Manche Tische sind schwer, sodass man sie kaum anheben, bewegen oder greifen kann.

Kleine Tische

Zusätzlich zu den größeren Tischen in einer Wohnung eignen sich auch kleinere Tischchen, um einen Raum gemütlich zu gestalten. Ich denke da zum Beispiel an kleinere Beistelltische neben Sofas und Sesseln, kleine Tische und Halbmondtische in Fluren und Durchgängen und Buffettische, die alle nicht nur einen praktischen, sondern auch einen ästhetischen Zweck erfüllen. Selbstverständlich ergibt sich die jeweilige Ausführung aus dem vorgesehenen Verwendungszweck der Tische, aber schauen wir uns doch einmal einige der gängigsten Modelle an sowie Tipps, die es in Bezug auf Design, Beschwerden und

TIPP!

Na, legen Sie oder Ihre Partnerin oder Ihr Partner gerne mal die Gräten auf den Tisch? Ei, ei, ei ... Das darf man nur, wenn man Fisch isst. Aber Spaß beiseite: Überprüfen Sie die Stabilität des Tisches und die Tragfähigkeit der Platte sowie das Gewicht (damit der Tisch unter Ihren Füßen nicht wegrutscht). Und meiden Sie Glastische – die vertragen ungleichmäßige punktuelle Belastungen nämlich meist nicht besonders gut.

Schwächen zu beachten gilt. Egal, ob Sie einen neuen oder gebrauchten Tisch kaufen wollen.

Beistelltische

Kleine Ablageflächen neben den Sitzmöbeln werden oft als Beistelltische bezeichnet. Raumgestalter gehen von der Faustregel aus, dass man an allen Plätzen einer Sitzgruppe eine Ablagefläche in Reichweite haben sollte. So ergänzen diese kleinen Tische einen größeren Couchtisch bei einer geselligen Sitzformation, in der es aufgrund der Form des Sofas oder der Platzierung der Sessel nicht für alle möglich ist, den mittig stehenden Tisch zu erreichen. Die Höhe dieser Modelle variiert je nach Hersteller und Stil, aber generell gilt: Ein neben einem Sofa oder Sessel platzierter Beistelltisch sollte etwas niedriger sein als die Armlehne, damit man vom Sofa aus bequem seine Sachen abstellen kann.

Satztisch

Ein Satztisch ist ein Tisch, der aus mehreren Teilen besteht, die ineinandergeschoben werden können. Früher hat man oft das Radio darauf abgestellt, aber heutzutage werden sie gerne als Beistelltische neben Sofas und Sitzgruppen verwendet. Der Vorteil dieser Tische ist ihre Flexibilität, denn die Module können einfach herausgezogen oder zu-

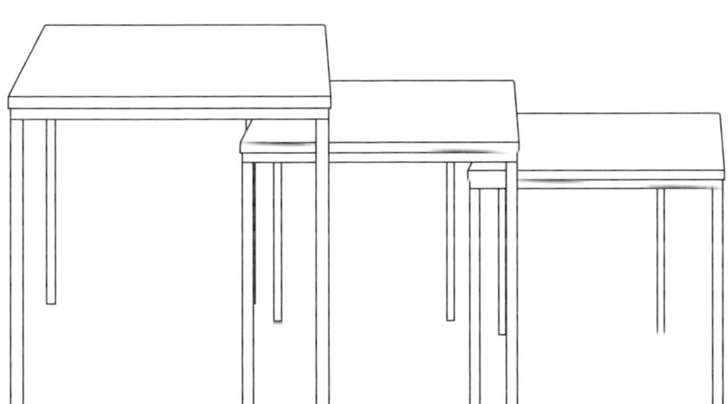

sammengeschoben werden, um sie an den vorhandenen Platz oder die jeweiligen Bedürfnisse anzupassen.

Achten Sie darauf, dass sich die verschiedenen Teile wirklich ineinanderschieben lassen, damit die unterschiedlichen Höhen nicht nur eine Spielerei darstellen, sondern eine echte Funktion haben.

Billighersteller übersehen manchmal, dass hervorstehende Zargen ganz oder teilweise mit den Tischplatten in Berührung kommen, die unter den größten Tisch geschoben werden sollen. Einige Hersteller kleben Filzscheiben unter die oberen Tische, um die Platten der kleineren zu schützen.

Halbmond-Tische

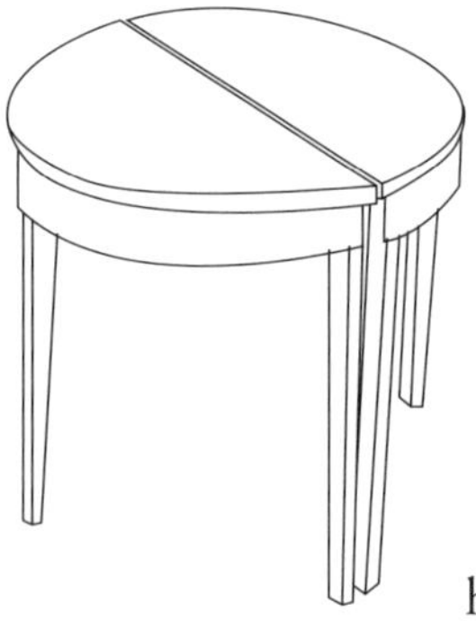

Früher waren die halbmondförmigen Tische, die wir heute als Beistelltische oder Fenstertische benutzen, nicht nur eine praktische Abstellfläche. Setzt man die beiden Hälften zusammen, bilden sie einen runden, kompletten Tisch, und mit einem Verlängerungsbrett zwischen den Tischen schafft man im Handumdrehen Platz für eine größere Runde und einen brauchbaren Esstisch. Heute werden diese Tische meist als Flurmöbel oder Fenstertische verwendet, wenn keine Fensterbänke vorhanden sind.

Kleine Tische auf Rädern

Rolltische, Getränkewagen und Teewagen wurden früher als Transportmöglichkeit in größeren Wohnsitzen genutzt. Je größer die Räder, desto leichter lassen sie sich bewegen, selbst über Hindernisse wie Schwellen oder Teppiche hinweg. Vermutlich haben ältere Getränkewagen deshalb so große Räder – dadurch reagieren sie nicht so empfindlich auf Unebenheiten, und Glasflaschen lassen sich ohne viel Geklapper transportieren. Das ist also ein wichtiges Detail, auf das es sich zu achten lohnt, wenn Sie einen rollbaren Tisch kaufen wollen, der

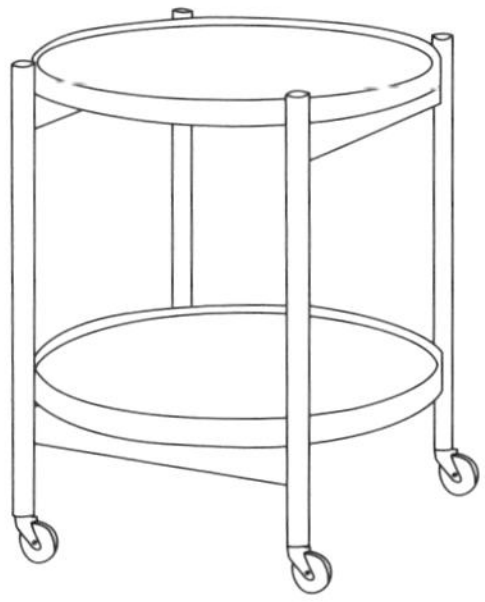

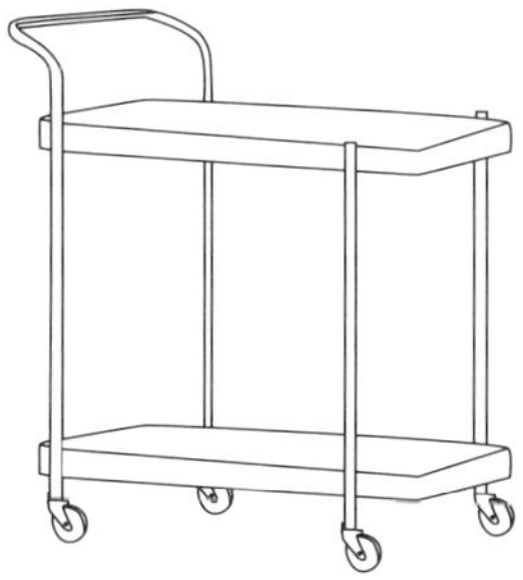

nicht nur dekorativ, sondern auch praktisch sein soll. Außerdem müssen die Ablagen eine Kante haben, damit die Gegenstände auf dem Wagen nicht herunterrutschen. Der Richtwert für die Höhe dieser kleinen Tische liegt zwischen 60 und 65 Zentimetern.

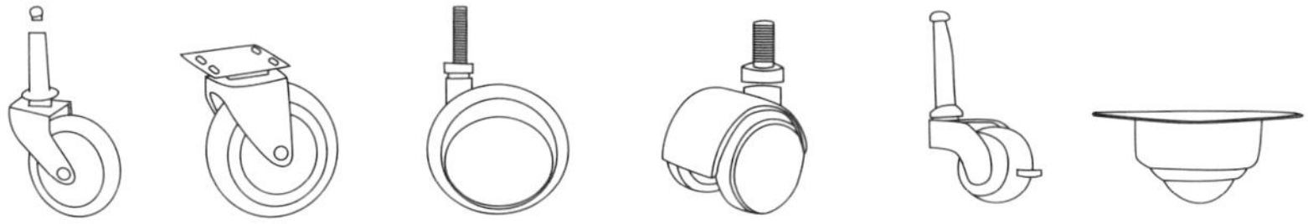

	Teewagenrollen	**Gummirollen**	**Metallrollen**	**Hartplastikrollen**	**Messing-/ Metallrollen**	**Kugelrollen**
Optimaler Untergrund	alle	harter und glatter Untergrund	weicher Untergrund und Teppich	Böden, die nicht leicht zerkratzen	sollten durch Boden-/ Radabdeckungen ergänzt werden	können verschoben, aber nicht gerollt werden
Tragfähigkeit	mittel	hoch	hoch	hoch	hoch	hoch
Rollwiderstand	mittel	mittel	mittel	gering	hoch	gering
Dämpfung	mittel	hoch	gering	gering	gering	gering
Bewegungsgeräusche	mittel	gering	auf hartem Untergrund hoch	mittel	hoch	hoch
Gefahr von Abdrücken/ Spuren	gering	gering	hoch	mittel	hoch	hoch

Feste oder drehbare Rollen?

- Rotierende oder schwenkbare Rollen eignen sich gut für kleine Tische, die auf engem Raum schnell gedreht werden sollen (der Wendekreis ist kleiner als bei fest stehenden Rollen).
- Lenkrollen mit einem Radfeststeller verhindern, dass sich die Rollen um die eigene Achse drehen. Besonders nützlich ist dies bei Rollwagen, die über unebene Flächen bewegt werden. Auf diese Weise lassen sich die Räder vorübergehend arretieren, damit der Wagen geradeaus fährt.
- Eine einfache Bremse verhindert, dass das Rad weiterrollt, nicht aber, dass es sich um die eigene Achse dreht.
- Eine vollständige Arretierung sorgt dafür, dass sich das Rad weder um die eigene Achse dreht noch weiterrollt, wodurch der Wagen auch auf schrägen Flächen (z. B. in Badezimmern) stehen kann.

Kauftipps für Servierwagen und Rolltische

- Wie sind Griff und Handhabung? Wenn der Tisch bewegt wird: Liegt der Griff gut in der Hand, fühlt er sich stabil an? Wie leicht lässt sich der Tisch manövrieren?
- Wie hoch oder breit ist der Wagen? Schmale Tische kippen leichter.
- Kleinkinder oder auch Haustiere sind mit Servierwagen oft nicht ganz so gut zu vereinbaren. Wenn das untere Regal keine Kante hat, kegelt ein mit dem Schwanz wedelnder Hund schnell einmal die ein oder andere Flasche um.
- Falls der Wagen in der Gastronomie eingesetzt werden soll: Verfügt er über eine hitzebeständige Ablagefläche? Unter Umständen ist es zweckmäßig, die gesamte oder einen Teil der oberen Platte des Wagens beispielsweise mit Keramikfliesen oder rostfreiem Stahl zu versehen.
- Reicht der Abstand zwischen den Regalböden für die Gegenstände, die Sie daraufstellen wollen (z. B. Flaschen im Wohnzimmer oder Spray und Lockenstäbe im Badezimmer)?
- Wie stark kann man den Wagen maximal belasten? Wie viel wiegt er unbeladen? Manche Modelle sind im beladenen Zustand schwer zu manövrieren.

- Bei älteren Modellen ist die Lauffläche der Räder möglicherweise abgenutzt. Erkundigen Sie sich, ob sie ausgetauscht werden können.

Schreibtische

Die Wahl eines Schreibtisches ist keine Hexerei, aber es gilt, einige Tücken zu vermeiden, vor allem, wenn Sie den Schreibtisch täglich nutzen. Welche Größe und welches Modell für Sie am besten geeignet ist, richtet sich maßgeblich danach, …

1. wie viel Platz Sie brauchen und
2. wie viel Platz in dem Raum zur Verfügung steht, in dem das Möbelstuck stehen soll.

Größe der Arbeitsfläche

Die Größe der elektronischen Arbeitsmittel, aber auch der analogen Utensilien, für die Sie bei Ihrer Arbeit am Schreibtisch Platz benötigen (beispielsweise Papier, Notizbücher und andere Schreibwaren), bildet den Ausgangspunkt für die Bemessung der Arbeitsfläche. Als allgemeine Empfehlung für die Schreibtischfläche gilt eine Tiefe von mindestens 60 Zentimetern und eine Breite von mindestens 75 Zentimetern.

Abstand zu technischen Geräten

Der empfohlene Abstand zum Computer beziehungsweise Bildschirm hängt von der Größe Ihres Geräts und den Herstellerempfehlungen ab. Als grober Richtwert gilt jedoch, dass zwischen Ihren Augen und dem Bildschirm mindestens 50 bis 80 Zentimeter (etwa eine Armlänge) liegen sollten. Die Oberkante des Computerbildschirms sollte sich auf Augenhöhe befinden, damit Sie Ihren Blick nach unten richten können, ohne den Hals beanspruchen zu müssen.

Wer viel am Laptop arbeitet, sollte sich einen Laptopständer und eine kabellose Tastatur zulegen, sodass sich der Bildschirm über der Tischplatte befindet – andernfalls ist die Wahrscheinlichkeit groß, dass man sich den Hals verrenkt und im Laufe der Zeit Überlastungsschäden davonträgt. In der Regel reicht es aus, wenn sich der Bildschirm 15 bis 20 Zentimeter über der Tischoberfläche befindet, aber das hängt auch von der Größe des jeweiligen Bildschirms ab. Denken Sie bitte daran, dass Sie auch eine externe Tastatur und eine kabellose Maus benötigen, ganz zu schweigen von dem Platz für die entsprechenden Steuerbewegungen – jeweils auf der rechten oder linken Seite des Computers, je nachdem, ob Sie Rechts- oder Linkshänder sind.

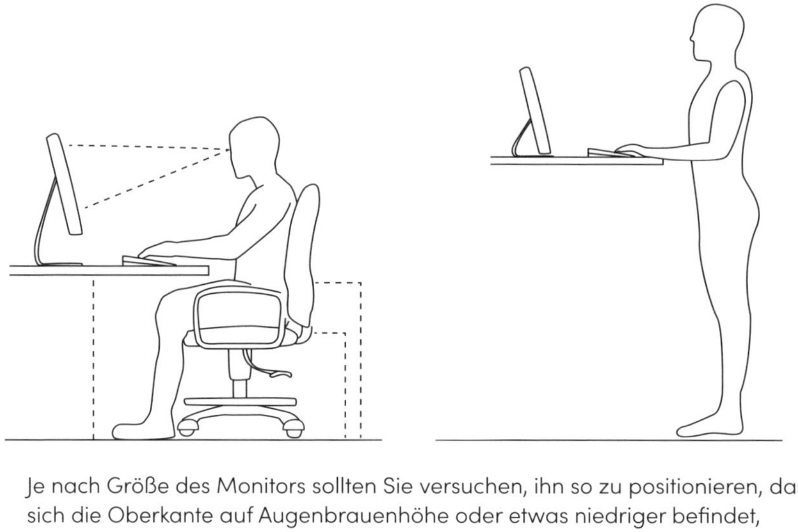

Je nach Größe des Monitors sollten Sie versuchen, ihn so zu positionieren, dass sich die Oberkante auf Augenbrauenhöhe oder etwas niedriger befindet, damit Sie Ihren Hals nicht unnatürlich beugen müssen. Achten Sie beim Positionieren des Monitors oder der Beleuchtung darauf, dass keine störenden Reflexionen entstehen.

Die Arbeitshöhe

Je nach Höhe des Stuhls und der Länge Ihrer Beine wird für feste Schreibtische eine Höhe von etwa 72 bis 75 Zentimetern empfohlen, damit Sie einerseits die Fußsohlen ganz auf den Boden stellen und andererseits die Unterarme in einem angenehmen Winkel (etwa 90 Grad) zur Tischplatte, Tastatur und Computermaus halten können, um Überlastungsschäden zu vermeiden.

Aus ergonomischen Gründen sollten Sie Ihre Arbeitshaltung über den Tag hinweg variieren. Das gelingt beispielsweise recht unkompliziert mit einem höhenverstellbaren Schreibtisch, an dem man abwechselnd im Sitzen und im Stehen arbeiten kann. Da solche Modelle für den Betrieb oft eine Steckdose benötigen, empfiehlt es sich, auf die Kabellänge und die Entfernung zu Steckdosen oder Verteilerdosen zu achten. Es gibt auch manuelle Lösungen zum Anheben und Absenken der Tischplatte. Entscheiden Sie sich für einen Schreibtisch, bei dem der Positionswechsel relativ einfach ist, sonst ist die Gefahr groß, dass Sie Ihre Position doch nie ändern. Noch ein Tipp: Wenn Sie einen Schreibtisch wählen, bei dem die Höhe in verschiedenen Positionen deutlich angezeigt wird, etwa durch ein Anzeigefeld, brauchen Sie nicht jedes Mal auszuprobieren oder zu raten, ob »es passt«, wenn Sie die Position ändern wollen.

Alte Schreibtische

Alte Schreibtische sind zwar besonders dekorativ, aber für die heutigen Bedürfnisse nicht immer optimal. Sie verfügen nicht unbedingt über die richtige Höhe (72 bis 75 Zentimeter) oder einen ausreichenden Abstand zum Boden (mindestens 63 Zentimeter), damit man bequem daran sitzen kann. Auch wurden sie nicht mit dem Gedanken an die heutigen Bürostühle entworfen. Und eines ist auf alle Fälle gewiss: Solche Schreibtische wurden sicherlich nicht dafür konzipiert, dass wir acht Stunden am Tag an ihnen sitzen und mit modernen technischen Geräten arbeiten.

- Häufig haben alte Schreibtische opulente Untergestelle und Schubladen unter der Tischplatte, die den Beinen in die Quere kommen können. Dadurch werden die Oberschenkel eingezwängt oder man fühlt sich beengt, weshalb man seine Sitzposition im Laufe des Tages kaum verändert.
- Vielfach sind ältere Schreibtische ziemlich schlicht und schmal gehalten. Je schmaler der Schreibtisch jedoch ist, desto wahrscheinlicher sitzt man zu dicht am Bildschirm, sodass man den Nacken verdreht und sich verkrampft.

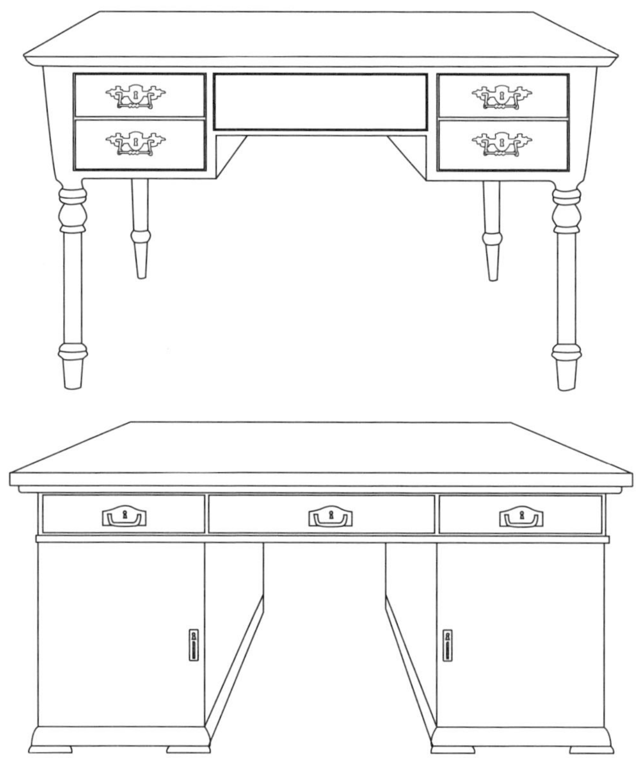

Der kleine Bereich unter antiken Schreibtischen, der oft von zwei breiten Schubladenreihen flankiert wird, wird als Knieraum bezeichnet. Ein anderes, früher häufig anzutreffendes Modell ist ein Schreibtisch mit gedrechselten Beinen, bei dem sich die Schubladen unter der Tischplatte befinden.

- Bei älteren Schubladen besteht die Gefahr, dass sie sich mit der Zeit verziehen, und wenn der Schreibtisch nicht absolut stabil ist, wackeln die Metallbeschläge und machen Geräusche, sobald man auf seiner Tastatur tippt.
- Große, alte Chefschreibtische sind häufig mit wuchtigen Seitenteilen ausgestattet, die die Bewegungsmöglichkeiten moderner Bürostühle beeinträchtigen können.

TIPP!

Schreibtischunterlagen eignen sich nicht nur hervorragend, um die Schreibtischoberfläche vor Flecken zu schützen, sie dämpfen auch Schallreflexionen von einer harten beziehungsweise Lichtreflexionen von einer weißen Schreibtischoberfläche, die mitunter lästige Spiegelungen verursachen. Ihr Zimmer ist dunkel und der Lichteinfall schlecht? Verzichten Sie in diesem Fall auf einen dunklen Schreibtisch, da er mehr Licht schluckt und Ihre Augen unnötig strapaziert. Ein guter Sehkomfort ist genauso wichtig wie die richtige Ergonomie.

Nachttische

Nachttisch, Nachtkästchen oder Nachtschrank? Lieb Kind hat viele Namen! Egal, wie Sie es nennen, die meisten Menschen wünschen sich eine Art Ablagetisch neben dem Bett, um Uhren und Schmuck oder einen Wecker, Bücher oder eine kleine Nachttischlampe unterzubringen.

Hier sind einige Tipps, die Ihnen bei der Suche nach solch einem Möbelstück nützlich sein könnten:

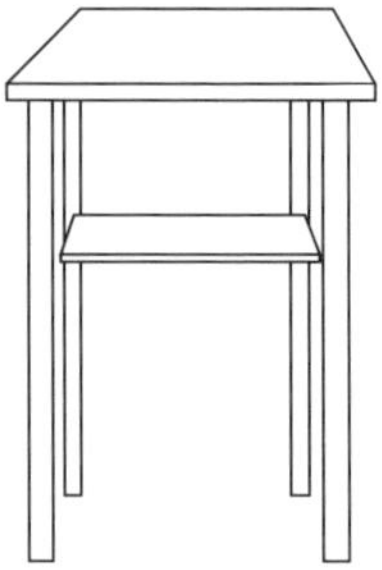

Nachttisch mit Einlegebrett

Vorteil: Macht einen aufgeräumten Eindruck. Unkomplizierte Reinigung des Möbelstücks und der Fläche darunter.
Nachteil: Wenig Ablagefläche und kein versteckter Stauraum. Kabel für ein digitales Radio oder einen Wecker, zum Aufladen des Handys oder für die Beleuchtung können nicht dahinter versteckt werden.

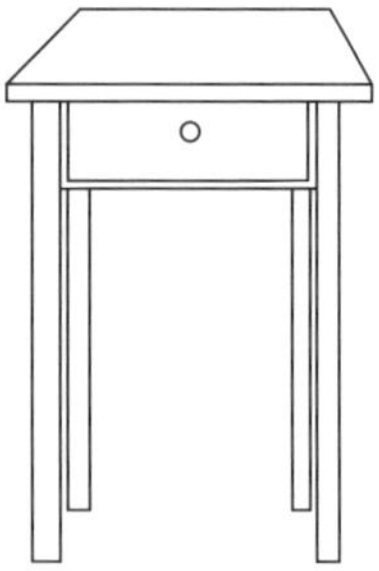

Nachttisch mit Schublade

Vorteil: Bietet versteckten Stauraum für Dinge, die man nicht vorzeigen möchte. Bei einer Schublade kann man einen schönen Beschlag wählen, der dem Schlafzimmer den letzten Schliff gibt.
Nachteil: Nicht alle Nachttischschubladen sind groß genug, um Bücher und Zeitschriften in sämtlichen Formaten und andere Gegenstände verschwinden zu lassen.

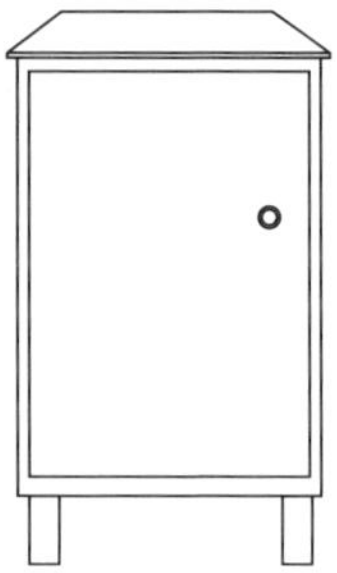

Nachtschrank

Vorteil: Bietet in dem Fach, in dem historisch übrigens der Nachttopf untergebracht war, Platz für hohe Gegenstände und größere Bücher. Viel versteckter Stauraum.
Nachteil: Benötigt Platz für den Schwenkradius der Tür. Bei einem Einzelbett, wo man den Nachttisch meist nur an einer Stelle aufstellen kann (da ein solches Bett oft an einer Wand steht), ist es wichtig, dass

sich die Tür zur richtigen Seite hin öffnet, die Griffseite zum Bett zeigt oder der Türanschlag gewechselt werden kann. Manchmal kommt man mit dem Staubsauger nur schwer darunter.

Bettkommode

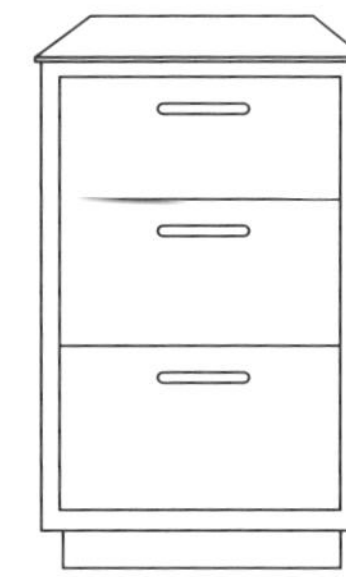

Vorteil: Sowohl sichtbarer als auch versteckter, in Fächer unterteilter Stauraum.
Nachteil: Die Bedienung der Schubladen. Die untere Schublade ist möglicherweise vom Bett aus schwer zu erreichen.

Seitenschränkchen/Rollcontainer

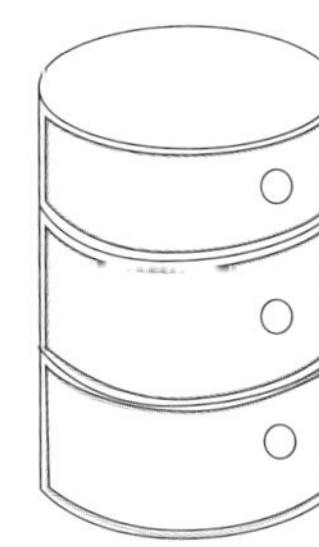

Vorteil: Versteckter Stauraum. Benötigt weniger Fläche vor dem Schränkchen.
Nachteil: Verhakt sich leicht. Besonders wenn die Fächer voll werden, bleibt die Tür oder Schiebetür gerne in Unterlagen und Büchern stecken. Bei der runden Form entsteht außerdem toter Raum in den Ecken, sodass man nicht die gesamte Ablagefläche nutzen kann. Entsprechend bietet auch die Oberseite weniger Ablagefläche.

Hocker

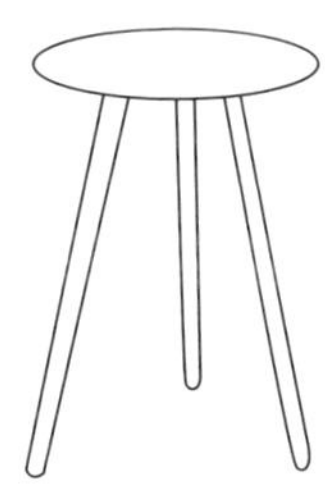

Vorteil: Lässt sich als Nachttisch und zusätzliche Sitzgelegenheit in einem verwenden. Luftige Lösung in kleineren Schlafzimmern.
Nachteil: Ist mitunter instabil und wackelig. Passt die Höhe des »Tisches«? Kein versteckter Stauraum. Wenig Ablagefläche.

Massiver Hocker/Tisch

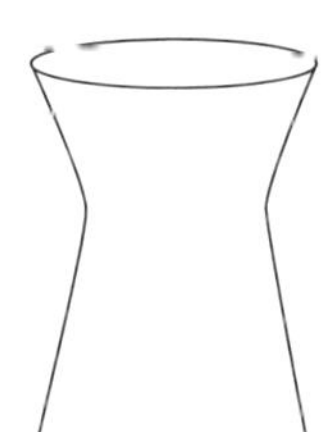

Vorteil: Kann in vielen Räumen verwendet werden und verschiedene Lebensphasen durchlaufen.
Nachteil: Bietet keinen versteckten Stauraum. Hat der Hocker die richtige Höhe? Optisch ins Gewicht fallend.

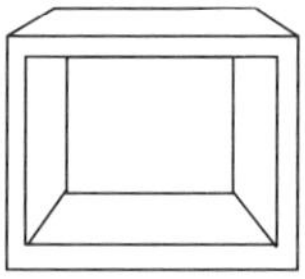

Regalbrett an der Wand

Vorteil: Flexible Platzierung. Bei wandmontierten Borden entscheiden Sie selbst über die Höhe und müssen sich keine Gedanken über feste Tischbeine machen – und zwar weder beim Aufstellen des Tisches noch beim Putzen und Staubsaugen.
Nachteil: Fest platziertes Element (oder aber es entstehen Löcher, mit denen man leben muss).

Nachttische bei Boxspringbetten

Da Boxspringbetten höher sind als andere Bettgestelle, werden auch höhere Nachttische benötigt, damit sie auf einer Höhe mit der Matratze sind. Andernfalls wirken die Nachttische im Verhältnis zum Bett unproportioniert.

Wandkonsolen bieten mehr Flexibilität als auf dem Boden stehende Nachttische, weil man sie von vornherein in der richtigen Höhe anbringen kann. Allerdings sollten Sie daran denken, sie erst dann zu montieren, wenn Sie Ihr Bett mit Kissen, Bettdecken und Bettüberwürfen ausgestattet haben, da Sie sie sonst nicht richtig ausrichten können. Außerdem sollten sie nicht zu nah am Kopfteil angebracht werden, sonst besteht die Gefahr, dass die Tagesdecke nicht glatt über dem Bett liegt.

Ein Boxspringbett mit passendem Betthaupt wirkt meist sehr dominant und muss unter Umständen mit Nachttischen kombiniert werden, die sich abheben und für Harmonie bezüglich der Proportionen und der Gesamtwirkung sorgen. Nachttische mit dünnen Beinen und/oder durchsichtigen Elementen gehen in diesem Zusammenhang leicht unter.

Türen und Öffnungsradien zum Bett hin

Bei Nachttischen mit Türen oder Öffnungsradien: Denken Sie daran, den Tisch so zu positionieren, dass der Knauf/Griff möglichst nah neben dem Bett ist – sonst versperrt Ihnen die Tür die Sicht, wenn Sie sie im Bett liegend öffnen wollen. Bei einem Doppelbett reicht es vielleicht aus, die

Position der Nachttische zu tauschen, aber vor dem Kauf für ein Einzelbett lohnt es sich zu prüfen, ob der Türanschlag gewechselt werden kann.

Höhe

Die optimale Höhe des Nachttisches richtet sich nach der Höhe des Bettes. Es hat sowohl Vor- als auch Nachteile, wenn der Nachttisch höher oder niedriger ist als die Matratze.

Niedrigerer Nachttisch

Vorteil: Einfacher zu erreichen, sodass man in der Nacht den Wecker sehen kann, ohne den Kopf wie ein Vogel Strauß anheben oder sich am Morgen zum Ausschalten recken zu müssen.
Nachteil: Auch dann leichter zu erreichen, wenn das gar nicht gewollt ist. Ein niedrigerer Nachttisch birgt die Gefahr, dass Bettdecke, Kissen oder auch ein Arm nachts vom Bett rutschen und dabei die auf dem Nachttisch liegenden Gegenstände hinunterstoßen.

Höherer Nachttisch

Vorteil: Sorgt bei Boxspringbetten für ein besseres optisches Gleichgewicht, wenn das Kopfteil höher ist.
Nachteil: Scharfe Ecken und Teile, gegen die man möglicherweise nachts zufällig rollt.

TIPP!

Eine Leserin in der Trendenser-Facebook-Gruppe warnte alle, die ihr Handy als Wecker benutzen, vor einem berühmten Nachttisch aus Metall. Warum wohl? Ich brauchte auch eine Weile, um dahinterzukommen … Wenn das Handy ihres Mannes vibrierte, verwandelte sich das Möbelstück in einen Resonanzkörper. Als würde man von einer ganzen Trommelgruppe geweckt, meinte sie. Das klingt nach einem Tipp, den man weitergeben sollte!

5

Stauraum

Stauraummobiliar stellt eine sehr entscheidende Kategorie dar, die in vielen verschiedenen Räumen unseres Zuhauses zu finden ist und von Kleiderschränken und Bücherregalen bis beispielsweise Kommoden und Vitrinen reicht. All diesen Möbeln ist gemeinsam, dass ihr Inneres mindestens genauso wichtig ist wie ihr Äußeres. Auch wenn man vielleicht nicht alle Feinheiten auf den ersten Blick sieht, beeinflussen die Bauweise und die Funktionen dieser Möbel den Alltag enorm. In diesem Kapitel gehen wir auf die wichtigsten Qualitätsunterschiede, Konzepte und Aspekte ein, auf die Sie achten sollten.

Ob man sich als Innenarchitekt oder Innenarchitektin traut, zuzugeben, dass man das Thema Stauraum etwas langweilig findet? Damit schießt man sich definitiv selbst ins Knie, schließlich handelt es sich dabei um das am häufigsten auftretende Problem unserer Kundschaft.

Doch wenn es Spaß machen würde und einfach wäre, dann hätten ja wohl kaum so viele Leute ein Problem damit, oder? Ich bin wahrscheinlich nicht die Einzige, die das Ganze als knifflige Kiste empfindet oder eine Allergie gegen schlagfertige Aufräumspezialisten entwickelt hat, die predigen, wie einfach und toll es ist, während man selbst das genaue Gegenteil denkt.

Für mich ist Stauraum das innenarchitektonische Äquivalent zu Vollkornprodukten: Jeder weiß, dass das Thema wichtig ist, aber man kann sich nur schwer dafür begeistern, weil es so trocken ist und allzu sehr nach »müssen« klingt. Wir wissen um den Widerstand, den es dagegen gibt, dass man nun einmal aufräumen und sortieren *muss*. Außerdem ist uns nur allzu klar, dass das Ganze wahrscheinlich einige Zeit dauern wird und die Energie selten bis ganz zum Schluss reicht. Und für die Nachwehen einer großen Aufräumaktion schon gleich gar nicht. Vielleicht hoffen so viele Menschen deshalb immer wieder auf eine Zauberformel oder eine schnelle Lösung, die mit dem geringsten Aufwand die größte Wirkung erzielt.

Aus diesem Grund möchte ich die Erwartungen an dieses Kapitel auch von vornherein klären: In diesem Abschnitt geht es nicht in ers-

WUSSTEN SIE, DASS …?

Der dänische Designer Hans Wegner, der in erster Linie für die über 500 Stühle bekannt ist, die er im Laufe seiner Karriere entworfen hat, interessierte sich auch für das Thema Stauraum. 1936 besuchte er Kaare Klints »The Cabinetmaker Day School« in Kopenhagen und vermaß alles, von Hemden und Krawatten bis zu aufgerollten Sportsocken (!), um die optimale Größe von Schränken und Regalen zu ermitteln.

ter Linie darum, wie man seine Sachen verwahrt, sondern womit. Mein Ziel ist es, Ihnen dabei zu helfen, den Kauf von Kommoden, Kleiderschränken, Bücherregalen und Vitrinen so anschaulich und konkret zu planen, dass Sie unnötige Fehler vermeiden und das bekommen, was Sie tatsächlich benötigen. Bei der Frage, wie man seine Kleidung am besten ordnet, faltet oder sortiert, können Ihnen andere besser helfen.

Kleiderschränke

Das schwedische Wort für Kleiderschrank gibt es mit einem kleinen Bedeutungsunterschied auch in der deutschen Sprache: *garderob* ist in beide Sprachen aus dem Altfranzösischen eingewandert und setzt sich zusammen aus den Wörtern *garde,* was bewachen, bewahren, hüten bedeutet, und *robe*, im Sinne von Rock, Gewand. Zusammengesetzt ergibt sich daraus die Bedeutung »ein Ort, an dem man Kleidung aufbewahrt«. Das englische Wort *wardrobe* ist genauso aufgebaut, doch weil man dort schon lange vor uns einen beschreibenden Begriff für dieses Phänomen suchte (bereits im Mittelalter), ging man von dem germanischen *wardon* aus, was so viel bedeutet wie »den Blick aufmerksam auf etwas richten«, bewachen oder beschützen. Das gleiche Wort versahen die Franzosen dann später mit einem G statt mit einem W, es wurde also zuerst *warder* und irgendwann *garder* daraus, was wachen, bewachen, aufbewahren bedeutet.

Früher war ein Kleiderschrank ein transportables Möbelstück. Eine Truhe, häufig aus Zedernholz angefertigt, die den kostbaren Inhalt vor allem Übel und Ungeziefer schützen sollte. Heute kann ein Kleiderschrank frei stehend oder eingebaut und mit Scharniertüren, Schiebetüren, Falttüren oder Vorhängen ausgestattet sein. In den letzten Jahren ist es auch immer üblicher geworden, Zimmer oder Teile davon als Stauraum für Kleidung zu nutzen, begehbare Kleiderschränke, sogenannte *walk-in closets*. Doch weil diese beim besten Willen nicht als Möbel durchgehen, werden wir uns in diesem Buch nur mit Schranklösungen beschäftigen, denen man analog zum englischen Wort vielleicht den Spitznamen *look-ins* oder auch *lean-in closets* verpassen könnte.

Aufbewahrungsökonomie

Wie viele Kleiderschränke für einen Einzelhaushalt ausreichen oder welches Modell sich am besten für jemanden eignet, ist eine höchst individuelle Frage. Es ist ja nicht nur so, dass wir unterschiedlich viele Kleidungsstücke besitzen, sondern diese auch auf ganz unterschiedliche Weise aufhängen, zusammenlegen oder rollen. Um zu ermitteln, wie viel Platz Sie konkret benötigen, empfiehlt sich zunächst eine einfache Schätzung. Genau an diesem Punkt machen nämlich die meisten Menschen bei der Planung ihres Kleiderschranks schon den entscheidenden Fehler. Wir beschäftigen uns eher damit, wie viele Kleiderschrankmodule wir unterbringen können – auf eine Bestandsaufnahme der Kubikmeter an Kleidung, die wir besitzen, sind wir dagegen nicht besonders scharf. Millimetergenau vermessen wir den Raum, in dem der Kleiderschrank stehen soll, haben aber keine Ahnung, wie viel Platz unsere Habseligkeiten eigentlich einnehmen. Ein Trick, um sich schnell einen Überblick über den tatsächlichen persönlichen Bedarf an Stauraum im Kleiderschrank zu verschaffen, besteht darin, erst einmal eine Inventur dessen zu machen, was aufgehängt oder liegend verstaut werden soll. Wie viele Meter Kleiderstange oder Regalfläche brauchen Sie tatsächlich?

Hängende Lagerung

Umfasst alle Kleidungsstücke, die man gerne auf Kleiderbügeln aufhängen möchte. Oft sind diese Kleidungsstücke jedoch unterschiedlich lang. Machen Sie also eine Bestandsaufnahme, basierend auf der Länge der Aufhängung, und kategorisieren Sie die Kleidungsstücke nach ihrer Größe.

Kurze Kleidungsstücke
wie Blusen, Hemden, Jacketts und kurze Jacken.
Mittellange Kleidungsstücke
wie zusammengefaltete Hosen, Anzüge und mittellange Röcke.
Lange Kleidungsstücke
wie Kleider, Hosen, lange Röcke, Jacken und Mäntel.

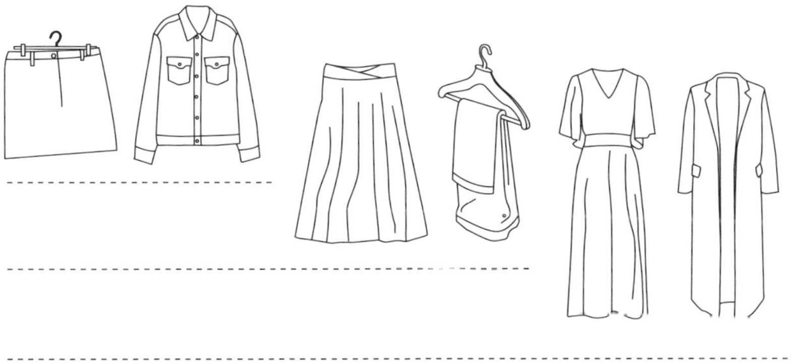

Beim Zählen der hängend aufbewahrten Kleidungsstücke sollten Sie nicht nur von ihrer Länge ausgehen. Das Material beeinflusst, ob man sie besser zusammenlegen oder auf einen Bügel hängen sollte. Strickwaren verlieren schlimmstenfalls die Form, wenn sie hängend gelagert werden, andere Textilien jedoch vertragen gerade das freie Hängen am besten und bekommen Falten, wenn man sie zusammenlegt.

Den benötigten Platz auf der Kleiderstange berechnen

- Blusen und Hemden benötigen auf der Kleiderstange circa 2,5 Zentimeter pro Kleidungsstück.
- Röcke und einmal in der Mitte gefaltete Hosen benötigen circa 2,5 bis 5 Zentimeter.
- Kleider, Jacken und Mäntel benötigen etwa 5 Zentimeter.

- Anzüge und Oberbekleidung benötigen normalerweise 5 bis 10 Zentimeter.
- Daunenjacken, Pelze und Skikleidung benötigen oft 10 bis 25 Zentimeter.
- Die Berechnungen basieren auf der Annahme, dass die Kleidungsstücke jeweils auf einem Standardbügel hängen.

Bügelbreite

Verschiedene Kleiderbügel brauchen unterschiedlich viel Platz. Nun denken Sie vielleicht, dass Sie das nicht weiter kümmert, weil Sie ja bereits zwanzig Stück in gleicher Farbe und Form in einem großen Möbelhaus gekauft haben, doch machen Sie sich auf etwas gefasst, jetzt gibt es eine neue Welt zu entdecken. Ich gehörte früher auf jeden Fall zu den Leuten, die dachten, es sei wichtiger, dass die Kleiderbügel die

AUFGEPASST!

In einem Kleiderschrank mit hängenden Kleidungsstücken lässt sich der Stauraum mit doppelten Kleiderstangen optimieren. Zusätzlich kann man Stangen an den Seitenwänden anbringen, sodass die Hälfte des Kleiderschranks längere Kleidungsstücke aufnehmen kann, während man mit der anderen doppelt so viele kürzere unterbringen kann.

Bedenken Sie beim Ausmessen der benötigten Hängelänge für Hemden, dass der Ärmel der längste Teil des Kleidungsstücks ist (nicht der Oberkörper).

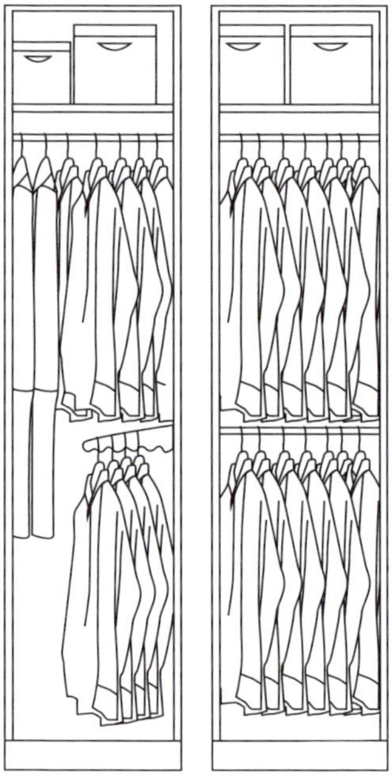

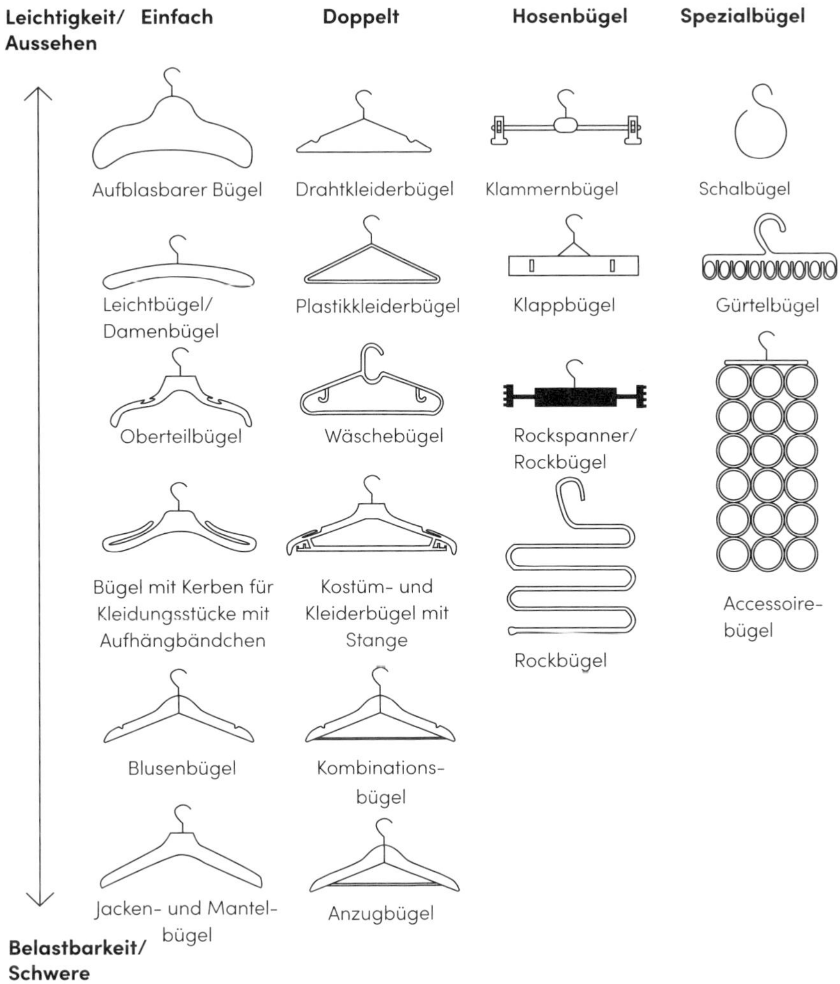

gleiche Farbe haben, als dass sie funktional sind – bis ich eines Tages erfuhr, wie viele Möglichkeiten es doch gibt! Und siehe da: Der richtige Kleiderbügel erleichtert nicht nur die Kleiderpflege und das Verstauen im Kleiderschrank, sondern verbessert langfristig auch die Haltbarkeit Ihrer Lieblingsstücke.

Liegende Lagerung

Kleidungsstücke, die für die Lagerung auf festen Regalen oder in ausziehbaren Schubladen und Drahtkörben gefaltet oder gestapelt werden können, unterteilen Sie am besten in drei Gruppen:

Dicke Kleidungsstücke
wie zum Beispiel Strickpullover, Strickjacken und Jeans.
Dünne Kleidungsstücke
wie T-Shirts, Trägershirts und Unterwäsche.
Accessoires
wie Krawatten, Gürtel, Schals und dergleichen.

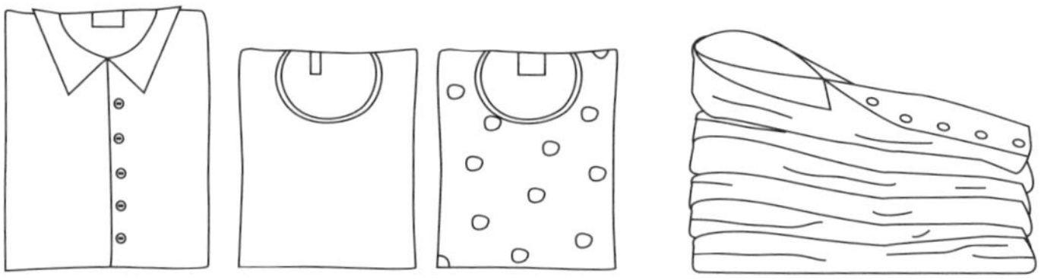

Damit die Kleidung genügend Platz hat, sollten Einlegeböden nie kleiner als 35 × 55 Zentimeter sein. Der Abstand zwischen den Regalen sollte mindestens 30 Zentimeter betragen, aber nicht zu groß sein, denn hohe Kleiderstapel neigen dazu, umzukippen, und das führt dann nur zu Unordnung. Wenn Ihr Kleiderschrank tiefer ist als 35 Zentimeter, bieten sich, um Ordnung zu halten, eher ausziehbare Schubladen oder Drahtkörbe als feste Regale an.

Den Stauraumbedarf in Kubikmetern berechnen:

- Für wie viele gefaltete Kleidungsstücke benötigen Sie Platz?
- Wie hoch können die Stapel sein, ohne dass sie umkippen?
- Wie viele Stapel passen in ein Regal?
- Wie viele Stapel gefalteter Kleidungsstücke korrespondieren mit der Tiefe der Regalböden?

Anforderungen an Gewicht/Tragfähigkeit

Wie hoch ist das Gewicht Ihrer Kleidung, und wie groß ist die Tragfähigkeit Ihrer Einlegeböden und Stangen?

Eine Kleiderstange in Standardlänge in einem 50 Zentimeter breiten Kleiderschrank hält einer Belastung von 18 Kilogramm stand.

Ein MDF-Regal mit den Maßen 58 × 50 Zentimeter hält einer Belastung von 12 bis 20 Kilogramm stand.

Beeinflusst das, wie viel Sie auf eine Kleiderstange, ein Regal oder eine Schublade hängen oder legen können?

Bettwäsche und Maße

Viele Menschen lagern auch Bettwäsche, Handtücher und Badetücher in Kleider- oder Wäscheschränken. Wie viel Platz diese Dinge brauchen, hängt einerseits von ihrer Größe (haben Sie Bettwäsche für Einzel- oder Doppelbetten?) und ihren Abmessungen (wie groß sind Ihre Handtücher und Badetücher?) ab, andererseits aber auch von Ihrer Sorgfalt beim Bügeln und Zusammenlegen. Am besten ermitteln Sie Ihren Platzbedarf, indem Sie Ihren Wäschebestand in zusammengelegtem Zustand ausmessen. Frisch gemangelte Laken sind toll zum Schlafen, viel wichtiger ist aber, dass sie weniger Platz im Wäscheschrank einnehmen. Und wussten Sie schon, dass gemangelte Laken auch weniger Staub ansetzen und länger sauber bleiben?

BEMERKENSWERT

In den Fünfzigerjahren berechnete das Möbelinstitut, dass die Wäsche einer Familie auf vier Regalen/Einlegeböden von 30 × 95 Zentimetern untergebracht werden kann.

Heutzutage haben wir vielleicht mehr Garnituren von Bettwäsche, Bettlaken und Handtüchern – aber ist das auf den tatsächlichen Bedarf oder den Wunsch zurückzuführen?

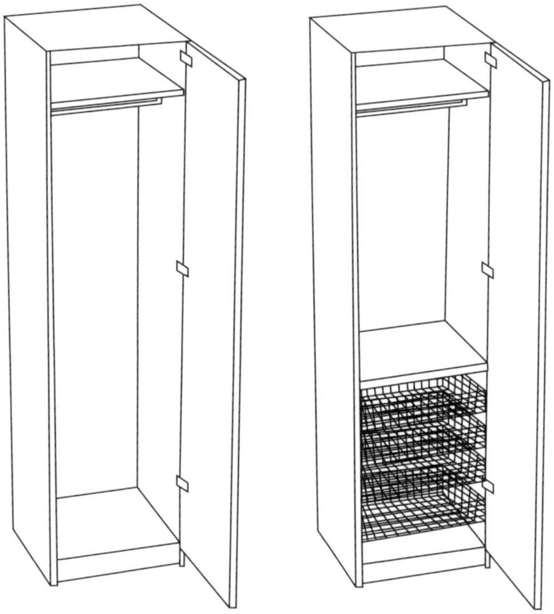

Frei stehende Kleiderschränke

Frei stehende Schranklösungen gibt es in unterschiedlichen Größen, die heutzutage häufig aus auf Standardmaßen für Kleiderbügel basierenden Modulen bestehen, sodass genug Platz für die Kleiderstücke und das Verschieben der Bügel vorhanden ist. Eine Faustregel lautet, dass die Türblätter von Kleiderschränken nicht breiter als 60 Zentimeter sein sollten, da größere die Scharniere einer höheren Belastung aussetzen, wodurch sich die Türen mit der Zeit womöglich zu sehr setzen.

Vorteile frei stehender Kleiderschränke

- Frei stehende Kleiderschränke können verhältnismäßig leicht transportiert werden, falls Sie (oder zukünftige Bewohnerinnen und Bewohner Ihrer Wohnung) den Kleiderschrank umstellen wollen.
- Seitlich öffnende Schranktüren, auch Scharniertüren genannt, haben den Vorteil, dass man mehrere gleichzeitig öffnen kann, ohne

dass sie einander blockieren. Das verschafft einem mehr Freiheit, wenn man sich zu mehreren Schrankmodulen gleichzeitig Zugang und einen Überblick verschaffen möchte. Besonders Schiebetüren, die zur Seite hin öffnen, versperren hingegen den Zugang zu den einzelnen Türen.

- Bei Kleiderschränken mit Scharniertüren kann man die Kleidung auch kurz aufhängen, während man sich entscheidet, was man anziehen möchte, oder an der Innenseite der Türen Haken anbringen, um Gürtel, Krawatten und andere Accessoires aufzuhängen.
- Frei stehende Kleiderschränke sind in der Regel eine günstigere Lösung als Einbauschränke und Schränke mit Schiebetüren.
- Da die meisten großen Baumärkte und Möbelketten frei stehende Schränke auf Lager haben, sind sie in der Regel schneller aufgestellt als maßgefertigte Lösungen, die eine längere Produktionszeit haben und für deren Montage mitunter Handwerker benötigt werden.

Nachteile frei stehender Kleiderschränke

- Bei frei stehenden Kleiderschränken ist man oft an feste Modulmaße gebunden.
- Aufgrund der größeren Kippgefahr ist es bei frei stehenden Kleiderschränken oft nicht möglich, die Schubladenmodule und Drahtkörbe vollständig auszuziehen, wodurch es gerade bei tieferen Schränken schwieriger ist, an den Inhalt ganz hinten heranzukommen.

BITTE BEACHTEN

Sie sollten Ihre frei stehenden Schränke nicht direkt aus der Verpackung (auf dem Boden liegend) aufbauen. Andernfalls ist zu befürchten, dass Sie sie nicht anheben können, ohne an der Decke entlangzuschrammen! Wenn der Platz zum Manövrieren nicht ausreicht, sollten Sie das Möbelstück aufrecht zusammenbauen.

- Frei stehende Schränke schaffen in einem Zimmer häufig toten Raum, beispielsweise oben auf dem Schrank. Mit einem Aufbau eines Moduls oder Körben lässt sich das zum Teil beheben, aber dies vermittelt selten den gleichen einheitlichen und individuellen Eindruck wie eine Einbaulösung.
- Varianten mit Scharniertüren eignen sich nicht, wenn die Türen mit anderen Türblättern, Beschlägen oder festen Elementen im Raum (wie einem Heizkörper, Fensterbänken oder Leisten) zusammenstoßen könnten. Hier bieten Schiebetüren mehr Freiheit.

Kauftipps für frei stehende Kleiderschränke

- Überprüfen Sie die Formstabilität der Türen, insbesondere bei billigeren Modellen. Sind sie solide? Besteht die Gefahr, dass sie mit der Zeit nachgeben?
- Überprüfen Sie die Stärke und Stabilität von Rahmen und Einlegeböden. Wie groß ist ihre maximale Tragfähigkeit?

EIN ALLTÄGLICHES MODULMASS

Nicht zufällig sind 60 Zentimeter ein gängiges Modulmaß. Das Maß wird für alles Mögliche verwendet, bei Küchenrahmen bis zur Berechnung der Anzahl der Sitzplätze an Tischen und Sofas. In den Fünfzigerjahren wurde 6M (für 60 Zentimeter) als Standard für Küchenelemente eingeführt, um die Serienproduktion effizienter zu machen. Hintergrund war eine mehr als zehn Jahre dauernde Untersuchung von SAR (Svenska Arkitekters Riksförbund/Schwedischer Architektenverband), Svenska Slöjdföreningen (heute Svensk Form), HFI (Hemmets forskningsinstitut/Forschungsinstitut für Wohnen) und Byggstandardiseringen (Gebäudestandardisierungskommission). Auch die Häuser des Millionenprogramms, einem Bauprogramm der schwedischen Regierung, wurden so entworfen, dass die Wandlängen durch 60 Zentimeter teilbar sind. Zudem entsprechen 60 Zentimeter der ungefähren Ellbogenweite (der breitesten Stelle) eines erwachsenen Menschen.

Quelle: Uuve Snidare, *Kök i Sverige,* 2004 (Seite 53).

- Überprüfen Sie die Verarbeitung der Kanten und Fugen. Bei MDF und laminierten Türen gibt es unterschiedliche Qualitäten. Achten Sie auf Leimreste und Unebenheiten.
- Sind die vorgebohrten Löcher in den Seiten klein und unauffällig oder sehen sie aus, als wäre jemand mit einer Schrotflinte auf sie losgegangen? Es gibt Anbieter, deren vorgebohrte Löcher einen Durchmesser von nur 3 Millimetern haben. Lassen sich die Regalhalterungen leicht versetzen, wenn man die Abstände anpassen möchte?
- Sind Soft-Close-Türen und -Schubladen Standard oder optional?

Schiebetürenschränke

Schiebetürenschränke lassen sich individuell gestalten und genau auf den Ihnen zur Verfügung stehenden Platz anpassen. Allgemein gilt die Empfehlung, dass die Tiefe nicht weniger als 685 Millimeter für die Schiebetüren und deren Überlappung betragen sollte. Bei einem zu knapp bemessenen Schiebetürenschrank besteht die Gefahr, dass sich die Ärmel der aufgehängten Kleidungsstücke beim Öffnen und Schließen verfangen. Wenn Sie die Tiefe verringern wollen, wählen Sie für Ihre hängenden Kleidungsstücke lieber schwenkbare oder halbe Kleiderstangen. Die Breite der Schiebetüren lässt sich auch an den vorhandenen Horizontalraum anpassen, aber bedenken Sie: Je größer die Türen, desto schwerer lassen sie sich vermutlich seitlich verschieben. Deshalb wird häufig empfohlen, dass die Türbreite 120 Zentimeter nicht überschreiten sollte.

Bodenschienen

Bei Bodenschienen gibt es zwei verschiedene Grundprinzipien: aufliegende und gefräste. Die aufliegende Schiene lässt sich mit doppelseitigem Klebeband in der Regel etwas problemloser montieren, ist aber auch etwas schlichter aufgebaut. Wie eine Eisenbahnschiene ragen

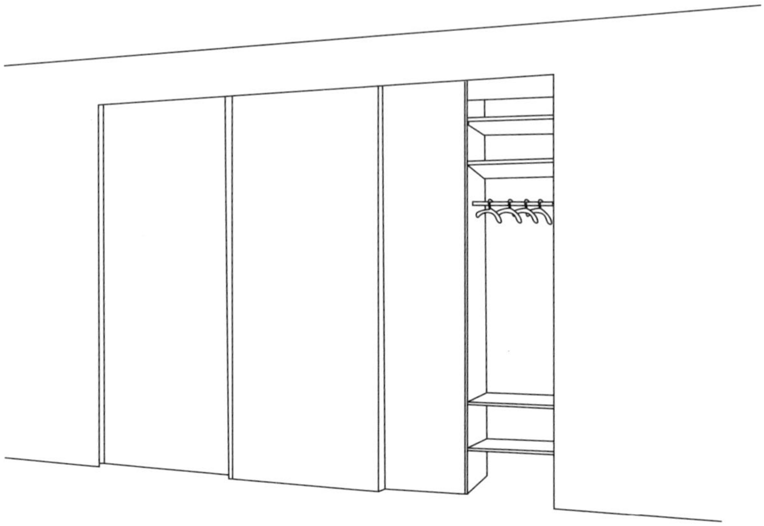

die Schienen nach oben und sind mit einem Rad versehen, auf dem die Türen gleiten. Bei der gefrästen Version läuft das Rad in einer Rille im Boden, wodurch das Ganze stabiler ist.

Oben sind die beiden Varianten ähnlich konstruiert, aber da das Gewicht hauptsächlich auf den unteren Schienen liegt, hängt die Stabilität oft davon ab. Oberflächlich betrachtet mögen die verschiedenen Optionen gleich wirken, aber der Hauptunterschied liegt im Gefühl und ist vergleichbar mit der Wahrnehmung beim Schließen einer Autotür eines wirklich exklusiven Wagens im Vergleich zu einem billigeren Auto: Die Funktion ist die gleiche, das Gefühl ein völlig anderes.

Schiebetüren

Die Türen von Schiebetürenschränken gibt es in verschiedenen Materialien. Das einfachste und billigste sind Spanplatten, wodurch die Türen oftmals leichter sind – was je nach Vorliebe besser oder schlechter ist. Massivholz ist schwerer und formstabiler und vermittelt ein

Gefühl von Luxus, treibt aber auch schnell den Preis in die Höhe, zum Beispiel, wenn große und viele Türelemente benötigt werden. Wenn Sie sich für eine Schiebetür mit einem Holzrahmen und einer mit Folie oder Furnier versehenen Türfüllung entscheiden, ist das zwar günstiger, wirkt aber etwas »plastikhafter«. Gehärtetes Glas ist am schwersten, eignet sich aber gut, wenn man ganz oder teilweise verspiegelte Türen haben möchte. Normalerweise benötigt man dafür ein Aluminiumprofil. Verspiegeltes Glas ist beliebt in Fluren oder in kleineren und dunkleren Räumen, wodurch mehr Raumgefühl entsteht und das Tageslicht oder die Beleuchtung im Raum reflektiert wird.

Schließdämpfer

Ein Detail, das oft übersehen wird, ist die Schließdämpfung. Dabei handelt es sich um eine Zusatzoption, auf die Erstkäufer eines Schiebetürenschranks oft aus Kostengründen verzichten, doch ihre Bedeutung wird schnell klar. Je schwerer die gewählte Tür ist, umso wichtiger ist diese Funktion. Die Dämpfung an der Oberseite bremst das Türblatt ab, reduziert den Lärm und schützt den Wandbereich und die Fingerspitzen vor Blessuren. Schwerere Türen erfordern oft starke Schließdämpfer. Erkundigen Sie sich bei Ihrem Lieferanten nach dem besten Modell für Ihre Bedingungen.

TIPP!

Verstauen Sie Kleidungsstücke, die Sie täglich benutzen (z. B. Unterwäsche und Socken) an den Seiten Ihres Schiebetürenschranks, damit Sie sie leicht erreichen können, ohne mehrere Türen aufschieben zu müssen. In der Regel empfiehlt es sich, Kleiderstangen in der Mitte anzubringen, da man dann, auch ohne die Tür ganz zu öffnen, schnell nach einem hängenden Kleidungsstück greifen kann.

Maßgeschneiderte Lösungen

Bei einer schrägen Wand gibt es die Möglichkeit, die Räder so einzustellen, dass die Tür optisch gerade aussieht, auch wenn die Konstruktion dahinter leicht schief sein muss. Auch für Dachschrägen gibt es maßgeschneiderte Türen, sodass Sie die gesamte Wandfläche als Stauraum nutzen können.

Falls Sie Ihren Kleiderschrank nach Maß anfertigen lassen: Messen Sie immer an mehreren Stellen nach. In älteren Häusern ergeben sich beim Messen an der Oberseite oft Unterschiede von einem bis mehreren Zentimetern von Wand zu Wand gegenüber den Abständen unten am Boden. Auch in neuen Häusern kann es zu Setzungen kommen. Deshalb ist es ratsam, immer an mindestens drei Stellen Kontrollmessungen durchzuführen.

Farbwahl

Heutzutage kann man Türen in jeder gewünschten NCS® -Farbe bestellen, wodurch sich die Schranktüren harmonisch in den Raum einfügen. Allerdings ist zu beachten, dass der Glanzgrad von Schiebetüren in der Regel bei 35 liegt. Wenn Sie also einen NCS®-Code mit einer

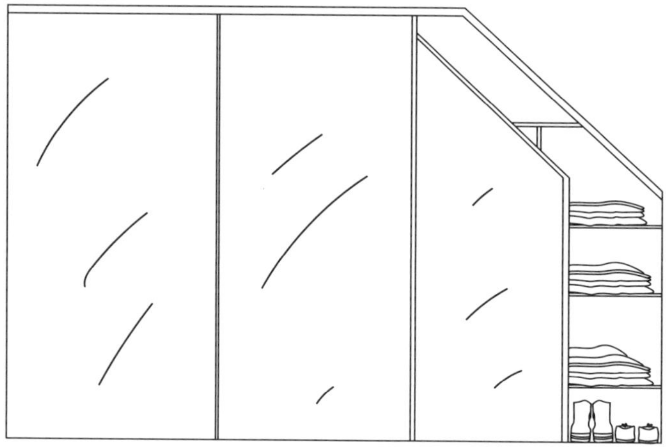

stumpferen Oberfläche für die Wände wählen, wird die exakt gleiche Farbe an den Schranktüren je nach Lichtreflexion möglicherweise anders wahrgenommen. Mehr über das NCS – Natural Colour System®, Farbcodes und Glanzgrade gibt es im Abschnitt über Farben in meinem Buch *Innendesign: Ein Handbuch für alle, die ihr Zuhause lieben.*

Vorteile von Schiebetürenschränken

- Der Vorteil von Schiebe- gegenüber Scharniertüren ist, dass sie nicht so viel Schwenkraum benötigen. Für frei stehende Kleiderschränke ist ausreichend Fläche erforderlich, damit beim Öffnen des Schranks sowohl die Türflügel als auch Sie selbst Platz haben. In engen Räumen sind daher Schiebetüren vorzuziehen.
- Schiebetürsysteme ermöglichen es Ihnen im Vergleich zu herkömmlichen, frei stehenden Schränken, einen größeren Teil des Raumes sowohl in der Breite als auch in der Höhe als Stauraum zu nutzen.
- Bei Dachschrägen lassen sich auch die Ecken der Schiebetüren individuell gestalten, sodass eine Stauraumwand entsteht, die den vorhandenen Raum voll nutzt.
- Maßgeschneiderte Stauraumlösungen sorgen für ein kohärentes und optisch einheitliches Erscheinungsbild und steigern unter Umständen den Wert Ihrer Wohnung.

Nachteile von Schiebetürenschränken

- Die Türblätter und Schienen von Schiebetürlösungen beanspruchen mehr Platz als die Türen von frei stehenden Kleiderschränken. Rechnen Sie also allein für diesen Teil des Schranks 5 bis 10 Zentimeter in der Tiefe hinzu.
- Schiebetüren bewegen sich beim Öffnen seitwärts. Das bedeutet, dass beim Zugriff auf ein »Abteil« immer mindestens ein anderes blockiert wird. Wenn sich mehrere Personen einen Kleiderschrank teilen und sich morgens zur gleichen Zeit anziehen wollen, strapaziert das schon mal den Familienfrieden
- Wenn Sie sich für einen Schiebetürenschrank mit einer geraden Anzahl Türen entscheiden, sehen Sie immer die Hälfte des Schranks.

Wenn der Platz nur für drei Türen reicht, wird es schon schwieriger, aber es gibt auch die Möglichkeit, eine dreispurige Tür zu kaufen, wodurch zwei Drittel des Kleiderschranks gleichzeitig zugänglich sind. Diese Lösung erfordert jedoch noch mehr Tiefe, wenn die Schienen parallel verlaufen sollen.

- Ein verbreiteter Fehler beim Zusammenstellen eines Schiebetürenschranks ist, die Schubladen und Drahtkörbe nicht an die Breite der Schiebetüren anzupassen, wodurch sie sich nur schwer herausziehen lassen. Durch das Herausziehen einer Schublade oder eines Kastens wird außerdem das gesamte Schiebetürsystem blockiert, sodass man nicht mehr gleichzeitig auf einen anderen Teil des Schranks zugreifen kann.
- Schiebetüren geben beim Öffnen manchmal etwas mehr Geräusche von sich als frei stehende Schränke. In einer früheren Wohnung hatten wir ein minderwertiges Modell, das beim Aufschieben der Türen grollte wie ein Donnerwetter. Nicht gerade ideal, wenn man vor dem Rest der Familie still und heimlich aufstehen und sich fertig machen will, um zur Arbeit zu gehen, oder wenn man am Wochenende zufällig als Erster aufwacht. Sollte der Geräuschpegel ein Thema sein, rate ich Ihnen, lieber ein paar Euro mehr für einen hochwertigen Kleiderschrank auszugeben, anstatt eine Standardversion beim Billigheimer zu kaufen.

Kauftipps für Schiebetürenschränke

- Wie fühlt sich die Griffleiste an? Lässt sie sich gut greifen? Ist sie rutschfest? Bei manikürten Fingern sollten Sie im Hinterkopf behalten, wie leicht man in der morgendlichen Hektik abrutscht und sich die langen Nägel abbricht.
- Wie gut lassen sich die Türblätter reinigen? Sie werden die Schiebetüren mehrmals am Tag anfassen, und selbst bei Griffleisten besteht ein hohes Risiko, dass Fingerabdrücke auf den Türen landen. Wählen Sie daher ein Modell, das sich problemlos abwischen lässt.
- Sind die Türen oben eingehängt oder laufen sie über Schienen? Falls ja, müssen Sie die Bodenschiene mit dem Holz- oder Fliesenboden

verschrauben, oder ist eine Befestigung mit Spezialklebeband möglich? Auf diese Weise wird der Boden nicht beschädigt. Praktisch, wenn die zukünftigen Besitzer den Schrank woanders aufstellen wollen.

- Sind versenkte Bodenschienen eine Option? Wenn Sie sich bei der Position Ihrer Schiebetüren sicher sind und wissen, dass der Schrank nicht mehr umgestellt wird, würde das die Reinigung erleichtern. Bei einer versenkten Schiene entfallen die Leisten und Rahmen um die Schiene herum, und man kommt beim Putzen leichter mit dem Staubsauger heran.
- Bei oben eingehängten Türen muss die Konstruktion, speziell die Decke, das Gewicht der Türen aushalten können. Meiner persönlichen Erfahrung nach könnten möglicherweise Probleme auftreten, also sollte man vorsichtig sein.
- Sind die Türflügel formstabil? Ein häufiges Problem bei billigeren Schiebetürlösungen ist, dass sie nach einer Weile nachgeben.
- Es tut weh, sich die Finger in einer Schiebetür zu quetschen. Eine Schließdämpfung minimiert Rumpler und Geräusche.
- Wie lange gibt es den Hersteller schon, und wie wahrscheinlich ist es, dass er auch in Zukunft existieren wird? Kann man den Schrank auch in zehn Jahren noch ergänzen, oder kaufen Sie bei einer Möbelkette, die ihre Standardgrößen und das Sortiment häufig ändert?
- Lassen sich die Drahtkörbe mühelos in den Schienen bewegen oder sind sie so schwergängig, dass man beim Ein- und Ausziehen kräftig ziehen muss? In dem Fall besteht die Gefahr, dass die Konstruktion eines Tages instabil wird. Springen die beladenen Körbe leicht heraus?

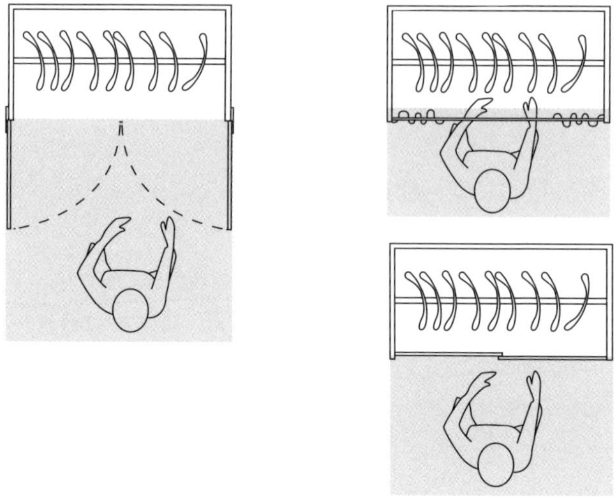

Vorhänge

Ein Stoffvorhang anstelle von Schiebe- oder Scharniertüren ist ebenfalls eine gute Lösung, das Innere des Kleiderschranks zu verbergen. So brauchen Sie sich keine Gedanken über den Drehradius der Türflügel und die Bewegung der Schiebetüren zu machen – dafür haben Sie die gleiche Möglichkeit für optimierten Stauraum und benötigen etwas weniger Bewegungsraum vor dem Kleiderschrank.

Schrankgriffe

Ob Griff, Knauf, Muschel oder Schlaufe – egal, ob für einen frei stehenden Kleiderschrank oder nicht, durch neue Kleiderschrankbeschläge kann man ganz einfach ein älteres Modell auffrischen, aber auch einen nagelneuen Schrank ruinieren. Optisch, jedoch vor allem in funktionaler Hinsicht. Mein wichtigster Tipp? Überlegen Sie nicht nur, wie die Beschläge aussehen, sondern auch, wie Sie Ihre Hand halten, wenn Sie den Griff anfassen.

Haben Sie oder Ihre Familienmitglieder kleine oder große Hände? Haben Sie leichte oder schwere Türen oder Schubladen? Selbst bei einem brandneuen Schranksystem können die Türen unterschiedlich schwer oder mehr oder weniger präzise konstruiert sein, was sich darauf auswirkt, wie leicht sie sich öffnen lassen.

Volle Schubladen lassen sich in der Regel auch schwieriger handhaben als leere. Also gilt es, an den zukünftigen Gebrauch zu denken, nicht an das momentane Gefühl.

Mit dem Pinzettengriff ist man selten sonderlich stark, etwa, wenn man einen kleinen glatten Knopf anfassen oder eine schwere Kiste nur mit dem Zeigefinger an einer kleinen Lederschlaufe herausziehen muss. Deshalb eignen sich diese Beschläge in der Regel am besten für Schränke und Schubladen, die man nicht so oft öffnet oder die leicht gleiten und nicht viel Griffstärke erfordern. Für schwerere Schränke und Schubladen sind gewölbte Beschläge und vertikal montierte Griffe gute Begleiter. Griffe mit dem Standardmaß von 128 Millimetern sind später einfacher zu erneuern, als wenn Sie sich für einen speziellen Beschlag mit ungewöhnlichen Maßen entscheiden, bei dem Sie die Tür oder die Schublade nach einem Umbau möglicherweise verspachteln und neu streichen müssen.

Haben Sie sich für Schiebetüren entschieden? Bei einem Aluminiumprofil öffnet sich die Tür durch das Ziehen am Profil. Falls Sie sich jedoch eine glatte Tür ausgesucht haben, stehen Ihnen verschiedene Griffe zur Verfügung, die eingefräst werden. Hier gilt das gleiche ergonomische Prinzip wie bei den Knöpfen und Griffen. Vergewissern Sie sich, dass sie für jeden in der Familie leicht zu bedienen sind. Und

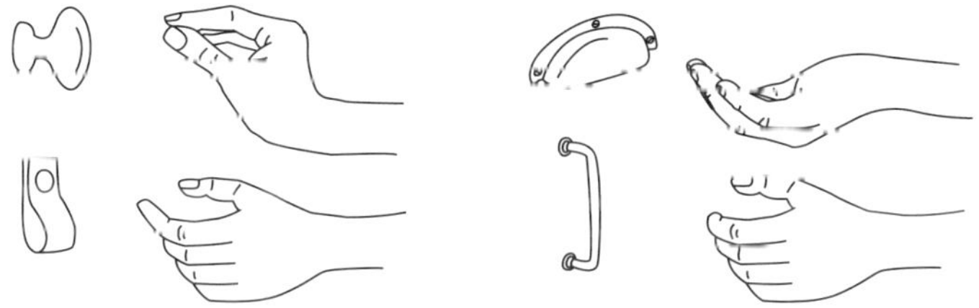

Lernen Sie, die Gebärdensprache der Beschläge zu lesen. Die Form der Hand bei der Benutzung ist genauso wichtig wie die Form der Griffe und Knäufe.

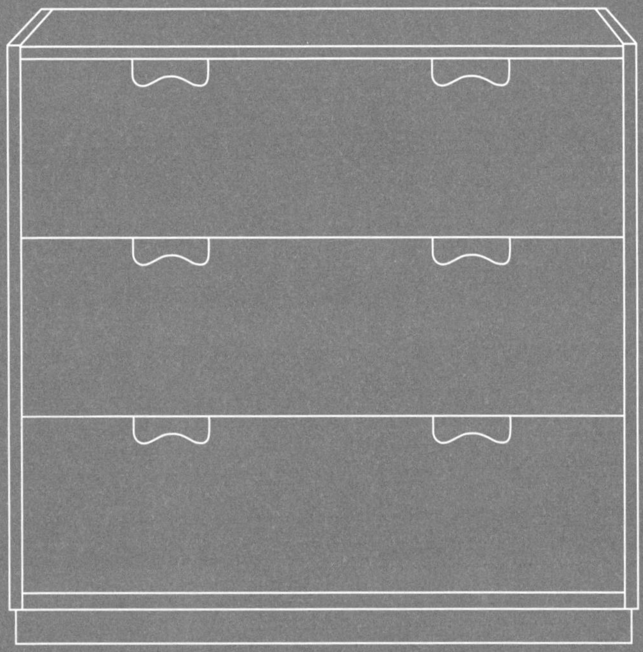

wenn Sie oft lange, manikürte Nägel haben – lassen Sie sich bloß nicht von einem Nägelkauer beraten! Außerdem sollten Sie den Griff dann testen, wenn Sie am meisten um Ihre Krallen fürchten. So bekommen Sie ein realistischeres Gefühl dafür, wie die Griffe in Ihrem Alltag funktionieren werden.

Zusammengefasst: Denken Sie über die Gebärdensprache der Beschläge nach und nicht nur über ihr Aussehen und ihren Stil – so fällt es Ihnen leichter, das auszuwählen, was am besten zu Ihnen passt, und unnötige Fehler und Störfaktoren zu vermeiden. Legen Sie sich nicht auf spezielle Maße fest, wenn Sie wissen, dass Sie sich gerne und oft umentscheiden oder wenn Ihr Haus wahrscheinlich innerhalb weniger Jahre den Besitzer wechseln wird.

Kommoden

Kommoden sind dankbare Aufbewahrungsmöbel, weil sie auf kleinem Raum eine Menge Dinge schlucken können. Aber ihre Funktionalität und Langlebigkeit sind weitgehend von den Materialien und der Bauweise abhängig. In diesen beiden Bereichen wurde in den vergangenen Jahren viel rationalisiert, weshalb es heute eine riesige Bandbreite von einfachen Modellen bis hin zu handwerklich gefertigten Kommoden gibt. Wie prüft man die Qualität einer Kommode? Mein erster Ratschlag: Ziehen Sie die Schubladen heraus und schauen Sie sich genau an, was auf den ersten Blick nicht sichtbar ist.

Die Anatomie einer Kommode

Viele Erstkäufer machen den Fehler, nur den Korpus der Kommode zu beurteilen. Das heißt die Form und das Material des äußeren Gehäuses und der Deckplatte. Das Erscheinungsbild der Kommode ist natürlich nicht unwichtig, aber ausschlaggebend für die Funktionalität im Alltag ist meistens, wie sie im Inneren aufgebaut ist.

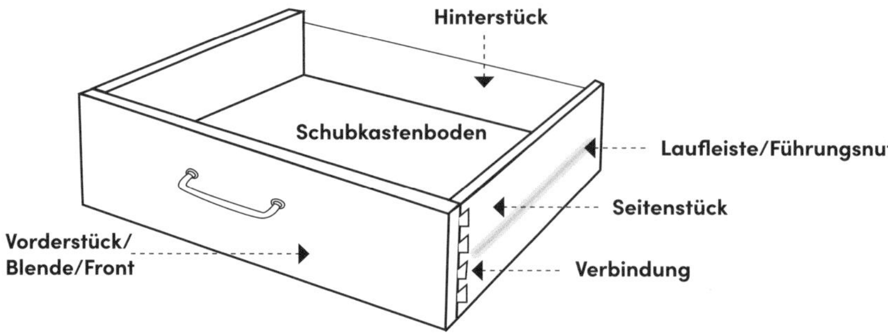

Vorderstück/Blende

Der vordere Teil der Schublade wird Vorderstück oder auch Blende genannt. Er ist in der Regel der stärkste Teil der Schublade, damit dort Knöpfe und Beschläge angebracht werden können, aber auch, um die Schublade bequemer öffnen zu können. Das Gewicht soll auf der Vorderseite der Schublade liegen, nicht hinten, damit sie sich leicht herausziehen lässt. Schubladen gibt es mit unterschiedlichen Blenden, die Aufschluss über die Qualität und Verarbeitung des Möbelstücks geben können. Im *Stora snickarboken* (dem großen Schreinerhandbuch) werden die drei gängigsten Modelle genannt:

A. Versenkte/eingeschlagene Schubladenblende (kompliziert)
B. Gefälzte/halb aufschlagende Schubladenblende
(einfachere Lösung)
C. Aufgesetzte Schubladenblende (einfachere Lösung)

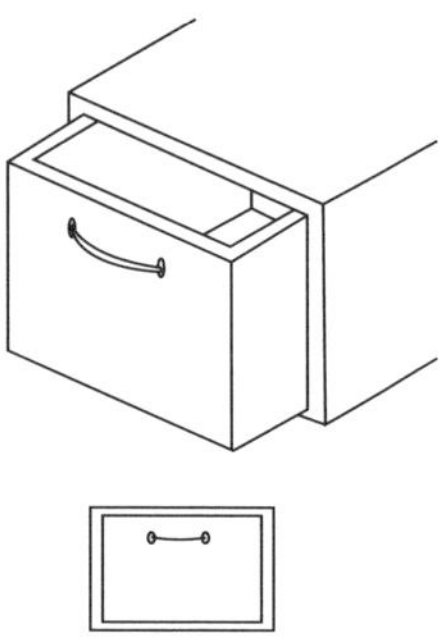

Versenkt
Eine versenkte Blende ist kaum fehleranfällig. Voraussetzung ist ein sorgfältig gefertigter Rahmen aus gutem Holz, um Durchhängen, Unebenheiten und Schwergängigkeit zu vermeiden. Nur diese Art von Schublade kann in den Ecken versenkt werden. Mehr über Holzverbindungen erfahren Sie im Abschnitt über Materialien (Seite 261). Die Spaltmaße um die Blenden sollten einheitlich groß und so gleichmäßig und gerade wie möglich sein.

Gefälzt

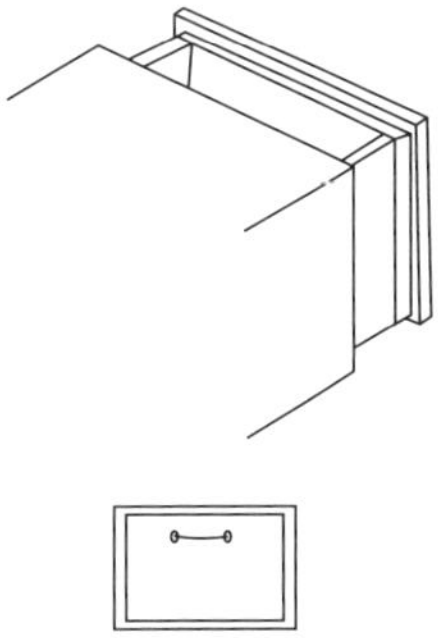

Eine gefälzte Schubladenfront gleicht von vorn betrachtet einer versenkten. Auf den ersten Blick ähneln sie sich, aber da es sich hierbei um eine einfachere Version einer aufgesetzten Schubladenfront handelt, die weniger Präzision bei der Passung erfordert, gibt es für den Hersteller mehr Möglichkeiten, mit Unebenheiten in der Konstruktion durchzukommen. Das merkt man aber erst, wenn man die Schublade öffnet.

Aufgesetzt

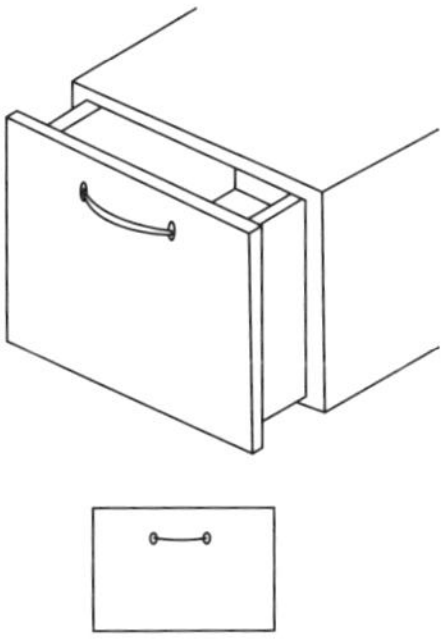

Eine aufgesetzte Blende ist die einfachste Variante, bei der das Vorderstück die gesamte Seite bedeckt und so das Risiko sichtbarer Unregelmäßigkeiten in der Konstruktion minimiert. Eine solche Schublade kann nicht vollständig, genauer gesagt bündig eingeschoben werden.

Schubkastenboden

Die Böden von Kommodenschubladen variieren in ihrer Qualität. Da ein Schubladenboden aus Massivholz arbeitet, sich also durch das Zusammenziehen und Aufquellen des Materials bewegt, ist eine kompliziertere Schubladenkonstruktion mit einer Dehnungsfuge erforderlich. Deshalb werden Schubladenböden in der Regel aus Plattenware (z. B. Sperrholz oder Masonit) hergestellt. Als Richtwert kann man sagen, dass ein 6 Millimeter starker Sperrholzboden für eine normal große Schubladenkommode qualitativ hochwertig ist.

Bei älteren aufgesetzten Schubladenböden, die an die Unterkante geklebt oder genagelt wurden, gibt es oft Probleme, d. h. Risse und Verformungen, weil bei dieser Bauweise kein Raum für Bewegungen im Holz vorhanden ist.

Hinterstück

Im Zuge der Rationalisierung bei der Herstellung und den Materialien wurden die Unterschiede bei den Vorder- und Rückseiten der Möbel immer ausgeprägter. Was man nicht sehen kann, hat schlicht keinen Wert. Deswegen sind viele Kommoden auf der Rückseite nur mit dünnen Brettern und minderwertigem Holz ausgestattet. Bei den Schubladen greift das gleiche Prinzip. Ziehen Sie sie daher vor dem Kauf heraus und schauen Sie genau hin. Die Rückseite der Schublade sollte vorzugsweise etwas niedriger sein als die Vorderseite, damit die Luft im Inneren der Schublade zirkulieren kann.

Schubkastenführungen

Schubladen haben oft eine Nutleistenführung oder Metallauszugsleisten, die sich entweder an der Seite oder unter der Schublade befinden. Bitte denken Sie daran, die Qualität diesbezüglich zu überprüfen. Wenn die Leiste aus einem härteren Holz (z. B. Buche) besteht, laufen die Schubladen in der Regel reibungsloser.

IN DEN FÜNFZIGERJAHREN brachte die Möbelabteilung NK-bo der Warenhauskette Nordiska Kompaniet ein eigenes Schubladenmodell mit einer Führung am Schubkastenboden auf den Markt. Die Technologie ist noch heute als NK-Schublade bekannt.
In der Ausbildungsbroschüre von Carl Malmsten auf dem Capella-Hof werden diese Kisten als *halvfranska* bezeichnet, wenn der Boden aus Massivholz besteht, und als NK, wenn er aus Sperrholz gefertigt ist. Dank ihres formstabilen Bodens eignen sich NK-Schubladen für tiefere Module. Mehr über die NK-bo in der Zeitleiste auf Seite 325.

KOMMODENBEGRIFFE

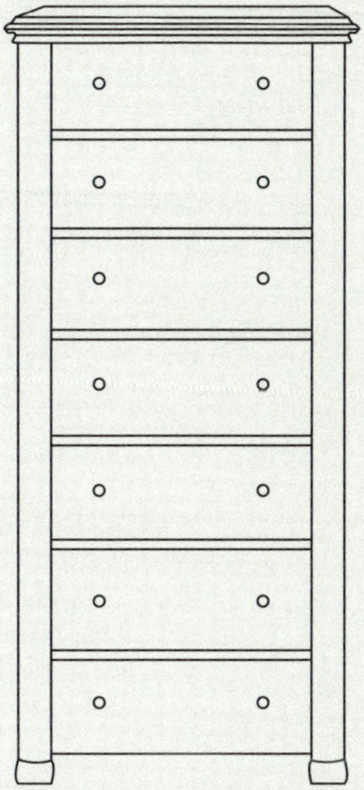

Highboy- oder Sieben-Tage-Kommode

Eine hohe Kommode mit sieben Schubladen wird im Englischen *tallboy* oder *highboy* genannt, in Schweden dagegen oft mit dem Spitznamen *sjudagarsbyrå* – Sieben-Tage-Kommode – bezeichnet. Die Bezeichnung *boy* kommt von dem französischen Wort für Holz: *bois*, das der englischen Aussprache von *boy* ähnelt. Ein solches Möbelstück sieht oft aus wie zwei übereinandergestapelte Kommoden, wobei der untere Teil traditionell etwas größer ist.

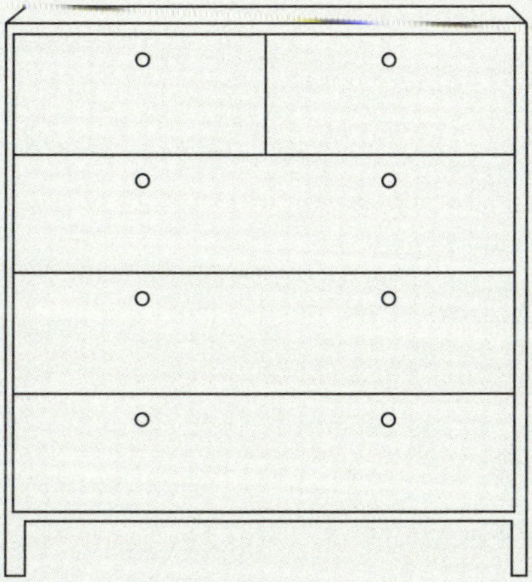

2 über 3

Eine Kommode mit breiten Schubladenfächern im unteren Teil und einer Reihe (oder auch mehr) kleinerer Schubladen im oberen Teil. So lassen sich sowohl sperrige als auch kleinere Gegenstände funktional verstauen. Es gibt sie in verschiedenen Varianten, aber die Bezeichnung »2 über 3« umschreibt das Prinzip sehr anschaulich.

3 + 3

Ein breiteres Möbelstück mit zwei parallelen Bereichen, die jeweils aus drei nebeneinanderliegenden Schubladen bestehen, mit einer durchgehenden Deckplatte.

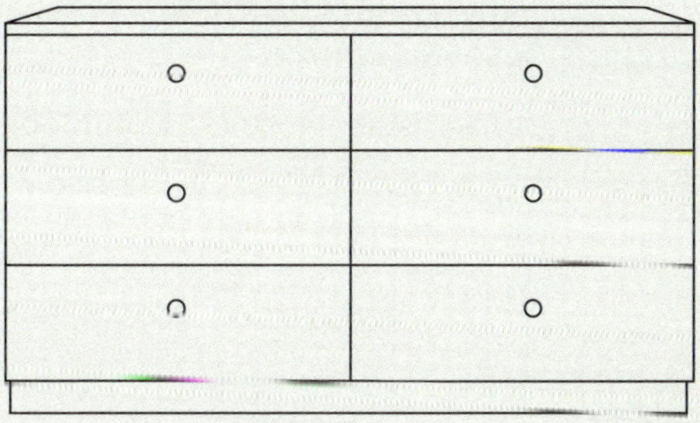

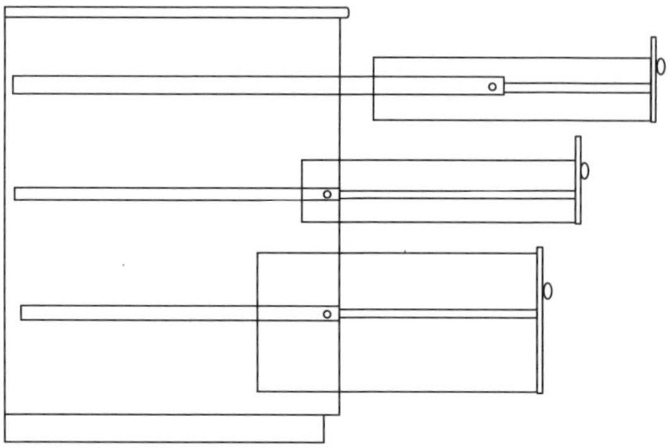

Wie weit lassen sich die Schubladen ausziehen? Bei Ausziehbeschlägen mit Vollauszug gibt es immer einen Anschlag, bei einer Schublade mit Holzlaufleisten hingegen ist so etwas nicht möglich. Dies wird meist durch das Hinterstück verhindert, was zwangsläufig dazu führt, dass ein Teil der Schublade immer in der Kommode bleibt.

Vollauszug

Vor allem beim Onlinekauf von Kommoden wird gerne die Frage vernachlässigt, wie weit sich die Schubladen ausziehen lassen. Bei tiefen Schubladen wirkt ein Dreiviertelauszug oft hinderlich, da man nur umständlich an den Inhalt ganz hinten herankommt. Vollauszug bedeutet, dass die gesamte Schublade herausgezogen werden kann, und Schubladen mit Überauszug auf Teleskopschienen lassen sich sogar vollständig herausziehen, sodass sie in Gänze außerhalb des Korpus sind. Ausziehbare Schubladen beeinflussen den Kipppunkt des Möbelstücks. Wie wirkt die Kommode, wenn sich die Schubladen in der ausgezogenen Position befinden? Ist sie noch stabil oder gerät sie ins Wackeln, dass Kippgefahr besteht? Klappern die Metallbeschläge? Ist der Schubladenanschlag leichtgängig oder hakelig?

Hohlräume und aufgeschürfte Fingerknöchel

Wenn Ihnen schon einmal etwas zwischen die Schubladen einer Kommode gerutscht ist, ist es Ihnen vermutlich auch schon einmal passiert, dass Sie sich auf der Suche nach dem verschwundenen Gegenstand im Inneren der Kommode fast die Knöchel wund gescheuert haben. Lassen sich die Schubladen in einem solchen Fall einfach herausziehen oder müssen Sie Ihre Hand hineinzwingen, um das, was dazwischengerutscht ist, zu finden?

Kippgefahr und Befestigung

Es kann gar nicht genug betont werden, wie wichtig es ist, Aufbewahrungsmöbel immer an der Wand zu befestigen. Aufgrund der Hebelwirkung braucht es nicht viel, um eine Kommode aus dem Gleichgewicht zu bringen.

Wenn man eine oder mehrere Schubladen einer Kommode herauszieht, verlagert sich der Schwerpunkt des Möbelstücks, und es besteht ein hohes Risiko, dass es nach vorn umkippt. Das kann für Jung und Alt gleichermaßen schlimm ausgehen. Deshalb sollte man Kommoden immer mit speziellen Beschlägen an der Wand verankern (befolgen Sie

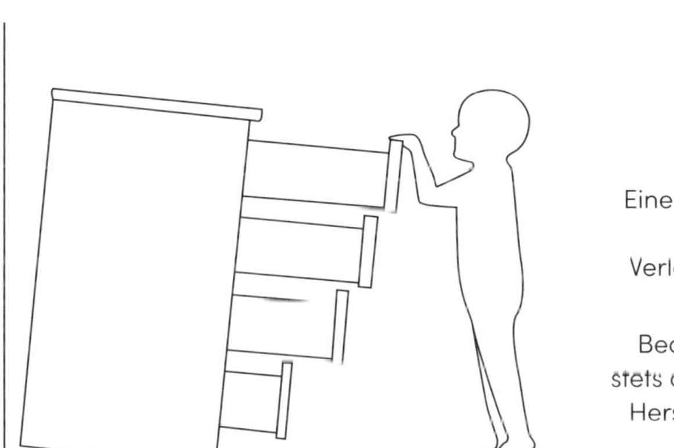

Eine kippende Kommode kann zu schweren Verletzungen oder sogar zum Tod führen.

Beachten Sie unbedingt stets die Anweisungen des Herstellers bezüglich der Befestigung.

immer die Anweisungen in der Montageanleitung). Denken Sie daran, dass für unterschiedliche Wände unterschiedliche Befestigungen erforderlich sind. Kommoden und niedrige Möbel mit ihren verlockenden Griffen und ihrer geringen Höhe bieten schließlich auch Kleinkindern im Lauflernalter willkommene Hilfestellung, weil sie sich daran gut festhalten und hochziehen können. Doch auch durch deren Körpergewicht verändert sich der Schwerpunkt, was tödlich ausgehen kann.

Bei Möbeln aus leichtem Material, mit dünnen und leichten Hinterstücken, ist die Hebelwirkung bei vollen Schubladen größer, aber auch Kommoden aus Massivholz sollten verankert werden. Berücksichtigen Sie bitte auch den Untergrund, auf dem Sie Ihre Möbel aufstellen. Auf einem unebenen Boden gerät eine Kommode leichter ins Wanken.

Maße im richtigen Verhältnis

Ein häufiger Fehler ist, den Platz für die Möbel in ihrem unbenutzten Zustand zu kalkulieren, dabei aber die Auszugslänge und den Platzbedarf für den Körper der Person, die die Kommode benutzt, außer Acht zu lassen. Zum Beispiel erfordert das Öffnen der oberen und der unteren Schublade unterschiedlich viel Platz.

Außerdem ist es wichtig zu prüfen, ob sich die Schubladen mit Vollauszug öffnen lassen, ohne gegen Einbauten an der Wand wie Fensterrahmen, Heizkörper und Ähnliches zu stoßen.

Auf welchem Untergrund steht die Kommode?

Sind die Schubladen schwergängig oder die Abstände zwischen den Schubladen und dem Rahmen Ihrer Kommode unterschiedlich? Dies liegt womöglich nicht nur an der Bauweise. Auch eine auf einer ebenen Fläche stehende Kommode verformt sich möglicherweise mit der Zeit. Überprüfen Sie zusätzlich, ob alle Schrauben an den Möbeln fest angezogen sind, bevor Sie die Kommode reklamieren oder andere Maßnahmen in Erwägung ziehen, wenn etwas nicht wie erwartet funktioniert.

Kauftipps für Kommoden

- Befinden sich die Schubladen von der Seite betrachtet auf der gleichen Linie? Bei minderwertigen Möbeln sind die Schubladen im geschlossenen Zustand manchmal nicht auf derselben Linie.
- Überprüfen Sie, ob die Schubladen leicht gleiten oder sich nur schwer herausziehen lassen. Bedenken Sie, dass sich dies in vollem Zustand ändern kann. Wenn die Schubladen sich verhaken und sich

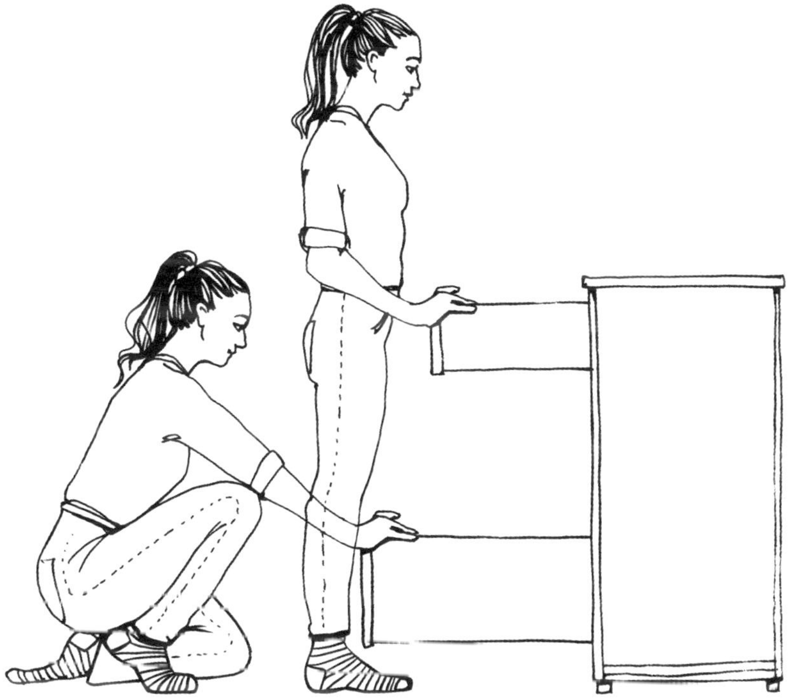

Reicht der Platz für die Kommode? Messen Sie das Möbelstück nicht nur in seiner Grundstellung aus, sondern berücksichtigen Sie auch den Auszug der Schubladen und Ihren eigenen Körper beim Zugriff auf die unteren Schubladen.

sogar schon im Laden nicht gut handhaben lassen, ist das ein Warnzeichen. Denken Sie bitte daran, auch wirklich alle Schubladen zu überprüfen, damit Sie nicht nur für eine ein Gefühl bekommen. Das ist besonders beim Kauf einer alten Holzkommode wichtig – Feuchtigkeit und Trockenheit können selbst bei gut konstruierten Möbeln dazu führen, dass sich das Holz im Lauf der Zeit verzieht.

- Lässt sich die Kommode mit einer Hand öffnen oder muss man gleichmäßig an beiden Seiten ziehen, damit sich die Schublade nicht verkantet? Hat sie einen Vollauszug oder bleibt beim Öffnen ein Teil stecken? Das ist womöglich ausschlaggebend dafür, wie bequem Sie die Gegenstände aus der Schublade herausholen und was Sie darin verstauen können.
- Haben die Schubladen Auszugssperren oder lassen sie sich komplett aus der Kommode herausnehmen? Vor allem ältere Modelle verfügen unter Umständen nicht über eine Stoppfunktion. Da sich diese Schubladen oft nur schwer öffnen lassen, müssen Sie sie unter Umständen mit einem kräftigen Ruck herausziehen und stehen dann mit der ganzen Schublade in der Hand da.
- Wie klingen Schubladen beim Hineinschieben? Manche haben eine Schließdämpfung (Soft-Close-Funktion), andere knallen hart zu und bringen das ganze Möbelstück zum Klappern. Auf einem Bild sieht man so etwas natürlich nicht, aber es lohnt sich, darauf zu achten, besonders, wenn Sie eine Kommode kaufen, die Sie mehrmals am Tag öffnen.
- Eine Schließdämpfung verringert auch das Risiko von Quetschungen.
- Schauen Sie nach, ob sich zwischen den Schubladen Staubschutzleisten befinden. Diese schützen die Sachen davor, dass die darüberliegende Schublade nicht darüberschabt oder etwas festklemmt.
- Wie sieht das Innere der Schubladen aus? Das ist besonders beim Kauf älterer Möbel wichtig, bei denen raues Holz Kleidung und andere Gegenstände beschädigen kann.
- Die Deckplatte muss einer anderen Art von Abnutzung standhalten als die eher mechanischen Teile der Kommode. Wie widerstands-

fähig ist sie gegen Kratzer und Feuchtigkeit, wenn Sie zum Beispiel Schlüssel dort ablegen oder scharfkantige Gegenstände, Vasen und Töpfe, die Feuchtigkeitsflecken verursachen können, darauf abstellen?

- Wie sieht es mit der Stärke der Vorderstücke aus? Welche Beschläge kommen infrage, sollten Sie sie später austauschen wollen?

WUSSTEN SIE, DASS …?

Die Hersteller hochwertiger Möbel wählen die Holzteile oder Furniermuster mit großer Sorgfalt aus, um sicherzustellen, dass die Blenden aller Schubladenreihen miteinander harmonieren. Für den Schreiner ist das eine sehr zeitaufwendige Aufgabe, aber dafür sieht dann auch das Endergebnis ganz anders aus – ein Kostenfaktor, der bei dem Vergleich zwischen Massenmöbeln und solider Handwerkskunst nicht immer berücksichtigt wird.

Bücherregale

Früher war das Bücherregal ein selbstverständlicher Bestandteil schwedischer Haushalte, aber durch die Digitalisierung mussten die gedruckten Bücher Platz für andere Dinge im Regal machen. Eigentlich müsste dieses Kapitel daher schlicht und einfach Regalsysteme heißen, aber um Verwechslungen mit sehr viel gesichtsloseren Lagermöbeln zu vermeiden, habe ich mich dafür entschieden, das Wort Bücherregal für diese Möbelkategorie beizubehalten. In diesem Abschnitt erfahren Sie mehr über die wichtigsten Aspekte, die es vor und bei dem Kauf von Bücherregalen, Konsolen und Borden zu beachten gilt.

Tragfähigkeit

Einer der wichtigsten Beurteilungspunkte für ein Möbelstück, das schwere Gegenstände tragen soll, ist seine Belastbarkeit. Im Klartext: Wie viel Gewicht kann ein Regalbrett tragen, bevor es nachgibt oder, schlimmer noch, sich aus seiner Befestigung löst? Es heißt, man könne mit bloßem Auge sogar erkennen, wenn ein Regalbrett nur 8 Millimeter durchhängt, aber die Optik ist ja nur ein Gesichtspunkt. Der Sicherheitsaspekt sollte natürlich weitaus mehr im Vordergrund stehen, schließlich sollen Bücher oder andere schwere Gegenstände nicht zu Boden fallen und dabei beschädigt werden oder andere Gegenstände kaputt machen.

Wie viel Last ein Regal aushält, hängt nicht nur vom Material ab, sondern auch von der Konstruktion des Befestigungssystems. Wenn die Regalböden nicht nur mit einfachen Dübeln oder Metallstiften an den Enden befestigt werden, sondern solider, halten sie auch mehr aus. Zudem folgt der Aufbau dem Prinzip »Kunst kommt von Können« – je mehr Handwerkskunst, desto schöner das Ergebnis.

Grundsätzlich halten flachere und stärkere Regale mehr Gewicht aus als tiefere und dünnere, und ein Regal aus einer laminierten Spanplatte hält weniger aus als ein Regal aus Massivholz. Aber auch die verschiedenen Holzarten sind unterschiedlich belastbar, Kiefer ist zum Beispiel schwächer als Esche und Eiche.

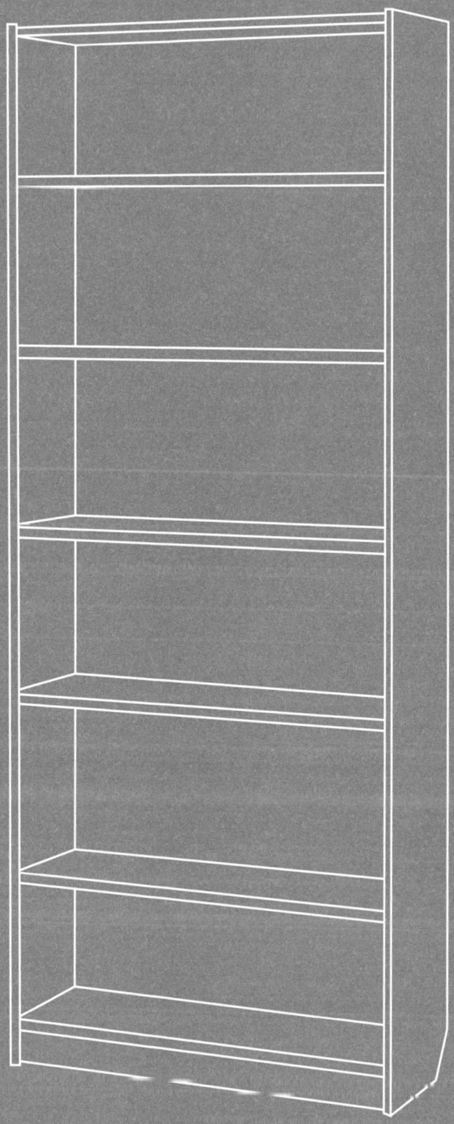

Konsolenregale

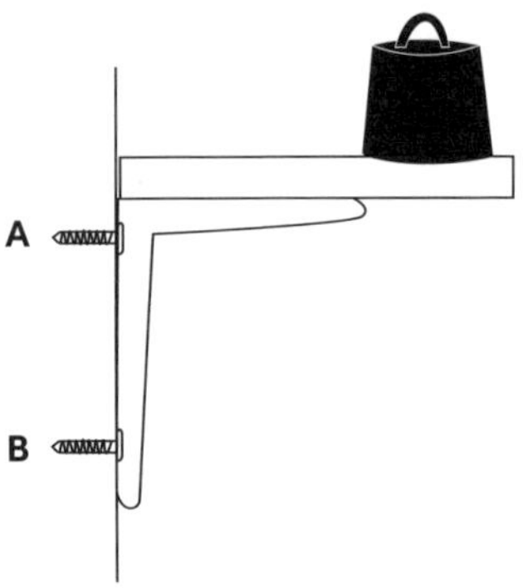

Bei einem frei stehenden Regal ohne seitliche Abdeckung handelt es sich in der Regel um ein tragendes Konsolenregal. Damit es ausreichend Halt bietet, sollte der obere Schenkel zwei Drittel der Tiefe des Regalbretts einnehmen. Je schwerer die Gegenstände und je tiefer die Regalböden sind, desto länger sollte der Schenkel des Konsolenregals an der Wand sein. Der schwächste Punkt ist der obere Zugpunkt (a). Die Hebelwirkung wird reduziert, wenn Sie den Abstand zum unteren Angelpunkt (b) vergrößern.

Stützleisten

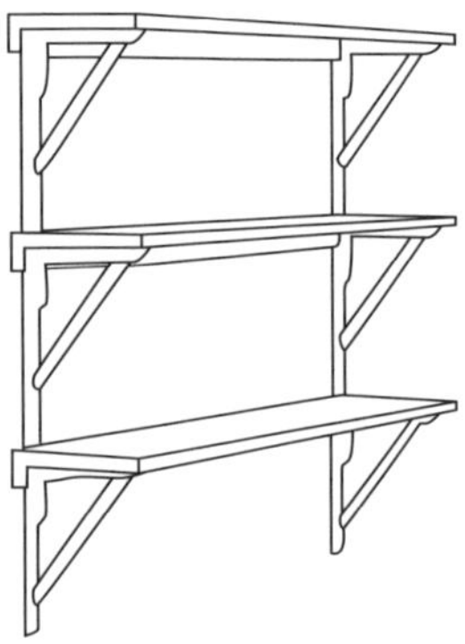

Dank einer waagerechten Stützleiste halten frei stehende Regale schwereren Lasten stand, weil das Gewicht auf eine größere Fläche verteilt wird. Diese traditionelle Konstruktion wurde bereits in den 1920er-Jahren in den Küchen Schwedens größter Wohnungsbaugenossenschaft, des HSB, verwendet. In den Neunzigerjahren wurde sie wiederbelebt, als das schwedische Unternehmen Norrgavel sein Konsolenregal mit einer Tragleiste nach dem HSB-Prinzip auf den Markt brachte.

Regalsysteme mit Schienen

Auf dem Markt tummeln sich viele auf den ersten Blick ähnlich aussehende Regalsysteme, die sich aber in Bezug auf Qualität und Stärke deutlich unterscheiden. Billiganbieter werden auch oft dafür kritisiert, dass ihre Modelle beim Aufbau mehr Zeit in Anspruch nehmen. Ich rate deshalb zu einem System, das schon lange auf dem Markt ist und das es auch in Zukunft geben wird, denn dann können Sie weitere Komponenten hinzufügen, wenn sich Ihre Bedürfnisse ändern.

Ein Wandschienenregalsystem kann mit Konsolen und Einlegeböden kombiniert werden, aber auch mit Drahtkörben, Kleiderstangen und anderem Zubehör.

Fachbodentiefe und Platzberechnung

Wie viel Platz für die Bücher in einem Bücherregal berechnet werden muss (sofern noch welche vorhanden sind), hängt von der Art des Einbands (Hardcover, Klappenbroschur, Taschenbuch usw.) ab. Die Außenmaße und der Umfang der Bücher variieren je nach Höhe und Tiefe des Buchrückens und der Größe des Einbands erheblich. Bei festen und nicht verstellbaren Regalen ist es ratsam, die Maße mit den Büchern zu vergleichen, die Sie zu Hause haben, um zu berechnen,

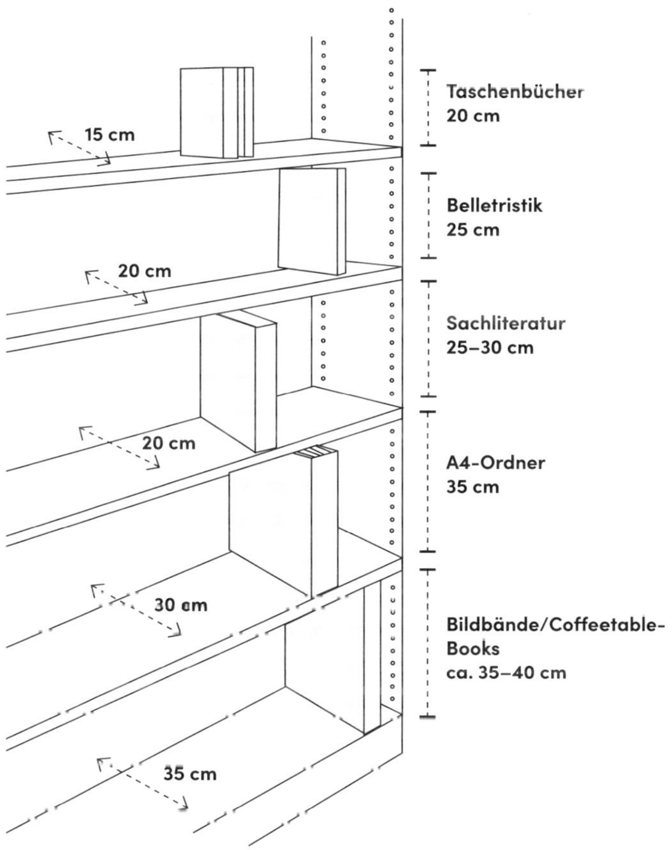

wie viele Regalmeter Literatur tatsächlich in das Möbelstück passen. Es folgen einige Richtwerte für die Planung. Vergessen Sie nicht, dass Sie auch ein paar Zentimeter Platz zwischen den Regalen und der Oberseite der Bücher brauchen, damit Sie sich nicht jedes Mal die Hand stoßen, wenn Sie ein Buch herausnehmen wollen.

Maße und Reichweite

Wie hoch ein Bücherregal oder ein Regalsystem sein sollte, ist einerseits Geschmackssache, andererseits aber auch eine Frage der jeweiligen Maße des Raumes und der Menschen. Und berücksichtigen Sie Lüftungsöffnungen, Fenstersimse, Steckdosen usw. Hier sind einige wichtige Maße, die man in der Hinterhand haben sollte:

Höhe der Beine

Unter einem Bücherregal mit Beinen kann man nur mit einer Staubsaugerdüse oder einem Mopp sauber machen. Das Aussehen der Reinigungswerkzeuge hat sich mit der Technik verändert, aber lange Zeit galt als Richtlinie für die Freiraumhöhe unter Schränken mindestens 20 Zentimeter bei 50 Zentimeter tiefen Schränken und mindestens 15 Zentimeter bei einer Tiefe von 35 Zentimeter. Denken Sie auch an die freie Fläche *vor* dem Bücherregal, damit Sie ausreichend Platz für den Staubsauger haben und Schränke, Schubladen und Türen öffnen können.

Einbauregale

Ein Einbauregal selbst zusammenzuzimmern klingt für viele nach einer einfachen Sache, aber oft ist gerade das vermeintlich Einfachste das Schwierigste.

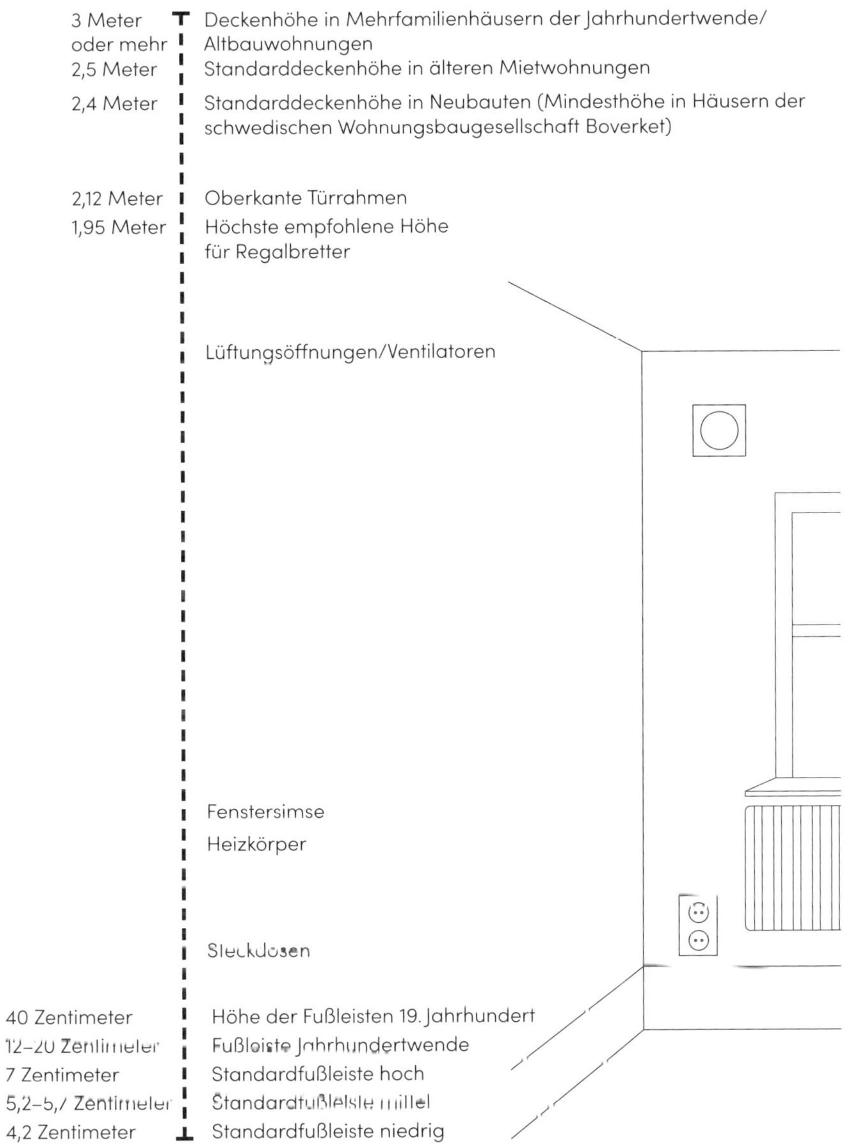

Die richtigen Proportionen eines Bücherregals hängen nicht nur von dessen Tragfähigkeit ab, sondern auch von einem harmonischen optischen Gesamtbild. Ein maßgefertigtes Möbelstück soll nicht wirken, als wäre es in den Raum hineingequetscht worden, sondern wie ein natürlicher und nahtloser Teil der Architektur des Hauses. Da dies wiederum unter Umständen die Proportionen des Zimmers verschiebt, sind möglicherweise zusätzliche Arbeiten an Leisten und Stuck sowie eine Neuausrichtung von Deckenrosetten und Beleuchtung erforderlich. Solche Feinheiten sind für professionelle Handwerker offensichtlich, werden aber von Unerfahrenen leicht übersehen.

Viele Leute entscheiden sich für Fächer mit Türen für den unteren Teil des Bücherregals, um Staubmäuse zu vermeiden. Bei einer solchen Schranklösung ist es wichtig, dass die Proportionen zwischen dem unteren und oberen Teil des Regals ausgewogen sind, damit das Möbelstück nicht klobig oder überladen wirkt. Verschobene Proportionen erzeugen leicht das Gefühl, der ganze Raum würde kippen. Erfahrene Handwerker berücksichtigen solche Dinge bei ihren Kalkulationen, ein Neuling eher nicht, und das sieht man dann in der Regel hinterher auch am Ergebnis.

In letzter Zeit ist es sehr angesagt, Fernsehgeräte und Technik in das

WUSSTEN SIE, DASS ...?

Zu Zeiten des Möbelinstituts lautete die Empfehlung, dass die Einlegeböden von Bücherregalen und Schränken alle 2 Zentimeter verschiebbar sein sollten, um die Flexibilität der Stauraummöbel zu erhöhen. Dieser Grundsatz gilt auch heute noch. Deshalb haben viele Bücherregale seitliche Löcher. Wenn die Löcher stören, gibt es spezielle Abdeckplatten (oft aus Kunststoff), die die Löcher zumindest aus der Ferne weniger sichtbar machen

Regalsystem einzubauen. In diesem Fall empfehle ich Ihnen, sich über die Maße der technischen Geräte zu informieren und die Regale beispielsweise mit einem Lüftungsgitter auszustatten, damit die entstehende Wärme entweichen kann.

Außerdem sollte man um die Geräte herum etwas Spielraum lassen und die Komponenten des Regals nicht zu dicht an den aktuell vorhandenen Fernsehbildschirm bauen, weil man ihn nämlich dann später ersetzen kann. Die Lebensdauer der Technik dürfte kürzer sein als die des Bücherregals.

Denken Sie daran, dass gute Kabel teuer sind, und planen Sie genügend Platz ein, damit diese im hinteren Teil des Regals nicht geknickt werden.

TIPP!

Sie wollen eine Wand in ein Bücherregal verwandeln? Nehmen Sie in der Planungsphase Kreppband zu Hilfe. Kleben Sie die Größe und das Modell des Regals auf, das Ihnen vorschwebt, und experimentieren Sie mit verschiedenen Abständen zwischen den Regalböden und anderen Einbauteilen, damit Sie sich das Endergebnis besser vorstellen können

EIN SCHWEDISCHER REGALKLASSIKER

Dem Buchverlag Bonnier ist es zu verdanken, dass das String-Regal seit den Fünfzigerjahren im schwedischen *Folkhemmet* zu finden ist. Zusammen mit dem schwedischen Handwerksverband veranstaltete der Verlag 1949 einen Wettbewerb, bei dem alle schwedischen Designerinnen und Designer aufgefordert wurden, ein Bücherregal zu entwerfen, das bestimmte Anforderungen erfüllte: Es sollte funktional, schick, leicht zu verstauen und zeitlos sein.

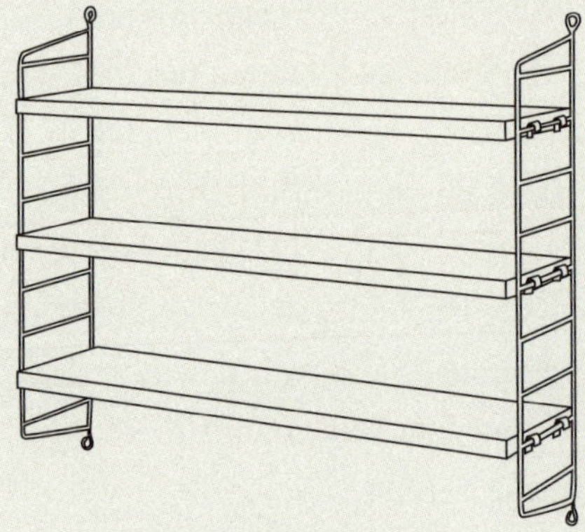

DAS EHEPAAR NISSE UND KAJSA STRINNING, das sich während seines Architekturstudiums an der Königlichen Technischen Hochschule (KTH) in Stockholm kennengelernt hatte, ging mit seinem Beitrag als Sieger aus dem Wettbewerb hervor. Zunächst hieß das Regalsystem BFB-Regal (*Bonniers folkbiblioteks bokhylla*), wurde aber bald, vom Nachnamen des Ehepaars und ihrem Familienbauernhof Strinningen in Härnösand inspiriert, in String® umbenannt. So begann die Entwicklung der Marke und des String®-Regalsystems, das seitdem die Häuser in Schweden und auf der ganzen Welt schmückt.

DIE IDEE FÜR DIE BESCHICHTETEN STAHLLEITERN stammte von einem Geschirrregal aus punktgeschweißtem Eisendraht, das Nisse als Studentenprojekt an der KTH entwickelt hatte. Es heißt, der Geistesblitz für die Grundidee des Regalsystems (mit den an der Wand befestigten »Leitern« anstelle der üblichen Wandbeschläge) habe ihn ereilt, als er grübelnd auf der Toilette saß. Kajsa entwickelte die Form weiter und soll für die sanft abgerundeten Details an den Enden verantwortlich sein.
1962 wurde das String®-Konzept patentiert, woraufhin auf einen Schlag 32 Plagiatoren die Produktion einstellen mussten.

2005 ZEICHNETE NISSE STRINNING ein maßgeschneidertes Bücherregal für Taschenbücher mit 15 Zentimeter tiefen Fächern namens String Pocket. Das String-System ist um eine breite Zubehörpalette in verschiedenen Farben und Materialien erweitert worden, die auf unendlich viele Arten zusammengesetzt werden können.

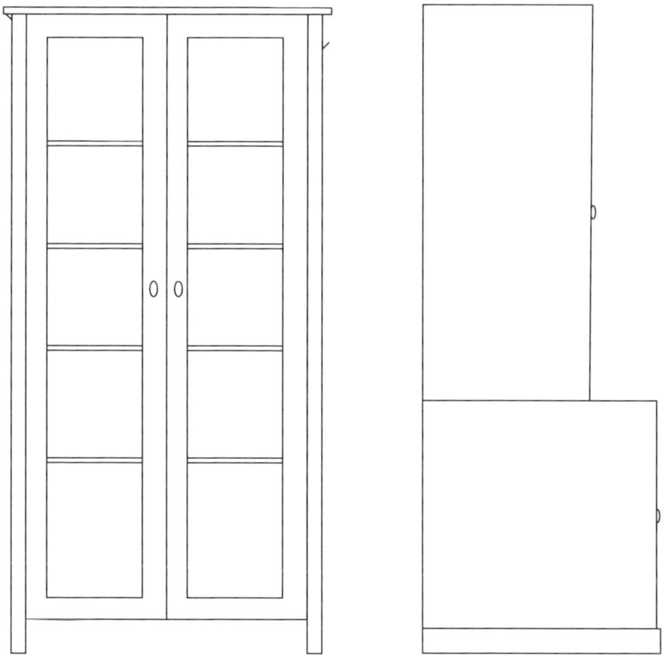

Vitrinen

Der Vitrinenschrank hat seinen Namen vom lateinischen *vitrum*, was Glas oder Scheibe bedeutet. Genau dieses transparente Detail unterscheidet diese Möbel von anderen Schränken mit Türen und Klappen. Entweder besteht ein Teil der Vitrinen aus Glas oder die ganze Front, manchmal haben sie verkleidete oder gläserne Seiten, sind transparent oder mattiert, rauchfarben oder geätzt.

Aus Sicherheitsgründen ist es wichtig, sich zu vergewissern, dass gehärtetes Glas verbaut wurde. Weitere Informationen über gehärtetes Glas finden Sie im Abschnitt über Materialien (Seite 320). Wenn die Scheiben eines normalen Möbelstücks eine Riffelung aufweisen, sind sie höchstwahrscheinlich nicht gehärtet, denn diese Struktur ist bei gehärtetem Glas normalerweise nicht möglich, es sei denn, es ist sehr teuer. Ich kann nicht oft genug betonen, dass die Sicherheit absoluten Vorrang vor dem Stil haben sollte – gerade wenn Kinder oder Haustiere im Haushalt leben!

Der Vorteil von Vitrinen gegenüber geschlossenen Schränken ist, dass sie einem Raum ein luftigeres Gefühl verleihen – und Sie einen guten Überblick über den Inhalt des Schranks haben, der gleichzeitig vor Staub geschützt ist, was wiederum die Reinigung erleichtert. Glastüren bei Büchern und anderen Gegenständen, die zusammen eher inhomogen wirken, beruhigen die Optik, wodurch ein einheitlicherer Eindruck vermittelt wird.

Fachböden, Tiefe und Abstände

Eine Vitrine, die für die Aufbewahrung von Geschirr verwendet wird, braucht eigentlich nicht tiefer zu sein als die Teller, die Sie darin aufbewahren wollen (wenngleich ein wenig Platz rundherum immer gut ist). Aufgrund der begrenzten Tragfähigkeit lassen sich selten zwei Tellerreihen hintereinander auf einem Regalbrett unterbringen, sodass bei zu tiefen Regalböden reichlich Luft und ungenutzter Platz bleibt. Manche Vitrinen und Bücherregale haben abgestufte Regaltiefen mit schmaleren Regalen von der Oberkante bis zur Augenhöhe und doppelt so tiefe Regale von der Hüfte an abwärts. Der optimale Abstand zwischen den Regalböden richtet sich danach, was in den Schrank soll. Hier sind einige Dinge zu beachten, vor allem, wenn die Fachböden nicht beliebig angebracht werden können.

- Ein zu großer Höhenabstand zwischen den Fachböden führt zu unnötig viel unbrauchbarem Platz.
- Ist der Platz wiederum zu knapp, kommt man nur schwer an die Sachen auf dem unteren Regalboden heran und stößt sich häufig an dem Regalbrett darüber. Man läuft Gefahr, dass Weingläser zu Bruch gehen oder man sich die Knöchel aufschürft. Messen Sie deshalb die Gläser aus, damit zum darüberliegenden Fachboden

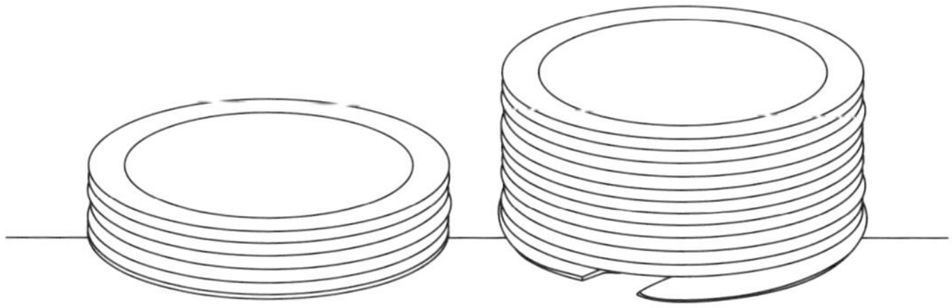

Achtung: Stapeln Sie die Teller nicht zu hoch. Porzellan hält nur ein gewisses Maß an Druck aus, und die unteren Teller sollen ja schließlich nicht kaputt gehen.

genug Luft und auf der Abstellfläche genug Platz ist und sie nicht aneinanderstoßen, Sprünge oder Absplitterungen davontragen oder ganz zerbrechen.

- Informieren Sie sich über die zulässige Tragfähigkeit, falls Sie Geschirrstapel hineinstellen wollen. Bei aktuelleren Fabrikaten ist dies normalerweise in der Produktbeschreibung angegeben.
- Sind die Rahmen von Vitrinentüren nicht formstabil, neigen diese schnell dazu, sich beim Öffnen und Schließen zu verziehen, aber auch, wenn jemand im Vorbeigehen kräftig auftritt.

Schrankduft

Ältere Schränke haben ein langes Leben hinter sich und riechen deshalb manchmal auch entsprechend. Wein- und Sektgläser nehmen mitunter so stark den Geruch an, dass das den Geschmack des Getränks beeinträchtigen kann.

Glaspest

Vergewissern Sie sich vor dem Einräumen, dass die Gläser richtig getrocknet sind, sonst können insbesondere ältere Exemplare der sogenannten Glaspest oder Glaskrankheit zum Opfer fallen. Dabei handelt es sich um eine chemische Reaktion, die manchmal auftritt, wenn Gläser nach dem Spülen nicht richtig trocknen und auf den Kopf gestellt werden, sodass sich Kondenswasser im Inneren des Glases festsetzt. Dadurch entsteht ein milchig-weißer Film, der sich nicht mehr entfernen lässt.

Kauftipps für Vitrinen

- Hat der Hersteller an der Rückwand gespart und sie aus einem dünneren Material gefertigt, gerät die Vitrine leicht in Schieflage, wenn beide Türen geöffnet sind und sich nichts im Schrank befindet.
- Überprüfen Sie die Scharniere: Sie sollten stabil sein und sich nicht absenken können. Da die Türen oft recht schwer sind, kommt es bei nicht ausreichend großen Beschlägen häufig vor, dass sie sich nach einiger Zeit verziehen und verrutschen. Selbst bei Qualitäts-

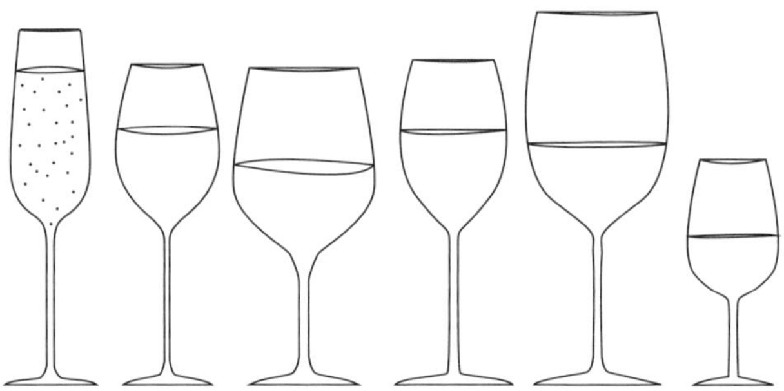

Gläser sind unterschiedlich hoch und breit. Messen Sie Möbel und Stauraum gewissenhaft aus, damit der Platz auch wirklich für Ihre Bedürfnisse reicht.

möbeln muss man die Scharniere eventuell nach einiger Zeit nachziehen.

- Vitrinentüren mit sehr dünnen Rahmen wirken mitunter wackeliger und vibrieren beim Schließen stärker. Deshalb öffnen und schließen Sie die Tür am besten ein paar Mal. Wenn sie stark wackelt, helfen eventuell kleine Filzgleiter, die Vibrationen etwas abzumildern.
- Ist der Türverschluss stabil? Bei billigeren Vitrinen wird häufig bemängelt, dass der Magnet mit der Zeit nachgibt und die Türen nach einer Weile klappern und von selbst aufgehen.

TIPP!

Bis zur Standardisierung der Möbel- und Modulmaße für den Bau von Schränken Mitte des 20. Jahrhunderts wurde vor dem Kauf von Aufbewahrungsschränken ein sogenannter Entnahmetest durchgeführt. Man testete schlichtweg, ob das Geschirr darin Platz finden würde. An sich ist diese Idee immer noch gut, allerdings variiert heutzutage eher die Größe des Porzellans als die Tiefe des Schranks. Die Teller sind in den letzten Jahrzehnten deutlich größer geworden, und es gibt beachtliche Unterschiede zwischen den Außenmaßen von Schüsseln, Platten und Krügen.

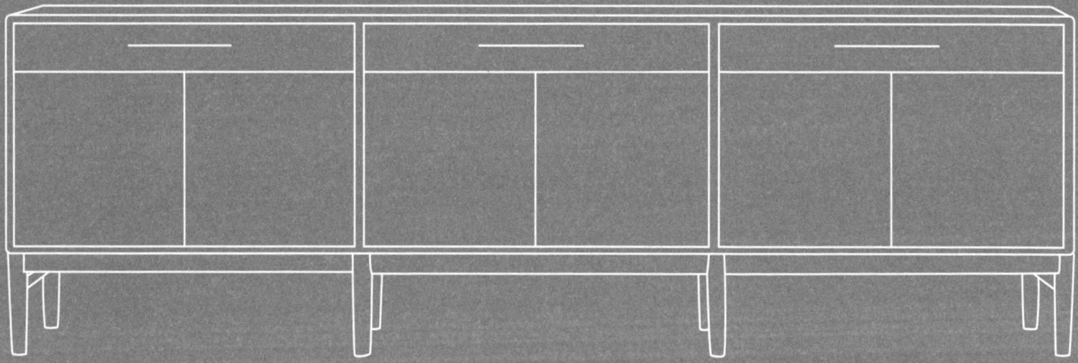

Sideboards

Sideboard ist eigentlich ein Anglizismus für ein Möbelstück, was man auch als Anrichte, Buffet oder (vorwiegend in Österreich) Kredenz bezeichnet. Heute ist die »denglische« Bezeichnung so gängig, dass sie von Kunden, Herstellern und Händlern gleichermaßen verwendet wird.

Diese Möbelkategorie umfasst eine große Auswahl an niedrigen Aufbewahrungs- und Ablagemöbeln, mit oder ohne Schranktüren und Schubladen. Da fällt die Entscheidung schwer! Neben der Größe des Zimmers und dem Platz, der in Verbindung mit den anderen Möbeln zur Verfügung steht, sollte dabei natürlich auch die Größe der Sachen ausschlaggebend sein, die Sie in dem Schrank aufbewahren wollen. Sideboards und Buffets haben nicht nur unterschiedliche Breiten, sondern auch unterschiedliche Tiefen. Wählen Sie ein zu niedriges und schmales Modell, besteht die Gefahr, dass Ihr Geschirr, Ihre Schüsseln oder die Vase, die im Küchenschrank keinen Platz finden, nicht hineinpassen. Deshalb sollten Sie im Vorfeld stets auch das ausmessen, was Sie verstauen wollen, und nicht nur den Platz, den das Sideboard beansprucht. Wenn Sie sich für ein Modell mit Falttüren entscheiden, benötigen Sie um das Möbelstück herum weniger Platz, um an seinen Inhalt heranzukommen, bei Schiebetüren überhaupt keinen. Mit verstellbaren Füßen lassen sich Unebenheiten im Boden leicht ausgleichen.

Es gibt auch modulare Systeme, bei denen man nach seinen eigenen Bedürfnissen verschiedene Einheiten kombinieren und entscheiden kann, ob man die Möbel auf einem Sockel oder auf Füßen aufstellen oder sie an der Wand befestigen möchte, um eine schwebende (und leicht zu reinigende) Lösung zu erhalten.

EIN MORDSWICHTIGES MÖBELSTÜCK

Kleine Zeitreise ins 15. Jahrhundert: Damals sollen die Bediensteten auf dem Buffetschrank oder der Kredenz das Essen vor dem Servieren vorgekostet haben, um sicherzustellen, dass es nicht vergiftet war. Der Name leitet sich vom italienischen Wort *credenza* ab, was so viel wie »Glaube« oder »Vertrauen« bedeutet.

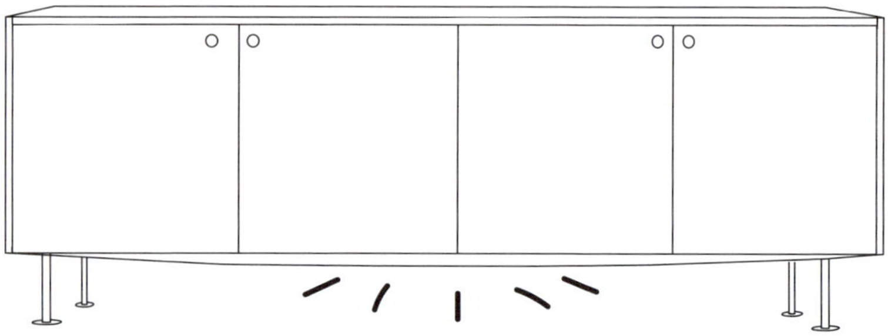

Bei längeren Sideboards sind Stützbeine in der Mitte erforderlich, damit sie sich nicht durchbiegen, wenn Sie Ihre Sachen einräumen. Eine solche Stütze kann hinten so versteckt werden, dass sie von vorne betrachtet nicht stört.

Fehler gefunden?

Handelt es sich bei einem Sideboard um ein breiteres Modell, werden in der Regel ein oder zwei zusätzliche Stützbeine in der Mitte benötigt, damit der Korpus unter Belastung nicht nachgibt.

Wenn ein Buffet neben ein anderes Esszimmermöbel gestellt werden soll, wird häufig gewünscht, dass es ein paar Zentimeter höher als die Tischplatte ist, damit es als Servierfläche genutzt werden kann und eine bessere Balance zwischen den Möbeln entsteht. Zudem muss vor der Stelle, an der Sie das Möbelstück aufstellen wollen, ein freier Schwenk-

TIPP!

Es gibt Unternehmen, die sich auf den Verkauf von Türen, Abdeckungen und Aufsätzen für die Korpusse von IKEA spezialisiert haben, mit denen man sein Sideboard individuell gestalten kann. Als Faustregel gilt: Je weniger Module zusammengesetzt werden, desto stabiler ist das Möbelstück. Wenn Sie ein Sideboard mit einer Breite von 120 Zentimetern haben möchten, sollten Sie von einem 120 Zentimeter breiten Korpus ausgehen und nicht von zwei 60 Zentimeter breiten Modulen.

bereich für den Radius des Türblatts vorhanden sein, damit nicht alle am Tisch sitzenden Personen aufstehen müssen, wenn Sie etwas herausholen wollen.

Überprüfen Sie beim Onlinekauf die Anzahl der Einlegeböden.

Fernsehtische

Die Elektronik in unseren Wohnungen entwickelt sich rasant weiter. Der klobige Fernseher, früher ein eigenständiges Möbelstück auf Rädern, wurde schnell flach und an der Wand platziert statt auf einem Tisch oder einer Bank. Wo wir früher Möbel benötigten, um Videos, DVD-Player und Videospiele unterzubringen, haben wir jetzt Platz für andere Dinge, denn viele der einst physischen Medien sind in unsere Geräte eingezogen.

Dennoch haben viele immer noch einen traditionellen Fernsehtisch in ihrem Wohnzimmer. Die Rückwand sollte mit Löchern versehen sein, damit man die Kabel leicht herausziehen kann, aber auch, um einen Luftstrom zu ermöglichen, da die Geräte Wärme erzeugen. Vergessen Sie beim Ausmessen der Geräte, die in den Schrank passen sollen, nicht, die Maße der überstehenden Kabel einzurechnen, vor allem, wenn das Medienmöbelstück Schiebetüren hat, da diese oft ein wenig nach innen ragen und sich in hervorstehenden Lautstärketasten und Reglern verfangen können. Viele mussten schon die Rückwand ihrer Medienmöbel kaputt machen, um Heimkinosysteme und technische Geräte sowie herausragende Kabel unterzubringen, weil es im hinteren Bereich doch nicht mehr hineingepasst hat. Aus demselben Grund ist es gut, wenn sich die Regalböden in den Schränken verstellen oder komplett herausnehmen lassen, damit man nicht auf bestimmte Maße festgelegt ist.

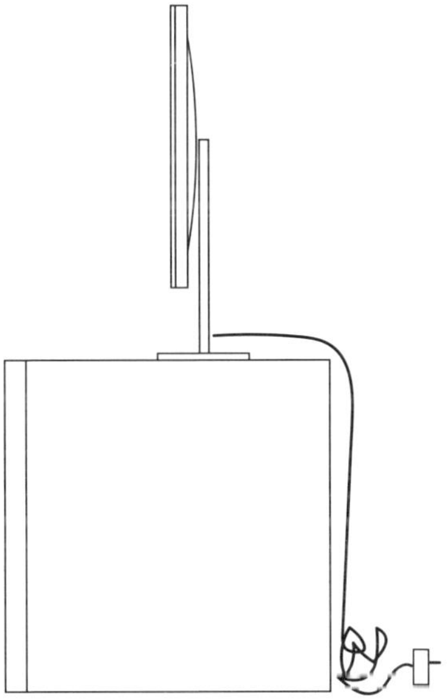

Da die verschiedenen Mediengeräte beim Betrieb oft Wärme erzeugen, ist es wie gesagt gut, wenn der Stauraum über Lüftungsöffnungen verfügt, damit die heiße Luft nicht eingeschlossen wird und die Elektronik beschädigen kann. Falls Sie Geräte mit Fernbedienung unterbringen wollen, sollten Sie unbedingt testen, ob das Signal durch die Türen hindurch funktioniert.

Beabsichtigen Sie, einen Fernsehapparat auf der obersten Ablagefläche aufzustellen, lohnt es sich, zwei weitere Punkte zu beachten: einerseits, welche maximale Traglast für die Ablage ausgewiesen ist, andererseits, in welcher Höhe sich der Bildschirm befindet. Längst nicht alle Hersteller von Medienmöbeln berücksichtigen dies.

Um also Unfälle oder verbogene Oberflächen zu vermeiden, wodurch sich die Türen oder Klappen darunter schwer öffnen lassen, informieren Sie sich bitte vorher. Die Höhe des Fernsehers ist wichtig, denn diese sollte zu der Sitzhöhe der Möbel davor passen. Konkrete Ratschläge kann ich in diesem Fall nur schwer geben, denn das hängt vom Rückenwinkel des Sofas und der Sessel ab und auch davon, ob Sie und Ihre Lieben beim Filmschauen hauptsächlich sitzen oder eher halb liegen. Das klingt vielleicht banal, aber es ist nicht ungewöhnlich, dass der eine die Technik und der andere die Möbel auswählt und die beiden dann nicht mehr miteinander reden, bis sie merken, dass die Kombination nicht zusammenpasst. Oder dass man sie im Stehen testet, also völlig unrealistisch für einen Filmabend, und auf dieser Grundlage Entscheidungen trifft, die man später bereut.

»Der wichtigste Faktor ist die Frage nach den Verhältnissen.«

Arne Jacobsen

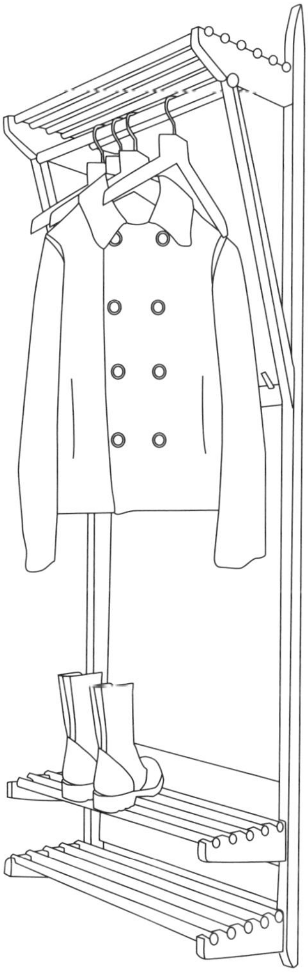

Beim Kauf eines Schuhregals sollten Sie von dem größten Paar Schuhe in Ihrer Familie ausgehen. Ein Paar Herrenstiefel braucht mehr Platz als ein Paar Damenschuhe mit Absatz, nicht nur, weil die Damenschuhe meist kleiner sind, sondern auch, weil sie durch die hohen Hacken eher mehr Höhe als Länge in Anspruch nehmen.

Flurmöbel und Wandgarderoben

Die Einrichtungsgegenstände, die Sie beim Nachhausekommen oder Ihre Gäste beim Ausziehen von Mänteln und Schuhen im Flur begrüßen, sollten allen ein Lächeln ins Gesicht zaubern, ganz gleich, ob es sich um eine Garderobe, ein Hutregal, Kleiderhaken oder einen klassischen Kleiderständer (Tambourmajor) handelt. Diese Möbel wirken simpel, und doch ist es anscheinend schwer, es richtig hinzubekommen – zumindest, wenn man den vielen Produktbewertungen glaubt, die ich für dieses Buch gelesen habe. Hier einige Tipps und Ratschläge, was es zu beachten gilt, wenn Sie auf der Suche nach stilvollen und funktionalen Aufbewahrungsmöbeln für Ihren Flur sind.

Tragfähigkeit

Garderoben und Hutständer haben es im wahrsten Sinne des Wortes schwer: Sie müssen in der Lage sein, sowohl leichte Sommerkleidung als auch dicke Sachen zu tragen, schwere Winterjacken und lange Mäntel. Bei Wandgarderoben wird häufig beklagt, dass sie herunterfallen, was natürlich zum Teil an den beim Einbau verwendeten Schrauben und Dübeln liegt, aber erstaunlich oft auch an der Konstruktion und dem Material, aus dem sie gefertigt sind. Ein guter Richtwert bei der Überprüfung eines Möbelstücks, das ein vertikales Gewicht tragen muss, ist das Hebelprinzip: Wenn der Abstand zwischen dem Zug- und dem Drehpunkt zu kurz ist, ist die Hebelwirkung beim Beladen mit sämtlichen Jacken und Helmen der Familie enorm. Auch das Eigengewicht der Möbel sollte bei dieser Frage berücksichtigt werden, besonders, wenn Sie wissen, dass Sie keine dicken Wände haben. Eine Wandgarderobe, die an sich schon schwer ist, würde ich in diesem Fall vielleicht nicht empfehlen.

- Handelt es sich um eine Garderobe oder eine Ablage aus Holz, überprüfen Sie, ob es Äste, Risse oder andere Anomalien gibt, die die Stabilität der Konstruktion beeinträchtigen können.

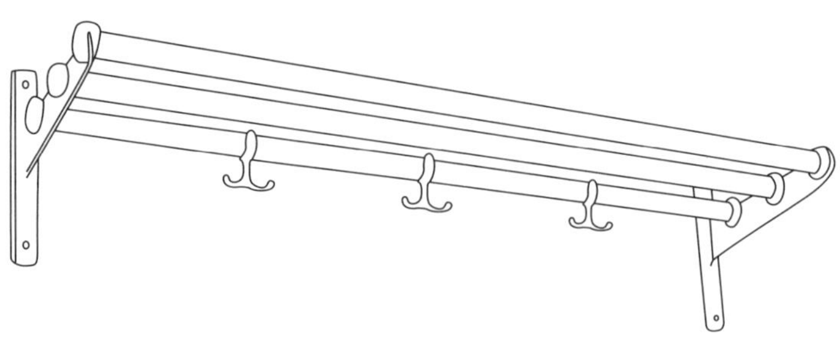

- Sind Teile der Konstruktion geschweißt, schauen Sie nach, ob die Nähte sauber und ob Schraubenlöcher oder andere vorgebohrte Öffnungen vorhanden sind, die bei Belastung Schwachstellen darstellen können.
- Garderoben mit einer Metallstange verursachen beim Zusammentreffen mit dem Metallhaken eines Kleiderbügels in der Regel mehr Geräusche als eine mit einer hölzernen Rundstange. Falls Sie zu den Menschen gehören, die sich an kleinen Ratschern oder metallischen Geräuschen stören, sollten Sie das bei der Wahl einkalkulieren.

Montierung

Es mag wie ein triviales, einmaliges Problem erscheinen, wenn die Befestigungslöcher nicht die richtige Größe für die benötigten Schrauben haben, doch im Alltag kann dies schnell zu einem Ärgernis werden und dazu führen, dass wackelige Ablagen oder – noch schlimmer – Wandgarderoben herunterfallen und Schäden verursachen. Durch zu kleine Löcher entstehen nämlich im schlimmsten Fall Risse, die die Tragfähigkeit beeinträchtigen können.

Ist die Aufhängevorrichtung nicht sichtbar, wenn man davorsteht, ist möglicherweise Millimeterarbeit nötig, um sie richtig anzubringen. Wenn Sie Flurwände haben, an denen man nur schwer etwas punktgenau anbringen kann (oder teure Tapeten), rate ich Ihnen, eine Gar-

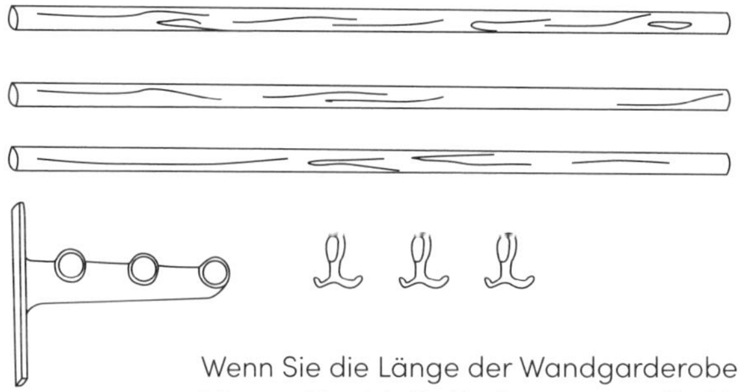

Wenn Sie die Länge der Wandgarderobe ändern müssen, können Sie sich für Endkappen aus Stahl oder Aluminium und Holzstangen entscheiden, da sich das Material in der Regel am einfachsten mit einer normalen Säge bearbeiten lässt.

derobe oder Ablage zu wählen, die direkt von vorn angeschraubt werden kann. Das verringert das Risiko von Schrammen und Schäden an der Wand.

Feste Maße oder Flexibilität?

Jeder Flur bringt seine ganz eigenen Herausforderungen mit sich: Lichtschalter, Elektroschränke, Wartungsklappen und Heizkörper beeinflussen die Positionierung der Möbel entscheidend. Deshalb sollten Sie sich für eine flexible Garderobe entscheiden, die Ihren Maßen und Kleidungsstücken entspricht. Etwas so Einfaches wie eine Wandgarderobe oder Ablage mit Stangen, die sich leicht kürzen lassen, bietet Ihnen mehr Möglichkeiten.

Größe und Winkel der Haken und Knöpfe

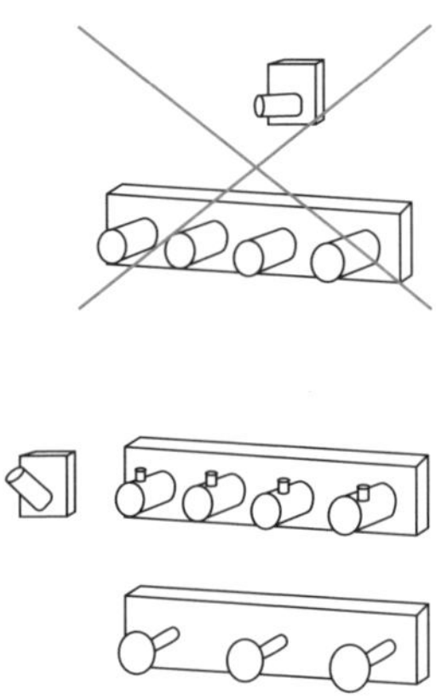

Die Gestaltung einer Hakenleiste klingt nach einer einfachen Angelegenheit, doch es erfordert tatsächlich große Genauigkeit, um die Größe und den Winkel des Hakens optimal zu treffen, damit die Kleidungsstücke nicht beschädigt werden, abrutschen oder sich nur schwer oder gar nicht aufhängen lassen. Nicht umsonst sollten die Haken vorzugsweise nach oben abgewinkelt sein. Bei ganz geraden Modellen muss ein kleiner Anschlag vorhanden sein, weshalb Leisten mit Knöpfen oft eine dickere Oberfläche haben.

Bei Haken, die eine falsche Größe haben, lässt sich die Kleidung nicht an den Schlaufen aufhängen, sondern nur am Jackenstoff oder an der Kapuze, was vor allem bei schwereren Kleidungsstücken oder wenn man schwere Gegenstände wie Schlüssel und Handys in den Taschen hat, zu Schäden führen kann.

Maße

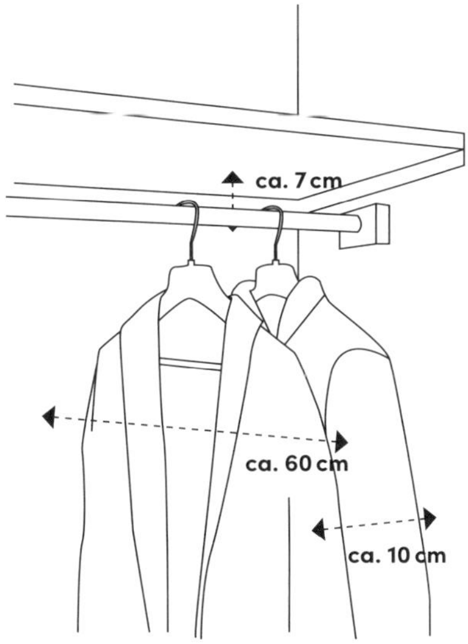

Eines wird meist erst deutlich, wenn die Winterjacken hervorgeholt werden: Längst nicht alle Flurmöbel sind auf dicke Oberbekleidung ausgelegt. Damit Sie sich nicht verkalkulieren, sollten Sie nicht nur die Breite des Kleiderbügels berechnen, sondern die Breite des Kleiderbügels (etwa 45 Zentimeter) + die Schulterbreite der Oberbekleidung (+ 5 Zentimeter pro Seite) + Luft/Schwungraum gegen die Wand (etwa 5 Zentimeter). Sonst besteht die Gefahr, dass eine Schulter des Kleidungsstücks an der Wand reibt und unnötig abgenutzt wird. Oder dass die Bügel, die sich beim Abnehmen der Oberbekleidung drehen, an der gleichen Stelle unschöne Spuren hinterlassen. Denken Sie außerdem daran, dass zwischen der Kleiderstange und dem darüberliegenden Regalbord mindestens 7 Zentimeter Platz sein sollte, damit Sie die Kleiderbügel anheben können, ohne es zu zerkratzen. Für jede Jacke werden obendrein etwa 10 Zentimeter in der Tiefe zugrunde gelegt, also sparen Sie nicht an der Länge der Kleiderstange, wenn Sie eine große Familie haben.

Vergewissern Sie sich zudem, dass die Bügelhaken an der Kleiderstange stabil angebracht sind. Wenn die Stangen zu dünn sind, können die Kleiderbügel wackeln, zu dicke Stangen hingegen erschweren das Aufhängen von Kleidung, wenn es mal schnell gehen muss.

Kleiderständer

Ein frei stehender Kleiderständer wird oft Tambourmajor oder Herrendiener genannt, nach dem Spitznamen, den man den Garderobieren in Restaurants gegeben hat. Ein guter Tambourmajor muss eine ausgeklügelte Konstruktion mit einem tiefen und gut berechneten Schwerpunkt sein, damit er auch bei ungleichmäßig verteilten Kleidungsstücken nicht umfällt. Wenn Jacken und Mäntel aufgehängt werden, verändert die zusätzliche Last den Schwerpunkt, aber solange sie sich in einer vertikalen Linie innerhalb der Grundfläche des Sockels (innerhalb des Durchmessers des Fußgestells) befindet, bleibt der Kleiderständer stabil.

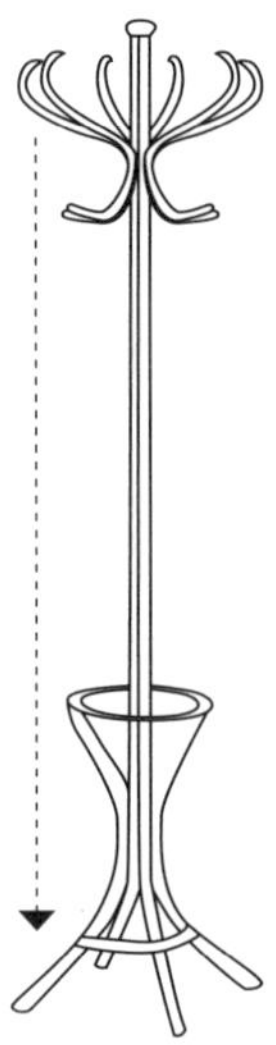

Meine Eltern hatten einen wunderschönen metallenen Kleiderständer im Hausflur, der scherzhaft »Guillotine« genannt wurde, weil die Gefahr bestand, dass Gäste, die nicht wussten, welche Haken zum Aufhängen von Kleidung geeignet waren (und welche nicht!), davon mal eben einen Kopf kürzer gemacht wurden. Ein Tambourmajor mit schweren Wintermänteln kann beim Umfallen beträchtlichen Schaden anrichten, besonders, wenn Kinder und Haustiere im Haus sind.

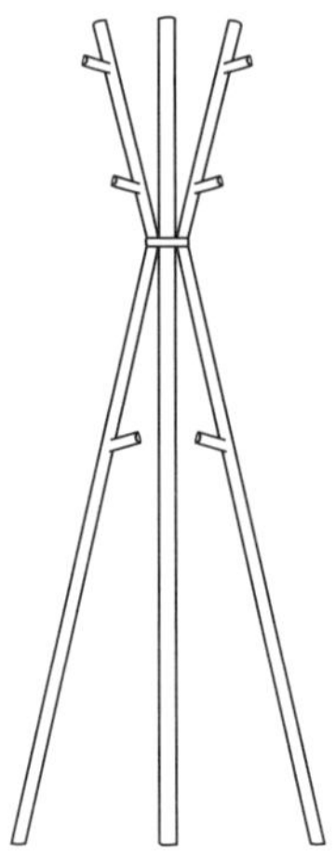

Überprüfen Sie auch die Konstruktion der Arme und Haken. Können Sie und Ihre Gäste Jacken und Mäntel leicht aufhängen? Bleiben sie an ihrem Platz oder besteht die Gefahr, dass sie herausrutschen, wenn der Kleiderständer mit weiteren Jacken beladen wird? Ist es einfach, die Kleidung abzunehmen? Bei meinen Eltern hatten die Arme des Tambourmajors ein kleines Ankerende als Anschlag, das die Kleidung zwar vor dem Abrutschen sicherte, aber auch dazu führte, dass man immer eine Weile brauchte, um die Jacke loszubekommen, ohne den Aufhänger abzureißen. In meiner Teenagerzeit habe ich ein paar davon abgerissen, wodurch Risse bis ins Jackenfutter entstanden, wenn ich es eilig hatte.

Das Design der Haken des Tambourmajors und ihre Position geben einen Hinweis darauf, wie viele Kleidungsstücke man ohne Probleme aufhängen kann.

6

Betten

Na, gut geschlafen letzte Nacht? Egal, wie Sie diese Frage beantworten, Ihr Gefühl dafür, wie Sie letzte Nacht geschlafen haben, wirkt sich zwangsläufig auf Ihren Tag aus. Die Qualität unseres Schlafs hängt von vielen verschiedenen Faktoren ab, aber nur wenige würden bestreiten, wie wichtig die Liegefläche ist. Wenn man wegen eines unbequemen Bettes schlecht oder nur mittelmäßig schläft, wirkt sich das auf die gesamte Lebensqualität aus. Die gute Nachricht ist, dass dieses Problem relativ leicht zu beheben ist – mit der richtigen Matratze, der richtigen Unterstützung und dem richtigen Komfort für genau Ihren Körpertyp.

Die Wahl des Bettes

Mit Betten ist es ein wenig wie mit Laufschuhen: Nur weil Ihre Nachbarin mit einem bestimmten Modell superzufrieden ist, heißt das noch lange nicht, dass es Ihnen auch passt. Vielleicht haben Sie verschiedene Schuhgrößen, aber auch Laufstil, Größe, Gewicht und das Bedürfnis nach einer Fußgewölbestütze dürften sich unterscheiden. Genauso wie Sie verschiedene Schlafgewohnheiten und Proportionen und eine andere Körperform haben.

Was also ist wichtig, wenn man sein aktuelles Bett begutachten oder ein neues kaufen will? Da der Kauf eines Bettes eine große Investition ist, lautet mein Rat: Lassen Sie sich von fachkundigem Personal im Geschäft persönlich beraten. Einige Einzelhändler bieten sogar kostenlose Beratungsgespräche mit einem Chiropraktiker vor Ort an. Dieser Abschnitt kann Ihnen zwar zeigen, was Sie beachten müssen und wie Sie sich angesichts des riesigen Bettenangebots orientieren, aber niemals die unschätzbare Hilfe einer geschulten Person ersetzen, die tagtäglich mit dieser Thematik befasst ist und sich dafür einsetzt, dass Sie nachts erholsamer schlafen. Dieses Kapitel soll Ihnen vielmehr eine Hilfestellung geben, damit Sie sich vor einem solchen Termin Gedanken über Ihre Schlafgewohnheiten und Bedürfnisse machen und das Beste aus Ihrer Beratung herausholen können.

TIPP!

Das Kopfkissen nicht vergessen! Die Wahl des Kissens kann Ihren Schlaf erheblich verbessern oder verschlechtern, ganz unabhängig davon, für welches Bettmodell Sie sich entscheiden. Genau wie bei der Matratze sollten Sie ein Kopfkissen wählen, das zu Ihrem Schlafstil passt. Das Hauptkopfkissen ist ein wesentlicher Baustein für eine gute Schlafposition.

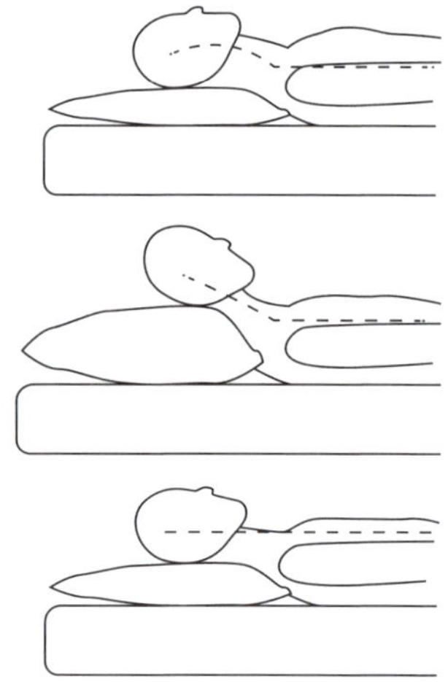

Babynest = 45 × 70 Zentimeter
Kinderbett = 60 × 120 Zentimeter
Juniorbett = 70 × 160 Zentimeter
Einzelbett = 80 × 200/210 Zentimeter
Einzelbett (engl. twin bed) = 90 × 200/210 Zentimeter.
breiteres Einzelbett = 105 × 200/210 Zentimeter
breiteres Einzelbett = 120 × 200/210 Zentimeter
Französisches Bett (engl. Full bed) = 140 × 200/210 Zentimeter
kleineres Doppelbett (Queen Size) = 160 × 200/210 Zentimeter
Doppelbett (King Size) = 180 × 200/210 Zentimeter
Familienbett = 210–360 × 200/210 Zentimeter

Bettgrößen

In den Fünfzigerjahren wurden die Bettgrößen in Schweden standardisiert, um die Produktion von Bettzeug bis zu Bettgestellen zu erleichtern. Ausschlaggebend für die Wahl der Bettbreite sind natürlich die Größe des Schlafzimmers und der Person oder Personen, die dort schlafen werden. Oben sind die gängigsten Bettmaße aufgeführt.

Achtung: Die Maße unterscheiden sich von Land zu Land. So misst ein Kingsize-Bett in den USA normalerweise 193 × 203 Zentimeter, während der entsprechende Standard für Kingsize in Europa 180 × 200 Zentimeter beträgt. Ein schwedisches Doppelbett in Standardgröße wird in den USA als California-King-Bett bezeichnet (gut zu wissen, wenn man Bettwäsche von einem amerikanischen Hersteller kauft oder ein Hotelbett in einem anderen Land bucht).

Ein durchschnittlich großer Mann hat in Rückenlage mit angewinkelten Armen eine Ellbogenbreite von 97 Zentimetern. Aber wir alle schlafen unterschiedlich: auf dem Bauch, auf der Seite, ausgestreckt oder in gebeugter Haltung. Deshalb ist die Wahl der Bettgröße oft eine Frage der jeweiligen Schlafposition, der Körperproportionen und der Raummaße.

Die Standardlänge eines Bettes beträgt 200 Zentimeter, aber wenn Sie oder Ihr Partner größer als 190 Zentimeter sind, werden 210 Zentimeter empfohlen, damit jeder bequem schlafen und zum Beispiel die Arme um das Kissen schlingen oder die Beine ausstrecken kann, ohne dass die Füße aus dem Bett ragen. Ein Funfact am Rande: Wenn man auf dem Bauch liegt und die Füße ausgestreckt hat, nehmen diese deutlich mehr Platz ein, als wenn man auf dem Rücken liegt und die Zehen hochstellt.

Höhe über dem Boden

Um gut unter dem Bett sauber machen zu können und mit der Staubsaugerdüse darunterzukommen, sollte unter dem Bett ein Freiraum von 17 bis 23 Zentimetern vorhanden sein. Je weniger Platz unter dem Bett ist, desto mehr müssen Sie den Staubsauger neigen und desto mehr Platz benötigen Sie für das Manövrieren um das Bett herum (natürlich abhängig vom jeweiligen Staubsaugermodell). Das wird leicht übersehen, wenn man sich auf den Komfort des Bettes und die Ästhetik der verschiedenen Modelle konzentriert, ist aber ein häufiges Dilemma. Damit das Bett einigermaßen bequem ist, sollte auch die Matratzenhöhe nicht zu niedrig sein. Rund 55 Zentimeter sind eine gängige Empfehlung. Zu hoch sollte die Matratze allerdings auch nicht sein, wenn Sie morgens bequem auf der Bettkante sitzen und sich anziehen wollen, denn sonst kommen Sie beim Sockenanziehen nur schwer an Ihre Füße heran, besonders, wenn Sie älter und nicht mehr ganz so gelenkig sind. In diesem Fall gilt eher das übliche Sitzmaß für Stühle, also etwa 45 Zentimeter, was bedeutet, dass viele wirklich hohe Boxspringbetten das Nachsehen haben.

Festigkeit

Ein gutes Bett wirkt druckentlastend und bietet dem Körper ergonomische Unterstützung. Die Festigkeit Ihres Bettes hängt von Ihrem Gewicht, Ihrer Körperform und Ihrer Schlafposition ab (d. h. davon, wie Sie normalerweise liegen, wenn Sie schlafen).

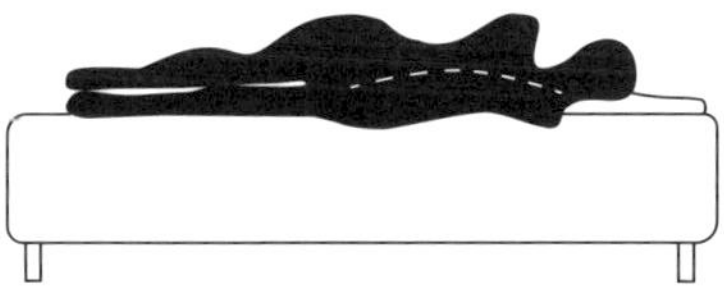

Sie sollten nicht nur oben auf dem Bett liegen – dann ist es zu fest.

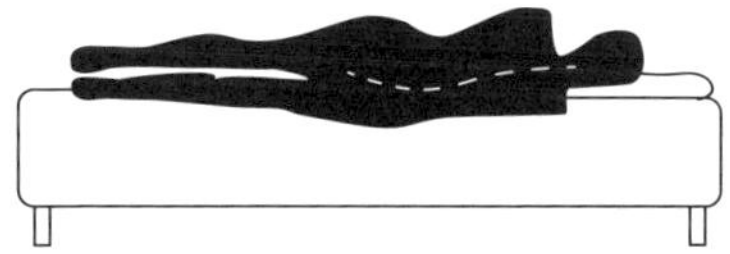

In das Bett einsinken sollten Sie aber auch nicht – dann ist es zu weich.

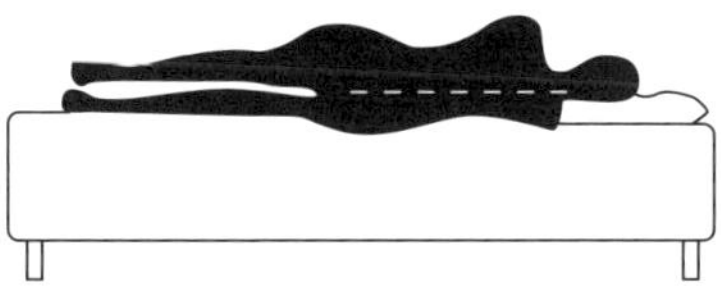

Sie sollten im Bett liegen – dann stützt es Sie gerade richtig und wirkt druckentlastend.

Richtwerte beim Körpergewicht

Bei der Wahl der Festigkeit eines Bettes empfiehlt es sich nicht, ausschließlich vom Körpergewicht auszugehen, denn die Zahlen auf einer Waage können keine Auskunft darüber geben, wie das Gewicht auf Ihrem Körper verteilt ist und auf welche Weise Sie beim Liegen entlastet werden sollten. Viele Bettenhersteller und -verkäufer setzen beim Probeliegen aber genau hier an. In einem Geschäft, in dem man die Betten tatsächlich ausprobiert, ist das völlig in Ordnung, aber wenn man ein Bett im Internet bestellt, fällt dieser Test natürlich weg. Für Personen, die über 115 Kilo wiegen, empfiehlt sich in der Regel eine feste oder extrafeste Matratze, da Boxspringbetten und weichere Modelle schnell als instabil wahrgenommen werden.

Druckentlastung entsprechend der Körperform

Auch die Körperform sollte beim Kauf eines Bettes berücksichtigt werden. Zwei gleich schwere Menschen benötigen möglicherweise an verschiedenen Stellen Druckentlastung. Wenn Sie wissen, dass Sie das meiste Gewicht im Bereich der Hüften oder des Oberkörpers haben, bietet sich möglicherweise ein zoniertes Bett oder ein Modell mit Memory-Schaum zur individuellen Anpassung an. Während einer

Schwangerschaft ist der Kauf eines Bettes nicht empfehlenswert, denn was sich zu diesem Zeitpunkt bequem anfühlt, ist es wahrscheinlich nicht mehr, wenn das Baby nicht mehr im Bauch ist.

Anforderungen an die Schlafposition

Nicht zuletzt ist auch Ihre übliche Schlafposition ein entscheidender Faktor bei der Wahl des Härtegrads Ihrer Matratze. Je nachdem, ob Sie Rücken-, Seiten- oder Bauchschläfer sind, fühlt sich derselbe Härtegrad unterschiedlich bequem an.

Schlafen Sie auf dem Bauch? Wählen Sie eine feste Matratze, die Sie stützt und verhindert, dass Sie ins Schaukeln geraten.
Schlafen Sie auf dem Rücken? Wählen Sie eine mittlere oder feste Matratze.
Schlafen Sie auf der Seite? Dann wählen Sie ebenfalls eine mittelharte oder feste Matratze.

Auf dem Bauch zu schlafen gilt aus ergonomischer Sicht als ungünstig. Ziemlich logisch eigentlich: Es gibt nur wenige andere Gelegenheiten, bei denen es sich angenehm anfühlt, den Kopf so weit zur Seite zu drehen, dass das Kinn fast die Schulter berührt. Acht Stunden lang! Eine solche Position ist für die allermeisten Menschen am Arbeitsplatz oder auch nur für kurze Zeit im Kino völlig undenkbar.

Wenn ein Bauchschläfer unter Nacken- und Schulterproblemen leidet, hilft es, sich umzugewöhnen und stattdessen immer öfter auf der Seite zu schlafen. Das ist normalerweise das Einfachste, wenn man es nicht auf Anhieb schafft, ein Rückenschläfer zu werden. Hierfür ist ein Bett erforderlich, das die Hüften und Schultern nicht zu sehr belastet, damit man sich allmählich daran gewöhnt, auf der Seite zu schlafen oder zumindest in der stabilen Seitenlage.

Eine Überlegung wert?

Ist man von Geburt an ein Rücken-, Bauch- oder Seitenschläfer oder wird man es aufgrund seiner Lebensumstände? Ich konnte keine Studien finden, die diese Frage mit Sicherheit beantworten. Ist der Schlafstil angeboren oder passen sich die Menschen dem an, was die Oberfläche oder die Körperform am ehesten erlaubt?

Der Unterschied zwischen Nachgiebigkeit und Weichheit der Oberfläche

Die Festigkeit oder Belastbarkeit eines Bettes darf nicht mit der Weichheit der Liegefläche verwechselt werden. Die Frage, wie viel Federkraft nötig ist, um Ihren Körper richtig zu entlasten, ist nicht dieselbe wie die, ob Sie auf einer harten oder weichen Oberfläche schlafen möchten. Im oberen Bereich des Körpers wünschen sich die meisten Menschen eine angenehm weiche Oberfläche, doch ein zu weicher unterer Bereich ist nicht gut für den Rücken und vermittelt nach einiger Zeit das Gefühl, in einer Hängematte zu schlafen. Eine gute Tragfähigkeit und eine weiche Oberfläche sind also zwei verschiedene Dinge.

Die Wälzprobe

Schon mal was von der Wälzprobe gehört? Wenn Sie sich im Bett nicht umdrehen können, ohne sich herumwälzen zu müssen, bedeutet das wahrscheinlich, dass Ihre Matratze zu weich für Sie ist. Wenn Sie beim Aufwachen das Gefühl haben, Ihr Arm oder Ihre Schulter seien taub (und es gibt keine medizinischen Ursachen für dieses Gefühl), ist Ihr Bett wahrscheinlich viel zu hart für Sie.

Zukunftsmusik

In Zukunft ist die Wahl der Weichheit oder Härte des Lattenrostes vielleicht nicht mehr so wichtig wie heute, denn dank neuer Technologien sind verstellbare Matratzen denkbar, die die Tragfähigkeit des Bettes an die Tagesform des Schläfers anpassen. Das wäre sinnvoll, wenn sich der Körper verändert, etwa während einer Schwangerschaft oder wenn man zu- oder abnimmt.

Was versteckt sich im Bett?

Was unterscheidet ein günstiges Bett von einem teureren? Mit bloßem Auge ist das oft schwer zu erkennen, da das Innere der Matratze nicht zu sehen ist. Generell wird ein Bett als umso exklusiver angesehen, je mehr, höhere und bessere Federn darin verbaut sind. Deren Qualität richtet sich auch nach dem Material, der Anzahl der Windungen jeder einzelnen Spirale und danach, wie gut sie auf Druck durch Gewicht und Form reagieren. In der Regel wird zwischen diesen Modellen unterschieden:

Bonell-Federn

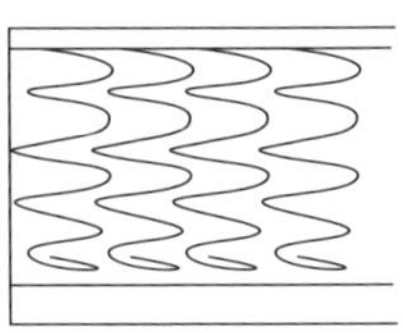

Bonell-Federn sind die einfachste Form der Federung. Diese Art wird in den billigeren Modellen verwendet und befindet sich in den exklusiveren Betten meist unten, am nächsten zu den Holzleisten des Bettrahmens, um Stöße zu dämpfen. Bonell-Federn sind spiralförmige, miteinander verbundene Metallfedern. Durch diese Verbindung von Stahl mit Stahl entstehen manchmal Quietschgeräusche. Unter dem Gesichtspunkt der Nachhaltigkeit sind Bonell-Federn verhältnismäßig besser als viele kompliziertere Federsysteme, weil sie zu 100 Prozent aus Stahl bestehen, der sich derzeit leichter für das Recycling trennen lässt, wenn es Zeit ist, die Matratze zu entsorgen – im Gegensatz zu Federungen aus verschiedenen Materialien.

Taschenfederkern

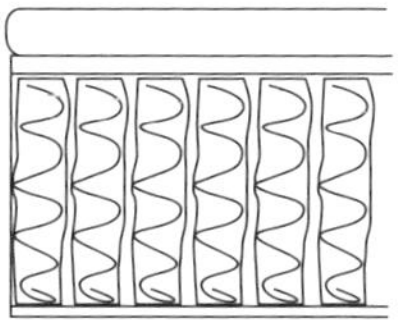

Bei der Taschenfederung ist, wie der Name schon sagt, eine Feder in einer Tasche eingeschlossen, die wiederum mit der benachbarten Tasche verbunden ist. So kann sich jede Feder einzeln bewegen, ohne die benachbarten zu beeinflussen oder sich mit ihnen zu verheddern. Die Taschen sind dünn und belüftet, damit die Luft frei zirkulieren kann. Ein herkömmliches Doppelbett besteht aus etwa 1000 Taschenfedern, bei Betten mit einer zweischichtigen Federung manchmal aus noch mehr. Bei etwas billigeren Betten mit Taschenfedern sind die Taschen zusammengeklebt oder verschweißt, bei den exklusiveren Modellen dagegen zusammengenäht. Auch das Material, das Gewicht und die Haltbarkeit der Taschen, die die Spulen umschließen, unterscheiden sich je nach Preisklasse, was sowohl Auswirkungen auf die Lebensdauer als auch auf die Umweltverträglichkeit hat. Die Textilien, aus denen die Taschen genäht sind, fühlen sich zwar wie Stoff an, aber da natürliche Materialien nicht geschweißt werden können, handelt es sich häufig um eine Art Vlies (ein PP-Material, Polypropylen) oder Polyester. Als verantwortungsbewusste(r) Verbraucher oder Verbraucherin erkundigen Sie sich im Fachgeschäft oder beim Hersteller, aus welchem Material die Taschen in dem von Ihnen gewünschten Bett oder der Matratze gefertigt sind und (falls zutreffend) welcher Klebstoff verarbeitet wurde.

Zonensysteme

Neben den beiden Hauptgruppen der Bonell- und Taschenfedern gibt es eine Reihe verschiedener Zonensysteme; Stichworte wären hier unter anderem progressive Härtegrade, Tonnenfedern und Aktivzonen. Dahinter steckt der Gedanke, das Bett flexibler zu machen, indem verschiedene Teile des Bettes je nach Körpergewicht und -form an unterschiedliche Bedürfnisse angepasst werden. Insbesondere Schultern und Hüften (und manchmal auch die Brust) weichen tendenziell am meisten von den Bedürfnissen des restlichen Körpers ab.

Zonentechnologie bedeutet, dass die Federung zwischen Kopf- und Fußende in verschiedene Zonen unterteilt ist, um eine unterschiedliche Festigkeit zu gewährleisten. Üblich sind drei, fünf und sieben Zonen. Diese komfortable und ergonomische Funktion wird in Federkernmatratzen, Boxspringbetten und verstellbaren Betten angeboten.

Wie viele Windungen haben die Federn?

Wie viele Windungen weisen die einzelnen Spiralfedern auf? Einige Anbieter haben die Bettenauswahl zu einem Materialsport gemacht, indem sie die Anzahl der Windungen wie die Pferdestärken eines Motors angeben, ganz nach dem Motto »Je mehr, desto besser«.

- Viereinhalb bis fünf Windungen sind bei vielen Betten in großen Möbelhäusern Standard.
- Sechs Windungen sind eher in Bettenfachgeschäften und bei etwas teureren Bettenmodellen üblich.
- Acht Windungen sind selten, im oberen Preissegment aber durchaus zu finden.

Häufig werden Betten nach der Anzahl der Federn und der Anzahl der Windungen pro Spirale gekennzeichnet und klassifiziert, aber einige Anbieter, mit denen ich gesprochen habe, betrachten dies eher als einen Marketing-Gag denn als Komfortgarantie. Zwar ermüden die Federn im Laufe der Zeit etwas, was ein paar zusätzliche Windungen zur Verlängerung ihrer Lebensdauer rechtfertigen sollte, aber das Urteil zum Verhältnis zwischen Komfort und der Anzahl der Windungen fällt nicht einhellig aus. Tatsächlich legen viele der wirklich exklusiven Bettenhersteller, die ja genau dieses Gefühl von Komfort und Exklusivität verkaufen, gar nicht so großen Wert auf die Anzahl der Windungen, weil noch so viele andere Faktoren mit hineinspielen, ob sich ein Bett bequem anfühlt oder nicht.

Ein weiterer Aspekt ist der Materialverbrauch: Je mehr Windungen, desto mehr Stahl wird bei der Herstellung der Spule verwendet. Als bewusste(r) Verbraucher oder Verbraucherin sollten Sie sich vielleicht auch fragen, wo der Schnittpunkt zwischen optimalem Komfort, Langlebigkeit und Materialverbrauch liegt.

Polsterung

Ein gefedertes Bett ist in der Regel mit mehreren Materialsorten über und zwischen den Federschichten gepolstert. Alternativ enthält die Matratze überhaupt keine Stahlfedern, sondern Kunststofffedern, Holzfedern oder besteht aus einem kompakteren System aus verschiedenen Naturmaterialien. Im Folgenden werden einige gängige Polstermaterialien vorgestellt.

Latex

Grundsätzlich ist es wichtig, zwischen Naturlatex (von Gummibäumen) und synthetischem Latex (chemisch hergestelltes Produkt) zu unterscheiden. Das natürliche Material wird aus dem Saft des Kautschukbaums (*Hevea brasiliensis*) hergestellt. Das Material ist sehr atmungsaktiv, was für alle gut ist, denen nachts heiß wird, und weicher als Polyether. Die Atmungsaktivität trägt zu einer hypoallergenen und gesunden Schlafumgebung bei. Nicht immer handelt es sich um 100 Prozent reinen Naturlatex, nur weil er auf der Liste der Inhaltsstoffe steht. Deshalb sollten Sie sich genau erkundigen, welche Mischung in dem Modell enthalten ist, das Sie sich ansehen.

Kaltschaum

Hochelastischer Polyether. Verfügt über eine bessere Elastizität als normaler Polyether (Schaumstoff). Kaltschaum und Polyether sind völlig allergieneutral. Anders als Polyether hat Kaltschaum eine größere und unregelmäßigere Zellstruktur, wodurch er ein Gewicht besser zurückfedern kann als reiner Polyether.

Schaumstoff/Polyether

Schaumstoff ist ein Oberbegriff für verschiedene Arten von weichen porösen Kunststoffen mit zellförmiger Struktur, vorwiegend für Polyether (Polyurethanschaum). Polyether ist mechanisch widerstandsfähig und hat eine federnde Wirkung. Produkte aus Polyether sind in der Regel sehr widerstandsfähig gegen Feuchtigkeit und Schweiß. Allerdings hat es eine geringe Reißfestigkeit und ist empfindlich gegen Sonnenlicht. Außerdem passt sich das Material den Bewegungen der Feder weniger gut an als zum Beispiel Latex.

Memory-Schaum

Ein viskoelastisches Material mit einer Zellstruktur aus 100 Prozent flexiblem Polyurethan, das Druck absorbiert. Es wurde 1991 von der Marke TEMPUR® auf den Markt gebracht. Seitdem haben viele Anbieter versucht, ähnliche Produkte zu entwickeln, die gemeinhin als »Memory Foam« bekannt sind, aber wie im Fall eines weltberühmten Erfrischungsgetränks gibt es nur ein Original. Wenn man sich hinlegt, wird das Material durch die Körperwärme weich, passt sich jeder Kurve an und stützt die Teile des Körpers, die es am meisten benötigen. So entsteht eine individuelle Druckentlastung für den Körper. Memory Foam muss immer auf einen belüfteten Unterbau gelegt werden, zum Beispiel auf einen Lattenrost oder ein entsprechendes Federkerngestell, damit die Luft darunter frei zirkulieren kann und sich keine Feuchtigkeit ansammelt. Da das Material hitzeempfindlich ist, sollten Sie keinen Matratzentopper verwenden, sondern die Laken direkt auf die Matratze aufziehen. Aus hygienischen Gründen werden jedoch (dünne) Matratzenschoner empfohlen. Aus demselben Grund sollten auch Heizdecken und/oder Wärmflaschen vermieden werden. Achtung! Lassen Sie Babys, Kleinkinder oder ältere Menschen nicht unbeaufsichtigt auf einer Memory-Foam-Matratze und/oder einem Kissen liegen, es sei denn, sie können sich problemlos selbst drehen.

Rosshaar

Rosshaar sind lange, grobe und ziemlich steife Haare, die entweder aus der Mähne und dem Schweif von Pferden oder aus dem Schwanz von Rindern stammen. Es ist ein hygroskopisches Material. Jede Strähne wirkt wie eine kleine Luftröhre: ein hohler Schlauch, der Feuchtigkeit ableiten und durch den frische Luft eindringen kann. Rosshaar ist sehr effektiv: Wenn man es in Wasser einweicht und ein wenig schüttelt, ist es fast sofort trocken.

Wolle

Die in Betten verwendete Wolle stammt in der Regel von Schafen. Es handelt sich um eine elastische Faser, wodurch sich ein großes Luftvolumen zwischen den Fasern ansammelt. Dies verleiht der Wolle ihre wärmeisolierenden Eigenschaften sowie ihre Flexibilität, Elastizität und Widerstandsfähigkeit. Wolle kann bis zu 30 Prozent ihres Eigengewichts an Wasser aufnehmen, ohne sich nass anzufühlen. Die beiden Symbole unten beziehen sich auf Wolle.

Naturfasern

Es gibt auch Matratzen, die ganz oder teilweise mit verschiedenen Arten von Naturfasern gepolstert sind, wie zum Beispiel Palmfasern, Sisal und Kokos. Kombiniert man Kokosfasern mit Naturkautschuk,

Wollsiegel (Schurwolle): Gibt an, dass es sich um neue, reine Wolle handelt, die bestimmte Qualitäts- und Reinheitsanforderungen erfüllt. Erlaubt die Beimischung von 5 Prozent anderer Materialien zu Dekorations- oder technischen Zwecken.

Wollgemisch-Siegel (Fasermischung): Gibt an, dass die Mischung mindestens 60 Prozent reine Schurwolle enthält. Die Fasermischung muss aufgeschlüsselt werden.

Wieder aufbereitete Wolle wird auch als Reißwolle bezeichnet und oft als Mischmaterial für neue Fasern verwendet.

erhält man Kokoskautschuk, ein elastisches Material, das den Körper stützt, aber federnd, elastisch und bequem ist.

Ist ein gutes Gewissen das beste Ruhekissen?

Es gibt nicht nur Matratzen, sondern auch Kopfkissen, die mit Alternativen zu erdölbasierten Produkten wie Polyesterwatte und Schaumstoff gefüllt sind. Die Füllung besteht beispielsweise aus Naturkautschuk/Naturlatex, Kamelwolle, Baumwolle, Lammwolle oder Dinkel- und Hirsekörnern, um nur ein paar Optionen zu nennen, die man an sein Gesicht lassen kann. Daran lohnt es sich zu denken, wenn man natürliche Materialien kaufen will!

Ein Eimer Schweiß pro Person und Nacht?

Haben Sie schon einmal darüber nachgedacht, dass der Körper nicht nur durch den Mund »atmet«? Jeder Mensch hat etwa sechs Millionen Poren, die rund um die Uhr atmen und Giftstoffe aus dem Körper ausscheiden. Es heißt, dass wir pro Nacht bis zu 1,5 Liter Schweiß absondern können. Um während der acht Stunden Schlaf trocken und bequem zu liegen, ist es daher sehr wichtig, dass die Luft um den

Körper zirkulieren kann. Ein synthetisches Kleidungsstück fühlt sich an einem heißen Sommertag klebrig und schweißtreibend auf der Haut an (im Gegensatz zu Baumwolle oder Leinen, die von Natur aus für Kühlung sorgen), und beim Stoff Ihres Bettes und der Bettwäsche ist das nicht anders. Das sollten Sie bei der Wahl der Matratze, der Kissenfüllung, der Bettwäsche und des Schlafanzugs bedenken. Zusätzlich kann man aus hygienischen Gründen zwischen Matratze und Bettlaken einen waschbaren Matratzenschoner verwenden.

Niemals ein feuchtes Bett beziehen

Natürliche Materialien sind biologisch abbaubar, sie können also wie Erde nach dem Gebrauch wieder dem natürlichen Kreislauf zugeführt werden. Eben weil sie natürlich sind, können die Materialien auch von Schimmel und Insekten befallen werden. Achten Sie also darauf, Feuchtigkeit nicht einzuschließen, sondern lassen Sie die Materialien erst einmal richtig austrocknen. Außerdem fühlen sich Milben in heißen und feuchten Umgebungen besonders wohl.

Matratzen

Untergestelle

Bei älteren Betten und einfacheren Modellen sollte man mit der Basis beginnen. Worauf sollte die Matratze aufliegen? Am gebräuchlichsten sind Holzgestelle mit Lattenrost, ältere Betten können aber auch mit Zickzackfedern, sogenannten Nosagfedern, Rosten aus Metallstreifen oder gelochten Holzscheiben oder Metallschienen versehen sein.

Rahmenlose Matratzen

Die einfachste Form eines Bettes ist eine rahmenlose Matratze, die direkt auf einem Bettgestell aufliegt. Meist bestehen sie aus Schaumstoff oder Latex (Kautschuk), es gibt sie aber auch mit Taschenfederkern und Memory-Schaum.

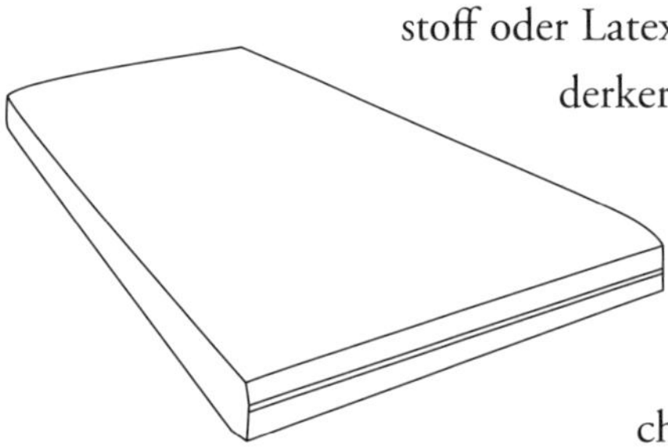

Auch Matratzen aus natürlichen Materialien kann man verwenden, bei denen der härtere Kern zum Beispiel aus Roggen-, Hanf-, Rosshaar- oder Kokosfasern besteht, mit einer weicheren Füllung aus Naturkautschuk, Baumwolle und/oder Wolle. Es ist wichtig, daran zu denken, dass auch bei organischen Materialien Rückstände in Form von Pestiziden und Ähnlichem enthalten sein können. Achten Sie (unabhängig vom Typ) deshalb darauf, dass die Matratze auf allergene Stoffe getestet und mit dem Öko-Siegel versehen ist.

Matratzentopper

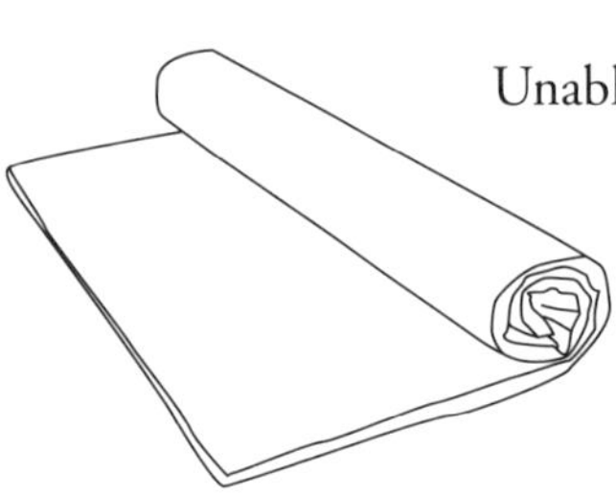

Unabhängig davon, für welches Bettmodell Sie sich entscheiden, ist es üblich, einen Matratzentopper zu verwenden. Diese sind in der Regel zwischen 3 und 5 Zentimeter dick und haben einen Kern aus Schaumstoff oder Latexmaterial (Gummi) und einen dünnen Bezug aus Fasermaterial. Der

Bezug ist oft gesteppt/genäht, aber es gibt auch abnehmbare Modelle, die in der Maschine gewaschen werden können. Es gilt die Empfehlung, den Bezug etwa alle fünf Jahre zu wechseln, wenn das Bett täglich benutzt wird. Regelmäßiges Wenden, Wringen und Lüften verringert das Risiko, dass der Topper nachgibt, und erhöht die Lebensdauer.

Boxspringbetten

Auch bekannt als »amerikanisches Bett«. Diese Art von Bett besteht aus einer Matratze und einer Federkernbox. Es ist möglich, die Beine direkt an der Federkernbox anzubringen oder diesen Unterbau in ein Bettgestell zu integrieren. Verschiedene Arten von Federn bieten unterschiedlich viel Druckentlastung. Amerikanische Betten beziehungsweise einfache Boxspringbetten sind in der Regel schmal und leicht, sodass sie einfacher zu transportieren und zu handhaben sind. Außerdem nehmen sie nicht so viel Platz ein und vermitteln in kleinen und beengten Schlafzimmern ein luftigeres Gefühl. Ein Lattenrost verlängert die Haltbarkeit und den Komfort einer Gummi-, Schaumstoff- oder Latexmatratze, indem er das Gewicht, mit dem das Bett belastet wird, aufnimmt und verteilt.

Bei Laboruntersuchungen werden nicht nur der Grad der Stützfunktion und die Festigkeit des Bettes geprüft. Ein Qualitätskriterium ist auch die Veränderung der Härte im Laufe der Zeit sowie durch

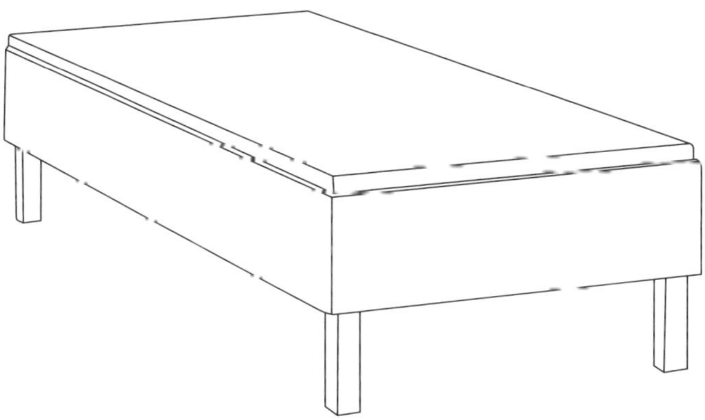

Erschütterungen (etwa, wenn kleine Kinder im Schlafzimmer Trampolin springen). Seien Sie jedoch kritisch gegenüber den Tests, die von den Bettenherstellern angeführt werden. Sind diese unabhängig oder wurden sie im Auftrag des Herstellers durchgeführt?

Kontinentalbetten beziehungsweise Skandinavische Boxspringbetten

Solch ein Bett besteht aus drei Schichten: dem Unterbau (der Federkernbox), der Obermatratze und dem Matratzentopper. Skandinavische Boxspringbetten sind also höher als die meisten anderen Boxspringbetten und benötigen daher etwas mehr Platz. Wenn die Raumgröße und die Proportionen es zulassen, erzeugt das einen Eindruck von Grandeur und Exklusivität. Der enorme praktische Vorteil ist, dass man den Härtegrad in den verschiedenen Teilen des Bettes unterschiedlich wählen kann. Das ist optimal bei einem Doppelbett für zwei Personen mit unterschiedlichen Komfortbedürfnissen oder wenn Ihr Körper unterschiedlich viel Entlastung benötigt.

Bei einigen Kontinentalbetten, bei denen die mittlere Matratze einen abnehmbaren Bezug hat, kann der Härtegrad später justiert werden, falls sich an Körper oder Lebensumständen etwas verändert.

Es ist ein weitverbreiteter Irrtum, dass es sich bei Kontinentalbetten immer um Doppelbetten handelt, es gibt sie nämlich auch als Einzel-

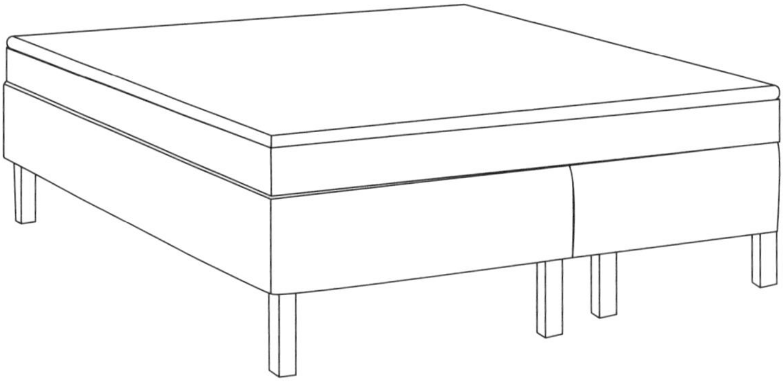

betten in einer Größe von 80 und 90 Zentimetern oder 105, 120 oder 140 Zentimeter breit.

Ein Doppelbett (160 bis 210 Zentimeter) kann so hergestellt werden, dass jede Seite eine andere Festigkeit hat und damit individuellen Komfort bietet – und das macht am Ende einen großen Unterschied.

- Kontinentalbetten in der Preisklasse bis etwa 2000 Euro haben in der Regel zwei »Kassetten« mit Federn, die sich unter einer durchgängigen Lage Stoff in der Zwischenmatratze verbergen. In diesem Fall hält der Hersteller vorgefertigte Kassetten bereit, die je nach dem vom Kunden gewählten Härtegrad schnell zusammengesetzt werden können. So sieht die Matratze oberflächlich betrachtet wie eine Einheit aus, aber es gibt immer noch eine Spalte (»Besucherritze«) zwischen den Kassetten.
- Bei Kontinentalbetten, die 2000 Euro oder mehr kosten, wird dagegen meist eine ganze Matratze mit dem vom Kunden gewünschten Härtegrad auf der jeweiligen Seite extra hergestellt. Dadurch fällt die verhasste harte Kante in der Mitte des Doppelbetts weg, die viele Menschen als störend empfinden, und genau das ist wahrscheinlich der größte Unterschied und die wichtigste Wasserscheide bei Kontinentalbetten: Man bekommt ein komplettes Doppelbett ohne Ritze, trotzdem aber die passende Festigkeit auf beiden Seiten. Und das Bett lässt sich auch in diesem Format durchs Treppenhaus oder in einem Aufzug transportieren, entgegen der landläufigen Meinung sind diese großen Kontinentalbetten nämlich leichter als Boxspringbetten, weil die große Matratze faltbar und flexibel ist.

TIPP!

Japanisch inspirierte Futonbetten (Shikibuton) mit einer Matratze auf einer niedrigen Holzkonstruktion tauchen immer häufiger in skandinavischen Einrichtungsmagazinen auf. Der Abstand vom Boden bis zum Bettgestell beträgt manchmal nur 20 Zentimeter. Hübsch, klar, aber passt das auch zu Ihrem Schlafzimmer und Ihrem Alltag?

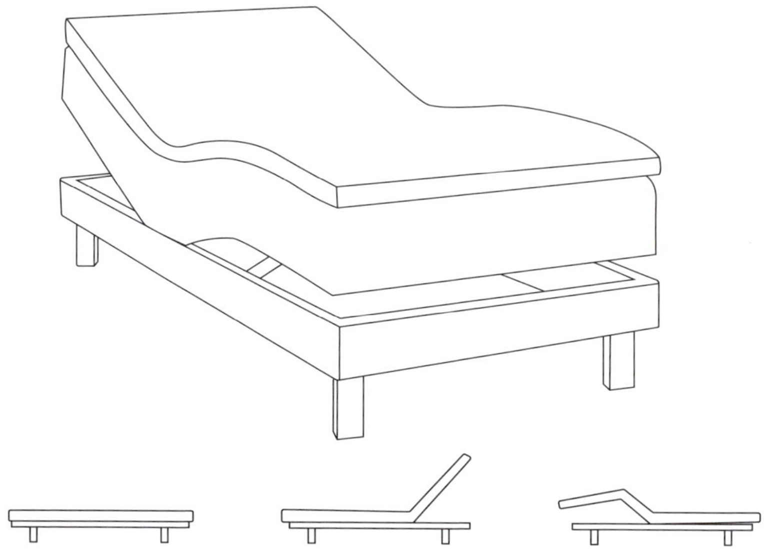

Verstellbare Betten

Bei einem verstellbaren Bett kann der Winkel mittels einer manuellen Steuerung oder einem Elektromotor samt Fernbedienung so justiert werden, dass Sie eine ergonomische Position einnehmen können. Da Kopf- und Fußende in der Höhe verstellt werden können, eignen sie sich hervorragend für alle, die unter Ischiasbeschwerden, Rückenschmerzen, Schnarchen oder Atemproblemen leiden oder aus anderen Gründen Schwierigkeiten haben, aus dem Bett aufzustehen.

Verstellbare Betten sind auch bei Menschen beliebt, die gerne im Schlafzimmer lesen oder fernsehen, weil sich das Bett so in ein flexibleres Möbelstück verwandelt, in dem man seine Position einfach und bequem verändern kann. Wegen der Quetschgefahr für Haustiere und kleine Kinder ist es wichtig, einen seriösen Anbieter und ein Modell

TIPP!

Wenn Sie zu zweit ein Doppelbett kaufen, liegen Sie am besten beide Probe und prüfen Sie, wie sich das Bett bewegt, wenn sich einer dreht oder aufsetzt. Wenn nämlich einer von Ihnen leicht wach wird, kann das ein Problem darstellen.

zu wählen, das nach Möbelfakta und internationalen Normen (EN und ISO) geprüft und zugelassen ist. Siehe die Tipp-Box auf Seite 99.

Wasserbetten

Dieses Bettmodell, das in den Achtziger- und Neunzigerjahren in Schweden seine Blütezeit hatte, ist auch heute noch beliebt. Bei den ersten Ausführungen gab es nur eine Kammer für das Wasser, was oft zu lästigen Gluckergeräuschen und kräftigen Wellenbewegungen führte, wenn sich jemand umdrehte. Heute sind Wasserbetten ausgereifter konstruiert und verfügen über wellenreduzierende Schichten. Zudem gibt es eine verstärkte Lendenwirbelstütze. Sogar die Matratzenüberzüge haben sich weiterentwickelt und sind jetzt in Versionen erhältlich, die frei von Phthalaten, Giftstoffen und Schwermetallen sind.

Da sich das Wasser an den Körper anpasst, gibt es in einem Wasserbett keine Druckstellen, und die Haltbarkeit ist in der Regel ausgezeichnet, da das Wasser im Gegensatz zu anderen Materialien seine Tragfähigkeit nicht verliert. Für einen optimalen Schlafkomfort ist die richtige Menge an Wasser im Bett wichtig. Um das Wasser frisch zu halten und das Wachstum von Algen, Mikroorganismen und Kalk zu verhindern, ist die Zugabe von Anti-Algen-Zusätzen notwendig. Heute gibt es nur noch biologisch abbaubare Mittel, die das Wachstum von Bakterien unterbinden, ohne der Natur zu schaden.

Normalerweise wird zwischen zwei verschiedenen Modellen unterschieden:

Hardside-Bett: Bei diesem Modell befindet sich die wassergefüllte Matratze in einem harten Holzgestell, daher der Name.
Softside-Bett: Dieses Modell passt in einen schon vorhandenen Bettrahmen, und die mit Wasser gefüllte Matratze wird durch weiche Schaumstoffkanten fixiert.

Ein großer Vorteil von Wasserbetten besteht darin, das Wasser zu erwärmen, was den Komfort erhöht, ein Nachteil hingegen ist, dass sich durch die dafür benötigte Heizung die Stromkosten erhöhen. Selbst wenn das Wasser nur ein paar Grad kälter ist als der Körper, wird die Oberfläche als kalt und ungemütlich empfunden.

Kopfteile

Wozu eigentlich ein Kopfteil oder einen Bettrahmen? Aus ästhetischer Sicht tragen sie dazu bei, das Schlafzimmer gemütlicher und komfortabler zu machen. Aus praktischer Sicht schützen sie die Wand zudem vor Flecken, Abdrücken und Stößen. Oder aber Sie, vor der Wand nämlich: Wenn Sie in einem Zimmer mit verputzten Wänden schlafen, sind diese unter Umständen ein ziemlich harter Gegner für einen menschlichen Arm. In einem älteren Haus können ein Kopfteil und ein Bettrahmen auch gegen eine kalte Außenwand schützen, in einem Neubau mit vielen harten Oberflächen und problematischer Akustik bieten sie zusätzliche Schalldämpfung.

An der Wand montiert oder am Bett befestigt? Fest oder frei stehend?

Ein Kopfteil kann entweder an der Wand oder am Bett befestigt oder aber an die Wand gelehnt und vom Bett fixiert werden. Ein an der Wand befestigtes Modell hat den Vorteil, dass es in der Regel als Rückenlehne stabiler ist – allerdings entstehen womöglich Lücken zwischen dem Kopfteil und der Matratze, wenn sich das Bett durch den Druck der im Bett sitzenden, sich zurücklehnenden Person verschiebt. Der Vorteil eines am Bett befestigten Kopfteils oder eines frei stehenden Modells besteht darin, dass es mehr Flexibilität bietet und es Ihnen ermöglicht, das Bett umzustellen oder zu reinigen, ohne das Kopfteil entfernen zu müssen. Der Nachteil ist, dass es zu Instabilität und Quietschen neigen kann.

Ein ausgezeichnetes Zubehör für frei stehende Kopfteile sind »Kopffüße«. Sie sorgen dafür, dass sich die Unterkante des Kopfteils vom

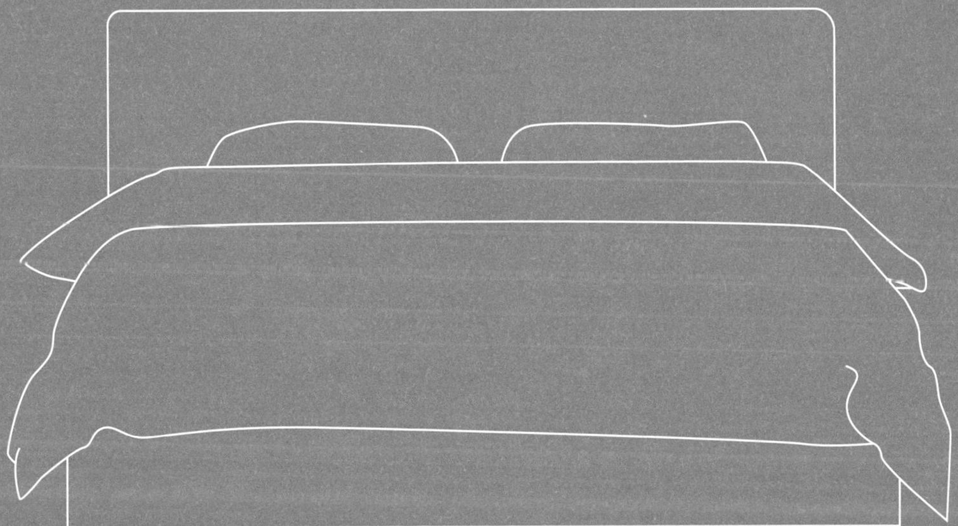

Boden abhebt und mit den Bettfüßen eine Linie bildet. Das Kopfteil ragt dann über die Fußleiste hinaus, was bedeutet, dass es nicht gegen die Wand »kippelt«, weil es ein paar Millimeter über der Leiste steht. Außerdem ist es so an einem hohen Bett oder hinter Kissen sichtbar. Bei besseren Bettenanbietern sind solche Füße beim Kauf von Kopfteilen oft im Lieferumfang inbegriffen, sie werden aber auch separat verkauft.

Sitzen Sie oft im Bett?

Meiner Meinung nach sollte man sein Bett nicht nur nach dem Schlafkomfort und den Schlafgewohnheiten auswählen, sondern auch danach, wie man das Bett generell nutzt, und zwar nicht nur abends und nachts, sondern auch tagsüber. Viele Menschen lesen gerne im Bett, andere lehnen sich beim Fernsehen oder Surfen mit Tablet und Handy gerne an das Kopfteil. Wenn Sie hingegen das Bett nur zum Schlafen nutzen, haben Sie mehr Freiheiten bei der Wahl des Materials, der Verarbeitung und der Form des Betthauptes. Dann spielt es keine Rolle, ob das Kopfteil Hohlräume hat, aus einem empfindlichen Material besteht oder dekorative Elemente aufweist, die es als Rückenlehne untauglich machen.

Ihre Rückenhöhe und die Höhe der Matratze?

Zwei wichtige Kriterien für die Auswahl eines Kopfteils sind der Abstand zwischen Boden und Bett beziehungsweise Matratze, aber auch Ihre Größe, wenn Sie sitzen. Ein zu niedriges Kopfteil sieht man nicht, und es bietet Ihnen beim Sitzen im Bett nicht die nötige Unterstützung für den Rücken. Da Kontinentalbetten so viel höher sind als herkömmliche Betten, wird für sie häufig ein höheres Kopfteil benötigt, damit es sich abhebt, zumindest, wenn es am Boden oder am Bett montiert ist. Ein an der Wand montiertes Modell lässt Ihnen dagegen mehr Freiheit, es in jeder beliebigen Höhe anzubringen. Vergessen Sie dabei nicht, auch die Größe und Proportionen des Raumes zu berücksichtigen.

Formen und Linien

Je nach bevorzugtem Stil und Form stehen Ihnen viele verschiedene Kopfteile zur Auswahl. Hier sind einige gängige Kopfteilmodelle und ihre Bezeichnungen.

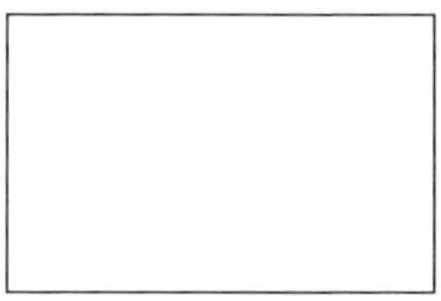
Rechteckig

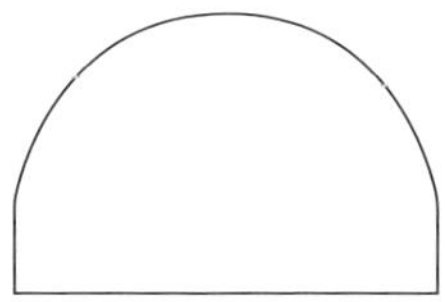
Gewölbt

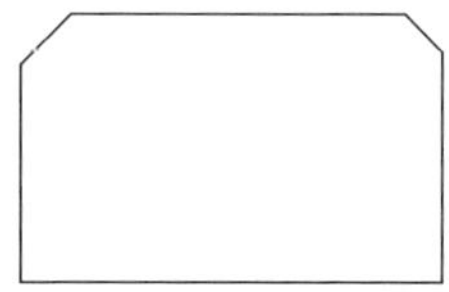
Cutaway, gerade Ecken

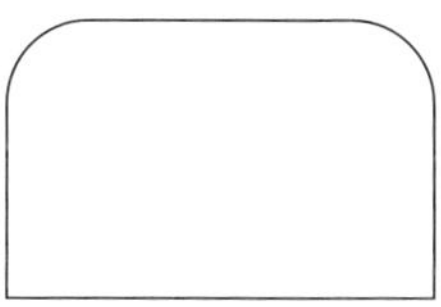
Rechteckig, abgerundete Ecken

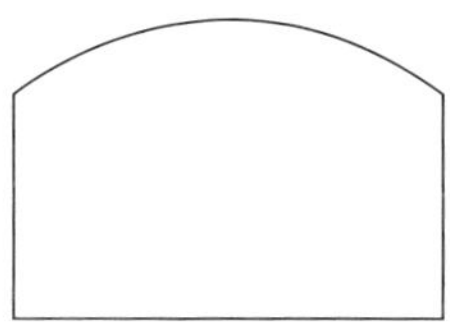
Abgerundet

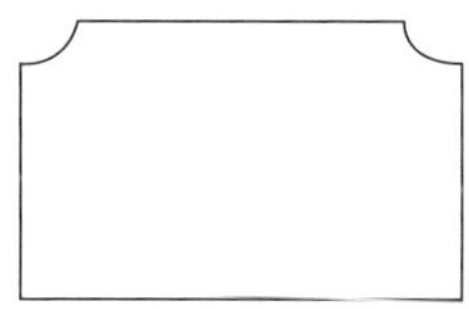
Cutaway, abgerundete Ecken

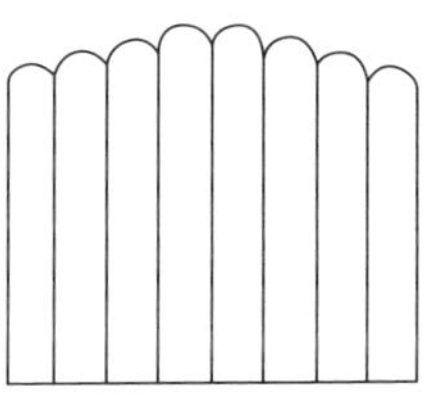
Fingerförmig

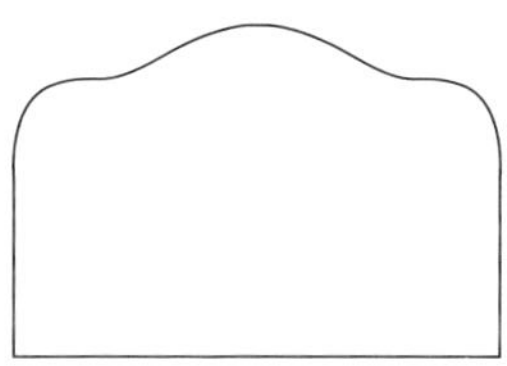
Eselsrücken

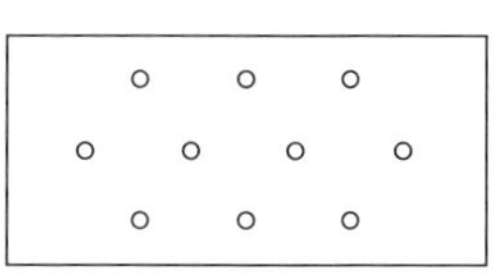
Knöpfe

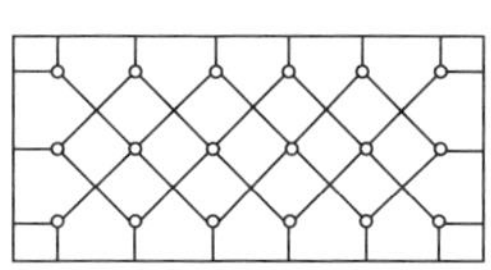
Gestepptes Rautenmuster

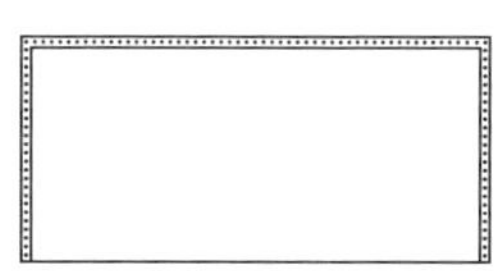
Genietete Umrandung

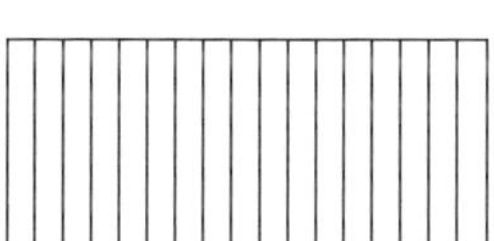
Vertikal

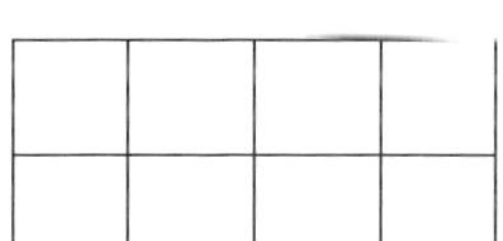
Kariert

Gepolsterte Kopfteile

Die Art der Gestaltung und Befestigung des Bezugs eines gepolsterten Kopfteils wirkt sich nicht nur auf sein Aussehen, sondern auch auf seinen Komfort aus. Entscheidend ist hier natürlich Ihr persönlicher Geschmack, aber auch, wie Sie das Kopfteil verwenden wollen.

Glatte Bezüge

Die einfachste Form eines gepolsterten Kopfteils hat einen leicht abnehmbaren Bezug, der einfach zu waschen oder zu wechseln ist, wenn man die Farbe ändern möchte. Wenn Sie sich für ein Modell aus Leinen entscheiden, verzeiht das Material Ihnen sehr viele Falten und eventuelle Flecken sind weniger sichtbar.

Knöpfe und Tufting

In einfacher Ausführung stabilisieren die Knöpfe die Füllung von außen.

Tufting wird an der Unterseite des Kopfteils angebracht, wodurch sich ein dreidimensionales Muster ergibt: Das Polster erhält dadurch eine Unregelmäßigkeit, die je nach Härte des Materials und der Anzahl der verwendeten Knöpfe variiert und beim Anlehnen mehr oder weniger angenehm ist.

TIPP!

Das Kopfteil sollte etwas breiter sein als die Breite des Bettes. Daunendecken, Kissen und Überwürfe stehen oft etwas seitlich über. Berücksichtigen Sie das, sonst wirkt das Kopfteil schnell zu klein.

Genietete Umrandung

An der Außenkante des Kopfteils befinden sich metallene Möbelnägel und Noppen (die eingewickelt wie Nieten aussehen).

Harte Kopfteile

Als Alternative zu den beliebten gepolsterten Kopfteilen möchte ich Ihnen Modelle aus Holz, Stahl und Eisen schmackhaft machen. Harte und zeitlose Materialien, die leichter zu reinigen und sauber zu halten (und milben- und staubfrei!) sind. Außerdem gehen sie nicht so leicht kaputt und haben in der Regel einen höheren Wiederverkaufswert.

Etagenbetten

In manchen Zimmern, aber auch in verschiedenen Lebensabschnitten, werden andere Arten von Betten benötigt als die bisher besprochenen, zum Beispiel für Kinder oder Übernachtungsgäste. Hier sind einige wichtige Tipps, die Sie bei der Suche nach solchen Lösungen beachten sollten.

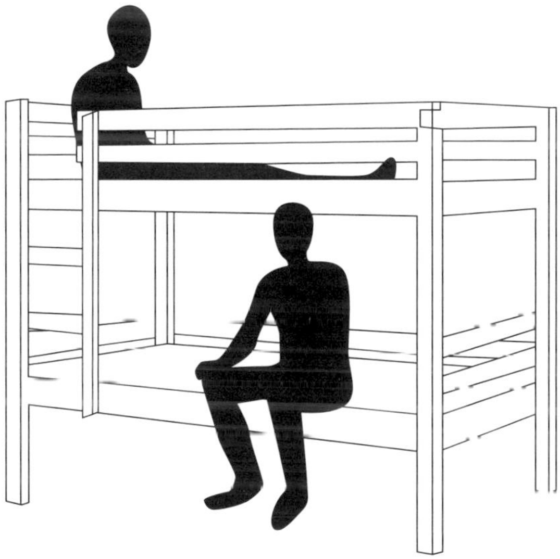

Etagen- und Hochbetten

Ein Etagenbett besteht normalerweise aus zwei (oder mehr) Einzelbetten übereinander. Eine wichtige Faustregel für dieses Möbelstück ist, dass man sich unten hinsetzen können sollte, ohne mit dem Kopf an das obere Bett zu stoßen.

Aus demselben Grund ist es auch wichtig zu prüfen, wie groß der Abstand des oberen Bettes zur Decke ist. Auch wenn das Bett richtig konstruiert ist, kann sich der Benutzer den Kopf stoßen, wenn er sich im Schlaf aufsetzt.

Bei Etagenbetten mit Leitern sollte die Leiter beweglich sein, damit sie an verschiedenen Seiten der Längsseite angebracht werden kann. Das schafft Flexibilität, wenn man irgendwann renovieren oder in eine neue Wohnung umziehen möchte. Beachten Sie auch, dass manche Hersteller nicht das gesamte Etagenbett lackieren. In einigen Fällen werden die Flächen, die von der Matratze oder der Rückseite des Bettes bedeckt werden, nicht lackiert – die sieht man zwar nicht, wenn man das Bett von vorn anschaut, aber vielleicht, wenn man sich hineinlegt oder sich dafür entscheidet, das Bett ganz oder teilweise frei stehend im Raum aufzustellen.

Familienbetten

Darunter versteht man normalerweise ein Etagenbett, bei dem das untere Bett breiter ist und Platz für zwei Personen bietet. Es ist ein beliebtes Modell in Kinderzimmern, in denen ein Erwachsener neben den Kindern liegen und ihnen Geschichten vorlesen, sie in den Schlaf wiegen oder gemeinsam mit ihnen schlafen möchte. Gebräuchlich sind

WUSSTEN SIE, DASS …?

Nach den EU-Sicherheitsvorschriften dürfen Kinder unter 6 Jahren nicht in der oberen Koje eines Etagenbettes schlafen.

sie zudem in Wochenend- und Ferienhäusern, in denen mehr Betten auf kleinem Raum untergebracht werden sollen. Wie bei einem Etagenbett ist es wichtig, ein Bett zu nehmen, das so konstruiert ist, dass man sich aufsetzen kann, ohne mit dem Kopf an das obere Bett zu stoßen. Überprüfen Sie die Ausführung nach denselben Prinzipien wie bei Hoch- und Etagenbetten, um Stürze zu vermeiden.

WORAUF ES BEI HOCH- UND ETAGENBETTEN ZU ACHTEN GILT

- Der Bettunterbau sollte der normalen Abnutzung standhalten.
- Im Lattenrost des oberen Bettes dürfen keine losen Latten sein, die sich verschieben lassen, wodurch die Gefahr besteht, sich einzuklemmen, durch den Lattenrost zu treten oder dazwischen hindurchzufallen. Deshalb sollten die Latten an einem Gurt vernietet sein.
- Befindet sich die Absturzsicherung in der richtigen Höhe und haben die Schutzplanken den richtigen Abstand, damit Kinder nicht eingeklemmt werden, stecken bleiben oder aus Öffnungen herausrutschen und hängen bleiben können? Wie gut halten die Absturzsicherungen statischer Belastung und Druck stand? Wirken sie stabil? Achten Sie auch darauf, dass die Matratze im oberen Bett nicht zu hoch ist, sonst ist der Fallschutz wirkungslos.
- Wie sieht es mit der Befestigung des oberen Bettteils am unteren aus? Das wirkt sich auf die Stabilität der Konstruktion aus. Außerdem ist es wichtig, dass das obere Bett nicht mit geringer Kraft vom unteren Bett hochgedrückt werden kann und herunterfällt.
- Achten Sie darauf, dass die Leiter an der langen Seite angebracht ist, den richtigen Sprossenabstand hat und nicht rutschig ist, vor allem, wenn das Bett in einem Kinderzimmer stehen soll.
- Ein Etagenbett mit überstehenden Eckpfosten kann ein Risiko darstellen, weil man daran womöglich mit der Kleidung hängen bleibt und stürzt oder sich stranguliert.
- Gibt es Teile oder Klappmechanismen, in denen man sich die Finger einklemmen kann?

Quelle: Konsumentverket (Schwedische Verbraucherzentrale).

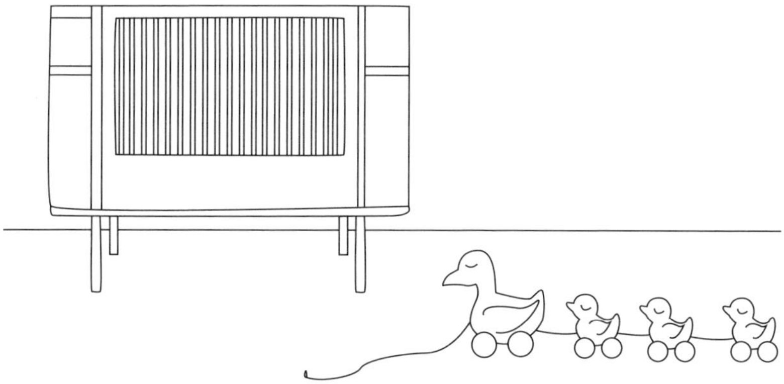

Kinderbetten

Gitterbetten

Kleine Kinder schlafen sehr unterschiedlich, aber für die ersten 24 Monate ist ein Gitterbett meist eine gute Wahl. Bei der Wahl eines Gitterbettes gibt es ein paar Dinge zu beachten.

Bevor Sie sich in die Vorstellung eines bestimmten Modells verlieben oder sich von den wunderbaren »Inspo-Fotos« eines bestimmten Looks inspirieren lassen, möchte ich betonen, wie unerlässlich es ist, an das Wohl des Kindes zu denken. Es gibt nichts Wichtigeres, als dass Sie und Ihr Kind nachts sicher und gut schlafen. Gerade wenn man das erste Mal schwanger ist, verliert man sich leicht in der Vorstellung, wie das Kinderzimmer aussehen soll. Aber ich verspreche Ihnen, dass Sie neue Prioritäten setzen und Details sehen werden, an die Sie vorher vielleicht nicht gedacht haben, sobald das Baby da ist. Zuallererst sollten Sie also an die Sicherheit denken.

Die Breite und Position der Latten

Nicht ohne Grund werden Kinderbetten mit einem Mindestabstand zwischen den Latten konstruiert, um Kopf und Körperteile der Kinder zu schützen, die bei jeder sich bietenden Gelegenheit versuchen, sich zwischen den Latten durchzuzwängen. Informieren Sie sich über die derzeit aktuellen Vorschriften an Ihrem Wohnort.

Höhe des Bettes

Die Seitenteile eines Kinderbettes dürfen nicht zu niedrig sein, damit das Kind nicht aus dem Bett klettern kann. Als ich frischgebackene Mutter war, erzählten mir viele Leute von der »Freundin einer Freundin«, deren Kind aus dem Bett geklettert war und sich eine Verletzung fürs Leben zugezogen hatte. Ob nun moderner Mythos oder nicht, dieses Risiko will niemand eingehen. Die gängige Empfehlung im Jahr 2022 ist eine Mindesthöhe von 60 Zentimetern (davon mindestens 50 Zentimeter von der Oberseite der Matratze), aber überprüfen Sie genau, welche Regelung an Ihrem Wohnort gilt, und halten Sie sich immer an die amtlichen Informationen zur Kindersicherheit.

Anheben und Absenken der Matratzen

Viele Kinderbetten sind mit mehrstufig verstellbaren Matratzen ausgestattet. Das ist ideal in der ersten Zeit, bevor das Kind stehen kann und laufen lernt. Sobald Sie aber feststellen, dass Ihr Kind dazu neigt, sich hochzuziehen oder aufzustehen, sollte der Lattenrost des Bettes so angepasst werden, dass Ihr Kind nicht herausfallen kann. Überprüfen Sie, in wie vielen Positionen Sie die Matratze je nach Bedarf anheben und absenken können. Außerdem ist es wichtig, dass der Lattenrost eng ist (mit maximal 25 Millimeter großen Spalten), damit kein kleiner Fuß hindurchpasst, stabil ist, nicht klappert oder sich löst.

Modelle mit Rollen

Kinderbetten mit Rollen bieten mehr Flexibilität. Während der Schwangerschaft wissen Sie ja noch nicht, wie nähebedürftig Ihr Kind sein wird, aber manche Babys können nur schwer einschlafen, wenn sie sich in einem anderen Raum befinden. In diesem Fall bietet ein

Kinderbett mit Rollen den Eltern mehr Bewegungsfreiheit, vor allem tagsüber. Vergewissern Sie sich, dass die Rollen feststellbar sind und die Arretierung sich mit einer einfachen Fußbewegung bedienen lässt. Denn als Elternteil werden Sie ohnehin alle Hände voll zu tun haben. Für die Nutzung eines mobilen Kinderbettes müssen auch die Maße stimmen, damit es durch die Zimmertüren und Durchgänge in Ihrer Wohnung passt. Möglicherweise versperrt den ein oder anderen Durchgang eine Kommode und ein anderes sperriges Möbelstück. Bevor Sie sich für ein Kinderbett entscheiden, sollten Sie zumindest die Maße der Räume in Ihrer Wohnung noch einmal überprüfen.

Häufige Beschwerden über Kinderbetten

- Das Bett ist zu niedrig, man kann das Baby nur mit Mühe herausheben.
- Die Konstruktion wirkt nicht stabil. Das Bett schaukelt und wackelt, wenn das Kind nach den Bettpfosten greift und daran rüttelt.
- Das Bett oder die Latten sind zu glatt und gerade, sodass es schwierig ist, den Bettkantenschutz richtig zu befestigen.
- Der Aufbau des Bettes ist kompliziert und zeitaufwendig. Das gilt insbesondere für Reisebetten.
- Das Bett klappert. Betrifft vorwiegend Betten mit schützenden Plastikteilen aus Kunststoff an den Gittern.

WARNUNG!

Stoffhimmel über Kinderbetten sind inzwischen sehr beliebt, und das Internet ist voll davon. Allerdings gibt es für viele eine Altersbeschränkung – aus gutem Grund. Es besteht Erstickungsgefahr, wenn sich Ihr Kind an dem Stoff festhält! Im Schlaf kann es sich leicht darin verheddern. Nur weil »alle anderen« es so machen, heißt das noch lange nicht, dass es auch sicher ist.

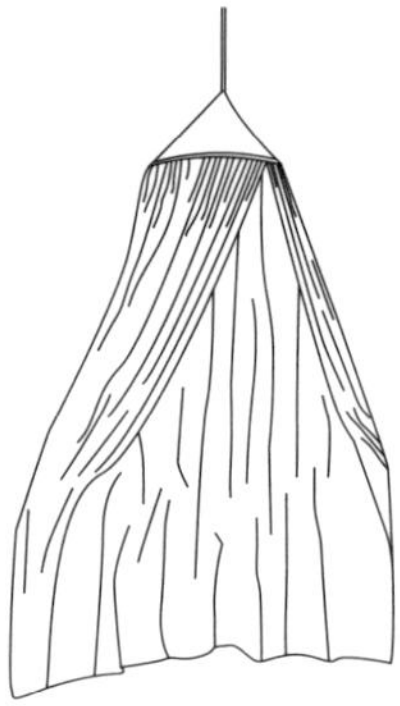

SICHERHEITSTIPPS FÜR GITTERBETTEN

Beim Kauf eines gebrauchten Kinderbettes sollten Sie unbedingt darauf achten, dass der Abstand zwischen den Gitterstäben zwischen 45 und 65 Millimetern beträgt. Ein solcher Abstand ist wichtig, damit sich kleine Kinder nicht mit den Füßen zwischen die Gitterstäbe quetschen und Gefahr laufen, stecken zu bleiben und zu ersticken. Außerdem sollten Kinderbetten keine hervorstehenden Teile haben, an denen sich die Kleidung des Kindes verfangen kann, sonst besteht das Risiko der Strangulation.

- Vergewissern Sie sich, dass das Bett mindestens 50 Zentimeter tief ist, der Abstand zwischen der Oberseite der Matratze und der Oberseite der Lattenroste also groß genug ist, um ein Herausfallen des Kindes zu verhindern.
- Reicht die von Ihnen für das Bett vorgesehene Matratze bis zu den Seiten des Bettes? Das ist wichtig, damit keine Lücke entsteht, in die das Kind das Köpfchen hineinstecken kann.
- Haben Sie vor, ein älteres Gitterbett zu kaufen, das neu gestrichen wurde? Erkundigen Sie sich immer, welche Farbe verwendet wurde. Kinder nagen und beißen, wenn sie ihre Umgebung erkunden, und sollen schließlich keine Farbreste in den Mund bekommen, die schädliche Stoffe enthalten. Mein jüngster Sohn muss in seinem früheren Leben ein Biber gewesen sein. Viele der Möbel in unserem Haus tragen die Nagespuren seiner wilden Phase beim Zahnen. Natürlich kann man Kinder nicht vor allem schützen, aber die Farbe des Bettes, in dem sie die meiste Zeit verbringen, ist vermutlich noch am einfachsten zu kontrollieren.
- Wenn das Kind über 85 Zentimeter groß oder motorisch ausreichend entwickelt ist, um sich so weit zu recken, ist es ratsam, die lange Seite des Kinderbettes zu entfernen oder das Modell zu wechseln.
- Vorsicht bei Spielzeug und anderen Dingen, auf die das Kind im Kinderbett klettern kann. Ich habe damit einige Erfahrung, denn ich habe einen kleinen Entfesselungskünstler am Busen genährt (einfallsreicher als Houdini!).

Quelle: Hallå konsument

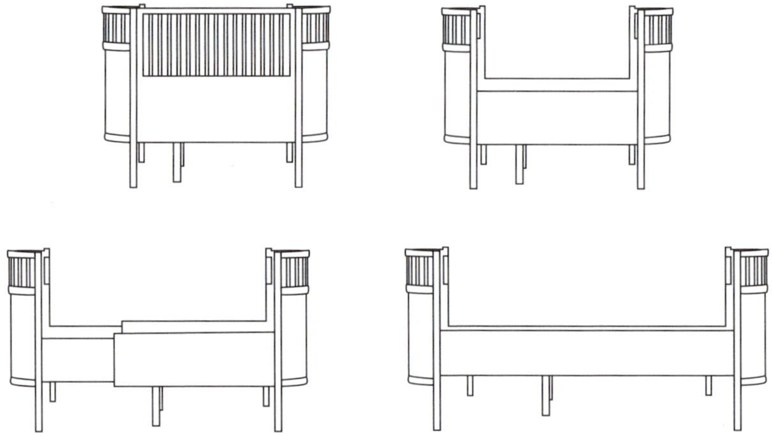

Mitwachsende Kinderbetten

Wenn Sie bei der Anschaffung eines Kinderbettes längerfristig denken wollen, bietet sich vielleicht ein mitwachsendes Bett an, eine Ausführung also, die während des Wachstums des Kindes erweitert werden kann. Diese kosten in der Regel etwas mehr, sind ihren Preis aber oft wert, da sie das Kind über einen längeren Zeitraum begleiten und aufgrund der größeren Zielgruppe auch einen höheren Wiederverkaufswert haben. Ein häufig vernachlässigter Kostenfaktor beim Preisvergleich ist die Matratze. Da das Kind in verschiedenen Altersstufen je nach Körpergröße unterschiedliche Matratzen benötigt, empfiehlt es sich, zu prüfen, inwiefern der Hersteller dies bedacht hat. Lässt sich die Matratze mit Einlagen verlängern oder muss sie in bestimmten Intervallen komplett ausgetauscht werden? Was kostet dieses Zubehör?

TIPP!

Wer ein »Biber-Baby« hat, sollte bei der Auswahl eines Wachstumsbetts besonders auf der Hut sein. In diesem Fall sind die Anforderungen an die Oberfläche und die Qualität nämlich umso höher, da derselbe Bettrahmen das Kind vom ersten Zahnen bis zum Verlust der Milchzähne begleiten wird.

Schlafsofas

Ob Sie nun ein Sofa brauchen, das als zusätzliches Bett dienen kann, oder ein Bett, das sich auch in ein Sofa umwandeln lässt, das Schlafsofa ist in jedem Fall ein Kompromiss-Möbelstück. Es bietet zwei Funktionen in einem, aber selten den gleichen Komfort. Deshalb ist es gut, wenn man sich darüber im Klaren ist, was wichtiger ist: Schlafkomfort oder Sitzen? Schlafsofas nutzen sich oft an anderen Stellen und auf andere Weise ab als normale Sofas, wodurch es umso wichtiger ist, dass man die Polsterung problemlos auffrischen kann.

Wird das Schlafsofa als Zusatzbett für ältere Gäste genutzt? Bei Ausführungen, die man längs ausziehen kann (bei denen sich also die Kopfkissen auf einer Linie mit der Sitzfläche befinden), ist es für zwei Erwachsene einfach, von beiden Seiten ins Bett zu steigen, hier braucht man nicht über den Schlafplatz des anderen zu klettern. Wählen Sie ein Schlafsofa, dessen Schlafhöhe normal hoch oder höher ist.

- Bettsofa (*sofa bed*)
- Schlafsofa (*sleeper*)
- Ausziehbetten
- Futon-Sofas
- Chaiselongues/Tagesbetten
- Schlafsessel

Häufige Beschwerden über Betten

- Die Farbe der Matratze/des Kopfteils stimmt nicht mit dem Foto im Onlineshop überein. Das kommt am häufigsten bei hellen Polstern vor (grau, beige, weiß und grün).
- Das Bett roch bei der Lieferung schlecht oder stark nach Chemie.
- Die oberste Matratze (Topper) rollt sich trotz großer Laken an den Rändern auf.
- Die Matratze rutscht auf dem Unterbau (Lattenrost). Lässt sich mit Antirutschmatten beheben.
- Die Maße stimmen nicht mit den Maßen in der Produktbeschrei-

bung überein. Bitte vergessen Sie nicht, die Toleranzen des Lieferanten zu überprüfen. Ein Bett ist selten immer auf den Millimeter genau, aber je nach Hersteller gibt es unterschiedliche Abweichungen.

7

Materialien

Es ist nicht nur der Optik wegen wichtig, aus welchem Material die Möbel bestehen, die wir kaufen und benutzen. Ein schöner Stuhl ist oft unbequem, wenn das Material dem Körper nicht genauso schmeichelt wie den Augen. Ein funktional optimiertes Möbelstück wirkt schlecht durchdacht, wenn es nicht auch ein gewisses Maß an Sinnlichkeit bei der Wahl der Materialien und der Verarbeitung aufweist. Und wenn der Hersteller bei den Rohstoffen geknausert hat, gehen die Vorteile des Designs unter Umständen völlig verloren. In diesem Abschnitt sehen wir uns die in der Möbel- und Innenraumgestaltung häufig verwendeten Materialien und Qualitäten an.

Holz

Es gibt Zehntausende verschiedene Baumarten auf der ganzen Welt. Die Eigenschaften variieren je nach Holzart, aber auch von Baum zu Baum. Sogar ein und derselbe Baumstamm kann unterschiedliche Eigenschaften haben, je nachdem, unter welchen Bedingungen er gewachsen ist und aus welchen Teilen des Stammes das Holz stammt. Und doch werfen wir Holz allzu oft in einen Topf. Das ist so, als würde man sagen: »Das Gericht wird aus Fleisch zubereitet.« Aus welchem denn? Rindfleisch, Schweinefleisch, Geflügel?

Unterschiedliche Qualitäten kennen

Wenn es ums Kochen geht, haben die meisten ein gewisses Grundwissen erworben, um gute von schlechten Qualitäten zu unterscheiden. Aber Hand aufs Herz – sind Sie in der Lage, ein gutes oder schlechtes Stück Holz genauso gut zu erkennen wie ein (um mal bei unserem Bild zu bleiben) gutes oder schlechtes Stück Fleisch? Wie oft hat man Ihnen in der Schule ein Diagramm der verwertbaren Teilstücke eines Baums gezeigt? Für mich war es eine atemraubende Erkenntnis, dass auch ein Baumstamm Filetstücke und weniger feine Teile hat, die sich besser für *pyttipanna* (eine Art Bauernfrühstück) eignen. Wie beim Fleisch ist es beim Aufteilen des Baumstamms wichtig, die Muskeln zu berücksichtigen, wenngleich in der Holzsprache von Faserrichtung, Ästen, Jahresringen und Feuchtigkeitsgehalt die Rede ist. Selbst bei dem, was wir gemeinhin als »Massivholz« bezeichnen, gibt es eine große Palette von besser und schlechter. Unter welchen Umständen ist der Baum aufgewachsen? Welche Nährstoffe hat er erhalten? Wurde er ungewöhnlichen Belastungen ausgesetzt? Wie wurde er geschlagen, getrocknet, gesägt (»zerlegt«) und weiterverarbeitet? Welche Teile wurden aus dem Baumstamm ausgewählt? Ein wenig flapsig könnte man Spanplatten als das Äquivalent zu Hackfleisch in der Einrichtungsbranche bezeichnen. Manchmal ist es das am besten geeignete Material, in anderen Fällen wiederum eine Möglichkeit,

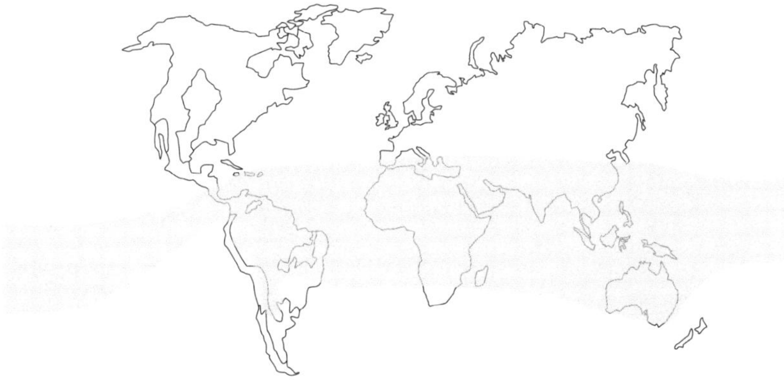

Denken Sie einmal darüber nach, woher das Holz Ihrer Möbel stammt. Genau wie bei Lebensmitteln können die Rohstoffe für Ihre Möbel aus der Region kommen, je nachdem, wo Sie wohnen, aber auch, wo sich die Fabriken und Tischlereien befinden, die die verschiedenen Bestandteile verarbeitet haben. Tropenhölzer, die in Regenwäldern geschlagen werden, wachsen zum Beispiel ausschließlich auf der Südhalbkugel.

Geld zu sparen. In diesem Abschnitt möchte ich einfache Materialgrundlagen erklären, die Ihnen helfen, besser informierte Entscheidungen über Möbel und Einrichtungsgegenstände zu treffen.

Holz aus der näheren oder der (welt-)weiten Umgebung?

Wer sich möglichst umweltbewusst verhalten will, kauft in der Regel Rohmaterial aus der Region, um lange Transportwege zu vermeiden. Überraschenderweise bevorzugt derjenige, der gerne Lebensmittel aus der Region kauft, oft Möbel aus exotischem und langsam wachsendem Holz von der anderen Seite der Welt. Vielleicht ist das ein Denkanstoß für Sie, falls Sie sich für eine bestimmte Holzart begeistern, die nicht in der Nähe Ihres Wohnortes oder der Holzfabrik wächst. Es sei auch darauf hingewiesen, dass einige Tropenhölzer, selbst wenn sie erneuerbar sind und in zertifizierten Wäldern geschlagen werden, mitunter mehrere hundert Jahre brauchen, um zu wachsen.

Hygroskopisches Material

Sicher haben Sie schon einmal davon gehört, dass Holz ein lebendiges Material ist, das arbeitet. Aber das bedeutet natürlich nicht, dass die Möbel eines Tages aufstehen und zur Tür hinausgehen, sondern dass Holz ein hygroskopisches Material ist, das ständig schwindet und quillt, um sich an das umgebende Klima, also an die relative Luftfeuchtigkeit und die Raumtemperatur, anzupassen. Deshalb verändern sich in Innenräumen beispielsweise verlegte Holzböden je nach Jahreszeit. Im Sommer, wenn die Luftfeuchtigkeit höher ist, quellen sie oft etwas auf, und im Winter, wenn die Luft trockener ist, schwinden sie. Deshalb ist es wichtig, bei der Verlegung genügend Spiel zu lassen, damit sich das Holz beim Aufquellen nicht verzieht. Ähnlich verhält es sich bei Möbeln. Erfahrene Tischler haben damit viel Erfahrung, weniger erfahrene wissen nicht immer, wie man das richtig handhabt.

Auch der Ort, an dem die Möbel stehen, beeinflusst das Holz maßgeblich. So verhält sich das Material unterschiedlich, etwa wenn die Möbel zum Beispiel sehr nah an einem Heizkörper stehen oder in einem Wintergarten, der nicht das ganze Jahr über beheizt wird, oder in einem feuchten Badezimmer.

Folgende Schäden können an Holzmöbeln auftreten, die großen Veränderungen des Raumklimas ausgesetzt sind:

- es entstehen Risse
- das Holz quillt auf
- das Holz zieht sich zusammen
- das Furnier bekommt Blasen
- das Furnier löst sich/splittert ab
- das Furnier bekommt Risse
- es entstehen Farbrisse
- das Holz knarrt
- die Farbe verändert sich
- das Holz verzieht sich

Quelle: SNIRI

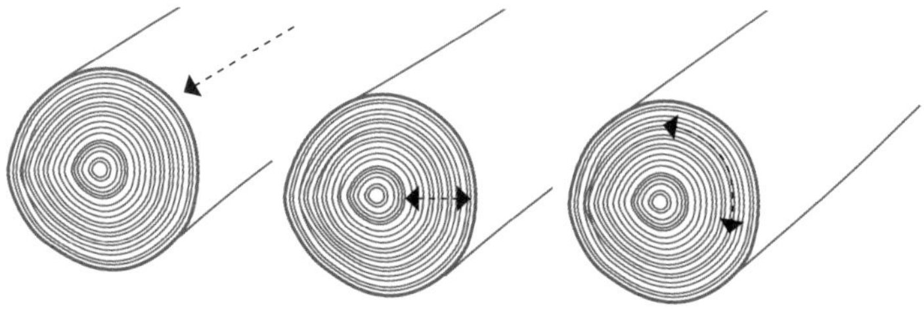

Axial, entlang des Stammes

Radial, von der Rinde zur Mitte hin (Mark)

Tangential, entlang der Jahresringe

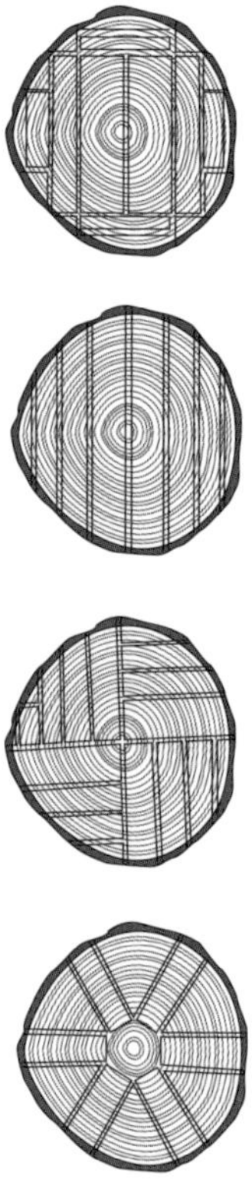

Welches Holz wofür?

Holz quillt und schwindet entsprechend der Luftfeuchtigkeit: Wenn die Luft feucht ist, quillt es auf, ist sie trockener, zieht es sich zusammen. Je nach Richtung des Holzes wird der Werkstoff unterschiedlich beeinflusst. Axial, radial und tangential. Tangential quillt und schwindet das Holz am stärksten, fast doppelt so stark, wie wenn es radial ist. Bei axialer Richtung verändert es sich fast gar nicht.

Das Verhältnis des Zuschnitts der Holzstücke zu den Jahresringen beeinflusst die technische Qualität des Holzes und das Muster (die Textur). Dickere Holzstücke verformen sich beim Schwinden und Aufquellen zudem tendenziell mehr als dünnere. All diese Aspekte sind wichtig und zu berücksichtigen, um die Bewegung im fertigen Möbelstück zu minimieren.

Holz mit stehenden Jahresringen behält meist seine Form auch bei Feuchtigkeitsschwankungen. Bei einer solchen Tischplatte kann eine Rissbildung fast ausgeschlossen werden.

Ein Brett mit horizontalen Jahresringen im Hirnholz ist dagegen

Der Schnitt des Holzes im Verhältnis zu den Jahresringen beeinflusst sowohl das Muster als auch die Art und Weise, wie sich die Form verändert.

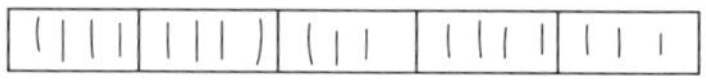

Eine Tischplatte mit stehenden Jahresringen im Hirnholz (den quer zur Längsachse/Faserrichtung geschnittenen Flächen) ist formstabiler.

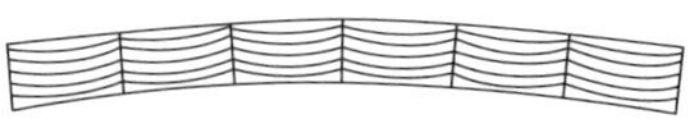

Eine Tischplatte mit horizontalen Jahresringen im Hirnholz ist weniger formstabil.

weniger formstabil, und die Bewegung in der Breite sowie die Gefahr, dass sich das Brett verzieht, nehmen zu.

Alle diese Faktoren sind bei der Wahl der Werkstücke für den Möbelbau zu berücksichtigen. Ansonsten steigt das Risiko von Rissen und Schäden. In diesem Punkt unterscheiden sich erfahrene Möbelhersteller von weniger sorgfältigen.

Außerdem ist Holz unterschiedlich widerstandsfähig. Entlang der Fasern in Längsrichtung des Stammes ist es wesentlich stärker als senkrecht, quer zu den Fasern. Kurzfaserige Hölzer sind bruchempfindlicher als langfaserige.

Findiger Feinschliff für beste Voraussetzungen

Um ein Verziehen größerer Massivholztischplatten zu vermeiden, wird oft eine Gratleiste unter der Platte angebracht, die sie gerade hält. In der Regel handelt es sich dabei um die kurze Kante der Tischplatte.

Bei der Verwendung von tangentialem Material sollten alle Leisten der Platte mit der Kernseite nach oben zeigen. Dadurch wird die Oberfläche glatt und lässt sich mit den Schrauben im Rahmen leichter andrücken, anders als bei einer Platte, bei der die Teile abwechselnd nach oben und unten gedreht sind.

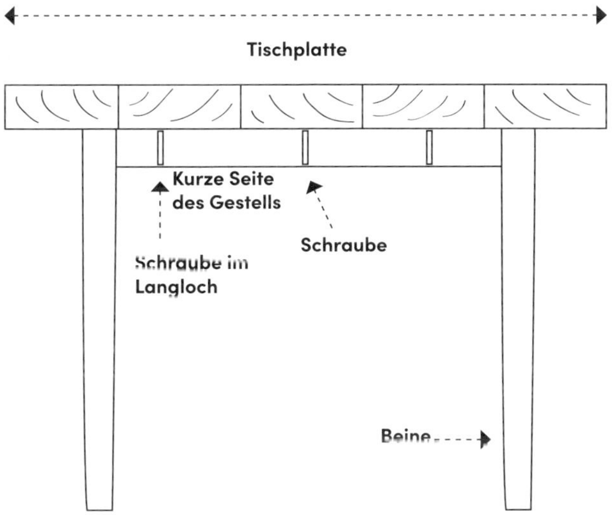

Schnell oder langsam?

Langsam: Gutes Holz durfte langsam wachsen. Die Jahresringe sind daher dünn und liegen eng beieinander. Solches Holz schwindet und quillt weniger.
Schnellwüchsig: Holz, das schneller wachsen musste, weist normalerweise weniger Äste und weniger Jahresringe auf. Letzteres führt dazu, dass das Holz mehr arbeitet und sich bei Änderungen der Luftfeuchtigkeit schneller verzieht.

Äste sind die Muttermale des Baumes

An den dunklen Spuren im Holz erkennt man, wo bei einem Baum die Äste waren. Dicht wachsende Bäume, kultivierte Birke zum Beispiel, haben weniger solcher Male, weil man durch den Anbau die Wachstumsbedingungen des Baumes so steuern kann, dass man den gewünschten Werkstoff erhält. Bei Kiefern bilden sich die Äste unterschiedlich aus. Im unteren Bereich ist der Stamm relativ astfrei. Im Mittelstamm sind die Äste in der Regel am dicksten (daher weist der Stamm dort die größten Male auf), während sie bei einem wachsenden Baum nach oben hin immer dünner werden. Äste können ein Möbelstück sowohl beeinträchtigen als auch verschönern, je nachdem, wo sie sich befinden und welche Vorlieben man hat.

Ästhetik und Wirtschaftlichkeit

Manche Menschen empfinden Astlöcher im Holz als unschön, andere finden, sie verleihen dem Holz etwas Einzigartiges. Völlig astfreies Holz ist schwer, aber zu einem höheren Preis durchaus erhältlich.

Die Sägemethoden sind auch aus ästhetischer Sicht wichtig, da sie das Muster des Holzes beeinflussen. Um die visuellen Eigenschaften des Holzes zu betonen, kann es auf verschiedene Arten gesägt werden. Nach dem Sägen und Trocknen wird das Holz in verschiedene Qualitäts- und Preiskategorien eingeteilt.

Überblick über gängige Holzarten im Möbelbau und der Innenraumgestaltung

Nadelhölzer

Die in der skandinavischen Möbel- und Einrichtungsindustrie am häufigsten verwendeten Nadelhölzer sind Kiefer und Fichte. Beide sind Oberbegriffe für mehrere Holzarten. Nadelbäume haben oft relativ sichtbare Jahresringe und eine geringere Faserdichte, was das Material weicher, leichter und elastischer macht. Daher bekommen Nadelhölzer bei punktueller Belastung eher bleibende Druckstellen und halten Abrieb nicht so gut stand wie härtere Laubhölzer. Das Kernholz aus dem innersten und härtesten Teil der Kiefernstämme enthält viel Harz, was es resistent gegen Feuchtigkeit und Fäulnis macht. Die Kiefer zeichnet sich durch ovale Äste und braunes Kernholz aus, während die Fichte in der Regel kleine wulstige Äste hat.

Laubhölzer

Laubbäume unterscheiden sich in vielerlei Hinsicht von Nadelbäumen, vor allem aber haben sie Blätter anstelle von Nadeln. Die Fasern von Laubbäumen sind in den meisten Fällen kürzer als die von Nadelbäumen. Gängige Laubhölzer in der Möbel- und Einrichtungsbranche sind Akazie, Erle, Esche, Espe, Birke, Buche, Eiche und Ahorn. Laubbäume haben im Allgemeinen weniger ausgeprägte Jahresringe, weil sie nicht so starke Farbunterschiede zwischen Frühjahr und Sommer aufweisen wie Nadelbäume. Das Holz ist faserdicht und beständig.

Laubhölzer werden unterteilt in ringporige Arten (mit großen Gefäßen im Frühjahr und Frühsommer) und zerstreutporige Arten (bei denen die größeren Gefäße gleichmäßiger verteilt sind). Eiche und Esche sind zum Beispiel ringporig, Birke und Buche dagegen zerstreutporig.

HOLZ	FARBE	MASERUNG
ERLE Die Erle ist der einzige Laubbaum, der Zapfen trägt. In Schweden gibt es zwei Arten von Erlen: Schwarzerle und Grauerle.	Frisch gesägt ist das Holz gelb, verfärbt sich dann aber rötlich-braun.	Keine ausgeprägten Jahresringe. Zwischen den Jahresringen befinden sich manchmal braune Markflecken, die durch einen Befall von Larven der Minierfliege verursacht werden.
ULME In Schweden nur selten im Wald zu finden, dagegen häufig in Parks und Alleen, da sie keine tief sitzenden Äste hat.	Der Stamm ist gelbgrau und das Kernholz rötlichgrau bis dunkel schokoladenbraun.	Unterschiedliche Färbung. Deutlich ausgeprägte Jahresringe. In den Adern gelegentlich grünlich. Der starke Kontrast zwischen Frühling und Sommer verleiht den tangentialen Flächen ein interessantes Aussehen.
ESCHE Sie fangen normalerweise als letzte der schwedischen Laubbäume im Frühling an zu grünen und werfen als erste ihre Blätter ab.	Das Holz ist graugelb mit Rottönen. Die Mitte ist hellbraun. Je älter der Baum ist, desto dunkler wird das Holz. Bei alten Bäumen ist die Farbe oft besonders intensiv, das Holz wird auch als Olivesche bezeichnet.	Hat eine geradere Maserung und sehr wenig Äste. Glänzende Oberfläche. Das Frühlingsholz ist grob-, das Herbstholz feinporig, wodurch deutliche Farbunterschiede und ein interessantes Muster im tangentialen Schnitt entsteht.
ESPE Ein schnell wachsender und lichthungriger Baum. Nach der Birke ist die Espe der häufigste Laubbaum in Schweden.	Helles, gelblich-weißes Holz, das ins Graue tendiert. Die Espe behält ihre helle Farbe besser bei als die meisten anderen Hölzer. Wird grau im Freien.	Fast unsichtbare Jahresringe, sehr schwache Maserung.

EIGENSCHAFTEN	VERWENDUNG	INTERESSANTES
Weich, formstabil und mit geraden Fasern. Sehr verrottungsfest (in einer sauerstoffarmen Umgebung).	Gut zum Drechseln geeignet. Häufige Verwendung in der Schreinerei, Holzbildhauerei und im Modellbau. Auch bei der Furnierherstellung genutzt. Grauerlenholz ist weicher und weniger langlebig und wird meist als Brennstoff verwendet.	Erle wird gerne für Holzschuhe genommen. Der Saft wird nach dem Fällen rot wie Blut (!).
Hart, beständig und relativ robust mit groben Fasern. Trocknet ziemlich schnell.	Möbel, Werkzeuggriffe, Leitern, Böden, Schwellen, Mühlräder und Bootsbau. Wegen der guten Festigkeitseigenschaften auch für verschiedene Arten von sichtbaren tragenden Strukturen geeignet. Sollte vorgebohrt werden, um Rissbildung zu vermeiden.	Wird für das beste Rindenbrotmehl verwendet (nicht bitter). Der Geruch von gesägtem, rohem Ulmenholz wird manchmal als unangenehm empfunden. Die Ulmenwurzel hat eine ähnliche marmorierte Zeichnung wie Birke. (Mehr über die Birke erfahren Sie weiter unten).
Hart, zäh und langlebig. Flexibel und schwer zu spalten. Beim Nageln/Schrauben ist es ratsam, vorzubohren. Sollte nicht im Außenbereich verwendet werden.	Für Möbel, sowohl massiv als auch furniert. Oft für Stuhlsitze und Truhen, Fußböden, Tischplatten, Türen, Regale und Geländer verwendet.	Das schwedische Wort für Truhe ist dasselbe wie für Esche: »ask«. Das Holz wird für die Griffe von Werkzeugen und Sportgeräten genutzt und wurde häufig für Feldhockeyschläger und Billardqueues verwendet, bevor Verbundwerkstoffe die Oberhand gewannen.
Leicht, weich und relativ einfach zu spalten, aber mitunter ist es etwas umständlich, eine glatte Oberfläche zu bekommen. Ungehobeltes Holz ist rau. Damit es sich nicht aufstellt, ist scharfes Werkzeug erforderlich. Ist es ständiger Feuchtigkeit ausgesetzt, fault es. Wird es jedoch nach dem Nasswerden gründlich getrocknet, ist es lange haltbar	Streichhölzer, Blindholz und Sperrfurnier. Außerdem wird es häufig als Saunaverkleidung verwendet, da es kein Harz absondert.	Wird für Streichhölzer verwendet. Ein halber Kubikmeter Espenholz ergibt eine Million Streichhölzer.

HOLZ	FARBE	MASERUNG
BIRKE Der häufigste Laubbaum Schwedens. Es gibt drei verschiedene Birkenarten in Schweden: Zwergbirke, Hängebirke und Moorbirke. Bei der Maserbirke handelt es sich nicht um eine bestimmte Art, sondern um einen bei der Hängebirke auftretenden vererbten Defekt (Betula pendula), durch den der Baum knorrig wird. Dies wirkt sich auf die Wachstumsringe aus und führt zu ungleichmäßigen und wellenförmigen Mustern, die oft auf exklusiveren Möbeln verwendet werden.	Blassgelb bis honiggelb.	Flammende, gewellte Musterung. Wenig ausgeprägt.
BUCHE Buchen haben eine üppige, dichte Krone, die im Wald ein Dach bildet. Daher gibt es in Buchenwäldern selten Unterholz.	Hellgelb oder rötlich grau (nach dem Dämpfen entsteht ein rötlicherer Ton, weshalb das Holz auch Rotbuchenholz genannt wird). Bei älteren, großen Bäumen gibt es oft einen dunkleren Bereich, der sogenannte rote Kern. Richtig eingesetzt verleiht er dem Holz ein dekoratives Aussehen.	Schwach, aber mit auffälligen punktförmigen Maserstrahlen.
EICHE Die Eiche ist eine der bedeutendsten Holzarten in Skandinavien. Früher waren alle Eichen im Besitz der Krone, weil sie für den Bau von Kriegsschiffen für die schwedische Marine verwendet wurden.	Gelbgrau oder rot-grau (amerikanische Eiche). Mit der Zeit nimmt das Holz einen bernsteinfarbenen Ton an. Eichenholz für die Möbelherstellung wird in zwei Arten unterteilt: Weißeiche und Roteiche. Die in Europa heimische Weißeiche wird auch Stieleiche genannt. Roteichen wachsen hauptsächlich in Amerika.	Stark ausgeprägte Adern in einem eher dunklen Ton. Maserung und Farbnuancen der Oberfläche variieren. So weist die Holzoberfläche zum Beispiel eine unterschiedliche Textur auf, je nachdem, wie die Diele aus dem Stamm gesägt wurde.

EIGENSCHAFTEN	VERWENDUNG	INTERESSANTES
Elastisch und zäh. Aufgrund der Biegefestigkeit ist es möglich, das Holz sehr dünn zu verarbeiten und trotzdem einen haltbaren Werkstoff herzustellen. Leicht zu behandelnde Oberfläche.	Möbel, oft als Schichtholz-Sitzmöbel und Einrichtungsgegenstände im öffentlichen Raum. Schöpfkellen und Buttermesser (da Birke keinerlei Geruch oder Geschmack abgibt).	Wird auch für Skier verwendet. Einige Birken bilden Quirle (Knollen), die aufgrund der glatten Faserrichtung für die Herstellung von Schalen und Bechern beliebt sind.
Schwer, aber leicht zu spalten und zu verarbeiten. Schwindet und quillt schnell bei veränderter Luftfeuchtigkeit.	Hervorragend geeignet für Parkett, Möbel und Tischlerarbeiten, die starker Abnutzung ausgesetzt sind. Da sich das Lignin mit Dampf aufweichen lässt, ist es ein gebräuchliches Holz für Caféhausstühle und andere Bugholzmöbel.	Wird für Eisstiele verwendet. Buche wird auch für Pottasche (zur Herstellung von Seife und Glas) verwendet.
Hartes, dichtes und starkes Holz. Eiche enthält Gerbsäure und dunkelt stark nach, wenn sie gelaugt wird. Bei Kontakt mit Metallen, insbesondere Eisen, verfärbt sich das Holz. Um dies zu vermeiden, sind Nägel oder Schrauben aus rostfreiem Stahl erforderlich.	Schiffbau, Hausbau (Schlösser und Fachwerkhäuser).	Die Rinde der Eiche dient zum Ledergerben. Die Eiche ist die Landschaftspflanze von Blekinge, eine historische Provinz in Südschweden. Die schwedische Eiche ist sehr knorrig, weil sie nicht kultiviert wird, sondern nur wild in Schweden wächst. Daher wird für die Herstellung von Möbeln oft importierte Eiche verwendet. Der größte Teil des Eichenholzes, das zu Möbeln verarbeitet wird, kommt aus Mitteleuropa.

HOLZ	FARBE	MASERUNG
KIEFER Die Kiefer kann unter günstigen Bedingungen bis zu 30 Meter hoch werden und hat einen mastartigen, geraden Stamm und eine hohe Krone.	Blassgelblich-weiß (Splintholz) oder rötlich-gelb/braun (Kernholz). Denken Sie daran, dass Kiefernholz mit der Zeit stark nachdunkelt. Wenn das Holz seine Helligkeit behalten soll, bitte beizen.	Deutlich in einer dunkleren Farbe gemasert.
FICHTE In Schweden der am häufigsten vorkommende Baum, nicht aber in der Möbelindustrie.	Blass gelblich-weiß. Kern- und Splintholz der Fichte haben nach dem Trocknen die gleiche Farbe. Schwitzharz, d. h. Harzgallen (Harzansammlungen) sind bei Fichte häufiger als bei anderen Nadelhölzern. Durch das Beizen wird dies optisch verstärkt, weil die Pigmente nicht in das Holz eindringen, wenn es bereits mit Harz gesättigt ist.	Graue oder graubraune Adern. Typisch sind Punktäste, d. h. kleine Trockentriebe zwischen den Jahresringen.
KIRSCHBAUMHOLZ (VOGELKIRSCHE) Umfasst auch Holz von Pflaumenbäumen.	Hat eine rötliche Farbe. Nimmt nach längerer Zeit im Tageslicht einen cognacfarbenen Ton an. Amerikanisches Kirschholz ist dunkler als europäisches Kirschholz.	Ausgeprägte Jahresringe.
LINDE Lindenholz ist ein perfektes Holz zum Schnitzen. Es wird oft im Werkunterricht in Schulen verwendet.	Hell, manchmal fast weiß bis grau-weiß.	Unbehandelt ist die Maserung nur sehr schwach sichtbar. Wird die Oberfläche mit Leinöl behandelt, tritt die Maserung deutlicher hervor.

EIGENSCHAFTEN	VERWENDUNG	INTERESSANTES
Weiches und feuchtigkeitsbeständiges Holz. Kann mit Leinöl behandelt werden, aber reifes Kiefernholz enthält einen hohen Anteil an harzigen Substanzen, die das Eindringen des Öls in das Holz erschweren. Es bekommt leicht Kratzer.	Bau von Häusern (Wände, Dächer, Türen, Fenster, Paneele, Böden, Armaturen), Möbeln, Schreinerei, Holzbrettern, Körben, Bootsbau und Telefonmasten.	Aus Kiefer können Essigsäure, Terpentin, Holzalkohol, Teer, Harz und Leim gewonnen werden. Die Oregon Pine ist eine nordamerikanische Kiefernart, die praktisch astfrei ist und auch als Douglasie oder Douglasfichte bekannt ist.
Langfaserig und weich. Geringer Schwund. Lässt sich nur schwer imprägnieren.	Konstruktions- und Bauholz (Brettschichtholz, Späne und Faserplatten). Fahnenmasten, Stangen und Pfähle. Wird auch für Webstühle verwendet.	An den Nordhängen der Alpen langsam und gerade gewachsenes Fichtenholz kommt in den hochwertigsten Saiteninstrumenten zum Einsatz. Aus zersetztem Fichtenholz kann der Aromastoff Vanillin (nicht zu verwechseln mit echter Vanille) hergestellt werden. Die Wurzeln der Fichte werden oft für Flechtwerk, wie z. B. Körbe, verwendet.
Oft gerade gewachsen und leicht zu bearbeiten. Relativ flexibel und elastisch. Kirschbaumholz mit unregelmäßiger Faserrichtung ist schwer zu spalten. Bei Feuchtigkeitsänderungen bewegt es sich stark.	Geeignet für Furnier. Wird für edle kunsthandwerkliche Arbeiten und den Möbel- und Innenausbau verwendet.	Findet im Musikinstrumentenbau Verwendung. Wenn das Holz mit alkalischen Substanzen in Berührung kommt, dunkelt es nach. Manchmal wird es auch als schwedisches Teakholz bezeichnet.
Nicht für Bereiche geeignet, in denen es mechanischen Einwirkungen oder Feuchtigkeit ausgesetzt ist.	Geeignet für Schnitzereien und Holzskulpturen, feine Tischlerarbeiten und Drechslerarbeiten sowie für Vertäfelungen, Haushaltsgegenstände, Jalousien und mehr.	Kohle aus diesem Holz eignet sich gut zum Zeichnen. Als Carl von Linné zum Ritter geschlagen wurde, änderte er seinen Nachnamen in Linnaeus. Der Name wurde von einer dreistämmigen Linde abgeleitet, die in Stegaryd in Småland wuchs.

HOLZ	FARBE	MASERUNG
AHORN Strapazierfähig und wird daher häufig als Bodenbelag in Sporthallen und Bowlingbahnen verwendet.	Weiß bis gelblich-weiß.	Dünne und markante Jahresringe. Kommt als gewelltes Holz (Riegelwuchs) sowie als Holz mit ruhenden Knospen (Vogelaugenahorn) vor.
MAHAGONI Ist kein Baum, sondern eine Edelholzart aus der Familie der Mahagonigewächse (Meliaceae). Swietenia mahagoni oder macrophylla wird zum Beispiel Westindisches Mahagoni genannt, weil es auch auf den Inseln der Karibik wächst. Die südamerikanische Swietenia macrophylla ist auch als Amerikanisches Mahagoni, Echtes Mahagoni und Caoba bekannt.	Dunkelrot. Mahagoni bleicht in der Sonne aus und muss daher behandelt werden, damit die Farbe erhalten bleibt.	Normalerweise schwach ausgeprägt.
TEAK Sammelbegriff für drei verschiedene Baumarten. Wächst hauptsächlich in tropischen Gebieten und wird manchmal auch als Tropenholz bezeichnet. Die EU-Holzverordnung definiert, wie Teakholz geschlagen werden darf und wie die Rückverfolgbarkeit bis zu den Plantagen, auf denen es angebaut wurde, gewährleistet werden muss.	Frisch gesägt ist das Holz olivgrün, aber wenn es getrocknet ist, nimmt es eine dunkle, rötlich-braune Farbe an. Die Farbe des Holzes variiert leicht je nach Baumart und Herkunft. Teakholz aus Java hat eine etwas hellere Farbe, das aus Birma ist dunkler.	Teakholz enthält praktisch keine Äste.
NUSSBAUM Das Holz von Walnussbäumen.	Dunkelbraun (schokoladen- bis dunkelrotbraun). Im Gegensatz zu vielen anderen Hölzern hellt sich Walnuss im Laufe der Jahre auf und wird eher goldbraun.	Unregelmäßige dunkle Linien. Von ruhig bis stark gemustert. Die großen Mustervariationen sollten bei der Bestellung von Möbeln berücksichtigt werden, angesichts der Unterschiede beispielsweise der Schranktüren, Schubladenfronten, Tischplatten usw.

EIGENSCHAFTEN	VERWENDUNG	INTERESSANTES
Hart, dicht, homogen, sehr haltbar und schwer zu spalten.	Feinere Möbelschreinerei, Parkett, Treppen, Vertäfelungen, Leisten, Türen, Möbel, Werkzeuggriffe, beispielsweise Harkenstiele oder Axtschäfte.	Wird auch für Gewehrkolben verwendet. In den nordamerikanischen Zuckerahornen ist der Zuckergehalt des Saftes sehr hoch, weshalb sie u. a. zur Herstellung von Ahornsirup genutzt werden.
Fest und hart. Sehr widerstandsfähig gegen Fäulnis und Feuchtigkeit. Resistent gegen Termiten.	Exklusivere Möbel und Armaturen. Auch bei Booten und Bootsinterieurs üblich.	Der Handel mit einigen Mahagoniarten wird durch CITES geregelt, einem freiwilligen Abkommen über den Handel mit bedrohten Tier- und Pflanzenarten.
Hart, schwer, elastisch und ölhaltig. Sehr widerstandsfähig gegen Feuchtigkeit und äußere Einwirkungen. Schwierig zu verleimen.	Einrichtungsgegenstände und Outdoor-Möbel. Nimmt eine schöne grau-silberne Patina an, wenn es unbehandelt im Freien steht. Um die Farbe und den Glanz des Holzes bei Außenmöbeln zu erhalten, müssen Teakholzmöbel mit Öl behandelt werden.	Ab einem Alter von drei Jahren entwickelt ein Teakbaum Eigenschaften, die das Holz schwer entflammbar machen und einen natürlichen Schutz gegen Feuer bieten. Um einen Durchmesser von 75 Zentimetern zu erreichen, dauert es zwischen 100 und 200 Jahre, aber in kultivierten Beständen mit günstigeren Bedingungen kann es auch schneller gehen.
Mittlerer Härtegrad. Leicht zu bearbeiten und zu drehen. Hervorragend auch zum Dampfbiegen geeignet.	Möbel, Leisten und Türen. Teures Holz, daher wird aus Kostengründen üblicherweise eher Furnier als Massivholz verwendet.	Amerikanischer Nussbaum ist dunkler und hat meist eine gleichmäßigere Farbe als europäischer Nussbaum. Es gibt auch eine peruanische Walnuss, die eine dunkelbraune/schwarze Farbe hat.

Furniere

Furniere sind dünne Blätter aus Holz, die unter anderem als Oberflächenabdeckung für MDF, Sperrholz, Spanplatten oder verschiedene Arten von Blindholz verwendet werden. Furnierblätter gibt es in verschiedenen Stärken; einige gängige Maße sind:

- 0,8 Millimeter
- 0,6 Millimeter
- 1,5 Millimeter

Beträgt die Holzstärke mehr als 3 bis 4 Millimeter, spricht man im Allgemeinen nicht mehr von Furnier.

Zur Herstellung von Furnier wird der Stamm zunächst erhitzt und dann in dünne Scheiben gesägt, gedreht oder geschnitten/gehobelt. Gesägtes Holz ist oft dicker, gedrehtes und geschnittenes Holz dünner. Je nachdem, wie das Furnier dann verleimt und verlegt wird, entstehen unterschiedliche Muster und Ausdrucksformen. Die oberste Schicht wird als Oberflächenfurnier bezeichnet und die »unsichtbare« Schicht, die dazu dient, Bewegungen zu verhindern, nennt man Sperrfurnier. Ein furniertes Brett sollte immer auf beiden Seiten furniert werden, um zu verhindern, dass sich das Brett verzieht. Deshalb muss auf beiden Seiten des Brettes die gleiche Menge an Feuchtigkeit (Leim) aufgetragen werden. Bei einer Tür wird auf beiden Seiten die gleiche Art von Oberflächenfurnier verwendet, da beide Seiten sichtbar sind. Bei Tischplatten, die eine Unterseite haben, entscheiden sich manche Anbieter für einfachere Gegenfurniere (Sperrfurniere), um den Preis zu senken.

AUFGEPASST!

Helles Furnier wird mit der Zeit dunkler, dunkles Furnier dagegen heller. Wie schnell sich die Farbe verändert, hängt davon ab, wie viel Licht das Holz ausgesetzt ist.

Furnier hat den Ruf, sich im Niedrigpreissektor zu bewegen, weil nur die Deckschicht aus Holz und der Kern (auch Blindholz genannt) aus einfacheren Materialien besteht. Tatsache ist aber, dass furnierte Platten durchaus eine formstabilere Lösung sein können als Massivholz. Das gilt vor allem für größere Flächen wie Tischplatten und Türen aus Massivholz, die sich bei größeren Feuchtigkeitsschwankungen, Temperaturunterschieden oder hellem Licht (etwa in einem Wintergarten oder in einem Ferienhaus, in dem es die meiste Zeit des Jahres kalt ist) unter Umständen verziehen und verformen. Andererseits setzen furnierte Platten möglicherweise Formaldehyd in die Raumluft frei; je mehr Leim in den Platten enthalten ist, desto größer das Risiko.

Auch bei der Herstellung von Schichtholz- und Formmöbeln kommen Furniere zum Einsatz. Dies ist insbesondere bei der Herstellung von Möbeln mit komplexeren Formen praktisch, da das Furnier mehr Gestaltungsfreiheit bietet und Formen erlaubt, die mit Massivholz nicht möglich sind. Die schichtweise Verleimung sorgt außerdem für elastische Eigenschaften, mit denen Massivholz nicht mithalten kann.

Furniere werden auch für Intarsien verwendet. Dabei handelt es sich um eine Gestaltungstechnik, bei der aus dünnen Furnierstücken geometrische Muster oder figürliche Darstellungen zusammengefügt werden.

WUSSTEN SIE, DASS …?

Hersteller von Billigmöbeln verwenden oft dünnere Furnierschichten, die man nicht abschleifen kann. Bei teureren Möbeln sind sie in der Regel dicker und sorgfältiger zusammengefügt, was den Preisunterschied rechtfertigt. Allerdings kann eine furnierte Oberfläche generell nicht beliebig oft abgeschliffen oder so restauriert werden wie ein massives Möbelstück.

Aussehen

Das Aussehen des Furniers hängt nicht nur vom gewählten Holz ab, sondern auch davon, wie und in welche Richtung das Holz im Verhältnis zu den Jahresringen gedreht oder geschnitten wurde.

Schälfurnier (rund geschält)
Mittels eines Hobels und eines rotierenden Stammes wird das Holz wie eine Biskuitrolle abgeschält, wodurch ein »endloses« Furnierblatt entsteht. Bei dieser Technik bekommt das Holz ein flammenähnliches Muster mit starker Maserung, weil die Jahresringe breit und lang gestreckt ausfallen. Schälfurnier wird normalerweise für die Herstellung von Sperrholz oder als Sperrfurnier (das nicht sichtbar ist) verwendet. Bei dieser Methode entstehen breite Furnierblätter mit weniger Fugen und weniger Verschnitt, was das Material vergleichsweise billig macht.

Sägefurnier (flach gemessert)
Der Stamm wird in zwei Hälften geteilt und von außen nach innen geschnitten. So entsteht eine »Fladerzeichnung«, die Maserung ist sehr dünn.

Viertelstabschnitt (riftgeschält)
Der Stamm wird vor dem Schneiden geviertelt, wodurch der Schnitt radial verläuft und das Furnier geradere Linien erhält.

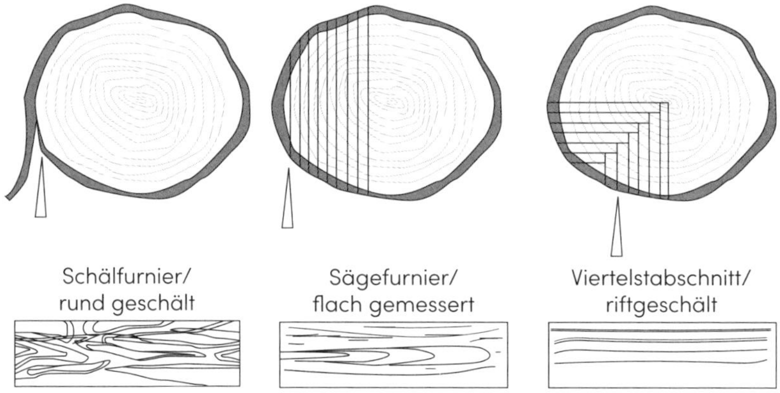

Beispiele für Furnierfügungen

Wie die Furnierstücke dann letztlich zusammengesetzt und verleimt werden, beeinflusst maßgeblich das Aussehen der Deckschicht (des Furnierblatts). Das gibt Aufschluss über das Anspruchsniveau des Herstellers und die Qualität des Produkts.

Stürzen

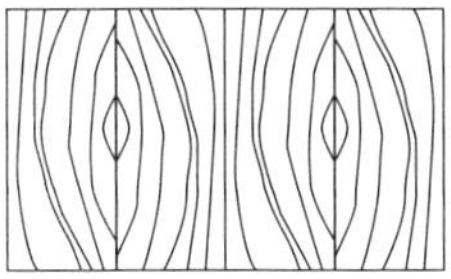

Das ist die traditionelle Art, Furnier zu fügen. Die Furniere werden der Reihe nach aus dem Furnierlager entnommen und spiegelverkehrt gegeneinandergelegt, wodurch ein symmetrisches Maserungsmuster entsteht. Das Muster wiederholt sich jedoch, was manche als störend empfinden, und das Licht wird anders reflektiert, weil die Blätter gespiegelt sind.

Schieben und Endlosfügen

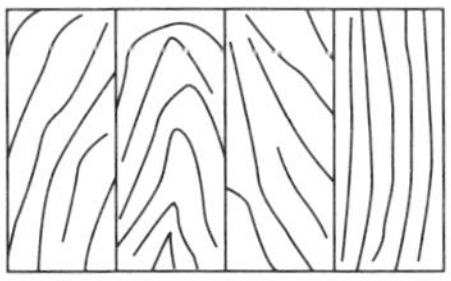

Dabei werden Furniere der gleichen Holzart, jedoch nicht unbedingt aus dem gleichen Furnierstamm, verlegt, um das Aussehen von zusammengefügten Brettern nachzuahmen. Dadurch werden auch Astlöcher und andere Auffälligkeiten verteilt und deren Aneinanderreihung und unerwünschte Mustereffekte vermieden.

Planken

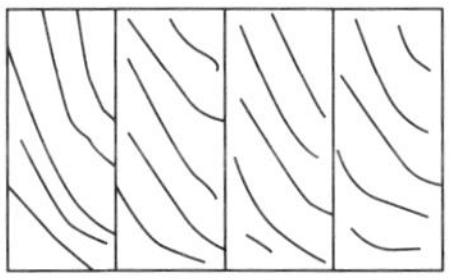

Furnierblätter aus demselben Furnierbestand werden absichtlich gemischt, um einen Zufallseffekt zu erzielen und gleichzeitig eine insgesamt gleichmäßige Maserung und Farbe zu erhalten.

Gezogen

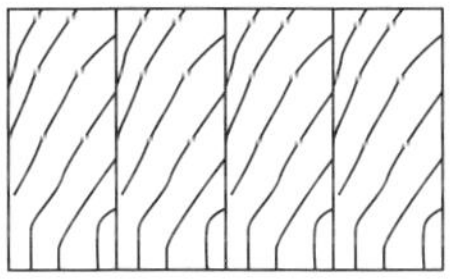

Anders als beim Stürzen werden die Furniere nacheinander aus dem Bestand entnommen und zusammengefügt, ohne dass das Blatt gedreht wird. Bei dieser Methode entsteht ein sich wiederholendes Muster, das sich allmählich verändert. Sie funktioniert am besten, wenn das Furnier eine gerade und gleichmäßige Maserung hat. Dies ist auch die empfohlene Vorgehensweise, wenn das Furnier gebeizt werden soll. Die Oberfläche erhält einen schönen Glanz, da sie das Licht reflektiert.

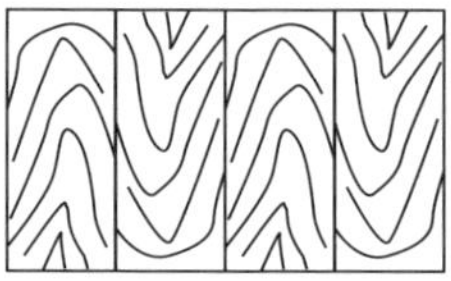

Gedreht gezogen

Das Furnier wird der Reihe nach aus dem Bestand entnommen. Jedes zweite Blatt wird um 180 Grad gedreht, sodass das Muster variiert wird.

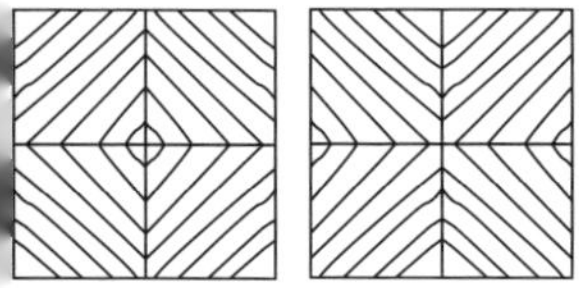

Muster/Kreuzfugen

Durch diagonale Fügung lassen sich interessante Muster in verschiedenen Richtungen erzeugen.

Mit Fug und Recht? Möbelverbindungen

Das genaue Kontrollieren der Fugen und Ecken eines Möbelstücks ist vergleichbar mit dem Prüfen der Nähte eines Kleidungsstücks. Diese Präzisionsarbeit verrät oftmals einiges über den Anspruch des Herstellers.

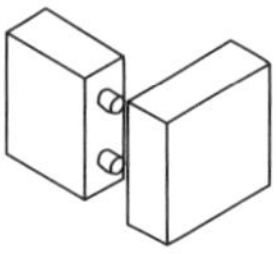

Mittelstift/Holzdübel

Verleimt, kann aber auch ohne Leim mit Schrauben kombiniert werden. Der beste Freund der Massenhersteller. Die Teile werden vom Käufer mit einem Holzdübel zusammengefügt.

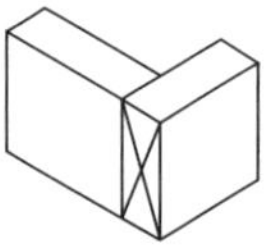

Rechtwinklige Stoßverbindung

Ist weniger widerstandsfähig, da der Leim in die Stirnseite gesaugt wird, und sollte daher ebenfalls verschraubt oder verzapft werden.

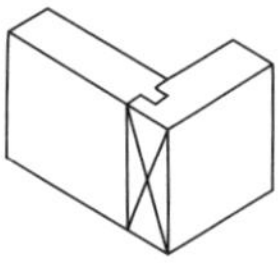

Nut und Feder

Bietet mehr Leimfläche und Kontrolle über die gesamte Breite. Kommt oft in Schubladen zum Einsatz, zwischen Giebeln und Regalen.

Schlitz und Zapfen

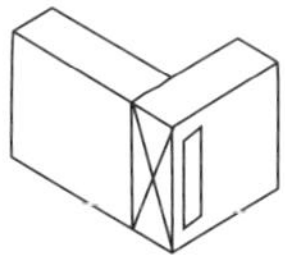

Schafft eine starke Verbindung und einen stabilen Rahmen. Der Zapfenhals dient als Anschlag, wodurch die Verbindung verwindungssteif wird. Einfach oder doppelt.

Keilzinkenverbindung

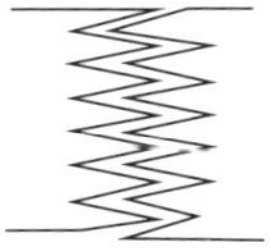

Wird oft zum Verlängern eines Holzstücks verwendet. Bietet eine große Klebefläche und sorgt für eine unglaublich starke Verbindung.

Gehrung

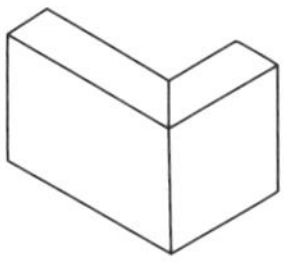

Die Holzstücke treffen in einem Winkel von 45 Grad aufeinander, in der Mitte zwischen der Hirnholz- und der Faserlängsrichtung. Erfordert Präzisionsarbeit. Kann verleimt werden, doch häufig werden Federn als Verstärkung verwendet, wodurch eine starke und schöne Ecke entsteht. In Perfektion sieht es so aus, als würde das Holz um die Ecke weitergeführt. Die Stirnseite des Holzes ist nicht sichtbar.

Schwalbenschwanz/Offene Zinkung

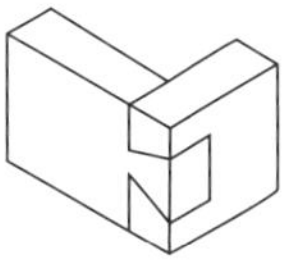

Handwerklich hochwertige Verbindung mit großer Stabilität und schönem Muster. Wird in erstklassigen Kästen und Rahmen verwendet.

Oberflächenbehandlung

Es gibt verschiedene Möglichkeiten der Oberflächenbehandlung, um dem Holz verschiedene Eigenschaften, ein unterschiedliches Aussehen und Schutz zu verleihen. Hier beschreibe ich stark verkürzt die gängigsten Varianten.

Unbehandelt

Holz, das nicht behandelt worden ist, reagiert empfindlicher und hat eine kürzere Lebensdauer.

Öl

Öl dringt in das Holz ein und hebt seine charakteristische Maserung hervor. Das Holz wird gesättigt und seine Widerstandsfähigkeit gegenüber Flüssigkeiten erhöht. Das Öl bietet auch einen guten Schutz vor Kratzern und Flecken. Durch die Behandlung mit Öl entstehen zudem nicht so leicht Fettflecken. Frühjahrsholz ist gröber, Herbstholz feinporig, was zu deutlichen Farbunterschieden und interessanten Mustern bei Tangentialschnitten führt. Geöltes Holz erfordert jedoch etwas mehr Arbeit und Pflege als andere Oberflächenbehandlungen. Besonders am Anfang muss man das Holz regelmäßig einölen, aber dafür erhält man mit der Zeit eine sehr widerstandsfähige, warme und lebendige Oberfläche. Nach ein paar Tagen ist das Möbelstück normalerweise trocken, aber der Aushärtungsprozess dauert mehrere Wochen. Aus diesem Grund sollte man auf frisch geölten Oberflächen keine Textilien ablegen.

Pigmentiertes Öl

Wenn Sie das Aussehen des Holzes verändern wollen, können Sie pigmentiertes Öl nehmen (z. B. weißes oder braunes Öl). Es bietet die gleichen diffusionsoffenen Eigenschaften wie unpigmentiertes Öl, aber zusätzlich die Möglichkeit, das Holz dunkler oder heller zu gestalten. Die Pflege ist manchmal etwas schwieriger, weil man nicht punktuell

DRUCKHOLZ

Wenn ein Baum ungewöhnliche Belastungen aushalten muss, zum Beispiel in einem schneereichen Jahr, weil er an einem Hang wächst oder er starken Winden ausgesetzt ist, kann sich Druckholz bilden. Dieses ist dunkler und härter als das normale Holz. Wenn der Baum dann gesägt und zu Nutzholz verarbeitet wird, ist die Wahrscheinlichkeit größer, dass sich diese Teile beim Trocknen verziehen und verwinden.

arbeiten kann, sondern das Möbelstück gleichmäßig bearbeiten muss, um Abplatzungen zu vermeiden. Die Oberfläche ist im Vergleich zu geseiftem Holz etwas glatter.

Hartöl

Verbessert die natürlichen Eigenschaften des Holzes und verleiht ihm eine wasser- und schmutzabweisende Oberfläche. Außerdem ist es gut gegen Wasser und Flecken geschützt, aber weniger widerstandsfähig gegen starke Lösungs- und Reinigungsmittel. Hartöl ist in verschiedenen Glanzgraden erhältlich und kann auch mit Pigmenten kombiniert werden, um das Aussehen des Holzes zu verbessern oder zu verändern. Um eine härtere Oberfläche zu erhalten, wird es vorzugsweise in mehreren Schichten aufgetragen.

Seifen

Eine in Skandinavien übliche Behandlung von Esche, Eiche und Buche, damit die Oberfläche heller wird (weiße Seife). Ein geseiftes Möbelstück hat in der Regel einen kühleren Ton. Es muss regelmäßig gepflegt werden, um seinen Glanz zu erhalten.

Lauge

Lauge wird normalerweise bei Kiefernholz verwendet, damit das Holz nicht so schnell vergilbt.

Beize

Mit dieser Technik bekommt das Holz mehr Farbe, wobei die natürliche Maserung dank der halb transparenten Oberfläche sichtbar bleibt. Beize gleicht außerdem die Farbunterschiede des Holzes aus, benötigt aber normalerweise eine zusätzliche Oberflächenbehandlung, um ein Verfärben zu verhindern, beispielsweise mit Öl oder Lack. Die behandelte Oberfläche braucht dann keine große Pflege, kann aber mit Möbelpolitur aufgefrischt werden.

Klarlack

Es handelt sich um eine transparente Oberflächenbehandlung. Das lackierte Holz erhält eine versiegelte Oberfläche (Lackschicht), die die Poren im Material verschließt und eine harte Schicht auf der Außenseite des Holzes bildet. Dies bietet einen stärkeren Schutz als viele andere Holzveredelungen. Der Nachteil ist, dass die auftretenden Flecken und Kerben schwieriger zu entfernen sind als auf einer diffusionsoffenen Oberfläche, die durch Abschleifen punktuell behandelt werden kann.

Mattlack

Hat die gleichen Eigenschaften wie Klar- oder Buntlack, aber eine mattere Oberfläche. Aufgrund des seidenmatten Finishs wirkt die Oberfläche fast wie geölt.

Decklack

Dadurch verliert das Holz seine natürliche Zeichnung und erhält, wie der Name schon sagt, einen Deckanstrich. In der Möbelindustrie gibt es Lacke auf Wasser- und Ölbasis. Denken Sie daran, dass auch Lacke auf Wasserbasis Mikroplastik enthalten können. Wer gefährliche Lösungsmittel ganz vermeiden will, sollte seine Möbel mit Leinölfarbe oder Ei-Öl-Tempera streichen.

TIPP!

Sie kaufen ein vorbehandeltes Möbelstück? Erkundigen Sie sich im Möbelhaus oder beim Hersteller, ob die bei der Herstellung verwendeten Leime und Lacke lösungsmittelfrei sind oder ob sie Formaldehyd enthalten, das in die Raumluft abgegeben werden kann. Informieren Sie sich auch, welche Art von Farbe bei der Lackierung der Möbel verwendet wurde. Enthält sie Weichmacher, Konservierungsmittel und Lösungsmittel? Meiden Sie so weit wie möglich Farben, die flüchtige organische Verbindungen (VOCs) enthalten, die in die Innenraumluft abgegeben werden können.

WUSSTEN SIE, DASS …?

Holz, das weiterverarbeitet werden soll, muss in jedem Fall zuerst getrocknet werden. Professionelle Möbelhersteller achten darauf, ausschließlich Hölzer mit einem Feuchtigkeitsgehalt von 6 bis 8 Prozent zu verwenden. Je nach Verfahren dauert es unterschiedlich lange, bis dieser Wert erreicht ist. Wird die Trocknung beschleunigt und zu schnell durchgeführt, entstehen im Holz womöglich Risse, die zwar nicht sichtbar sind, aber die Lebensdauer des Möbelstücks verkürzen.

Ei-Öl-Tempera

Eine umweltfreundliche, aus natürlichen Bestandteilen hergestellte Farbe, die unter anderem Eier enthält. Bietet eine vollständig matte Oberfläche, die mit der Zeit patiniert und einen eierschalenähnlichen Glanz annimmt. Sie reflektiert das Licht wunderbar und wirkt je nach Platzierung der Möbel etwas anders. Hat eine lange Trocknungszeit (bis zu 10 Wochen), da der Härtungsprozess nicht durch Verdunstung, sondern durch eine Oxidation mit dem Untergrund erfolgt. Daher haben mit Ei-Öl-Tempera bemalte Möbel längere Lieferzeiten. Die Oberfläche ist zwar bei neuen Möbeln etwas stoßempfindlich, aber mit der Zeit wird sie fast unverwüstlich.

Ei-Öl-Tempera ist ein verderbliches Produkt, das im Kühlschrank gelagert werden sollte.

Verbundwerkstoffe

Mit der modernen Technologie sind auch neue Materialien und vor allem Kombinationen, die Verbundwerkstoffe, entstanden, die häufig bei Möbeln und Einrichtungsgegenständen Anwendung finden. Es handelt sich dabei um verschiedene Kunststoffarten, aber auch Platten, durch die Produkte billiger und leichter herzustellen oder stärker und widerstandsfähiger sind. Holzwerkstoffplatten sind jedoch keine neue Erfindung. Sie werden aus Holzmaterial in Form von Spänen, Fasern, Furnieren und Stäben hergestellt, die durch verschiedene Bindemittel wie Harze und Leime zusammengehalten werden. Je nach Zusammensetzung weisen die Platten unterschiedliche Eigenschaften auf. Hier erfahren Sie etwas mehr über Verbundwerkstoffe, damit Sie sich einen besseren Überblick verschaffen und die Bestandteile der Möbel besser verstehen können.

Spanplatten

Spanplatten werden oft aus mit Leim zusammengepressten Abfallprodukten aus der Sägeindustrie (Sägemehl und Holzspäne) oder aus recycelten Materialien hergestellt. Das Bindemittel ist normalerweise Karbamid- oder Harnstoffleim. Spanplatten gibt es in verschiedenen Stärken, Formaten und Kantenausführungen. Im Allgemeinen sind sie dichter, leichter und einfacher zu formen als Massivholz, halten allerdings Feuchtigkeit nicht besonders gut stand. Wird die Platte Feuchtigkeit ausgesetzt, kann sie aufquellen und sich verbiegen. Spanplatten werden anhand ihrer Feuchtigkeitsbeständigkeit in zwei Hauptgruppen unterteilt. Platten für das Innenraumklima (Klimaklasse 0 oder 1) werden der DIN 68761 entsprechend als »V 20« und feuchtigkeitsbeständigere Spanplatten nach dem französischen Prüfverfahren als »V 313« bezeichnet. Spanplatten werden oft als Trägermaterial für Furniere verwendet.

Einige in der Möbelindustrie gebräuchliche Platten:

- Masonit (nass verarbeitete Holzfaserplatten)
- MDF (Medium Density Fibreboard).
- HDF (High Density Fibreboard)
- Melaminbeschichtete Platten
- Sperrholz
- Oriented Stranded Board (OSB; Grobspanplatten)
- Laminiertes und verleimtes Holz

Masonit

Die Bezeichnung des Werkstoffs Masonit ist eine Abwandlung der amerikanischen Marke Masonite, die von William H. Mason geschaffen wurde. Im Gegensatz zu Spanplatten wird hier kein Leim hinzugefügt, sondern das holzeigene Lignin als Bindemittel verwendet. Bei der Herstellung wird der Zellstoff unter hohem Druck mit Dampf aufgeschäumt und unter Verwendung des Lignins zu Scheiben gepresst. Mit dieser Technologie kann man aus Sägemehl Materialien für den Bau- und Innenausbau herstellen.

In Rundvik, wo ich aufgewachsen bin (etwa 60 Kilometer südlich von Umeå), gab es lange Zeit die größte und einzige Masonitfabrik in Europa. Sie wurde von der Masonit AB betrieben, bis das Unternehmen 2011 in Konkurs ging und nach Thailand umzog. Den Durchbruch schaffte Masonit in den 1930er-Jahren im Zuge des Funktionalismus. Im Vergleich zu den damaligen Materialien war es billig, leicht zu formen und hygienisch.

MDF

MDF ist eine Abkürzung für Medium Density Fibreboard (mitteldichte Faserplatten) und bezeichnet aus Holzfasern hergestellte Platten. Normalerweise werden sie aus 100 Prozent Weichholz gefertigt. Das Material ist hart und die Oberfläche glatt, wodurch es sich für die Möbelherstellung eignet, da es ähnlich wie Massivholz zusammengefügt und bearbeitet werden kann. Je höher die Dichte einer MDF-Platte, desto leichter ist sie zu fräsen. MDF wird in verschiedenen Standardmaßen hergestellt, die an die gängigsten Maschinen angepasst sind, aber auch an die Modulmaße, die in der schwedischen Möbel- und Innenausbaubranche seit Langem bei 60 Zentimetern liegen. HDF (High Density Fibreboard) und LDF (Low Density Fibreboard) sind Varianten, die nach ähnlichen Prinzipien wie MDF hergestellt werden, aber eine höhere beziehungsweise niedrigere Dichte aufweisen. HDF eignet sich etwa besser für Türblätter, während LDF häufiger für Verpackungen verwendet wird. Der Nachteil von MDF ist, dass das Material viel poröser ist als Massivholz und sich daher nicht zum

Verschrauben eignet. Zum Zusammenfügen der Platten ist oft ein Beschlag nötig, und die Schrauben können nicht nachgezogen werden, wenn sie sich lösen.

MDF kann Feuchtigkeit aufnehmen und sollte daher nicht im Außenbereich oder in Räumen verwendet werden, in denen es unter Umständen Feuchtigkeit ausgesetzt ist, wie etwa in Küchen und Bädern.

Melaminbeschichtete Platten

Weit mehr als nur ein Fußbodenbelag – was oft unter dem Begriff Laminat zusammengefasst wird – sind technisch gesehen melaminbeschichtete Platten, die in zwei Gruppen unterteilt werden können.

- Niederdrucklaminat

Das auch als Melamin bekannte Material ist ein Kunststofflaminat, das auf MDF-Platten oder Karton geklebt wird. Melamin ist zwar ein hartes Material, hält aber nicht so viel aus wie Hochdrucklaminat und wird daher eher für vertikale Flächen wie Türen, Schrankseiten und Regale verwendet als etwa für Tischplatten.

- Hochdrucklaminat

Auch bekannt als Laminat. Aus der Entfernung mag es wie Holz oder Stein aussehen, aber aus der Nähe betrachtet wird klar, dass das Muster eine Fotonachbildung ist. Laminat wird hergestellt, indem mehrere Lagen imprägniertes Papier bei hohen Temperaturen unter Hochdruck zusammengepresst werden. So entsteht eine haltbare und wasserabweisende Oberfläche, die aber im Fall von Beschädigungen nur schwer sauber zu reparieren ist.

Sperrholz (Plywood)

Eigentlich ist Plywood ein Marken- und Produktname, der sich so weit verbreitet hat, dass er nun mitunter auch als Begriff verwendet wird, aber tatsächlich ist Sperrholz der richtige Ausdruck. Das Material besteht aus dünnen Lagen Holzfurnier, die im Winkel von 90 Grad übereinander zusammengeleimt werden, wodurch der entstandene Werkstoff im Gegensatz zu Massivholz nicht mehr nennenswert arbeitet – das Holz ist sozusagen »gesperrt«, daher auch der Begriff Sperrholz. Besondere Formen von Sperrholz sind beispielsweise Tischlerplatten (Stab- bzw. Stäbchensperrholz) oder Bootsbausperrholz.

Sperrholz wird aus verschiedenen Holzarten wie Kiefer, Fichte und Birke hergestellt. Im Möbelbau ist Birkensperrholz am weitesten verbreitet. Das Material gibt es in vielen verschiedenen Stärken und Qualitäten. Die in Schweden am häufigsten verwendeten Stärken sind 4, 6, 9, 12, 15, 18 und 21 Millimeter. Dank seiner Zusammensetzung ist Sperrholz im Gegensatz zu normalem Holz ein sehr widerstandsfähiges und stabiles Material. Sperrholz reagiert weniger auf Feuchtigkeit und verändert sich nicht so stark wie Massivholz. Im Gegensatz zu MDF und Spanplatten können lockere Schrauben in einer Sperrholzplatte angezogen werden. Bei MDF hingegen muss man die Schraube versetzen und ein neues Loch bohren. Andererseits lässt sich Sperrholz schwer sägen, weil es an den Kanten reißt. Außerdem muss bei den Platten, damit sie zusammenhalten, Leim verwendet werden, je nach Art des verwendeten Klebstoffs werden unterschiedliche Mengen an Emissionen in die Raumluft abgegeben.

WUSSTEN SIE, DASS …?

Es heißt, dass es sperrholzähnliche Materialien schon vor 3000 Jahren gab. Die erste Sperrholzfabrik in Schweden wurde 1912 in Edsbyn gebaut und ist immer noch in Betrieb.

OSB

OSB besteht aus groben Spänen und Fasern, die mehrere Zentimeter breit und bis zu zehn Zentimetern lang sein können. Es wird auch als Grobspanplatte bezeichnet. Die Platte wird in mehreren Schichten hergestellt, wobei die Fasern in eine Richtung ausgerichtet sind (daher der englische Begriff *oriented strand board*). Indem diese Fasern miteinander verleimt werden, wird das Material sehr robust und formstabil. Die Ecken von OSB-Platten brechen auch nicht so leicht wie etwa bei Sperrholz. Weil die Platten so grob sind, werden sie vorwiegend in der Bauindustrie verwendet, aber auch für den Rahmen von äußerst billigen Sofas und Polstermöbeln. Sie sind oft billiger als Spanplatten und MDF, da sie aus sehr groben Spänen hergestellt werden.

Schichtholzplatten

Eine Schichtholzplatte besteht aus verleimten oder unverleimten Holzstäben, die mit Furnier, MDF oder Spanplatten bedeckt sind. Die Oberfläche ist manchmal mit Melamin beschichtet. Schichtholzplatten sind leicht, formstabil und halten viel aus. Sie kommen wie Leimholzplatten in Regalen, Tischplatten und Arbeitsplatten zum Einsatz, weil sie dank ihrer Zusammensetzung dem Gewicht besser standhalten als viele andere Holzplatten.

Leimholz

Leimholzplatten sind sehr stabil, weil sie aus massiven miteinander verleimten Holzstäben bestehen. Sie werden häufig für Regale, Tisch- und Arbeitsplatten verwendet.

Linoleum

Das Material wird aus Leinöl, Kork und Holzmehl hergestellt. Außerdem werden im Produktionsprozess Harz und natürliche Farbpigmente hinzugefügt. Der Linoleumzement wird dann auf ein Jutegewebe gewalzt, wodurch ein haltbares und elastisches Material entsteht. Sollten kleine Kratzer und Schäden im Linoleum entstehen, sind sie dank des natürlichen Oxidationsprozesses, durch den sich das Material scheinbar wieder regeneriert, für das Auge weniger gut erkennbar. Linoleum ist zudem UV-beständig und behält seine Farbe auch unter starker Sonneneinstrahlung bei. Das Material kann zudem abgeschliffen und behandelt werden, wodurch die Oberfläche bei richtiger Aufarbeitung wieder wie neu aussieht. Linoleum wird hauptsächlich als Bodenbelag verwendet, ist aber auch als Deckschicht bei Tischplatten, Hockern und Aktenschränken beliebt.

Kunststoff

Das Wort Kunststoff ist mittlerweile ein gängiger Oberbegriff für eine große Gruppe von synthetischen, halb synthetischen oder biobasierten Materialien, die im Möbel- und Innenausbau verwendet werden. Synthetische Kunststoffe werden aus fossilen und begrenzten Ressourcen wie Erdöl und Erdgas hergestellt, während biobasierte Kunststoffe (vorrangig Polymilchsäuren, kurz PLA) aus pflanzlichen Ölen oder anderen biologischen Substanzen gewonnen werden. Da winzig kleine Mikropartikel (Mikroplastik) ihren Weg in die Natur und das Ökosystem finden können, muss nicht nur der Herstellungsprozess verantwortungsvoll sein, sondern auch der Umgang mit dem Material. Das gilt sowohl für die Produktionsstätten als auch für uns Nutzer. Bislang können viele Kunststoffarten nur in begrenztem Umfang recycelt werden, bevor die Fasern ihre Elastizität verlieren. Allerdings wird in diesem Bereich viel geforscht und investiert. Derzeit weiß ich zu wenig, um mehr dazu zu sagen, verzichte aber selbst so weit wie möglich auf Kunststoffe, es sei denn, es ist notwendig, um etwa die Strapazierfähigkeit oder Lebensdauer eines Produkts zu erhöhen.

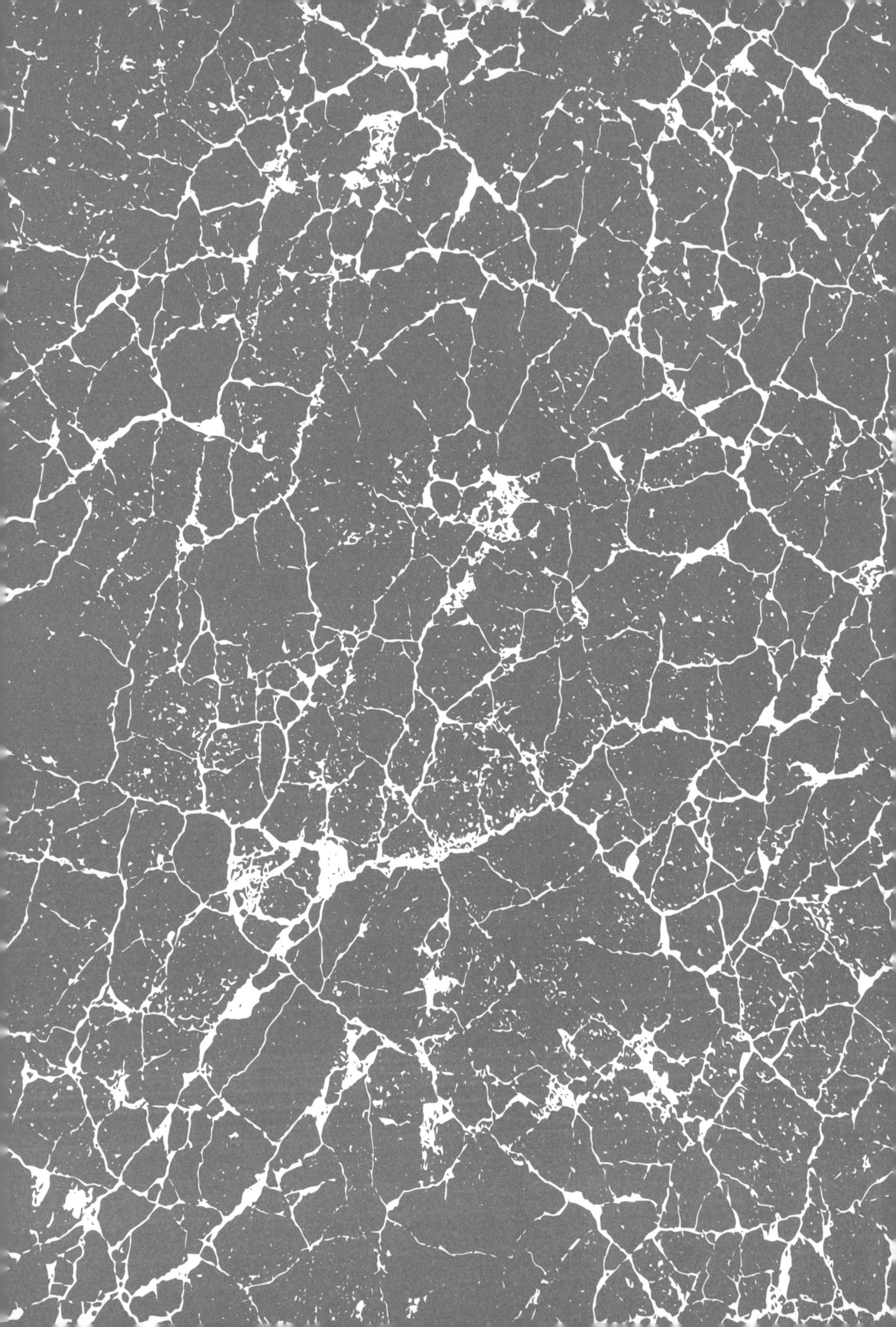

Stein

Bei der Wahl von Stein geht es, wie auch bei Holz, nicht nur um Farbe und Aussehen, sondern auch um die Beschaffenheit. Oft sind uns die optischen Unterschiede zwischen den verschiedenen Steinsorten bewusster als deren Ursprung und ihre Eignung für verschiedene Zwecke. Stein ist der allgemeine Handelsname für Gesteinsarten und Mineralien. Sie werden auch als Naturstein bezeichnet und sind ein natürliches Material. Wenn wir sie einmal aus dem Boden gebrochen haben, können wir sie nicht mehr an ihren ursprünglichen Ort zurückbringen, deshalb sollten wir das Material mit Respekt verwenden. Für fundierte, langfristige Entscheidungen ist es unerlässlich, sich gut zu informieren. Hier ist ein kurzer Überblick über die in der Möbel- und Innenraumgestaltung gängigen Gesteinsarten.

Vielfalt gehört zum Konzept

Der Kauf von Naturstein ist nicht dasselbe wie der Kauf von Farbe. Zwar kann man natürlich Proben mitnehmen, um sich ein Bild davon zu machen, wie der Stein in dem Licht zu Hause wirkt, aber der bestellte Stein wird nie exakt so aussehen wie das Muster, nicht einmal, wenn man die gleiche Gesteinsart und das gleiche Abbaugebiet wählt. Deshalb dürfen Sie nicht erwarten, dass eine maßgefertigte Tischplatte genauso wirkt wie die, die Sie im Geschäft anschauen. Und auch die Platten von zwei benachbarten Sofa- oder Nachttischen sind immer etwas unterschiedlich. Premium-Anbieter tolerieren große Unterschiede oft weniger, aber diejenigen, die die Preise drücken, beurteilen das oft gar nicht, bevor sie die Ware verschicken. Eine gewisse Abweichung ist Teil des Konzepts und macht den Charme aus. Wenn Sie absolut sicher sein wollen, dass Sie zwei identische Platten erhalten, empfehle ich Ihnen, Verbundstein oder Granitkeramik zu wählen.

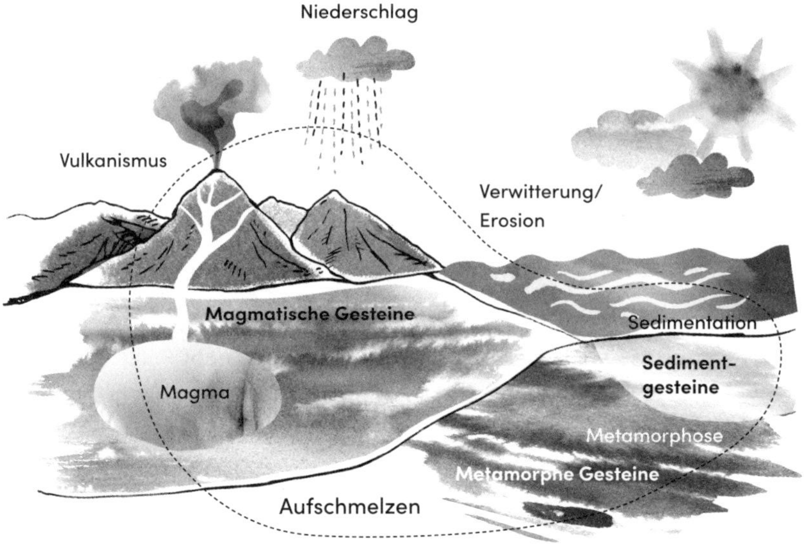

Der Kreislauf der Gesteine – der geologische Kreislauf.

Magmatische, sedimentäre und metamorphe Gesteine

Es gibt drei Hauptkategorien von Gesteinen: magmatisches, sedimentäres und metamorphes Gestein.

Magmatische Gesteine (Magmatite) entstehen, wenn heißes geschmolzenes Gestein (Magma) auskristallisiert. Das kann entweder im Inneren der Erdkruste geschehen oder an der Oberfläche beim Austreten und Abkühlen der Lava. Einfach ausgedrückt, sehen diese Gesteine oft »gesprenkelt« aus und enthalten verschiedenfarbige Mineralkörner. Beispiele für Eruptivgestein sind Granit und Diabas. Die Farbe wird durch die mineralische Zusammensetzung des Gesteins bestimmt.

Sedimentgestein entsteht durch die Ablagerung und Zementierung von lockeren Sedimenten, wodurch das Gestein in der Regel eine geschichtete Struktur aufweist. Aufgrund der Ablagerungen von kalkhaltigem Schlamm und Muschelschalenresten sind manchmal Fossilien wie Orthoceraten oder Trilobiten zu sehen. Beispiele für sedimentäre Gesteine sind Sandstein, Tonschiefer und Kalkstein.

Metamorphe Gesteine (»verwandelte« Gesteine, Metamorphite) entstehen, wenn magmatische oder sedimentäre Gesteine tief in der Erdkruste hohem Druck und hohen Temperaturen ausgesetzt sind. Dadurch erhalten sie eine geäderte Struktur, wie die Schlieren, die wir in Marmor sehen. Beispiele für metamorphe Gesteine sind Gneis, Quarzit und Marmor.

Der Kreislauf der Gesteine

Eine Gesteinsart kann sich in einem zyklischen Prozess, dem sogenannten »Kreislauf der Gesteine«, in eine andere verwandeln. Dazu gehören unter anderem Erosion, Sedimentation, Verdichtung und Zementierung, Metamorphismus, Schmelzen, Magmatismus und Vulkanismus. Sedimentäre und magmatische Gesteine können unter Druck in metamorphe Gesteine umgewandelt werden. Bei ausreichend großer Hitze können diese wiederum schmelzen und Magma bilden, das dann zu einem neuen magmatischen Gestein kristallisiert.

Magmatische Gesteine

Diabas
Diabas wird oft als schwarzer Granit bezeichnet und ist ein dunkles magmatisches Gestein, das sehr hart ist. Schweden ist ein wichtiger Exporteur von Diabas. Moheda ist der Handelsname für einen Diabas, der im nordöstlichen Teil von Schonen, Småland und Blekinge abgebaut wird.

Granit
Ein Großteil des schwedischen Felsengrunds besteht aus Granit, der aufgrund seiner einzigartigen Spaltbarkeit auf der ganzen Welt beliebt

ist. Die häufigsten schwedischen Sorten im Handel sind der graue und der rote Bohus-Granit.

Bianco Sardo ist ein grobkörniger hellgrauer Granit aus Italien. Rosa Sardo geht mehr in Richtung Rosa und Beige. Die offizielle Handelsbezeichnung für den grauen Granit aus Finnland ist Kuru Grey. Er ist hellgrau und hat eine leichte Textur. Granit sollte frei von Quarzschlieren und Rissen sein. Granitarbeitsplatten sind resistent gegen Kratzer, Abnutzung und hohe Temperaturen.

Sedimentgesteine

Kalkstein

Kalkstein, der für Möbel und Einrichtungsgegenstände verwendet wird, sollte sehr dicht und frei von Rissen sein. Fossilien sollten sich nicht lösen können und sich auch nicht an der Kante befinden. Ölandstein ist ein weltberühmter Stein aus Schweden, der grau oder braunrot ist. Wird er gehobelt, eine in Schweden übliche Bearbeitungstechnik, ist seine Oberfläche etwas rauer und heller, eine polierte etwas dunkler. Er eignet sich als Deckplatte, wenn man sich etwas mehr Charakter wünscht.

Jura-Kalkstein kommt aus Deutschland und ist in warmem Beige und Grau erhältlich. Die gesprenkelte Oberfläche vermittelt einen lebendigen Eindruck und einen natürlichen Mustereffekt.

Der portugiesische Azul-Kalkstein wurde ursprünglich rund um die Gemeinde Valverde abgebaut (daher der Name Azul Valverde), wird heute jedoch in mehreren Gebieten Portugals gewonnen, weshalb nicht alle Kalksteinsorten den Namenszusatz Valverde tragen. Azul ist international beliebt, weil der Farbverlauf eher Ton in Ton ist, ohne einen zu starken Kontrast zwischen Beige/Grau und Blau.

Der Gizeh-Kalkstein wird in Ägypten abgebaut und hat eine graubraune Farbe mit zahlreichen Mustern. Kleine Information am Rande: Auch die Pyramiden sind aus diesem Kalkstein gebaut worden.

Sandstein

Sandstein kommt in unterschiedlichen Mineralzusammensetzungen vor und hat daher verschiedene Farben und Namen. Er kann unter anderem Quarz (Quarzsandstein), Calcit (Kalksandstein) und Limonit (Brauneisenstein) enthalten.

Sandstein sollte fein- oder mittelkörnig und frei von Rissen sein.

Tonschiefer

Tonschiefer bildet sich in großer Meerestiefe und besteht aus allerfeinsten Partikeln. Es sind hauptsächlich Tonpartikel. Tonschiefer wird von Hand in Schollen gespalten, anders als etwa Marmor und Granit, die mechanisch mit einer Mehrblattsäge in Platten geschnitten werden. Die Farbe variiert von hellgrau bis tiefschwarz. Schiefer entsteht in der nächsten Phase, wenn das Sedimentgestein unter dem Einfluss von Hitze und Druck weiter verdichtet wird.

Metamorphes Gestein

Marmor

Marmor kommt in verschiedenen Teilen der Welt und unterschiedlichen Farben vor. Der vielleicht bekannteste ist der italienische Carrara-Marmor, der einen charakteristischen weißen oder blau-weiß-grauen Farbton hat. Die Adern im Stein sind klar definiert und erzeugen ein ganz besonderes Muster.

Der klassische Kolmården-Marmor wird in Schweden bereits seit dem späten 17. Jahrhundert abgebaut, zählt zu den charakteristischsten schwedischen Steinsorten und ist auch international bekannt. Er hat eine grünliche Farbe mit einer wellenförmigen Maserung, und seine einzigartigen Muster und die Farbe haben ihm den Status einer der exklusivsten Marmorsorten eingebracht. Die Bezeichnung OX weist darauf hin, dass der Stein aus den Oxåker-Steinbrüchen in Kolmården, nordöstlich von Norrköping, stammt. Je nachdem, wie der Kolmården-Marmor gesägt wird, variiert sein Muster.

Marmor gehört zu den weicheren Steinsorten und ist empfindlich. Substanzen wie Rotwein, Kaffee, Tee, Granatapfel, Rote Bete und Kurkuma können die Platte verfärben, außerdem reagiert Marmor empfindlich auf Säuren und starke Reinigungsmittel.

Schiefer
Glimmerschiefer ist ein metamorphes Gestein, das wunderschön glänzt, weil es zu bis zu 50 Volumenprozent aus Glimmermineralen besteht. Skandinavischer Schiefer ist für seine hohe Qualität und Widerstandsfähigkeit bekannt.

Oberflächengestaltung von Naturstein

Spaltrau
So nennt man die raue Kantenoberfläche von Schiefer, die beim Spalten entsteht. Kann nur bei bestimmten Schiefersorten durchgeführt werden.

Diamantgeschliffen
Oft ein erster Schritt beim Schleifen. Die Oberfläche wird mit einem rotierenden Diamantwerkzeug geglättet, das ringförmige Schleifkanten erzeugt.

Gebürstet
Wird mit rotierenden, diamantbeschichteten Bürsten erzeugt. Die Oberfläche ist poliert, weist aber je nach Art des Steins und der vorherigen Bearbeitung eine gewisse Welligkeit auf.

Gestrahlt
Dabei wird ein spezieller Strahlsand mittels Druckluft auf den Stein geblasen. Erzeugt eine leicht körnige Oberfläche und eignet sich am besten für Quarzit und Sandstein, da diese Gesteine eine körnige Textur besitzen. Wird hauptsächlich für Verzierungen, Muster und Buchstaben verwendet.

Fein /seidenmatt geschliffen

Verleiht dem Stein eine glatte, aber nicht spiegelnde Oberfläche.

Poliert

Durch das Polieren erhält der Stein eine glatte und spiegelnde Oberfläche. Der Glanz sollte auch nach der Reinigung mit Lösungsmitteln erhalten bleiben.

Gehobelt

Die Oberfläche wird mit einem Hobel so bearbeitet, dass dabei vor dem Hobel kleine Partien ausplatzen. So erhält man eine raue Oberfläche mit einer leicht geriffelten Struktur und unterschiedlich großen Vertiefungen. An den Stellen, wo sich die Eisen überschneiden, entsteht ein glatterer dunkler Streifen, der einen dekorativen Effekt hat.

Geschnitten

Wird mit einer hydraulischen Schneidmaschine ausgeführt, die den Stein spaltet und eine raue Oberfläche mit Vertiefungen und Erhebungen schafft.

Gezahnt

Eine ältere Bearbeitungstechnik, die von Hand mit Hammer und Meißel ausgeführt wird, vor allem bei Kalkstein und Marmor. Sie wird hauptsächlich bei Einfassungen und Verzierungen angewendet.

Antikisiert

Patinierte, abgenutzt anmutende Oberflächen entstehen durch Hobeln, Schleifen oder Bürsten. Vor allem Kalkstein wird so bearbeitet.

TIPP!

Polierter Stein ist in der Regel widerstandsfähiger gegen Wasser, weil die glatte Oberfläche wasserabweisender ist. Allerdings ist ein polierter Stein auch rutschiger.

Stein imprägnieren

Zum Schutz der Oberfläche des Steins gibt es die Möglichkeit, ihn zu imprägnieren. Besonders wichtig ist dies bei Fußböden, aber auch bei Tisch-, Arbeits- und Küchenplatten, die einer stärkeren mechanischen Beanspruchung ausgesetzt sind. Bitte beachten Sie die Herstellerangaben, damit Sie die richtige Imprägnierung für Ihr spezielles Produkt verwenden, beispielsweise dort, wo Lebensmittel verarbeitet werden.

Kunststein

Terrazzo

Terrazzo ist keine Gesteinsart, sondern ein aus gebrochenem Naturstein hergestelltes künstliches Material. Es ist hart, langlebig und pflegeleicht und war in den Fünfzigerjahren sehr verbreitet. In jüngerer Zeit ist Terrazzo wieder populär und mittlerweile in vielen verschiedenen Farbvarianten erhältlich. Durch die harzhaltigen Substanzen in der Mischung ist er hitzeempfindlich, und da auch Zement enthalten ist, sind die Platten etwas schwerer als Naturstein. Bei der Verwendung im Innenbereich ergeben sich dadurch höhere Anforderungen an Möbelkonstruktionen, Bodenbalken, Unterbauten und so weiter. Außerdem besteht ein gewisses Risiko der Rissbildung. Allerdings ist Terrazzo oft viel billiger als Naturstein und die Auswahl groß.

Quarzkomposit

Auf dem Markt gibt es mehrere markenrechtlich geschützte Quarz-Verbundstoffe. Ohne ins Detail über ihre jeweiligen Eigenschaften zu gehen, basiert die Herstellung darauf, dass Naturstein (hauptsächlich Quarz, daher der Sammelbegriff) zermahlen, mit Farbpigmenten und Bindemitteln vermischt und dann zu einer Platte gepresst und geformt wird. Einige dieser Verbundsteine sind so hitzebeständig, dass man Kochtöpfe daraufstellen kann, während andere der Hitze nicht so gut standhalten. Solche Arbeitsplatten sind unglaublich widerstandsfähig gegen Schmutz und Flecken.

Beton

Beton ist keine Gesteinsart, sondern wird aus Sand und Kies oder zerkleinertem Gestein hergestellt, das mit Wasser und Zement vermischt wird. Der Baustoff Beton ist hitze-, kälte- und feuchtigkeitsresistent. Außerdem ist er pflegeleicht und langlebig. Das macht ihn heutzutage zu einem beliebten Element im Möbel- und Innenausbau, zum Beispiel in Form von Platten von Couchtischen, Beistelltischen und Kommoden.

Beton ist grundsätzlich ein saugfähiges Material. Betonwachs bietet zusätzlichen Schutz vor Schmutz und Kratzern und sättigt die Oberfläche. Darüber hinaus stehen Ihnen verschiedene Oberflächenbehandlungen zur Verfügung, zum Beispiel polierter oder nass geschliffener Beton, wodurch unterschiedliche Effekte erzielt werden können.

Leder

Leder ist ein Oberbegriff für ein natürliches Material, das aus Tierhäuten hergestellt wird. Seine Vorteile sind seine Formbarkeit und Haltbarkeit, und es ist wasserdampfdurchlässig. Richtig gegerbt und gepflegt hält es obendrein lange und wird mit den Jahren immer schöner. Je nachdem, von welchem Tier die Haut stammt und wie sie behandelt wurde, hat das Leder unterschiedliche Eigenschaften und Qualitäten. Hier möchte ich einen kurzen Überblick über die gängigsten Lederarten geben, wofür sie bei Möbeln am häufigsten verwendet werden und warum.

Nubukleder/Nubuk

Eine Ledersorte, bei der die Narbenseite (der äußerste Teil der Haut, an dem sich die Haare befanden) leicht angeschliffen wurde, um eine matte, fast pfirsichähnliche Textur zu erhalten. Es ähnelt Wildleder,

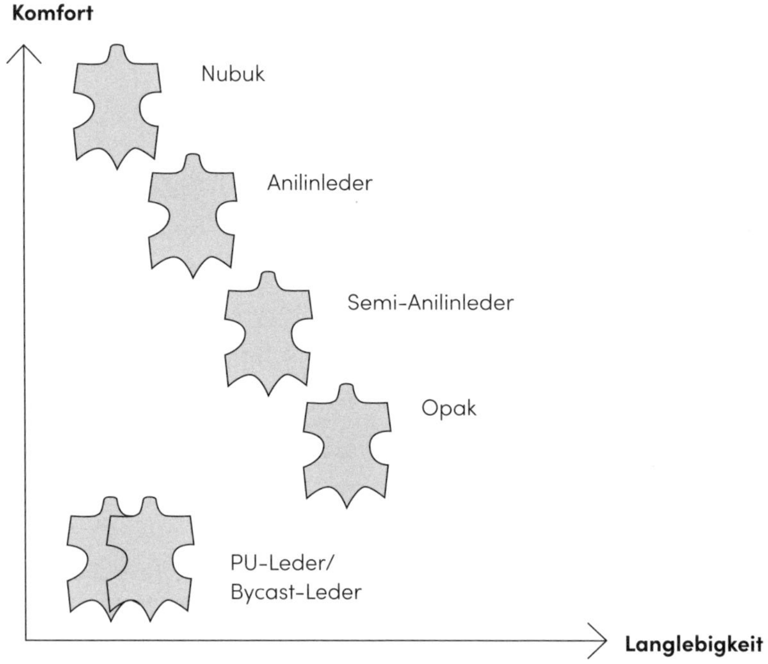

das jedoch auf der Fleischseite der Haut hergestellt wird. Nubuk ist weich und glatt, aber empfindlich und fleckenanfällig. Überdies ist es nicht sehr lichtbeständig.

Anilinleder

Anilinleder ist ein natürliches, durchgefärbtes Leder ohne Deckschicht oder Lack, das zum Schluss eine leichte Schutzbehandlung gegen Verschmutzungen und Flecken erhält. Anilinleder wird aus vollnarbigen (nicht ausgebesserten) Häuten hergestellt und zeichnet sich durch seine exklusive weiche Oberfläche und einen hervorragenden Sitzkomfort aus, der auch eine gleichmäßige Temperatur beibehält. Da das Leder nicht ausgebessert oder zugerichtet wird, gehören natürliche Spuren wie Insektenstiche und Narben zu seinem einzigartigen und natürlichen Aussehen. Durch den Verzicht auf eine Farb- oder Lackbeschichtung bleibt das Leder atmungsaktiv und entwickelt mit der

Zeit eine feine Patina. Um diese zu erhalten, muss es regelmäßig mit Pflegemitteln behandelt werden (genau wie menschliche Haut).

Anilin ist zwar empfindlich gegen Feuchtigkeit und bekommt leicht Flecken, aber mittlerweile gibt es gute Pflegeprodukte, mit denen man die Spuren eines Malheurs entfernen kann. Fettige Produkte, die nicht trocknen, sollten Sie vermeiden, dadurch wird das Leder nämlich dunkler, und an der glänzenden Oberfläche bleiben Fett, Staub und Schmutz leichter haften. Wenn Sie Ledermöbel auf dem Gebrauchtmarkt kaufen, empfiehlt es sich, auf dunklere Stellen im Kopf-/Nackenbereich und an den Armlehnen zu achten. Das ist ein Zeichen dafür, dass Hautfett in das Leder eingedrungen ist und es gereinigt werden sollte.

Semi-Anilinleder

Semi-Anilinleder ist ein vollnarbiges Anilinleder (die Narbe ist die harte Seite des Leders), das mit einer dünnen Schicht Farbe und Lack behandelt wurde, damit es gegen Flecken und Schmutz resistenter ist. Es hat eine natürliche Textur und erfordert weniger Pflege als etwa Anilin. Dank seiner dünnen Beschichtung ist das Leder außerdem schmutz- und wasserabweisend sowie lichtbeständig und bietet gleichzeitig einen sehr hohen Sitzkomfort.

Oberflächengefärbtes Leder

Wird auch pigmentiertes Leder genannt und ist wie Anilin und Semi-Anilin in einer Vielzahl von Farben und Schattierungen erhältlich. Das

WUSSTEN SIE, DASS …?

Die Elastizität von Leder hängt davon ab, von welchem Teil der Tierhaut das jeweilige Stück stammt. In der Nähe der Wirbelsäule des Tieres ist es am wenigsten flexibel, weiter außen dagegen ist die Dehnbarkeit größer

Leder wird mit zusätzlicher Farbe und Lack behandelt und ist dadurch haltbar, schmutz- und wasserabweisend und lichtbeständig.

Durch die Oberflächenzurichtung ist es zwar nicht atmungsaktiv, lässt sich dafür aber besser abwischen und pflegen. Wie bei allen natürlichen Materialien ist eine gewisse Pflege erforderlich, um das Aussehen und die Eigenschaften zu erhalten – auf die richtigen Pflegeprodukte kommt es an. Vermeiden Sie fettige Produkte, die nur auf der Oberfläche bleiben und nicht trocknen. Dieses Leder ist in seiner natürlichen Struktur erhältlich, aber es kann auch geprägt werden.

Spaltleder, Bycast, Lederfaserstoff (Lefa), PU-Leder

Spaltleder ist der untere Teil der Haut, der beim Spaltprozess übrig bleibt. Bei diesem Prozess wird die Haut vor dem Gerben mechanisch in Schichten geteilt. Der obere Teil wird als Narbenleder und der untere Teil als Spaltleder bezeichnet. Spaltleder wird oft für billigere Artikel sowie für Schuhe, Gürtel, Arbeitshandschuhe usw. verwendet.

Bycast wird in der Regel aus Spaltleder hergestellt, auf das eine Polyurethanfolie aufgetragen wird, um eine glänzende, kunststoffähnliche Oberfläche zu erhalten. Allerdings war es lange schwierig, mit Bycast-Leder weichere Formen zu erzielen. Dann kam jemand auf die Idee, statt Spaltleder ein Textilgewebe auf der Rückseite zu verwenden, um das Material weicher und formbarer zu machen. Bycast ist billiger und pflegeleichter als echtes Leder, aber auch etwas steifer und nicht so flexibel. Außerdem kann die äußere Schicht mit der Zeit abblättern.

Lederfaserstoff wird meistens aus den Resten des Spaltvorgangs hergestellt. Diese Reste ähneln »Schnitzeln«, die mit einem Bindemittel vermischt und zu »Platten« gepresst werden, die dann mit dem gewünschten Muster geprägt und der gewünschten Farbe gefärbt werden.

PU-Leder ist ähnlich wie Kunstleder im Wesentlichen ein künstliches Material, das hauptsächlich aus einer Polyurethan-Oberfläche mit einem Textilgewebe auf der Unterseite besteht. Manchmal wird die Unterseite mit Lederfasern beschichtet, damit das Produkt noch lederähnlicher aussieht. Das sogenannte vegane Leder ist häufig ein aus Polyurethan hergestelltes Kunstleder.

Achtung! Es ist wichtig, dass diese gemischten Materialien mit speziellen dafür geeigneten Produkten gepflegt werden und nicht mit solchen für herkömmliches Leder.

Kunstleder (Skai) Skai®
Ein aus mit Polyurethan beschichteten Textilien hergestelltes Kunstleder. Es ist etwas härter als Leder und riecht eher nach Plastik.

Gerben

Der Prozess, bei dem einem Tier die Haut abgezogen und das Material bearbeitet wird, um das Zersetzen zu verhindern und das Leder weich und geschmeidig zu machen. Das Verfahren wird auch Fellaufbereitung genannt. Dieser Prozess kann auf verschiedene Arten durchgeführt werden und wurde im Laufe der Jahre durch die steigenden Anforderungen an Umweltmanagement und die nachhaltige Produktion erheblich verfeinert. Früher handelte es sich um ein ziemlich schmutziges Gewerbe, da starke Chemikalien und Schwermetalle verwendet wurden, die für die Natur, aber auch für die Gerber und die Endverbraucher des Produkts schädlich sein konnten.

Bei pflanzlich gegerbtem Leder wird die Konservierung mit Rinde statt mit Chrom durchgeführt. Dieser Prozess ist langsamer und anspruchsvoller, daher ist das Leder oft ein wenig teurer als bei der traditionellen Chromgerbung. Es ist umweltfreundlicher, verleiht dem Leder aber nicht die gleichen Eigenschaften wie chromgegerbtes Leder und kann daher nicht für alle Arten von Möbeln verwendet werden. Chromgegerbtes Leder ist flexibler, altert aber nicht immer so schön wie pflanzlich gegerbtes Leder.

Die gesetzlichen Bestimmungen bezüglich der erlaubten Stoffe und der Art und Weise, wie sie behandelt werden müssen, bevor sie in die Umwelt gelangen, sind von Land zu Land unterschiedlich. Wenn Sie ein Möbelstück mit Lederbestandteilen kaufen, sollten Sie immer fragen, wie und wo es gegerbt und gefärbt wurde. Vergewissern Sie sich, dass das Leder Ihres Möbelstücks aus zertifizierten Gerbereien stammt, die die REACH-Verordnung erfüllen, und der Hersteller garantiert, dass es kein sechswertiges Chrom enthält. Sechswertiges Chrom ist in der EU schon seit vielen Jahren verboten, in Gerbereien außerhalb der EU und Amerikas, hauptsächlich in Südamerika, Indien und Asien, jedoch immer noch weit verbreitet.

Ein Tipp, wenn Sie hundertprozentig sicher sein wollen, dass Sie Leder kaufen, das nicht mit sechswertigem Chrom gegerbt wurde: Kaufen Sie Möbel mit Leder, das in der EU hergestellt wurde, wo die Gerberei den gesamten Produktionsprozess innehat.

Erkundigen Sie sich außerdem, ob das Leder mit Flammschutzmitteln oder allergenen Schimmelschutzmitteln behandelt wurde, da dies zu Problemen führen kann, wenn man mit nackten Körperteilen auf den Möbeln sitzt (etwa wenn man Shorts oder ein T-Shirt trägt).

»Einige Kratzer und Risse auf der Haut sind erlaubt, da dies davon zeugt, dass die Kuh im Leben ein bisschen Freiheit gehabt hat.«

Börge Lindau, Blå Station

Textilien

Im alltäglichen Sprachgebrauch werden Textilien oft einfach als Stoffe bezeichnet. Die Bezeichnung ist ein Sammelbegriff für Produkte aus Textilfasern, die gewebt oder zu Materialien verarbeitet wurden, die sich für Möbel und Raumgestaltung eignen. Um die Eigenschaften der verschiedenen Textilien besser zu verstehen, können sie je nach Herkunft der Textilfasern in verschiedene Gruppen eingeteilt werden. Dies ist ein Bereich, der sich nicht zuletzt aus Gründen des Umweltschutzes stark entwickelt, und wenn man sich diese Einteilung anschaut, ist es leichter zu verstehen, warum.

NATURFASERN

- **Pflanzenfasern**
  - **Samen und Früchte**: Baumwolle, Kapok, Kokos
  - **Stängel- oder Bastfasern**: Hanf, Jute, Leinen, Bambus, Sisal
- **Tierische Fasern**
  - **Fellfasern**: Schafwolle, Alpaka, Angora, Mohair, Kaschmir, Rosshaar
  - **Drüsensekrete**: Maulbeerseide, Wildseide

KUNSTFASERN

- **Regeneratfasern**
  - **Zellulosefasern**: Viskose, Bambusviskose, Cupro, Modal, Tencel/Lyocell
  - **Zelluloseacetate**: Acetat, Triacetat
- **Chemiefasern**: Akryl, Elasthan, Polyamid, Polyester, Polyeten, Polypropen, Vinalon
- **Anorganische Fasern**: Glasfasern, Metallfasern

Naturfasern

Sie werden aus Pflanzenteilen und Tieren gewonnen und oft auch als Naturfasern bezeichnet. Es handelt sich um nachwachsende Rohstoffe, denn es wachsen ständig neue Pflanzen, und Tiere werden geboren. Aber je nachdem, wie die Pflanzen angebaut werden und wie sorgsam man mit den Tieren umgeht, gibt es möglicherweise bessere oder schlechtere Alternativen.

Pflanzenfasern

SAMEN UND FRÜCHTE

Die erste Unterkategorie der Pflanzenfasern sind die aus Samen und Früchten gewonnenen Fasern.

Baumwolle

Baumwolle wird vom Baumwollstrauch gewonnen. Es handelt sich um die Samenkapsel unter der Baumwollblüte, die das Material produziert, das wir Baumwolle nennen. Von den mehr als zwanzig Arten der Baumwollfamilie werden hauptsächlich vier kommerziell angebaut. Zu den Vorteilen des Materials gehören seine Stärke, Haltbarkeit und Flexibilität. Es kann gewaschen werden und leitet Feuchtigkeit und Wärme ab. Allerdings läuft Baumwolle beim Waschen ein, sie ist nicht dehnbar und knittert leicht. Außerdem wird für den Anbau viel Wasser benötigt und im Vergleich zu anderen Textilmaterialien ein höherer Anteil an Chemikalien in Form von Dünge- und Pflanzenschutzmitteln, um Schädlinge in Schach zu halten. Obwohl es also ein Naturprodukt ist, ist es möglicherweise nicht das Beste für die Umwelt oder für Sie. Deshalb wird die Verwendung von Baumwolle aus kontrolliert biologischem und nachhaltigem Anbau empfohlen. Je länger und dünner die Baumwollfasern sind, desto stärker, glänzender und glatter sind das Garn und der Stoff. Baumwolle kann mit verschiedenen Techniken zu Stoffen wie Flanell, Perkal, Satin, Popeline, Frottee, Cord und

Denim gewebt werden. Sie haben unterschiedliche Eigenschaften, bestehen aber aus demselben Grundmaterial, nämlich Baumwolle, ohne Zusatz von Kunstfasern.

Kokos

Bei der Kokosfaser handelt es sich um eine Samenfaser von der Kokosnuss. Aus ihr entsteht ein leichtes und poröses Material, das unter anderem in Polstermöbeln und Teppichen verwendet wird. Es gibt braune und weiße Kokosfasern. Braune werden aus reifen Kokosnüssen und weiße aus unreifen gewonnen. Die Kokosfaser wird fest verdrillt, damit sie sich kräuselt und widerstandsfähig ist. Der weichere und feinere Teil der Fasern aus der Kokosnussschale, auch Edelfaser genannt, ist das Elancrin. Die braune Faser wird beispielsweise als Polsterfaser in Sitzmöbeln und Matratzen und in Teppichen verarbeitet, die weiße oft zur Herstellung von Seilen und Bürsten verwendet.

Kapok

Kapokfasern sind aus dem Samen des in den tropischen Regenwäldern Süd- und Mittelamerikas, Indiens und des westlichen Afrikas wild wachsenden Baumes *Ceiba pentandra* gewonnene Samenfasern. Kapok enthält etwa 80 Prozent Luft und ist damit die leichteste Naturfaser der Welt. Sie ist achtmal leichter als Baumwolle. Am häufigsten wird sie als Füllung in Bettdecken, Kissen und Matratzen verwendet. Die Fasern haben antibakterielle Eigenschaften, weshalb sie sich häufig für Allergiker eignen.

STÄNGEL-UND BASTFASERN

Stängel- und Bastfasern werden zum Beispiel aus Flachs- und Hanfpflanzen gewonnen und unterscheiden sich von den Samenfasern, da ihre Gewinnung oft aufwendiger ist.

Flachs

Für den Anbau von Flachs werden nur wenig Wasser und Pestizide benötigt, was ihn von Natur aus nachhaltiger macht als viele andere

Textilmaterialien. Flachsfasern sind sehr saugfähig, können aber nicht bei hohen Temperaturen gewaschen werden. Stoffe aus Flachs knittern stark, werden bei Gebrauch weicher und haben einen schönen Glanz. Hochwertiges Leinen fühlt sich etwas »dicker« und angenehmer an, während ein minderwertiger Leinenstoff eher trocken und rau ist und nicht über den Glanz eines hochwertigen Leinenstoffs verfügt. Das Kaltmangeln verleiht Leinen einen besonders schönen Glanz.

Hanf

Die Fasern befinden sich in der Stängelrinde und können mechanisch oder chemisch zu Textilfasern verarbeitet werden. Die Pflanze ist widerstandsfähig und wächst auch auf nährstoffarmen Böden schnell. Sie ähnelt dem Flachs, hat aber längere Fasern, die in verschiedenen Stärken gesponnen werden können. Aus Hanf werden zum Beispiel Sattelgurte hergestellt.

Jute

Jute, Sackleinen oder Rupfen wird aus den Fasern von *Corchorus capsularis* (weiße Jute) oder *Corchorus olitorius* (rote Jute) hergestellt, also von dem in tropischen Regionen beheimateten Strauch. Sie ist strapazierfähig und langlebig und wird für Teppiche, Sitze und Polstermöbel verwendet. Aufgrund des enthaltenen Lignins vergilbt die Jutefaser und wird brüchig, wenn sie dem Licht ausgesetzt wird – genau wie Zeitungspapier in der Sonne.

Sisal

Eine starke, grobe und widerstandsfähige Faser, die hauptsächlich in Afrika angebaut wird. Sie wird für Teppiche, Läufer, Seile, grobe Stoffe und Körbe verwendet.

Tierische Fasern

FELLFASERN

Tierische Fasern werden in der Innenarchitektur für Kleidung, Textilien, Decken und Teppiche verwendet.

Schafwolle

Wolle (oder Schurwolle) aus dem gelockten Fell des Schafs ist unterschiedlich lang und dünn. Die Wolle wird beim lebenden Tier geschoren und muss dann sortiert und kardiert werden, bevor sie zu Garn gesponnen wird. Je nachdem, wie gut das Fell des Tieres ist und wie gut die Wolle sortiert und verarbeitet wird, variiert die Qualität. Allen Wollfasern ist gemein, dass sie viel Luft enthalten, was das Material wärmeisolierend macht. Wolle ist überdies knitterfrei. Beim Waschen schrumpft sie und sollte daher mit Vorsicht gereinigt werden. Einen Fleck auf einem Polster oder Teppich mit Wolle sollten Sie niemals abrubbeln, da dadurch die Fasern verfilzen können. Je feiner die Wolle, desto größer ist die Pilling-Gefahr.

Alpakawolle

Die Fasern stammen von einer Lama-Art, dem Alpaka, und sind sehr lang, manchmal bis zu 10 Zentimeter. Daher kratzt Alpakawolle nicht und bildet kaum Knötchen. Außerdem ist sie weich und glänzend.

Angorawolle

Sie stammt von Kaninchen und hat eine feine Faserstruktur, wodurch sie weicher und wärmer ist als viele andere Wollsorten. Angorawolle wird sowohl geschoren als auch gerupft. Achten Sie also darauf, tierleidfreie Angorawolle zu kaufen, auch wenn sie ein bisschen mehr kostet. Kaninchenwolle enthält im Gegensatz zu Schafwolle kein Fett.

Kaschmirwolle

Stammt von Ziegen, ursprünglich aus der indischen Region Kaschmir.

Mohairwolle

Mohair ist eine Wollfaser von der Angoraziege und gehört zu den weichsten und luxuriösesten Garnqualitäten, die es gibt. Sie wird oft für exklusive Decken und Kissen verwendet.

Merinowolle

Merinowolle stammt von einer für eine hohe Wollproduktion gezüchtete Hausschaf-Rasse. Achten Sie auf zertifizierte Merinowolle, die ohne Mulesing gewonnen wurde, denn dabei werden den Schafen ohne Betäubung rund um den After Hautstücke entfernt, um einem Befall mit Fliegenlarven vorzubeugen, und der Schwanz wird kupiert.

Ross- und Rinderhaar

Gebräuchlich ist vorwiegend Rosshaar, aber auch Haar von Hausrindern kommt zum Einsatz. Mähnenhaar von Pferden ist weich und wenig elastisch. Das Haar aus Pferdeschweifen ist stark und widerstandsfähig, das von Rinderschwänzen weich und nicht elastisch. Die Haare werden lebenden Tieren abgeschnitten. Haare von toten Tieren fehlen Glanz und Elastizität. Rosshaar ist ein gängiges Polstermaterial für Sitzmöbel und Matratzen, wird aber auch zum Binden von Bürsten verwendet. Rosshaar wird so verarbeitet, dass es lockig und geschmeidig wird.

DRÜSENSEKRETE

Maulbeerseide

Wird von der Raupe des Seidenspinners gewonnen, die sich von den Blättern des Maulbeerbaums ernährt. Um eine gleichbleibend hohe Qualität zu gewährleisten, werden die Seidenraupen unter kontrollierten Bedingungen gezüchtet und mit Maulbeerblättern gefüttert. Die Larve scheidet ein Sekret aus und spinnt sich in einen Kokon ein. Ein einzelner Kokon besteht aus einem Seidenfaden, der bis zu 3000 Meter lang sein kann. Ist die Raupe nach ihrem einmonatigen Leben mit dem Spinnen fertig, wird der Kokon in kochendes Wasser gelegt, um sie zu töten. Dieser Faden wird sorgfältig verarbeitet und dann zu Garnen verzwirnt, aus denen eine Vielzahl von Textilien gewebt werden kann, hauptsächlich Seidenstoff. Namen wie Twill und Organza sind Beschreibungen für verschiedene Webmethoden. Seide reagiert empfindlich auf hohe Temperaturen und sollte lieber chemisch gereinigt werden. Da es ein exklusives und relativ teures Material ist, behandeln einige Hersteller die Seidenfäden mit Metallsalzen, um mit einem geringeren Anteil an Seide die gleiche Haptik zu erreichen. Das verleiht dem Stoff einen schweren Faltenwurf, birgt aber das Risiko, dass der Stoff stärker verknittert und nicht so lange hält.

Wildseide

Tussah-Seide stammt von einer Seidenraupe, die sich von Eichenblättern ernährt. Da die wilden Seidenraupen ungleichmäßiger fressen als die kultivierten Raupen, variiert die Farbe. Die Fäden der Wildseide sind auch gröber und ungleichmäßiger als Maulbeerseide. Thai-Seide beispielsweise wird oft aus Wildseide gewebt und weist deshalb eine natürliche Unregelmäßigkeit auf.

TIPP!

Erkundigen Sie sich immer, wie Polster und Textilien aufbereitet wurden. Sofabezüge, Sesselbezüge und Teppiche können mit PFC/PFAS behandelt sein, um sie wasser- und schmutzabweisend zu machen, oder auch mit Flammschutzmitteln. Suchbegriffe für eine weiterführende Recherche wären etwa »PFC-frei«, »PFAS-frei«, »hochfluorierte Stoffe« und »Fluorkohlenwasserstoffe«.

Kunstfasern

Fasern, die nur durch Menschenhand hergestellt werden können, nennt man Kunstfasern. Es gibt zwei verschiedene Arten: Viskose oder Regeneratfasern, die aus Zellulose (von Bäumen) hergestellt werden, und Kunstfasern, die aus Erdöl gewonnen werden. Erdöl ist eine endliche Ressource, daher wird es als nicht erneuerbarer oder fossiler Brennstoff bezeichnet.

Regeneratfasern

Sie werden aus Zellulose aus den Zellwänden von Pflanzen (unter anderem Fichte) hergestellt und können mithilfe von Chemikalien in eine Spinnlösung umgewandelt werden.

Regeneratfasern sind in trockenem Zustand oft robust, werden aber durch Flüssigkeit beeinträchtigt. In diesem Bereich wird viel Forschung und Entwicklung betrieben. In der Möbelherstellung werden häufig Viskose, Bambusviskose, Cupro (vegane Seide), Modal, Lyocell / Tencel™, Celluloseacetat (Futterstoff) und Triacetat (Füllmaterial) verwendet.

Chemiefasern

Sie werden in der Regel aus fossilen Rohstoffen wie Erdöl hergestellt. Beim Erhitzen werden sie weich und können daher nicht bei hohen Temperaturen gebügelt werden. Außerdem reagieren sie teilweise empfindlich auf Sonnenlicht und sollten daher nicht für Gardinen verwendet werden. Einige gängige Beispiele für in Möbeln und Einrichtungsgegenständen verwendete Chemiefasern sind Acryl, Elasthan (dehnbar und flexibel), Polyamid (lichtempfindlich), Polyester (knitterarm), Polyethylen, Polypropylen und Vinylfasern.

Anorganische Fasern

Kohlenstofffasern, Glasfasern, polymere optische Fasern und Metallfasern. Sie werden hauptsächlich zur Wärmedämmung und als Schalldämpfer verwendet, aber auch für Vorhänge und Dekorationsmaterialien in öffentlichen Räumen. Textilien mit Metall werden zum Beispiel auch als Sonnenschutz in Vorhängen verwendet.

Mischungen

Textilfasern werden sowohl einzeln als auch in verschiedenen Mischungen miteinander verwoben, um unterschiedliche Qualitäten zu erzeugen. Wenn Fasern gemischt werden, können sich ihre Eigenschaften gegenseitig ergänzen und verstärken.

Metalle und Legierungen

Stuhlbeine, Tischbeine, Regalträger, Beschläge, Nägel, Schrauben und Muttern. Das sind nur einige von vielen Beispielen, wenn wir über Metalle und Legierungen bei Möbeln reden. Hier ein Schnelldurchlauf:

Aluminium
Aluminium ist ein langlebiges und leichtes Metall mit einem guten Verhältnis von Materialstärke und Gewicht. Es hält sowohl Frost als auch Regen stand und wird daher häufig für Möbel verwendet, die ganz oder teilweise im Freien stehen. Aluminium ist zu hundert Prozent recycelbar. Bei diesem Prozess verliert das Metall nicht an Qualität und kann daher unendlich oft recycelt werden.

Aluminium gilt zwar oft als rostfreies Metall, aber das stimmt nur innerhalb eines pH-Wertes von 4 bis 9. Wenn Aluminium mit einem edleren Metall (wie Kupfer, Zink und einigen Stahlsorten) in Berührung kommt, baut sich das Aluminium unter Umständen ab, weshalb es in einem Möbelstück oder einem Einrichtungsgegenstand nicht beliebig mit anderen Materialien kombiniert werden darf.

Stahl

Stahl ist eine Eisenlegierung, die in verschiedenen Qualitäten hergestellt wird. Dank seiner hohen Biegefestigkeit lassen sich aus Stahl Möbel und Gestelle herstellen, die eine gewisse Flexibilität bieten. Er ist vollständig recycelbar, rostet aber, wenn die Oberfläche nicht behandelt und mit einer Schutzschicht versehen wird. Zum Schutz vor Korrosion kann Stahl zum Beispiel verzinkt oder feuerverzinkt werden. Dadurch braucht das Material keine Pflege und seine Lebensdauer wird verlängert.

Edelstahl

Edelstahl ist eine sehr korrosionsbeständige Eisenlegierung mit hohem Chromanteil. Er hat eine glatte Oberfläche, und Möbel aus Edelstahl sind in der Regel auch bei schlanken Rohrprofilen überaus stabil. Wird Edelstahl hohen Temperaturen ausgesetzt, etwa beim Schweißen, verliert er seinen Korrosionsschutz. Um diesen Korrosionsschutz an den Schweißstellen wiederherzustellen, sollte Edelstahl gebeizt werden. Er ist äußerst formbar und lässt sich auch bei niedrigen Temperaturen biegen und bearbeiten. Verwenden Sie zum Reinigen von Möbelteilen aus Edelstahl niemals Stahlwolle oder Metallschwämme, da sie die Oberfläche verkratzen und beschädigen können.

Gusseisen und Schmiedeeisen

Gusseisen wird häufig für Beschläge, Träger, Gartenmöbel und Kochgeschirr verwendet. Der Werkstoff ist robust, wird aber wegen seines Gewichts nicht in größeren Mengen, sondern eher als Detail oder Bauteil von Möbeln und Einrichtungsgegenständen verwendet. Gartenmöbel aus Gusseisen sind stabil und halten daher auch starkem Wind stand, lassen sich andererseits nur schwer bewegen. Das Material hält hohe Temperaturen und Druck gut aus, reagiert aber empfindlich auf Stöße und Schläge. Der Unterschied zwischen Gusseisen und

Schmiedeeisen liegt hauptsächlich im Kohlenstoffgehalt, der bei Gusseisen höher ist. Durch den niedrigeren Kohlenstoffgehalt ist Schmiedeeisen weicher und lässt sich beim Schmieden besser bearbeiten.

Messing

Messing ist eine der ältesten Metalllegierungen und eine Mischung aus Kupfer und Zink. Je mehr Zink das Messing enthält, desto besser widersteht es Korrosion. Die Farbe variiert je nach Kupfergehalt von weiß-gelb bis rötlich-braun. Messing ist nicht magnetisch. Da es sich schon bei niedrigen Temperaturen gut formen lässt, nicht rostet und hart genug ist, um gefräst, gestanzt, gegossen und gedreht zu werden, wird Messing für alles Mögliche verwendet, von Beschlägen und Türgriffen bis hin zu Lampen, Kerzenhaltern, Schmuck und Armaturen. Wegen seiner schimmernden gelben Farbe wurde Messing früher auch das Gold des armen Mannes genannt.

Wenn es nicht geputzt wird, dunkelt Messing mit der Zeit nach und wird durch Feuchtigkeit oder Fingerabdrücke fleckig, aber durch Polieren kann das Material relativ leicht wieder in seinen ursprünglichen Zustand versetzt werden. Gegenstände aus Messing erfordern daher eine regelmäßige Pflege, um ihre ursprüngliche Schönheit zu bewahren.

Kupfer

Kupfer ist ein im Erdreich vorkommendes und in Kupfererz gebundenes chemisches Element. Der Werkstoff hat eine hellrote Farbe. Nach einiger Zeit bekommt er eine Oxidschicht, die eine grüne, narbige Patina bildet. Kupfer kann beliebig oft umgeschmolzen und von Verunreinigungen befreit werden. Aufgrund seiner ausgezeichneten Leitfähigkeit wird das Material auch in der Elektronik verwendet.

Kupfer zieht sich wie ein roter Faden durch die schwedische Geschichte. Mitte des 17. Jahrhunderts war die Kupfermine von Falun die größte in Europa. Das Erz war ein wichtiges, profitables Exportgut für Schweden und beeinflusste die Wirtschaft des Landes ganz erheblich. Das weltberühmte Falun-Rot ist ein Nebenprodukt der Kupferproduktion, und die roten Häuschen mit den weißen Rahmen und

Schmuckelementen sind zu einem schwedischen Markenzeichen geworden.

Zinn

Zinn ist ein silberweißes metallenes Element, das hauptsächlich aus dem Mineral Zinnstein oder Kassiterit gewonnen wird, das beispielsweise in Granit oder Schiefer vorkommt. Weil Zinn einen so niedrigen Schmelzpunkt hat, wird es oft zum Gießen verwendet. Zinn oxidiert nicht mit Sauerstoff, wird aber von Basen und Säuren angegriffen. Zinngegenstände sollten nicht unter 10 Grad Celsius gelagert werden, da dies die Oberfläche des Materials beschädigen kann. Dieses Phänomen wird Zinnpest genannt. Zinn ist ein weiches Material und sollte mit Vorsicht behandelt werden. Im Allgemeinen wird die Verwendung von Politur bei Zinn nicht empfohlen, da es leicht verkratzt.

Glas

Glas ist zwar durchsichtig, aber trotzdem ist noch lange nicht immer ganz glasklar, woraus es besteht und welche Eigenschaften es in Sachen Sicherheit aufweist. Glas wird aus drei Hauptrohstoffen hergestellt: Sand (Kieselerde), Soda (Natriumkarbonat) und Kalk (Kalziumkarbonat), die gemischt, erhitzt und dann abgekühlt werden. Durch verschiedene Zusätze werden dem Material unterschiedliche Eigenschaften verliehen, die sich zum Beispiel auf die Farbe, das Gewicht, den Glanz und die Widerstandsfähigkeit auswirken.

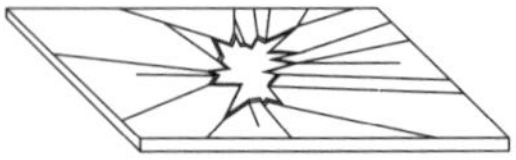

Beispiel für ein Bruchmuster bei einem Glas ohne Sicherheitseinstufung. Wenn das Glas bricht, bilden sich große und scharfe Scherben.

Einscheiben-Sicherheitsglas (Temperglas)

Da Glas empfindlich auf Stöße, Schläge, Kratzer, mechanische Beanspruchung, große Hitze und ungleichmäßigen Druck reagiert, sollte man nach Möglichkeit immer gehärtetes Sicherheitsglas wählen. Wenn gehärtetes Glas zerbricht, wird es in zahlreiche kleine Kugeln pulverisiert, bei denen die Gefahr von Schnittverletzungen sehr gering ist. Bei herkömmlichem Glas hingegen können die Splitter und Scherben groß und messerscharf sein, was zu schweren Verletzungen führen kann. Thermisch vorgespanntes Sicherheitsglas wird auf etwa 650 Grad Celsius erhitzt und dann schnell abgekühlt. Dadurch entstehen Druckspannungen in der Oberflächenschicht und Zugspannungen in der Mitte, wodurch diese Glassorte robuster wird.

Gehärtetes Glas ist widerstandsfähig gegen Spannungen, verliert aber unter Umständen seine Festigkeit, wenn es zerkratzt wird. Seien Sie daher vorsichtig, wenn Sie raue Keramik und Gegenstände mit einer unebenen Unterseite auf gehärtetes Glas stellen – selbst durch kleine Kratzer kann das Glas bei großer Hitze oder Belastung unter Umständen zerbrechen. Googeln Sie einfach mal »Glastisch explodiert«, dann finden Sie Einträge, die bestätigen, dass das tatsächlich bisweilen passiert. Gehärtetes Glas ist relativ preiswert, muss aber maßgefertigt werden, da es nach dem Härten nicht mehr geschnitten werden kann.

Verbundsicherheitsglas

Zusätzlich zum Vorspannen kann die Schnittgefahr durch ein Laminierungsverfahren verringert werden, bei dem zwei oder mehr Glasscheiben mit Kunststofffolien versehen werden. So wird das Material zum einen härter, und sollte eine solche Scheibe zerbrechen, bleiben die Glassplitter zum anderen an der Kunststofffolie haften.

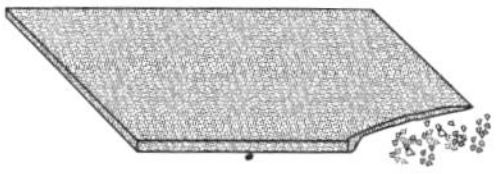

Beispiel für das Bruchmuster von Einscheiben-Sicherheitsglas (Temperglas), das in winzige Stücke zerfällt.

Gefärbtes Glas

Durch das Einfärben der Glasmasse bei der Herstellung lassen sich verschiedene Effekte erzielen, zum Beispiel Rauchglas (bei Couchtischen und Arbeitsplatten verbreitet) oder getöntes Glas. Auch beim Laminieren von Sicherheitsglas ist es möglich, mit der Folie verschiedene Farbeffekte zu kreieren.

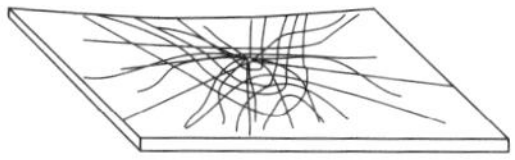

Beispiel für ein Bruchmuster bei Verbundsicherheitsglas. Die Folie hält die Glasstücke zusammen und verringert so das Schnittverletzungsrisiko.

Bleiverglasung

Bleiverglasung ist eine Form des Glasmosaiks, bei der mit farbigen Stücken, die entweder verlotet oder durch einen Bleistreifen zusammengehalten werden, Muster erzeugt werden. In der Möbelwelt findet man das bei älteren Vitrinen, aber auch bei Lampen. Blei und Bleiverbindungen sind giftig, deshalb sollten bei der Arbeit mit Bleiglas immer Handschuhe getragen werden, um den Kontakt zwischen dem Blei und der Haut zu vermeiden. Zerbricht eine Bleiverglasung, dürfen die einzelnen Teile nicht in den Müll oder das normale Glasrecycling geworfen werden, sondern müssen zu einem Recyclinghof gebracht werden.

Geätztes Glas

Geätztes Glas entsteht, indem Teile mechanisch aufgeraut werden, wodurch das Glas matt und milchig wird. Dies verwendet man häufig als Dekoration bei Vitrinen, Lampen und anderen Einrichtungsgegenständen.

Plexiglas®

Der Name Plexiglas® ist eigentlich irreführend. Zum einen, weil es sich nicht um Glas im eigentlichen Sinne, sondern um einen Kunststoff handelt, und zum anderen, weil es eigentlich ein Markenname für das Material Polymethylmethacrylat (PMMA) ist. Plexiglas® ist wesentlich stabiler als echtes Glas und wiegt weniger, weshalb Möbel, die ganz oder teilweise aus Plexiglas bestehen, erheblich leichter sind als solche mit echtem Glas. Das Material ist außerdem formbar und biegsam und lässt sich leicht einfärben. Allerdings ist Plexiglas anfälliger für Kratzer, und man sollte starke Reinigungsmittel vermeiden.

8

Zeitleiste

Als mein erstes Buch in 29 Sprachen übersetzt wurde, erkundigten sich viele ausländische Journalisten nach der skandinavischen Ästhetik. Wie unterscheiden sich unsere Häuser und Möbel vom Rest der Welt, und warum hat sich unsere Designsprache zu einem solchen internationalen Erfolg entwickelt?

Zuerst habe ich instinktiv so geantwortet, wie ich es schon viele andere vor mir sagen gehört habe: dass unser Motto *form follows function* laute, unsere Nähe zur Natur viele Designerinnen und Designer wahrscheinlich inspiriert und die demokratische Regierung in Schweden sicherlich dazu beigetragen habe, den Lebensstandard im schwedischen Wohlfahrtsstaat, dem *Folkhemmet*, zu erhöhen. Aber je öfter ich diese Erklärung wiederholte, desto mehr kam ich ins Grübeln. Wenn ich ehrlich bin, konnte ich diese vagen Aussagen kaum konkretisieren. Also beschloss ich, tief in unsere Designgeschichte einzutauchen.

Von der Armut zur Ästhetik

Wenn man sich die schwedischen Häuser von heute anschaut, kann man sich kaum vorstellen, dass zu Beginn des 20. Jahrhunderts Schweden tatsächlich den niedrigsten Lebensstandard in ganz Europa hatte. Im 19. Jahrhundert verdoppelte sich die Bevölkerung dank »Frieden, Kartoffeln und Impfstoff«, wie es der Dichter Esaias Tegnér ausdrückte. Gleichzeitig wurden wir mehrere Jahre von schlechten Ernten heimgesucht, wodurch die Versorgung immer schwieriger wurde. Weil Ackerland zunehmend knapper wurde, zogen immer mehr Schweden auf der Suche nach Arbeit in die Städte, was zu Beginn des 20. Jahrhunderts zu einem großen Arbeitskräfteüberschuss führte.

Viele Menschen hatten Schwierigkeiten, ihren Lebensunterhalt zu bestreiten, und lebten in ärmlichen, beengten und unhygienischen Verhältnissen. Überdies war das Wahlrecht damals einkommensabhängig, sodass das Einzige, was wirklich gedieh, die Unzufriedenheit der Bevölkerung war.

Deswegen wählten viele Menschen in der Hoffnung auf bessere Lebensbedingungen den Weg über den Atlantik. Zwischen 1860 und 1930 wanderten 1,4 Millionen Schweden aus, hauptsächlich nach Nordamerika.

Aber vielleicht machten ja gerade die, die zu Hause blieben, die längste Reise? Innerhalb von nicht einmal 75 Jahren hat es Schweden von ganz unten bis an die Spitze geschafft. 1975 war die Wohnungsnot behoben, und Schweden galt als eines der Länder mit dem weltweit höchsten Lebensstandard.

Die Entwicklung von der Armut zu der Ästhetik, für die Schweden weithin bekannt geworden ist, wurde durch eine Reihe politischer Reformen sowie durch Konjunkturpakete, staatlich finanzierte Wohnraumforschung, eine starke Zusammenarbeit zwischen verschiedenen Interessengruppen und Branchenverbänden und eine sorgfältige Arbeit im Bereich der staatlichen Verbraucheraufklärung vorangetrieben. Hier nun im Zeitraffer einige wichtige Meilensteine für alle an Raumgestaltung und Innendesign Interessierten.

1844
Gründung der Zeichenschule für Handwerker

1844 gründet Nils Månsson Mandelgren aus Schonen seine Sonntags-Zeichenschule für Handwerker an der Königlichen Akademie der Schönen Künste in Stockholm. Hier können Gesellen und Lehrlinge verschiedener Handwerksberufe an ihrem freien Tag (sonntags) Freihandzeichnen lernen und eine umfassendere künstlerische Ausbildung erhalten.

1845
Svenska Slöjdföreningen wird gegründet.

Da die sonntägliche Zeichenschule für Handwerker mit finanziellen Schwierigkeiten zu kämpfen hat, gründet Nils Månsson Mandelgren einen Verein, um sie finanziell zu unterstützen. Der Verein heißt Svenska Slöjdföreningen, Schwedische Handwerkervereinigung, und gilt als die weltweit älteste Organisation ihrer Art (heute ist sie als Svensk Form bekannt). Sie soll im Auftrag der Regierung die Qualität des schwedischen Handwerks sichern. Die Organisation übernimmt schon bald Mandelgrens Ausbildungsarbeit, und 1845 wird der Grundstein für die heutige Konstfack gelegt, die größte unabhängige und staatliche Universität Schwedens für Kunst, Design und Handwerk.

Mit anderen Worten: Schweden war ein Vorreiter bei der Gründung von Designverbänden und Hochschulen im Bereich dessen, was wir heute als Produktgestaltung oder Produktdesign bezeichnen.

1846
Reform zur Erleichterung unternehmerischer Tätigkeiten

In Schweden wird die sogenannte Fabrik- und Handwerksordnung etabliert, eine Industriereform, die das Zunftwesen beendet und das Recht, eine Fabrik (Manufaktur) zu betreiben, liberalisiert. Um eine dauerhafte Zusammenarbeit zu gewährleisten, schreibt der schwedische Staat den Handwerkern zur Wahrung ihrer gemeinsamen Interessen die Gründung eigener Verbände vor, sogenannter Fabrik- und Handwerksvereine. Womöglich legt gerade diese Auflage den Grundstein für die vielen Handwerksorganisationen und die Zusammenarbeit, von der wir im späteren Verlauf der Entwicklung des schwedischen Wohnungsbaus und Designs stark profitiert haben.

1867–1869
Die große Hungersnot

In dieser Zeit kommt es in Schweden und Finnland zu gravierenden Ernteausfällen und Missernten, die zu Hungersnot und Elend führen. Das Jahr 1867 ist auch als das Jahr der großen Schwäche oder das Jahr der Flechten bekannt, weil die Menschen in Ermangelung von Nahrungsmitteln Rindenbrot backen und Brei aus Flechten kochen. Während der Hungersnot und danach steigt in Schweden die Zahl der Auswandernden drastisch an.

1905

Die Zeitschrift des schwedischen Handwerksverbands erscheint zum ersten Mal (1932 wird sie in *Form* umbenannt). Sie wird auch heute noch publiziert und gilt als eine der wichtigsten und ältesten Zeitschriften

1907
Auswanderung und die Eigenheimbewegung

Zu Beginn des 20. Jahrhunderts wird in Schweden eine Studie zum Thema Emigration durchgeführt, um die massive Auswanderung einzudämmen. Ganz oben auf der Wunschliste der Bevölkerung stehen die Verringerung der Klassenunterschiede und die Verbesserung der Wohnverhältnisse, wodurch es zu wichtigen politischen Reformen und zur Verbreitung und damit zum durchschlagenden Erfolg der Bewegung für selbst genutztes Wohneigentum kommt. Im Rahmen eines Hausbauprogramms gewähren schwedische Städte und Gemeinden den Einwohnern vergünstigte Kredite für kostengünstige Standardhäuser, wenn der Hauseigentümer die Arbeiten selbst ausführt und das Haus in Eigenleistung baut.

1912 Wohnungskommission und Wohnungszählung

Als sich die Wohnungsfrage als heißes Eisen herausstellt, wird eine staatliche Wohnungskommission eingerichtet, die sich mit der Situation der Schweden und ihrer Wohnungen befassen soll. Neben der Inspektion und Untersuchung des Wohnungsbestands will die Kommission auch beratend tätig werden und billigere Bauweisen, einfachere Vorschriften und Kredite ermöglichen. In dieser Zeit wird auch die erste Bevölkerungs- und Wohnungszählung in Schweden durchgeführt.

1914 Arbeitsvermittlung zwischen Kunst und Industrie

Unter der Leitung von Elsa Gullberg gründet die Schwedische Handwerkervereinigung, Svenska Slöjdföreningen, eine eigene Agentur, die ähnlich wie eine Arbeitsvermittlung zwischen Künstlern und Industrie funktioniert. Man will damit die Qualität industriell hergestellter Produkte verbessern und schönere Alltagsgegenstände schaffen. Es wird darauf hingearbeitet, dass die billigen in der Fabrik hergestellten Produkte genauso hochwertig sind wie die teuren handgefertigten, damit auch die Arbeiterklasse Zugang zu Schönem hat und nicht nur zu Schund und »schlechten Kopien einer bürgerlichen Ästhetik«.

1917 Wohnausstellung in Liljevalchs

Die schwedische Handwerkervereinigung organisiert in der Kunsthalle Liljevalchs eine Wohnausstellung, damit die Arbeiterklasse von bekannten schwedischen Künstlern und Architekten entworfene einfache Möbel und Haushaltswaren zu einem erschwinglichen Preis erwerben kann. Im Vorfeld der Veranstaltung wird ein Wettbewerb ausgeschrieben, bei dem die teilnehmenden Designer und Unternehmen Objekte für die Ausstellung anfertigen sollen, die dann in 23 möblierten Räumen ausgestellt werden. Die Ausstellung wird zu einem Publikumserfolg, bei dem unter anderem Gunnar Asplund, Uno Åhrén und Carl Malmsten für Furore sorgen. Erwartet wurden 8000 Besucher, doch es kommen über 40 000. Kritiker bemängeln jedoch, dass die Hauptzielgruppe durch Abwesenheit glänzt; stattdessen schaffe diese Ausstellung einen neuen Einrichtungsstil für besser gestellte Menschen.

1918 Verband der Möbelhändler

In den 1910er-Jahren verlagert sich der Möbelhandel von lokalen Handwerkern auf spezialisierte Möbelhäuser mit industriell hergestellten Produkten.

Die wachsende Zahl von Möbelgeschäften führt schließlich zur Gründung eines Verbandes für Möbelhändler in Schweden, der die Interessen seiner Mitglieder durch einheitliche Preislisten, eine Regulierung des Verkaufs von der Fabrik bis zum Einzelhändler, Kurse und Schulungsprogramme sowie gemeinsame Werbekampagnen vertreten soll.

1919
Schönere Alltags-gegenstände

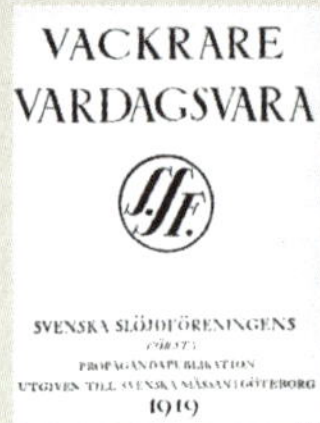

Gregor Paulsson verfasst für eine Ausstellung im Schwedischen Messe- und Kongresszentrum (Svenska Mässan) in Göteborg das wegweisende Buch *Vackrare vardagsvara* (»Schönere Alltags-gegenstände«), woraus die erste Werbepublikation des schwedischen Handwerkerverbandes entsteht. Paulsson spricht sich für die Zusammenarbeit von Künstlern und Handwerkern mit der Industrie aus, um die Qualität von Gebrauchs-gegenständen zu verbessern.

1922
Die SIS wird gegründet.

Die Schwedische Kommission für Industrienormung (heute SIS) wird mit dem Ziel gegründet, Standards zur Rationalisierung von Produktion und Handel zu entwickeln, ohne dabei wichtige Funktions- und Sicherheits-aspekte aus dem Blick zu verlieren.

1927

In Schweden findet zum ersten Mal eine Möbelmesse statt.

1928

Ministerpräsident Per Albin Hansson hält seine berühmte Rede über das *Folkhemmet*, den Wohlfahrtsstaat, der das Zuhause der Bürgerinnen und Bürger sein soll, in der er unter anderem das gleiche Recht aller auf eine gute Wohnsituation fordert.

1930
Die Geburt des Funktiona-lismus

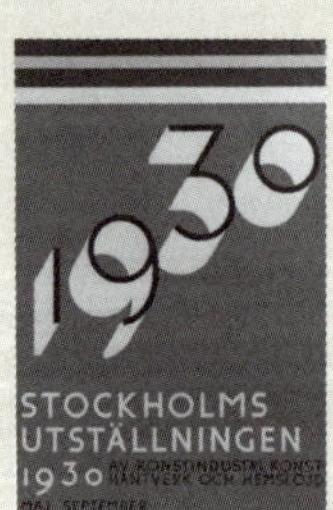

Um Anregungen für schwedische Architektur, Design und Handwerk zu präsentieren, organisieren die Stadt Stockholm und der schwedische Handwerks-verband die *Stockholmer Ausstellung*. Sie gilt weithin als der große Durchbruch des Funktionalismus in Schweden. Es wird ein gesünderer und demokratischerer Lebensstandard mit einer klaren funktionalen Unterscheidung in der Raumgestaltung (also separate Räume für Schlafzimmer, Wohnzimmer, Esszimmer und Küche) propagiert. Auch die Ästhetik der Möbel und der Inneneinrichtung ist von dem Anspruch und dem Wunsch geprägt, Form und Funktion zu verbinden. Die Häuser sollen möglichst naturverbunden und lichtdurchflutet sein, mit großen Fenstern – ganz im Gegensatz zu den düsteren, wuchtigen Innenräumen und dem Ideal von Repräsentation und Prunk, das lange Zeit vorherrschte.

1931
Das Manifest *Acceptera*

Nach Abschluss der Stockholmer Ausstellung ziehen sich die Architekten der Veranstaltung – Gunnar Asplund, Wolter Gahn, Sven Markelius, Eskil Sundahl, Uno Åhrén und Gregor Paulsson – in das Vaxholm Hotel zurück. Dort verfassen sie eine gemeinsame Streitschrift, das Manifest *Acceptera*, das den Weg für die formalen und sozialen Innovationen der funktionalistischen Architektur im schwedischen Wohlfahrtsstaat ebnet. Es wird im Mai 1931 veröffentlicht und ist eindeutig von der deutschen Bauhaus-Schule inspiriert.

1932
Die Untersu-chung zum sozialen Wohnungs-bau

Anfang der 1930er-Jahre beauftragt der Sozialminister eine soziale Wohnungsuntersuchung, die die Entwicklung des schwedischen Wohnungsbaus maßgeblich beeinflusst. Die Untersuchung findet zwischen 1933 und 1947 statt und legt den Grundstein für die Standardisierung, die die Wohnungspolitik in dieser Zeit prägt.

1939
Erhebung über die Wohngewohnheiten

Im Rahmen der Studie über die Wohnverhältnisse, mit der man die Schwedische Handwerkervereinigung und den Schwedischen Architektenverband (SAR) beauftragt, werden auch Umfragen zu den Wohngewohnheiten durchgeführt. Die gesellschaftlich engagierte Möbeldesignerin und Innenarchitektin Lena Larsson erhält den Auftrag, Hausfrauen darüber zu befragen, wie sie ihre Wohnungen nutzen. Die Ergebnisse bilden die Grundlage für den Wohnungsbau nach dem Zweiten Weltkrieg.

1940
Hauswirtschaftliches Wissen in Krisenzeiten

Im Jahr nach dem Ausbruch des Zweiten Weltkriegs wird innerhalb der Staatlichen Informationsbehörde SIS eine spezielle Abteilung mit dem Namen Aktiv hushållning, Aktive Haushaltsführung, eingerichtet, die die Öffentlichkeit in Haushaltsfragen beraten und informieren soll, um die Umstellung auf die Hauswirtschaft während der Krisenzeit zu erleichtern.

1941
Bevölkerungsstudie

Für eine Bevölkerungsstudie in Schweden beauftragt die Kommission für Inneres und Familie eine Sachverständigengruppe mit der Durchführung mehrerer Arbeitsstudien zu bestimmten Bereichen der häuslichen Arbeit (Erhebungen zur Wohnsituation).

1942

Die Sachverständigen stellen fest, dass es in diesem Forschungsbereich noch viel zu tun gibt. Daher schlagen sie dem Hausfrauen-Kooperationsausschuss und der Vereinigung der Hauswirtschaftslehrerinnen die Gründung eines Forschungsinstituts für Hausarbeitsfragen vor.

1944
Gründung des HFI

Das Hemmens forskningsinstitut (HFI; Institut zur Erforschung des häuslichen Lebens) wird vom Hausfrauen-Kooperationsausschuss zusammen mit dem Schwedischen Hausfrauenverband, dem Schwedischen Sozialdemokratischen Frauenverband, dem Schwedischen Landfrauenverband, der Genossenschaftlichen Frauengilde und dem Hauslehrerverband gegründet.

Das HFI wird staatlich finanziert und ist für die Rationalisierung der Arbeiten im häuslichen Bereich zuständig. Es führt umfangreiche Studien zur Küchengestaltung und -ausstattung durch, die dann die Grundlage für Empfehlungen zu geeigneten Tisch- und Schrankhöhen, Arbeitsflächen und der Platzierung von Herd und Spüle bilden.

1945
Die Standardisierung beginnt.

In seinem ersten Bericht veröffentlicht der Ausschuss für sozialen Wohnungsbau 1945 Vorschläge und Ziele für die zukünftige Wohnungspolitik. Darin wird unter anderem ein Mindeststandard von nicht mehr als zwei Personen pro Zimmer (ohne Küche) vorgeschlagen. Ein weiterer Richtwert lautet, dass nicht mehr als 20 Prozent des Haushaltseinkommens für die Miete ausgegeben werden sollten. Außerdem werden Wohnbeihilfen für Familien und Bauzuschüsse eingeführt.

1947
NK-bo wird ein visionäres Möbelhaus.

NK-bo wird eröffnet und ist damals das erste schwedische Möbelhaus, in dem Inneneinrichtung in einer inspirierenden Umgebung präsentiert wird. Es handelt sich um ein von NK geführtes Fachgeschäft, das Möbelberatung anbietet und preiswerte und experimentelle Möbel für die ganze Familie verkauft. Die künstlerische Verantwortung hat zwischen 1947 und 1956 Lena Larsson inne, die ehemalige Leiterin der Studie zu den Wohngewohnheiten. Hier kann sie ihr Fachwissen über die Entwicklung von intelligenten Einrichtungslösungen zum Einsatz bringen. Lena Larsson ebnet zudem sowohl etablierten als auch jungen Designern und Möbeldesignern den Weg, darunter Stig Lindberg, Bertil Vallien und Yngve Ekström. Zusammen mit den Möbelarchitekten Elias Svedberg, Erik Worts und den Werkstätten von NK in Nyköping ist sie darüber hinaus an der Entwicklung der Triva-Möbel beteiligt. Der Grundgedanke dabei ist derselbe, den IKEA später weiterentwickelt: Die Kunden nehmen ihren Stuhl oder Tisch in einem flachen Paket aus dem Laden mit und bauen die Möbel zu Hause mithilfe der beiliegenden Anleitung zusammen. (IKEA wird 1943 von Ingvar Kamprad gegründet, verkauft aber in den ersten Jahren hauptsächlich Kleinwaren. 1947 werden Möbel ins Sortiment aufgenommen, aber das Konzept der flachen Verpackungen wird erst 1956 eingeführt).

1948
Wie schlafen die Schweden?

Unter der Leitung von Erik Berglund wird in Schweden die erste Möbelfunktionsstudie durchgeführt, die sich auf den Bereich Schlafmöbel konzentriert, um »die schwedische Bettenkultur zu verbessern«. Die schwedischen Schlafmöbel waren minderwertig, und durch den festgelegten neuen Standard wurde sowohl die Qualität von Betten, Bettwäsche, Bettdecken und Kissen verbessert als auch ihre Herstellung vereinfacht.

1950
Schwedische Küchennorm

Die Schwedische Kommission für Industrienormung verabschiedet die schwedische Küchennorm. Grundlage dafür bilden die ausführlichen, ursprünglich von dem Schwedischen Architektenverband und der Schwedischen Handwerkervereinigung im Jahr 1939 durchgeführten Studien zum Thema Wohnen. Die Herstellung von Küchen kann nun durch Serienproduktion rationalisiert und die Montage vereinfacht werden.

1950
Der VDN wird gegründet.

Der Ausschuss für Produktdeklarationen (Varudeklarationsnämnden – VDN) wird gegründet. Er soll die Verbreitung von aussagekräftigen Produktdeklarationen für Konsumgüter fördern.

1953

Das erste Labor für Möbeltests entsteht. 1953 werden die Begriffe Innenarchitektur und Innenarchitekt mit der Gründung des schwedischen Innenarchitektenverbands (heute Teil des schwedischen Architektenverbands) in Schweden offiziell definiert.

1954
God Bostad wird veröffentlicht.

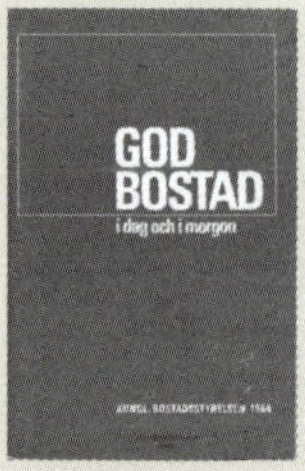

Hemmens forskningsinstitut wird mit Aktiv hushållning zusammengelegt und in Konsumentinstitutet (Institut für Konsumentenforschung) umbenannt.

1954 wird außerdem zum ersten Mal die Publikation *God Bostad* (»Gutes Wohnen«) vom Wohnungsausschuss herausgegeben.

Darin sind die Mindestanforderungen für die Gestaltung und den Bau von Häusern festgelegt, die Voraussetzung für die Gewährung günstiger staatlicher Wohnungsbaudarlehen sind. Die Broschüre befasst sich mit allen Aspekten des Wohnens, von den Größenvorschriften für die Räume bis hin zu den Hygienevorschriften, den Normen für Schränke, Küchenarbeitsflächen und Kleiderschränke.

God Bostad erscheint bis Ende 1976 in mehreren überarbeiteten Neuausgaben.

1955
H55

Die schwedische Handwerkervereinigung veranstaltet die Wohnungsbauausstellung H55 (oder die Helsingborger Ausstellung), um neue Wohnformen, neue Bautechniken und neues Design zu zeigen.

1956
Wie sitzt Schweden?

Eine zweite große Funktionsstudie über Möbel wird durchgeführt. Unter der Leitung von Erik Berglund stehen diesmal Esstische und Stühle, Sitzhöhen, die optimale Platzierung der Tischbeine und anderes im Mittelpunkt.

1957
Capellagården wird gegründet.

Nach einem inspirierenden Experiment im Sommer 1957 beschließt Carl Malmsten (zu diesem Zeitpunkt 70 Jahre alt), seine pädagogischen Vorstellungen zu verwirklichen, und gründet Capellagården. Seine Vision ist die Gründung einer Schule für »Hand und Geist, ein Treffpunkt für junge Menschen aus dem ganzen Land, inspiriert von dem Wunsch, Schönheit und Funktion in ihrem Handwerk zu verbinden«.

1958
Råd & Rön

Das Schwedische Nationale Institut für Verbraucherangelegenheiten veröffentlicht das Verbrauchermagazin *Råd & Rön* (Tipps und Testergebnisse).

1962
Das Bohagsinstitut wird gegründet.

Auf Initiative von Brita Åkerman hin (die in den 1940er-Jahren die Erhebungen über die Wohngewohnheiten durchführte und 1940–1946 Leiterin von Aktiv hushållning war) wird das Bohagsinstitut der Schwedischen Handwerkervereinigung gegründet.

Finanziert wird das Projekt durch einen Zuschuss des schwedischen Verbraucherrats. Das Bohagsinstitut veranstaltet Kurse, Vorträge und Studienkreise (*bocirklar*), richtet Wanderausstellungen aus und veröffentlicht mehrere Ratgeber. Auch eine eigene Radiosendung (*Bra vara till vardags* – Gute Dinge für den Alltag) gehört dazu.

1964
Die Stiftung Svenskt Färgcentrum

Die Stiftung Svenskt Färgcentrum (Schwedisches Farbzentrum) entsteht. Bis in die Siebzigerjahre widmet sich die Stiftung gemeinsam mit Architekten, Designern, Psychologen, Physikern, Chemikern und Farbforschern der wissenschaftlichen Erforschung von Farben, Farbstoffen und deren Entwicklung. Damit wird der Grundstein für das spätere NCS – Natural Colour System®© – gelegt, das heute sowohl in Schweden als auch vielfach international als Standard gilt.

1965
Das Millionenprogramm

Das schwedische Parlament erklärt, als Maßnahme gegen den Wohnungsmangel müssten in den nächsten zehn Jahren eine Million neue, moderne und erschwingliche Wohnungen (auch bekannt als das Millionenprogramm) gebaut werden. Deswegen muss das Bauwesen rationalisiert und industrialisiert werden. Der Bauingenieur Ernst Sundh in Avesta importiert als einer der Ersten den sogenannten Bockkran, mit dem der

Wohnungsbau mechanisiert und die Geschwindigkeit verdreifacht werden kann. Die Abmessungen der zu dieser Zeit verwendeten vorgefertigten Bauelemente bestimmen die Größe der Räume, die häufig überproportional tief sind. Auf vielen Baustellen fahren Kräne auf Schienen an den Gebäuden entlang, wodurch ein und derselbe Kran bei dem Bau mehrerer Gebäude eingesetzt werden kann.

1967
Das Möbelinstitut wird gegründet.

Das Möbelinstitut (Möbelinstitutet) ist eine teilweise staatlich finanzierte Einrichtung für Forschungs- und Entwicklungsarbeiten zum Thema Möbel für Verbraucher, Hersteller und Händler.

1967
ARN

Gründung der Allgemeinen Beschwerdestelle (Allmänna Reklamationsnämnden) ARN. Schweden gehört zu den ersten Ländern in Europa, die Verbrauchern und Unternehmen die Möglichkeit bieten, Beschwerdestreitigkeiten unparteiisch und außergerichtlich zu schlichten.

1971
Ombudsmann für Verbraucher und Verbraucherkongress

Der Ombudsmann für Verbraucher wird eingesetzt, und am 1. Januar tritt ein Gesetz gegen unlautere Werbung in Kraft. Es wird der Verbraucherkongress vom Genossenschaftsverband KF (Kooperativa Förbundet) organisiert, auf dem Olof Palme in einer Ansprache für den Einfluss der Verbraucher wirbt. Vorausgegangen sind Studien mit 12 775 Teilnehmern in insgesamt 1334 Studienkreisen, deren Diskussionen zu über 5000 Anträgen für den Kongress führten. Unter anderem wird die Idee der »markenlosen Marke« präsentiert, die später unter dem Namen Blåvitt bekannt wird und alles von Lebensmitteln über Haushaltswaren bis hin zu Möbeln umfasst.

1972
Möbelfakta

Das Möbelinstitut führt das Konzept Möbelfakta als Referenz- und Kennzeichnungssystem für die schwedische Möbelindustrie ein.

1973
Die schwedische Verbraucherschutzbehörde wird gegründet.

Das Nationale Institut für Verbraucherangelegenheiten wird mit dem Nationalen Verbraucherrat und dem Ausschuss für Produktdeklaration (Varudeklarationsnämnden VDN) zusammengelegt. Die neue Institution erhält den Namen Konsumverket (Die Verbraucheragentur).

1976
Svensk Form und die Basismöbel von KF.

Svenska Slöjdföreningen, die Schwedische Handwerkervereinigung, benennt sich in Svensk Form um. Basierend auf der Erkenntnis, dass die Ressourcen endlich sind, verschiebt sich der Fokus zunehmend auf Produktion und Konsum. KF, der Genossenschaftsverband, und Svensk Form arbeiten außerdem zusammen an der Produktion eines nachhaltigen Sortiments einfacher blauer und weißer, von schwedischen Designern entworfener Basismöbel. Die Designer Kersti Sandin und Lars Bülow präsentieren in einer Ausstellung im KF-Gebäude die neue Basismöbelserie von KF. Zwei Jahre später gestalten die beiden den Sessel Bas, der zusammen mit einem Sofa, drei Tischen und einem Sprossenstuhl den Ideenwettbewerb für die zweite Phase der Entwicklung der KF-Grundmöbelserie gewinnt.

1978 Das Unternehmen Skandinaviska Färginstitutet AB (heute NCS Colour AB) wird gegründet. Die damalige Industrie- und Arbeitgeberorganisation für Malerbetriebe, Målaremästarnas Riksförening, wird Eigentümerin.

1979 Das NCS – Natural Colour System®© – wird eingeführt, daraus wird später der Schwedische Farbstandard (SIS).

1981 Die Allgemeine Beschwerdestelle wird eine eigenständige Behörde.

1983
ROT wird eingeführt.

Das ROT-Programm mit neuen Kreditmöglichkeiten wird gestartet, um einige Mängel des Millionenprogramms zu beheben. Hintergrund ist unter anderem die Notwendigkeit, die Bauarbeiter zu beschäftigen, die ihren Arbeitsplatz verloren haben, weil der Wohnungsbau nach dem Auslaufen des Millionenprogramms ins Stocken geraten ist.

In den Achtzigerjahren besteht eine zentrale Aufgabe von Svensk Form darin, das Bewusstsein der Gesellschaft für die Bedeutung von Design zu schärfen. 1983 wird der jährliche Designpreis von Svensk Form, Utmärkt Svensk Form, ins Leben gerufen, dessen erster Gewinner der Betonstuhl *Concrete* von Jonas Bohlin ist.

1987
PBL

Am 1. Juli tritt das Planungs- und Baugesetz Plan- och bygglagen (1987:10) PBL in Kraft.

1989
Umweltsiegel

Der Nordische Ministerrat führt das offizielle Umweltzeichen, den Schwan, ein. Ziel ist es, den Verbraucherinnen und Verbrauchern die Suche nach umweltfreundlichen Produkten und den Unternehmen die Herstellung derselben zu erleichtern.

1991
Boverket

Das Amt für Planung und Wohnungswesen ändert seinen Namen in Boverket, unter dem es heute bekannt ist.

1995 Das Möbelinstitut zieht nach Jönköping um, gerät in finanzielle Schwierigkeiten und geht nur sechs Monate später in Konkurs.

1997
EU und EN

Nach dem Beitritt Schwedens zur EU werden die schwedischen Küchennormen durch die europäischen EN-Normen ersetzt, die ihrerseits von den schwedischen Küchenstandards inspiriert und beeinflusst sind.

2001
SIS, Swedish Standards Institute

Die gesamte Normungsarbeit in Schweden wird in SIS, dem Swedish Standards Institute, zusammengeführt. Einige Jahre später wird das ECC Sweden (das die Verbraucher und Verbraucherinnen kostenlos über ihre Rechte im grenzüberschreitenden Handel innerhalb der EU, Islands, Norwegens und des Vereinigten Königreichs berät) Teil der schwedischen Verbraucheragentur.

2005
Das Jahr des Designs

Das Jahr 2005 ruft die schwedische Regierung zum Jahr des Designs aus, um die Rolle des Designs in der Gesellschaft hervorzuheben und darauf aufmerksam zu machen, dass ein Großteil der Dinge, die wir im Alltag benutzen, das Ergebnis guten Designs ist. Die Regierung stellt gut 60 Millionen SEK (etwa 500 000 Euro) für die Umsetzung der Initiative zur Verfügung. Das Kampagnenbüro wird von Svensk

Form geleitet. Im Jahr des Designs gibt es über 1600 Projekte im ganzen Land.

Und es entstehen in den nordeuropäischen Ländern die ersten Blogs über Innenarchitektur und Design, darunter auch mein eigener. Die Blogs sind zu einem wichtigen Einflussfaktor innerhalb dieser Branche geworden.

2006
Design S

Die Zeitschrift *Råd & Rön* wird an die unabhängige Organisation Sveriges Konsumenter verkauft.

Gemeinsam mit Svid (Stiftelsen Svensk Industridesign) und Sveriges Reklamförbund (dem Schwedischen Werbeverband) ruft Svensk Form den Design S ins Leben – Schwedens wichtigsten und umfassendsten Designpreis, der den bisherigen Utmärkt Svensk Form ersetzt. Er richtet sich an professionelle Designer, Gestalter, Architekten, Einzelpersonen, Hersteller und Unternehmen, die mit Design und Form im weitesten Sinne arbeiten.

2010

Das Unternehmen Skandinaviska Färginstitutet ändert seinen Namen in NCS Colour AB. Im selben Jahr wird die Zertifizierung von Möbelfakta von der reinen Qualitätskennzeichnung um Umweltanforderungen und soziale Nachhaltigkeit erweitert.

2011
Die FMI wird gegründet.

Durch den Zusammenschluss des schwedischen Möbelhändlerverbands und des schwedischen Farbenhändlerverbands entsteht der Branchenverband Färg Möbler och Interiör (FMI). Er soll das sichere Einkaufen in Geschäften und bei Onlinehändlern, die Mitglied im FMI sind, garantieren. Wenn ein verbraucherrechtliches Problem auftritt, hat der jeweilige Händler Zugang zur Rechtshilfe des FMI, was auch den Verbrauchern und Verbraucherinnen zugutekommt.

2015
Verbraucherberatung für Privatpersonen

Start von Hallå konsument, einem Beratungsdienst der schwedischen Verbraucherzentrale, der sich direkt an Privatpersonen richtet.

2016

Der Aufgabenbereich der Allgemeinen Beschwerdestelle (ARN) wird auf alle Arten von Verbraucherstreitigkeiten ausgeweitet. Eine neue Plattform für EU-Bürger ermöglicht es, Beschwerden über grenzüberschreitende und Onlinekäufe kostenlos und elektronisch einzureichen. In einigen Bereichen ersetzen neue, vom privaten Sektor finanzierte Stellen die ARN.

2017
Museum für Möbeldesign

Im November 2017 weihen die Gründer Lars Bülow und Kersti Sandin Bülow das Möbeldesignmuseum in Stockholm ein.

Sowohl Kersti als auch Lars waren im Laufe ihrer Karriere bei Möbelinstitutet, Konstfack und Svensk Form tätig. In jungen Jahren arbeiteten sie auch eng mit IKEA und Kooperativa Förbundet, dem Genossenschaftsverband, zusammen. Mit ihrem Hintergrund als Designer, Designunternehmer und Pädagogen erkannten sie, dass in der schwedischen Hauptstadt ein reines Designmuseum fehlte, und beschlossen daher, das Möbeldesignmuseum zu gründen, dessen Grundlage ihre eigene Privatsammlung von Designermöbeln von Anfang des 20. Jahrhunderts bis zur Gegenwart ist.

2020 Möbelfakta 2.0

Möbelfakta 2.0 tritt mit dem erklärten Ziel an, das führende Kennzeichnungssystem für Möbel in den nordischen Ländern zu werden und in Europa an Bedeutung zu gewinnen. Möbelfakta Sverige AB ist ein gemeinnütziges Unternehmen, das sich mehrheitlich im Besitz des schwedischen Umweltforschungsinstituts IVL befindet und gemeinsam mit Trä- och Möbelföretagen, TMF, betrieben wird. Die TMF ist die Handels- und Arbeitgeberorganisation für die gesamte holzverarbeitende Industrie und die Möbelbranche in Schweden. Sie vertritt rund 650 Mitglieder.

BOVERKET, also das schwedische Zentralamt für Wohnungswesen, Bau und Planung, und seine Vorgängerorganisationen, verantwortlich für den Wohnungsbau in Schweden, haben im Laufe der Jahre viele Regelwerke und Publikationen veröffentlicht, die auch die Gestaltung unserer Häuser und die Planung unserer Innenräume prägen. Es gibt immer wieder Aktualisierungen und Überarbeitungen, also halten Sie sich auf der Website des schwedischen Zentralamts für Wohnungswesen, Bau und Planung, boverket.se, auf dem Laufenden.

9

Planungsgrößen und Konzepte

Das Einrichten eines Raums hat nicht nur mit Ästhetik zu tun, sondern auch mit ein bisschen Mathematik. Wenn Innenarchitekten und Raumausstatter den Platzbedarf für die Mindestfläche verschiedener Möbeloptionen berechnen, ziehen sie für das Aufmaß unter anderem diese vier Faktoren heran: die Maße des Möbelstücks, die für die Benutzung erforderlichen Maße (Bedienbereiche), den Platz für die Reinigung und den Durchgangsraum.

So selbstverständlich das vielleicht klingt, ist es doch eher die Regel als die Ausnahme, dass man beim Durchblättern von Einrichtungszeitschriften oder beim Betrachten von Fotos in Social Media viel zu eng oder unzweckmäßig eingerichtete Wohnungen sieht. In diesem Kapitel gehe ich ein paar Punkte durch, die Ihnen bei der Einschätzung der Raumverhältnisse bei der Einrichtungsplanung helfen werden.

Bedienbereiche

Wenn man eine Inneneinrichtung plant oder eine Kaufentscheidung in einem Geschäft trifft, passiert es allzu leicht, dass man die Möbel nur in ihrer »Ruheposition« vermisst. Bitte denken Sie daran, den Öffnungsradius von Türen und Schubladen zu berücksichtigen und zu messen, wie viel Fläche Sie vor den Möbeln brauchen, um sie drehen zu können. Ebenso müssen Sie den Platz für Ihren Körper einplanen, um den vollen Auszug beispielsweise von Schubladen und Körben, Schrankkarussellen und -türen nutzen zu können. Dies ist der sogenannte Bedienbereich – ein Aspekt, der für die Beurteilung verschiedener Möbelstücke ebenso relevant ist wie die anderen Maße. Bedienbereiche dürfen sich überschneiden, sollten aber nicht mit festen Elementen im Raum kollidieren. Bedenken Sie, dass Sie bei der Benutzung ein und desselben Möbelstücks, etwa einer Kommode, unterschiedlich viel Platz benötigen: Für die Handhabung der obersten Schublade benötigt man weniger Platz als für die unterste.

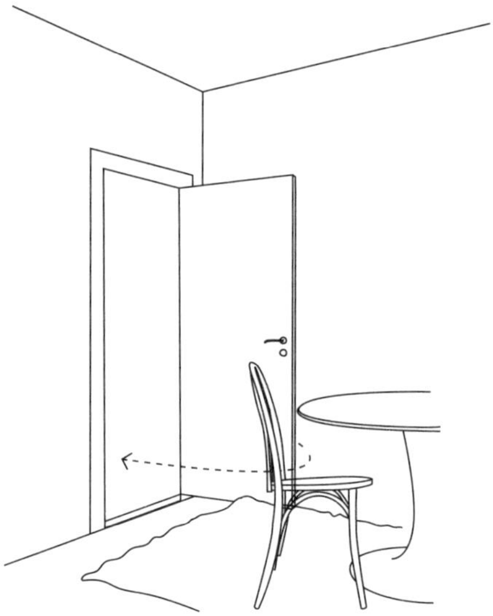

Häufig werden bei der Einrichtungsplanung die Öffnungsradien der Türen vergessen. Mit anderen Worten: Man misst nur die Größe des Raums, vergisst aber, dass auch das Türblatt einen Radius hat. Schon eine störende Teppichkante oder ein Stuhl, der häufig verschoben werden muss, genügen, um im Alltag für Ärger und Unordnung zu sorgen. Völlig unnötig.

Öffnungsradien

Nicht nur der Schwenkbereich der Möbel muss berücksichtigt werden, sondern auch der der Wohnung an sich. Wie lassen sich Außen- und Innentüren, Balkontüren und Fenster öffnen? Wie viel Bewegungsraum ist davor erforderlich?

Durchgangsmaße

Innenarchitekten veranschlagen, dass eine erwachsene Person von Ellbogen zu Ellbogen etwa 60 Zentimeter misst. Daher wird empfohlen, dass häufig genutzte Durchgänge in einer Wohnung mindestens 100 Zentimeter breit sein sollten, damit zwei Personen problemlos aneinander vorbeigehen können. Nun werden diese Richtlinien bei der Planung von Häusern zwar berücksichtigt, aber wir, die wir in ihnen leben, schaffen oft gerade dort Engpässe, wo wir den Platz am meisten brauchen.

DURCHGANGSMASSE

Normalbedarf	Erhöhter Bedarf	Niedriger Bedarf
Grundlegende Zugänglichkeit	Erhöhte Zugänglichkeit	Zugang wird nicht benötigt
800	900	600
Kurzer Durchgangsbereich	Kurzer Durchgangsbereich	Kurzer Durchgangsbereich
900	1000	900
zwischen Möbeln und Wänden	zwischen Möbeln und Wänden	Treppe im Haus oder Hauptdurchgang
1100	≥ 1300	
zwischen Wänden	zwischen Wänden	

Feste Hindernisse

Zu den kleinen, aber wichtigen Details, die sich auf die Gestaltungsmöglichkeiten eines Raumes auswirken, gehören Einbauten und Installationselemente wie Heizungsrohre, Leitungen, Stromkästen und Steckdosen sowie die Höhe der Sockelleisten bei der Auswahl von Wandschränken.

Bewegungsraum

Im Abschnitt über Anthropometrie habe ich den Unterschied zwischen statischen und dynamischen Körpermaßen erwähnt. In manchen Räumen muss mehr Platz eingeplant werden, nicht nur für den Körper, sondern auch für die Dinge, die wir in Bewegung setzen. So nimmt zum Beispiel im Flur nicht nur der Körper mit seinem Bewegungsradius Platz ein, wenn wir schnell eine voluminöse Winterjacke oder einen Mantel anziehen, sondern auch das Kleidungsstück selbst. Im Bad benötigt nicht nur der Körper Platz, sondern auch das Handtuch, mit dem man sich abtrocknet. Und in der Küche muss vielleicht nicht nur für den Körper und die Ellbogenfreiheit Platz einkalkuliert werden, sondern auch für das Tablett, das wir vor uns her tragen, damit der Weg zum Tisch nicht zu eng wirkt. Wo immer wir putzen, müssen wir mit Staubsaugerdüsen heranreichen und benötigen Platz zum Manövrieren, schließlich sollen wir uns mit dem Staubsaugerrohr bücken können, um unter das Bett oder unter den Schrank, den Couchtisch oder die Kommode zu gelangen.

Möblierbarkeit

Die Möblierbarkeit einer Wohnung hängt nicht nur von der Größe der Räume ab, sondern auch von den Proportionen. Die in Neubauten häufig anzutreffenden großen bodentiefen Fenster oder solche mit niedrigen Brüstungen lassen zwar wunderbar Sonnenlicht herein, erschweren aber auch die Raumnutzung, da die Fläche der möblierbaren Wände reduziert wird. Bücherregale und an der Wand befestigte Fernsehbildschirme sind oft schwer unterzubringen, auch weil das einfallende Licht von den vorhandenen Wänden reflektiert wird.

Zu viele Türen in einem Raum wirken sich unter Umständen negativ auf die Möblierbarkeit des Raums aus, weil Sie zum einen die Türradien im Blick behalten müssen und zum anderen, dass der »Durchgangsverkehr« in den Räumen reibungslos fließen kann.

Denken Sie auch an die auf dem Grundriss vielleicht nicht eingezeichneten weicheren Aspekte, wenn etwa bestimmte Teile des Raums Merkmale wie Zugluft, starke Abendsonne oder blendendes Sonnenlicht aufweisen, die die Planung beeinträchtigen könnten. Auch Sicherheitsabstände zu Kaminen oder anderen Wärme abgebenden Geräten und Ähnlichem müssen Sie bei der Möbelplanung berücksichtigen.

Das Näheprinzip

Bei der Planung der Platzierung von Modulen in einer Küche wird in der Einrichtungssprache oft das sogenannte Näheprinzip zugrunde gelegt: Jeder Gegenstand sollte so nah wie möglich an seinem Verwendungsbereich platziert werden. Die Geschirrspülmaschine sollte in der Nähe der Spüle stehen, um fließendes Wasser zur Verfügung zu haben, falls man seinen Teller vor dem Einräumen abspülen muss. Töpfe und Pfannen sollten nicht weiter als einen Schritt von Herd und Backofen aufbewahrt werden, damit man nicht erst durch den ganzen Raum laufen muss, um eine schwere Pfanne zu holen. Diese Grundidee lässt sich beim Einrichten des ganzen Hauses anwenden. Was benötigen Sie in unmittelbarer Nähe der Möbel, die Sie aufstellen? Welche Situationen treten in Wechselwirkung zueinander? Haben Sie dort Stauraum vorgesehen, wo Sie ihn am häufigsten benutzen? Oder müssen Sie einen längeren Weg zurücklegen, um Dinge zu holen oder an ihren richtigen Platz zu stellen?

Das ABL-Prinzip

Ein bekanntes Möbelhaus arbeitet mit einem Konzept, das unter dem Namen ABL-Prinzip bekannt geworden ist. Die Abkürzung steht für Aktivität, Bedarf, Lösung. In dieser Methodik geschulte Innenarchitekten beginnen ihre Planung immer mit der Frage, welche Aktivitäten in der einzurichtenden Umgebung stattfinden werden, welche Bedürfnisse sich daraus ergeben und welche Lösungen angeboten werden müssen.

Raumformen, Figuren und Zonen

Eine Raumfigur ist die Form des Zimmers in Grundriss, Schnitt und Größe. Wenn Architekten und Innenarchitekten von Raumformen sprechen, sind damit sowohl die geometrischen Grundformen gemeint (quadratische Räume, rechteckige Räume usw.) als auch die physischen und mentalen Begrenzungen, die durch Höhenunterschiede, Abstände und die Platzierung von Möbeln entstehen oder empfunden werden. Ein großes, sperriges Bücherregal oder deckenhohe Medienmöbel verändern die wahrgenommenen Proportionen des Raums. Ebenso können frei stehende Möbel, Vorhänge und Paravents in großen, offenen Grundrissen Räume innerhalb des Zimmers schaffen.

Bei Ihrer Einrichtungsplanung sollten Sie zunächst anhand von Blasen oder Blasendiagrammen überlegen, welche Aktivitäten wo stattfinden sollen, bevor Sie sich für ein bestimmtes Sofa- oder Sesselmodell für den Sitzbereich entscheiden. Möglicherweise kommen Sie auf völlig andere Ergebnisse, wenn Sie sich nicht an den Möbeln orientieren, sondern an den verschiedenen Zonen in den Räumen, den jeweiligen Tätigkeiten dort, und daran, welche Möbel tatsächlich benötigt werden.

Wenn die Entwickler von Computerspielen ihre Welten erschaffen, nutzen sie die grundlegenden Prinzipien, nach denen wir neue Räume lesen und uns darin orientieren.

Räumliche Organisation

Bei der räumlichen Organisation geht es auch um das Verhältnis zwischen den eher öffentlichen Bereichen der Wohnung und den privaten Räumen. Natürlich darf jeder seine Wohnung so einrichten, wie er möchte, aber vorherrschend ist doch die Vorstellung, dass die privateren Bereiche, zum Beispiel Schlafräume, keine Durchgangszimmer zum Wohnzimmer oder Essbereich sein sollten. Die Vorstellung, dass ein Zuhause aus sozialen und privaten Bereichen besteht, gab es schon im 19. Jahrhundert. Wohlhabende Familien legten viel Wert auf Repräsentation, was sich in der Aufteilung der Wohnhäuser niederschlug, wo Salons und »gute Stuben« zur Straße hin und die privateren Räume in gebührendem Abstand dazu Richtung Innenhof platziert wurden.

Für die Wohnungen, die im Zuge des Millionenprogramms gebaut wurden, galt stattdessen das Ideal, dass alle Zimmer entweder vom Flur oder von der Diele aus zugänglich sein sollten.

In den Achtzigerjahren änderten sich die Grundrisse in Schweden. So wurde 1985 die Anforderung der früheren Baunorm, eine separate Küche zu haben, aufgehoben und durch die Vorgabe ersetzt, dass »die Küche in Zukunft vom Wohnzimmer zu unterscheiden sein sollte«. Damals tauchten die ersten offenen Grundrisse auf und wurden populär, weil die Bauunternehmen in dieser Lösung die Möglichkeit sahen, mehr Wohnfläche auf weniger Raum zu schaffen. In den vergangenen zehn, zwanzig Jahren haben viele Menschen ältere Wohnungen und Häuser renoviert und die Grundrisse nach ihren eigenen Vorstellungen umgestaltet, ohne dabei die Notwendigkeit der räumlichen Organisation zu berücksichtigen. Wenn sich Ihnen jedoch die Möglichkeit bietet, die räumliche Organisation durch die Wahl Ihrer Möbel zu beeinflussen, ist dies ein empfehlenswertes Gestaltungskonzept.

Axialität

Laut dem Forscher Ola Nylander von der Chalmers University of Technology in Göteborg ist die Axialität ein entscheidendes Konzept für die nicht messbaren Werte eines Hauses. Er beschreibt sie als »eine Linie, die zwei interessante Punkte miteinander verbindet. Eine Achse erstreckt sich durch zwei oder mehr Räume und bezieht sie mit ein. Eine Achse schafft darüber hinaus Transparenz und Ausblicke in einer Wohnung.« (Nylander, 2011).

Je mehr Räume die Achse durchschneidet, desto deutlicher wird sie. Wenn der Architekt das im Sinn hatte, wäre es doch dumm, wenn wir, die wir das Haus beziehen, dies ruinierten, indem wir die Achse mit störenden Möbeln vollstellen, die die Blickachse zwischen den Räumen oder die Aussicht nach draußen stören. Wenn man in einem Einfamilienhaus wohnt, lohnt es sich oft, darauf zu achten, was sich an den Enden der Sichtachsen befindet: Gibt es eine Farbe oder ein Detail, das Sie bei der Auswahl der Möbel aufgreifen können, und gibt es etwas, das Sie in Bezug auf die Aussicht selbst (das »Motiv« auf der anderen Seite der Fensterscheibe) tun können?

Umhülltheit

Der Begriff Umhülltheit beschreibt, wie geschlossen oder offen ein Raum empfunden wird. Studien zufolge brauchen wir beides, um uns in einer Wohnung wohlzufühlen. Wie bei der Axialität ist es daher müßig, wenn wir als Bewohner bei der Renovierung oder Gestaltung unserer Häuser gegen diesen architektonischen Grundgedanken der Umhülltheit arbeiten. Schließlich wollen wir ja vermeiden, dass die Erfahrung von Variation und die Möglichkeit der Umhülltheit verloren gehen oder übermäßig verstärkt werden.

Lichteinfall und Schatten

Bei der Gestaltung eines neuen Zimmers ist es hilfreich, den Einfall des Sonnenlichts zu analysieren. Wie bewegt sich das Licht im Raum im Laufe des Tages? Neben dem direkten Licht (Sonnenstrahlen, die durch ein Fenster einfallen) sind auch das indirekte, reflektierte Licht und die Schatten, die durch verschiedene Bauelemente entstehen, sowie die wahrgenommene Farbe des Lichts im Raum interessant. Tageslicht wird auch als indirektes Licht bezeichnet, die gesamte Strahlung vom Himmel her, also das in der Atmosphäre reflektierte Sonnenlicht – nicht zu verwechseln mit dem direkten Sonnenlicht.

Je nach Himmelsrichtung, Zeit und Jahreszeit wirkt sich Sonnenlicht oder direktes Licht unterschiedlich auf die Zimmertemperatur aus. Generell gilt jedoch, dass (auf unserer Seite des Globus) Räume auf der Nordseite kälteres Licht und auf der Südseite wärmeres Licht haben. Eine einfache Erklärung wäre, dass sich die Lampe der Sonne im Laufe des Tages erwärmt, je länger sie brennt. Warmes Licht neigt dazu, warme und helle Farben zu verstärken, während kälteres Licht eher kalte Farben verstärkt. Das sollte man bei der Auswahl der Möbelfarbe und der Platzierung verschiedener Dinge im Raum bedenken, die ebenfalls Licht reflektieren können.

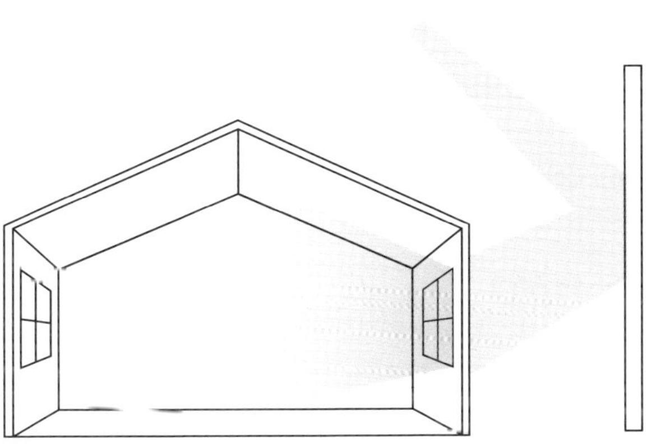

Gibt es im Außenbereich etwas, das sich auf die Farbe des indirekten Lichts in dem Zimmer auswirkt, das Sie gestalten möchten? Eine orangefarbene Backsteinmauer zum Beispiel oder die Fassadenfarbe der Nachbarn.

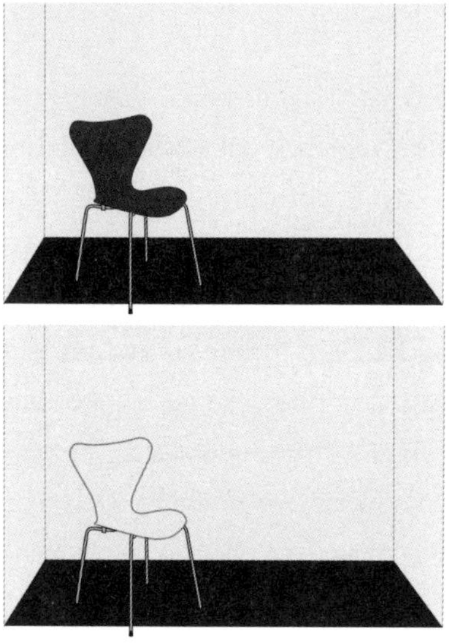

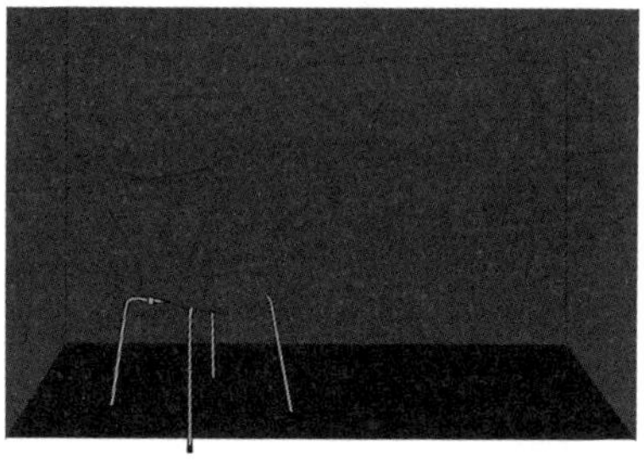

Soll Ihr Designerstuhl gut zu sehen sein? Wählen Sie eine kontrastreiche Farbe, die sich von der Wandfarbe und der Umgebung abhebt. Mehr darüber, wie man mit Blickfängen zaubern kann, steht in meinem Buch *Innendesign – ein Handbuch für alle, die ihr Zuhause lieben.*

In Innenräumen hängt die Farbe des indirekten Lichts außerdem von vielen weiteren Faktoren ab als nur von der momentanen Farbe des Himmels. Zum Beispiel kann das einfallende Licht zunächst an den umliegenden Gebäuden abprallen oder von ihnen gefiltert werden, wodurch das Licht getönt wird, bevor es Ihr Zimmer erreicht. Wenn das Fenster auf eine orangefarbene Backsteinmauer hinausgeht (von der das einfallende Licht reflektiert wird), wirkt sich dies sehr wahrscheinlich auf die Farbe des Lichts aus und macht es wärmer, und zwar ganz unabhängig von der Richtung und der Jahreszeit.

Der Kontrasteffekt

Jeden Tag erreichen mich Fragen von Leuten, die mich um Beratung zu verschiedenen Möbel- (oder Wand-) Farben bitten. *Soll ich Stühle in Schwarz, Grau oder Holz nehmen? Was halten Sie von diesem Farbcode im Wohnzimmer?* Es ist unmöglich, gute Ratschläge zu geben, ohne zu wissen, welcher Kontrasteffekt überhaupt gewünscht wird.

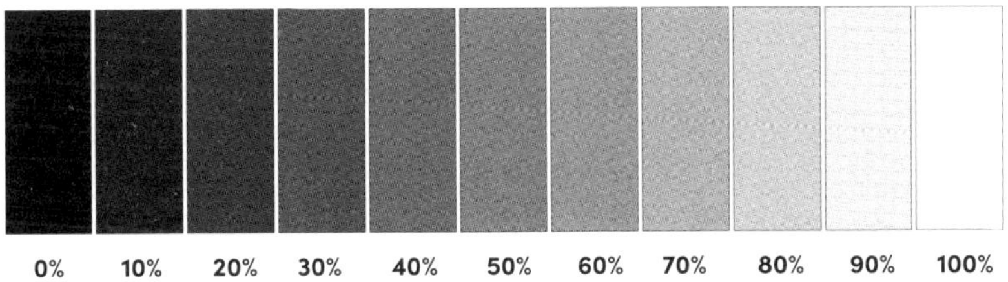

Wollen Sie, dass die Einrichtung (oder die Wand) auffällt und gesehen wird? Wählen Sie eine Farbe, die mit dem Hintergrund (oder Vordergrund) kontrastiert. Oder möchten Sie eine einheitliche Atmosphäre schaffen? Dann wählen Sie farblich aufeinander abgestimmte Wände und Möbel. Klingt banal, aber wenn man sich partout nicht entscheiden kann, vergisst man das leicht.

Lichtreflexionswert

Wenn es um die Auswahl von Möbelfarben oder Beleuchtung, Farbe und Fußbodenbelag geht, ist es hilfreich, sich mit dem sogenannten Lichtreflexionswert (Light Reflectance Value = LRV) auszukennen. Innenarchitekten beziehen diesen Wert beispielsweise in ihre Überlegungen zur Anzahl und Art der Lampen in einem Raum mit ein, aber auch, wenn angenehme Kontraste zwischen verschiedenen Oberflächen geschaffen werden sollen.

Genügend Licht und Kontraste in einem Raum sind nicht nur eine Frage des Geschmacks, sondern auch der Gesundheit und des Wohlbefindens. Der Lichtreflexionswert gibt an, wie viel Tages- und Beleuchtungslicht von einer Oberfläche zurückgeworfen wird. Er wird auf einer Skala von 0 bis 100 gemessen, wobei ein Spiegel einen LRV von 100 Prozent hat, eine weiß gestrichene Wand in der Regel einen LRV von 85 Prozent und eine schwarze einen LRV von 0 Prozent. Der Lichtreflexionswert wird unter anderem bei Wand- und Deckenfarben, aber auch bei verschiedenen Holz- und Vinylböden angegeben.

Eine kurze Erläuterung zu LRV

- Wände, Böden und Decken mit einem hohen LRV tragen dazu bei, das Licht effektiv im Raum zu verteilen. Ein und dieselbe Leuchte oder der gleiche Tageslichteinfall wirken also umso stärker, je höher der LRV einer Oberfläche ist.
- Möbel und Oberflächen mit höheren Lichtreflexionswerten erfordern weniger Beleuchtung = weniger Energie geht verloren.
- Farben mit einem LRV unter 50 absorbieren mehr Licht, als sie zurückwerfen.
- Da der LRV eine einheitliche Maßeinheit zur Messung des Kontrasts ist, also ein relativer Helligkeits- und Dunkelheitswert, können verschiedene Holzarten oder Farben den gleichen LRV haben. Deshalb empfiehlt es sich, bei der Wahl der Wand- und Bodenfarben auf die Unterschiede zu achten, damit nicht alles miteinander verschmilzt. Für öffentliche Bereiche wird ein Unterschied von mindestens 30 Punkten im LRV zwischen Boden und Wand sowie zwischen Türpfosten und Wand empfohlen. So kann sich jeder leicht orientieren.
- Im öffentlichen Raum gibt es Richtlinien für Kontrastmarkierungen, beispielsweise an Eingangstüren, um Sehbehinderte, Blinde, Menschen mit geistiger Behinderung, Menschen mit Demenz und Menschen mit anderen Orientierungsschwierigkeiten zu unterstützen. Solche Markierungen sollten in öffentlichen Räumen und Gemeinschaftsbereichen von Wohngebäuden angebracht werden, sind aber in Privatwohnungen für Einzelpersonen nicht erforderlich. Trotzdem ist die Kenntnis dieses Richtwerts möglicherweise nützlich, wenn Sie ein Familienmitglied oder einen älteren Verwandten mit einer der oben genannten Einschränkungen haben. Der Kontrast kann zum Beispiel durch unterschiedliche Helligkeit oder die Wahl der Materialien erreicht werden. Ein Helligkeitskontrast von mindestens 0,40 LRV zwischen der Kontrastmarkierung und der umgebenden Fläche gemäß dem NCS®, Natural Colour System, kann die Erkennbarkeit der Markierung für sehbehinderte Menschen deutlich erhöhen.

- Wenn Sie von dem Raum, den Sie einrichten, Schwarz-Weiß-Fotos machen, erkennen Sie schnell, wo es an Kontrast mangelt oder wie die Umgebung von Sehbehinderten wahrgenommen wird.

GÜTEZEICHEN IN DER MÖBELBRANCHE

In der Möbelbranche gibt es eine ganze Fülle von Qualitäts-, Umwelt- und Nachhaltigkeitssiegeln. Einerseits wurden sie direkt von den Herstellern oder Verkaufsunternehmen selbst entwickelt, oder man muss sich darum bewerben. Diese Siegel werden von einer unabhängigen dritten Partei vergeben, die auch die Einhaltung der entsprechenden Anforderungen kontrolliert. Nachfolgend gebe ich eine stark verkürzte Zusammenstellung derjenigen Qualitäts-, Umwelt- und Nachhaltigkeitssiegel wieder, die mir beim Schreiben dieses Buches wichtig erschienen.

Der Blaue Engel ist ein Nachhaltigkeitssiegel, das in Deutschland von staatlicher Seite vergeben wird, um sowohl die Umwelt als auch die Verbraucher zu schützen. www.blauer-engel.de

Bra Miljöval ist das hauseigene zertifizierte Umweltsiegel des schwedischen Naturschutzvereins. Es handelt sich um ein unabhängiges Label, das nicht an den Verkäufer oder Käufer gebunden ist. In Schweden ist es das einzige Gütezeichen einer Umweltorganisation. www.bramiljoval.se

CE (Conformité Européenne, entspricht den EU-Richtlinien). Die CE-Kennzeichnung bescheinigt, dass das Produkt den grundlegenden Anforderungen entspricht, etwa in Bezug auf Gesundheit, Sicherheit, Funktion und Umwelt, und die vorgeschriebenen Prüfverfahren eingehalten wurden. Die CE-Kennzeichnung ist eine Voraussetzung für den Verkauf des Produkts innerhalb der EU. https://verwaltung.bund.de/leistungsverzeichnis/DE/rechte-und-pflichten/102840704

FSC, Forest Stewardship Council, ist eine Zertifizierung, die vorschreibt, dass Holzprodukte aus ökologisch, sozial und wirtschaftlich verantwortungsvoll bewirtschafteten Wäldern stammen müssen. https://www.fsc-deutschland.de/

GOTS, der Global Organic Textile Standard, ist eines der größten internationalen Ökolabels für Textilien. Das Label wird nur für Produkte aus Naturfasern wie Baumwolle oder Wolle vergeben, ein gewisses Maß an Beimischung synthetischer Materialien ist jedoch erlaubt. Der GOTS-Standard ist in zwei Kategorien unterteilt:

- Kategorie 1: *organic*, mehr als 95 Prozent der Textilfasern stammen aus biologischem Anbau.
- Kategorie 2: *made with organic* besagt, dass mehr als 70 Prozent der Textilfasern aus biologischem Anbau stammen. Die Zertifizierung wird von anerkannten Stellen durchgeführt und durch stichprobenartige Kontrollen bei den Herstellern ergänzt. Die GOTS-Kennzeichnung gilt für den gesamten Prozess, vom Anbau bis zum fertigen Produkt. https://global-standard.org/de

ISO, International Organization for Standardization (Internationale Organisation für Normung), entwickelt globale Standards für viele verschiedene Bereiche. www.iso.org/home.html

Möbelfakta ist eine Kennzeichnung, die von Möbelfakta Sverige AB, einem gemeinnützigen Unternehmen, stammt. Ein Möbelstück, das allen drei Kriterien von Möbelfakta entspricht, wird nach ethischen Richtlinien hergestellt und erfüllt die Umwelt- und internationalen Qualitätsanforderungen. Möbelfakta versteht sich als Hilfsmittel für Produzenten, Einkäufer, Designer, Architekten und andere, die Möbel verwenden oder mit ihnen arbeiten. https://www mobelfakta.se/about.html

PEFC, Programme for the Endorsement of Forest Certification Schemes (Programm zur Anerkennung von Waldzertifizierungssystemen), ist ein Bescheinigungsverfahren für Produkte aus Wäldern, die auf ökologisch, sozial und wirtschaftlich verantwortungsvolle Weise bewirtschaftet werden. https://www.pefc.de/

RDS, Responsible Down Standard, ist ein globaler Standard für Daunen mit hohen Anforderungen an Tierschutz und Rückverfolgbarkeit. Das Label stellt sicher, dass die Daunen nicht aus Betrieben stammen, in denen es Zwangsfütterung gibt oder lebende Tiere gerupft werden. Durch den Standard wird außerdem gewährleistet, dass die Vögel während ihres gesamten Lebens genügend Futter und Wasser haben und keinem unnötigen Stress ausgesetzt sind. Zusätzlich stammen alle Daunen von Tieren, die in erster Linie für den Verzehr aufgezogen werden, sodass die Daunen ein Nebenprodukt der Lebensmittelindustrie sind. www.textileexchange.org/standards/re-sponsible-down

REACH (Registration, Evaluation, Authorisation and Restriction of Chemicals) ist eine 2007 in Kraft getretene EU-Verordnung. Mit ihr sollen Mensch und Umwelt vor den von Chemikalien ausgehenden Gefahren geschützt werden. Auf EU-Ebene ist die Europäische Chemikalienagentur (ECHA) für die Einhaltung der REACH-Verordnung zuständig. Die Hauptverantwortung für REACH in Schweden liegt bei der Schwedischen Chemikalienagentur. https://environment.ec.europa.eu/topics/chemicals/reach-regulation_en

Svanen, der Schwan, ist das offizielle Umweltzeichen der nordischen Länder. In Schweden ist das staatliche Unternehmen Miljömärkning Sverige für das Nordische Umweltzeichen zuständig. Miljömärkning Sverige arbeitet im Auftrag der Regierung und ohne wirtschaftliches oder gewinnorientiertes Interesse. Das gleiche Unternehmen ist auch für die »Euro-Blume« zuständig, das gemeinsame Umweltzeichen der EU. Der Schwan ist ein Umweltzeichen des Typs 1 (ISO 14024). Das bedeutet, die Produkte erfüllen die Umweltanforderungen, die von einer unabhängigen dritten Partei festgelegt wurden, die Anforderungen werden ständig verschärft und unter Berücksichtigung des Lebenszyklus entwickelt. Nach bestandener Prüfung erhält das Unternehmen eine Lizenz, die es berechtigt, das Nordische Umweltzeichen für einen begrenzten Zeitraum für sein Produkt zu verwenden. Danach müssen die Unternehmen einen neuen Antrag stellen. www.svanen.se

ÖKO TEX/OEKO-TEX® ist ein globaler und international richtungsweisender Kennzeichnungsstandard für Textilien und textilähnliche Produkte, der Grenzwerte für eine Reihe bekannter umwelt- und gesundheitsgefährdender Stoffe festlegt. Viele dieser Stoffe sind bereits in den europäischen Rechtsvorschriften für Chemikalien geregelt, aber in einigen Fällen stellt der ÖKO-TEX® Standard 100 höhere Anforderungen. Weiterhin werden Grenzwerte für mehrere gesundheits- und umweltgefährdende Stoffe festgelegt, die noch von keiner Rechtsvorschrift erfasst sind.

- STANDARD 100 by OEKO-TEX®
- OEKO-TEX® MADE BY GREEN
- OEKO-TEX® LEATHER STANDARD
- STeP by OEKO-TEX® steht für Sustainable Textile & Leather Production
- OEKO-TEX® DETOX TO ZERO
- ECO PASSPORT by OEKO-TEX®
- www.oeko-tex.com

Schlusswort

Als ich in meinem Blog nicht mehr nur über Trends, sondern auch vermehrt über Einrichtung zu schreiben begann, zogen viele Leute die Augenbrauen hoch. Besonders, als ich mich ziemlich aus dem Fenster lehnte und ausgerechnet die Inspirationsquellen kritisierte, zu denen ich lange Zeit beigetragen hatte. Aber je mehr ich über das Thema lernte, desto schwieriger wurde es, abgefahrene Möbel und Einrichtungslösungen zu loben, nur weil sie auf Bildern gut aussahen.

»Ich tue mich schwer damit, Ihre Philosophie und Ihre Positionierung in der Branche nachzuvollziehen«, schrieb mir ein Inneneinrichtungsprofi etwas verärgert, als er mich auf einmal als so unverblümt und skeptisch erlebte.

Ich hoffe, dieses Buch hat meinen Standpunkt klarer gemacht. Nein, es gibt kein Richtig oder Falsch – zumindest, was den Geschmack angeht. Wenn man allerdings Einrichtungsgegenstände fürs Leben kaufen will, gibt es einfach bessere und schlechtere Möglichkeiten. Doch nur wenige bieten diesbezüglich Rat und Orientierung.

Mein Motto ist, dass gut gemachte Möbel für den ganzen Körper angenehm sein sollten, nicht nur für die Augen. Hoffentlich bietet Ihnen dieses Buch in dieser Hinsicht Rat und Unterstützung bei Ihrer Raumgestaltung.

Frida

Quellen und Leseempfehlungen

Literatur/Bücher

Asaroglou, Vasiliki; Bonarou, Anna. 2013. *Furniture arrangement: in residential spaces.* Create Space Independent Publishing Platform

Berglund, Erik. 1957. *Bord för måltider och arbete i hemmet.* Svenska Slöjdföreningen

Berglund, Erik. 1997. *Tala om kvalitet: om möbelmarknaden och brukarorienterad utveckling.* Axplock

Berglund, Erik. 1988. *Sittmöblers mått: handbok för möbel-formgivare.* Bericht Nr. 50 des Möbelinstitutet

Berglund, Erik; Engdal, Sten. 1961. *Möbelråd.* Svenska Slöjdföreningen

Berglund, Erik, Engdal, Sten. 1962. *Särtryck ur möbelråd.* Svenska Slöjdföreningen

Bergström, Greta (Hrsg.). 1961. *Hemvården.* Lantbruksförbundets Tidskriftsaktiebolag Förlag

Bodin, Anders; Hidemark, Jacob; Stintzing, Martin und Nyström, Sven. 2022. *Arkitektens handbok.* Studentlitteratur

Booth, Sam; Plunkett, Drew. 2014. *Furniture for interior design.* Quercus

Bosättning. 1944. Sveriges Riksbank

Bullar, John. 2013. *The complete guide to joint-making.* Guild of Master Craftsman

Ching, Francis D. K; Binggeli, Corkey. 2018. *Interior design illustrated.* Fourth Edition. Wiley

Dahlgren, Torbjörn; Wistrand, Sven; Wiström, Magnus. 2016. *Nordiska träd och träslag.* Arkus förlag

Gordan, Dan. 2019. *Svenska stolar och deras formgivare 1899 till idag.* Norstedts

Henrikson-Abelin, Kerstin. 1962. *Sätta bo.* Rabén & Sjögren

Hård af Segerstad, Ulf; Kerstin Henrikson-Abelin, Sven Staaf (Hrsg.). 1963. *Bo bättre trivas mera.* Bra Bohags bosättningsråd

Jackson, Albert; Day, David. 1996. *Möbler att fynda, laga, vårda.* ICA

Kempe, Tord (Hrsg.). 1962. *Välja heminredning: möbler, färgsättning, mattor, belysning, gardiner, tavlor och ting.* ICA-förlaget

Kempe, Tord (Hrsg). 1969. *Välja heminredning: inredning, möbler, textilier, färgsättning, belysning, tavlor och ting.* ICA-förlaget

Klarqvist, Björn. 1969. *Bostadsplanering.* Lärömedelsförlagen Akademiförlaget

Konsumentverket. 1987. *Textil handbok: fibrer, skötsel, utrustning, mått, lexikon.* Konsumentverket

Larsson, Lena. 1957. *Bo idag.* Tidens Bokklubb

Larsson, Lena; Svedberg, Elias. 1955. *Heminredning.* Forum

Lidwell, William; Holden, Kritina; Butler, Jill. 2010. *Universal principles of design: 125 ways to enhance usability, influence perception, increase appeal, make better design decisions, and teach through design.* Rockport Publishers Inc.

Matérn, Hans von (Hrsg). 1984. *Möbelns svaga punkter: en rapport om vanliga brister i möbelkonstruktioner.* Bericht Nr. 39 des Möbelinstitutet

Matérn, Hans von; Adler, Lore. 1981. *Möbelsyn [19]81 Svenska stolar.* Möbelinstitutet

Matthews, John. 1969. *Snickeri i bild.* Rabén & Sjögren

Myhr, Ulrika. 2015. *Sittande barn: trender, utmaningar och dynamiskt sittande.* Studentlitteratur

Möbelinstitutet. 1983. *Möbelordlista: förklaringar till material- och utförandebeteckningar som förekommer vid marknadsföring av möbler och inredningsenheter till konsumenter.* Bericht Nr. 38 des Möbelinstitutet

Neufert, E.; Kister, J. 2019. *Architects' data.* 5th Edition. Wiley-Blackwell

Nylander, Ola; Forshed, Kjell. 2014. *Bostadens omätbara värden.* HSB Riksförbund

Palmquist, Mats. 2018. *Träsmak: en bok om svenska pinnstolar.* Historiska media

Panero, Julios; Zelnik, Martin. 1979. *Human dimension & interior space: a source book of design reference standards.* Whitney library of design

Pheasant, Stephen; Haslegrave, Christine M. 2006. *Bodyspace: anthropometry, ergonomics and design of work.* Third edition. Taylor & Francis

Richter, Nirvan (Erik). 1987. *Trä(d)boken. 16 sorters träd och trä i Sverige: artbeskrivning, mytologi o folkmedicin, egen-skaper o användning, träprover i lådan.* Norrgavel

Scott, Ernest. 1990. *Stora snickarhandboken.* Ica Bokförlag

Snidare, Uuve. 2004. *Kök i Sverige.* Prisma

Stem, Seth; Tringali, Laura. 1989. *Designing furniture: from concept to shop drawing: a practical guide.* Taunton Press

Svenonius, Brita; Lyberg. Anna-Lisa. 1953. *Bädda rätt och sova gott.* Aktiv hushållning

Sveriges Stenindustriförbund. 2005. *En handbok om natursten.*

Waldén, Katja. 1960. *Rikare vardag.* Rabén & Sjögren

Wiström, Barbro; Näslund, Iwan; Lagercrantz, Ann-Marie. 1961. *Möblera rätt: möbleringsförslag, de äldres bohag, barnens miljö.* ICA-förlaget

Wänström Lindh, Ulrika. 2018. *Ljusdesign och rumsgestaltning.* Studentlitteratur

Artikel und wissenschaftliche Arbeiten

Andersson, Adam; Palomäcki, Zack (2017). *Design av sittmöbel för Stolab: Produktdesign för offentliga miljöer med olika syften.* Institutionen för ekonomi, teknik och samhälle, Luleå tekniska universitet. DiVA: https://www.diva-portal.org/smash/get/diva2:1120279/FULLTEXT01.pdf

Andersson, Niklas (2008). *Gesällprovets tillverkningsprocess.* Möbelsnickeriprogrammet, Institutionen för ekonomisk och industriell utveckling, Tekniska högskolan, Linköpings universitet. DiVA: https://www.diva-portal.org/smash/get/diva2:18361/FULLTEXT01.pdf

Blad, Amanda (2019). *Ergonomisk möbeldesign.* Avdelningen för produktutveckling, Institutionen för Designvetenskaper, Lunds tekniska högskola, Lunds universitet. LUP: https://lup.lub.lu.se/luur/download?func=downloadFile&recordOId=9001499&fileOId=9001504

Bogvi Dahlström, Susanne (2012). *Front, botten, sida: om lådkonstruktioner under åren 1700–1820.* Institutionen för ekonomisk och industriell utveckling, Carl Malmsten – furniture studies. Tekniska högskolan, Linköpings universitet. DiVA: https://www.diva-portal.org/smash/get/diva2:588952/FULLTEXT01.pdf

Boverket (2007). *Bostadspolitiken: svensk politik för boen-de, planering och byggande under 130 år.* (1. uppl.) Karlskrona: Boverket. https://www.boverket.se/globalassets/publikationer/dokument/2007/bostadspolitiken.pdf

Carlbom, Hannah; Reinholdsson Emma (2019). Skyltdockor på moderna människors vis. Ett innovativt utvecklingsarbete där digital teknologi har använts för att skapa mjuka värden så som inkludering, jämlikhet och välmående. Maskinteknik, Akademin för ekonomi, teknik och naturvetenskap, Högskolan i Halmstad. DiVA: https://www.diva-portal.org/smash/get/diva2:1326808/FULLTEXT02

Cooper, Clare Marcus (1974). *The House as Symbol of the Self.* University of California.

Engström, Elin (2016). *Under ytan: En praktisk och kunskapsteoretisk undersökning om att synliggöra det osynliga.* Institutionen för ekonomisk och industriell utveckling, Carl Malmsten – furniture studies, Linköpings universitet. DiVA: https://www.diva-portal.org/smash/get/diva2:1040619/FULLTEXT01.pdf

Eriksson, Gabriella; Zachau, Sandra (2015). *Framtagning av ekodesignat produktförslag för Ekdahls möbler.* Produktutveckling, Tekniska Högskolan i Jönköping. DiVA: https://www.diva-portal.org/smash/get/diva2:821799/FULLTEXT01.pdf

Erixon, Karl (2021). *Produktutveckling från skiss till prototyp: En fallstudie i en möbels utveckling från skiss*

till första prototyp i samarbete med Swedese. Institutionen för ekonomisk och industriell utveckling, Malmstens Linköpings universitet, Linköpings universitet. DiVA: https://www.diva-portal.org/smash/get/diva2:1577953/FULLTEXT01.pdf

Frost, Jenny (2016). *Säng med varierbar fjädring.* Skolan för industriell teknik och management (ITM), Maskinkonstruktion (Inst.), KTH. DiVA: https://www.diva-portal.org/smash/get/diva2:946417/FULLTEXT01.pdf

Garvin, David A. (Nov 1987). *Competing on the Eight Dimensions of Quality,* Harvard Business Review 65, Nr 6.

Grill, Adam (2008). *Kök och käk. Hur matlagningen påverkats av köket, dess utrustning och människornas livsstil 1960–2000.*

Institutionen för Restaurang- och Måltidskunskap, Örebro Universitet.

DiVA: https://www.diva-portal.org/smash/get/diva2:139086/FULLTEXT01.pdf

Harrison, Donald D. u. a. (1999). *Sitting Biomechanics* Part I: Review of the Literature Journal of Manipulative and Physiological Therapeutics. Volume 22, Issue 9, November – Dezember 1999, S. 594–609.

Hellquist, Gruv Stina; Lindberg, Malin (2015). *Giftfritt och effektivt – Om att göra kloka val i tapetserarverkstaden.* Institutionen för ekonomisk och industriell utveckling, Carl Malmsten – furniture studies, Tekniska högskolan, Linköpings universitet. DiVA: https://www.diva-portal.org/smash/get/diva2:904106/FULLTEXT01.pdf

Institutet för träteknisk forskning, *Svenska träskivor* (1992). *Spånskivor.* (2. Aufl.). Stockholm: Trätek. DiVA: https://www.diva-portal.org/smash/get/diva2:1080066/FULLTEXT01.pdf

Johansson, Kristina (2016). *Børje Mogensen soffa: Uträkning av dunplymåer och dess planering.* Fakulteten för naturvetenskap, teknik och medier, Avdelningen för industridesign. Mittuniversitet. DiVA: https://miun.diva-portal.org/smash/get/ diva2:945096/FULLTEXT01.pdf

Kindström, Erik (2017). *Lådstyrningar: Hantverksmässigt tillverkade lådor och dess utveckling genom historien.* Fakulteten för naturvetenskap, teknik och medier, Avdelningen för design, Mittuniversitetet. DiVA: https://www.diva-portal.org/smash/get/diva2:1151417/FULLTEXT01.pdf

Klingenberg, Thérése (2008). *Stoppade möbler under 1950- och 60- talet: Nya material och tekniker.* Institutionen för ekonomisk och industriell utveckling, Carl Malmsten – furniture studies, Linköpings universitet. DiVA: https://www.diva-portal.org/smash/get/diva2:133675/FULLTEXT01

Kuurne, Mikael (2021). *Produktutveckling i praktiken – Prototypens olika stadier.* Möbeldesign, Institutionen för ekonomisk och industriell utveckling, Linköpings universitet. DiVA: https://www.diva-portal.org/smash/get/diva2:1590476/FULLTEXT01.pdf

Lindgren, Pierre; Sjöstrand, Oscar (2018). *Wingseat – en ergonomisk kontorsstol.* Skolan för industriell teknik och management (ITM), Maskinkonstruktion (Inst.), Produkt- och tjänstedesign, KTH. DiVA: https://www.diva-portal.org/smash/get/diva2:1239265/FULLTEXT01.pdf

Mallari, Joy; Penttilä, Roine (2019). *Design för möbler i framtidens förskola. Ett möbelset som främjar lärandet* Maskinteknik, Skolan för industriell teknik och management, Hållbar produktionsut-veckling. KTH. DiVA: https://kth.diva-portal.org/smash/get/diva2:1342773/FULLTEXT01.pdf

Malm, Filip; Olsson Ida (2015). *Framtagning av ett förlängningsbart bord. Development of an extendable table.* Kandidatpåbyggnad, Produktutveckling, Tekniska Högskolan i Jönköping. DiVA: https://www.diva-portal.org/smash/get/diva2:820127/FULLTEXT01.pdf

Olsson, Tony (2010). *Synliga sammansättningar: Ett arbete om människors uppfattning om synliga sammansättningar i möbler.* Institutionen för ekonomisk och industriell utveckling, Carl Malmsten -furniture studies, Linköpings universitet. DiVA: https://www.diva-portal.org/smash/get/diva2:354008/FULLTEXT01.pdf

Sandberg, Dick (1998). *Stjärnsågning: ledstjärnan för svensk träindustri* [Rapport (Övrigt vetenskapligt)]. Royal Institute of Technology, Division of Wood Technology and Processing, KTH. DiVA: https://www.diva-portal.org/smash/get/diva2:542040/FULLTEXT01.pdf

Sundestrand von Weissenberg, Sara (2019). *Är möbleringarna SIS-ådär?* Arkitektur, Institutionen för arkitektur och byggd miljö, Lunds universitet. LUP: https://lup.lub.lu.se/luur/download?func=downloadFile&recor-dOId=8993602&fileOId=8993608

Thörnqvist, Thomas (red.) (2019). *Eken och andra lövträd: Ekfrämjandet 75 år 1944–2019.* [Nybro] Ekfrämjandet. DiVA: https://ltu.diva-portal.org/smash/get/diva2:1539403/FULLTEXT01.pdf

Wallér, Annie (2010). *Gungstol.* Institutionen för Design, Konsthantverk och Konst (DKK), Inredningsarkitektur & Möbeldesign, Konstfack. DiVA: http://www.diva-portal.org/smash/get/diva2:526150/FULLTEXT01.pdf

Werner, Inga Britt (2008). *Bostadskvalitet idag: en utvärdering av nybyggda bostäder, ur kundens synvinkel* [Rapport (Övrigt vetenskapligt)]. Skolan för arkitektur och samhällsbyggnad, Samhällsplanering och miljö, Urbana och regionala studier. KTH. DiVA: https://www.diva-portal.org/smash/get/diva2:492428/FULLTEXT01.pdf

Åhl, Joel (2009). *Utformning och undersökning av stols-funktioner anpassade till population och användnings-område.* Institutionen för Arbetsvetenskap, Avdelningen för Industriell design, Luleå tekniska universitet. DiVA: https://www.diva-portal.org/smash/get/diva2:1016456/FULLTEXT01.pdf

Webseiten

A

https://www.allmannyttan.se/historia/

https://www.arn.se/om-arn/ARNshistoria/

https://www.alumeco.se/

B

https://bergdala-glastekniska-museum.se/industrin.html

https://www.boverket.se

C

https://www.carlhansen.com

https://ceos.se/produkter/mdf93.html

https://ceos.se/produkter/plywood.html

www.closets.com/tips

D

https://docplayer.se/9248432-Material-lara-textilkunskap.html

https://www.doerner-helmer.de/

E

https://Elfa.com

https://www.1177.se/Jonkopings-lan/liv--halsa/fysisk-aktivitet-och-traning/vardagsergonomi-ta-hand-om-din-rygg/

F

https://fmibranschen.se/konsument/

https://www.finewoodworking.com/2007/01/05/engineer-shelves-with-the-sagulator

https://www.frontera.com/how-to-find-the-perfect-rocking-chair

G

https://gds.se/inredning/mobler/hyllor-saa-valjer-du-ratt-konsoler

https://granitop.se/granit/

H

https://www.hallakonsument.se/produktsakerhet/barnsangar

https://www.hastens.com/

https://www.hdm.lth.se/

https://www.hermanmiller.com/research/categories/white-papers/the-art-and-science-of-pressure-distribution/

https://herdins.se/vara-vanligaste-traslag/

https://www.hjh-office.se/kundtjaenst/ordlista-oever-tekniska-termer

https://www.holmtravaror.se/valnot/

https://www.holmtravaror.se/faner

I

https://www.ins-news.com/sv/100/790/

https://www.ivl.se/

https://issuu.com/mineraskifer/docs/skifferboken_swe___eng_issuu (Publikation: Skifferboken)

K

https://kf.se

https://www.konsumentverket.se

https://khs.se/

L

https://www.lqdesign.se/

M

https://www.mobelfakta.se/

https://mercado.se/wp-content/uploads/2015/10/sittstallningensbetydelse2.pdf

https://mathsson.se/butik/alla-mobler/fallbord/fallbord/

N

https://ncscolour.com/blogs/inspiration/40-years-of-colour-history

https://norrgavel.se/

https://norellmobel.se/

https://www.nordiskamuseet.se/

https://www.nrm.se/faktaomnaturenochrymden/geologi/bergarterochmalmer/magmatiskabergarter.1605.html https://www.nytimes.com/wirecutter/guides/buying-a-sofa/amp/

O

https://www.olssongerthel.se

olofpalme.org/wp-content/dokument/710920_kf_kongress.pdf

P

https://www.popularwoodworking.com/techniques/aw-extra-3614-stronger-shelves/

R

https://riksdagen.se/sv/dokument-lagar/dokument/ proposition/kunglmajts-proposition-nr-105-ar-1956_EH30105/html

S

https://www.sammaloofwoodworker.com/sam-maloof-legacy

https://www.sgu.se/om-geologi/mineral/bergartsbildande-mineral/

https://www.sis.se/om-sis/faktaochorganisation/

https://www.sis.se/om-sis/faktaochorganisation/ett-sekel-av-standarder

https://www.slu.se/

https://www.slojdochbyggnadsvard.se/kunskap--fakta/material-och-teknik/materialbiblioteket/traslag/

https://www.skogssverige.se/

https://www.skogeniskolan.se

https://stiligahem.se/

https://stragendo.ee/sv

https://stringfurniture.com/

https://www.sten.se/stenkartoteket/

https://shop.svenskttra.se

https://svenskform.se/175aravsvensk-form/

https://www.svenskttra.se/publikationer-start/publikationer/snickerihandbok/

https://www.svenskbyggplat.se/

https://www.special-plast.se/plastskolan/kallskum/vad-ar-kallskum/

https://stockholmskallan.stockholm.se/teman/staden-vaxer/miljonprogrammet

https://sok.riksarkivet.se/ Svenska Slöjdföre-ningens arkiv (ACC.NR 1992/027 u. a.)

https://spraktidningen.se/2011/11/garderob/

https://sok.riksarkivet.se/arkiv/FwDf2Re-p2a6dfZ2XdYixh3

T

https://www.tellus.se/produkt-kategori/hjul-tillbehor-2/dubbelhjul-tvillinghjul/

https://www.testfakta.se/sv/article/testfaktas-sangguide

https://info.thecon-tractchair.co.uk/

https://www.tmf.se/bransch-naringspolitik/branschutveckling/branschguider/

https://www.trappfabriken.se/traslag-ytbehand-lingar

https://troutmanchairs.com/product-catalog/the-official-kennedy-ro-cker/

W

https://www.waterbed.se/

https://wiwood.se/fakta-om-faner

https://www.wool.com

Y

https://www.youtube.com/watch?v=yDsNlj1oFqo&feature=youtu.be

Verzeichnis der abgebildeten Möbel:

S. 28 (o/l) Lilla Åland. Design: Carl Malmsten. Unternehmen: Stolab.

S. 28 (o/r) Spade Chair. Design: Faye TooGood. Unternehmen: Please Wait to be Seated.

S. 28 (u/l) Family Chairs. Design: Lina Nordqvist (examensarbete). Unternehmen: Design House Stockholm.

S. 39 Åkerblomstolen. Design: Bengt Åkerblom/Gunnar Eklöf.

S. 41 Norrgavels pinnstol. Design: Nirvan Richter. Unternehmen: Norrgavel.

S. 56 (o) Pinnkarmstol. Design: Nirvan Richter. Unternehmen: Norrgavel.

S. 56 (u) Y-stol. Design: Hans Wegner. Unternehmen: Carl Hansen.

S. 57 Ton Chair no. 14/02. Design: Michael Thonet. Unternehmen: Ton.

S. 59 Beetle Chair. Design GamFratosi. Unternehmen: Gubi.

S. 61 (m) Orkesterstolen. Design Sven Markelius.

S. 63 Concrete. Design: Jonas Bohlin. Unternehmen: Källemo.

S. 67 (o) Spin. Design Staffan Holm. Unternehmen: Swedese.

S. 67 Stegpallen/Tritthocker. Bröderna Lindqvist AB Motala. Idag LQ Design.

S. 84 EA 217 und EA 108. Design: Charles und Ray Eames. Unternehmen: Vitra / Herman Miller.

S. 108 (o/l) Pernilla 3. Design: Bruno Mathsson. Unternehmen: Bruno Mathsson International.

S. 108 (u/l) Ägget. Design: Arne Jacobsen. Unternehmen: Fritz Hansen.

S. 108 (u/r) Lamino. Design: Yngve Ekström. Unternehmen: Swedese.

S. 108 (n/r) anonymisierter Safaristuhl.

S. 113 Ägget/das Ei. Design: Arne Jacobsen. Unternehmen: Fritz Hansen.

S. 114 J16 Schaukelstuhl. Design: Hans Wegner. Unternehmen. Fredericia Furniture.

S. 124 (l) Sjuanstolen/Serie 7. Design Arne Jacobsen. Unternehmen: Fritz Hansen.

S. 124 (r) Wishbone Chair/Y-Stuhl. Design Hans Wegner. Unternehmen: Carl Hansen.

S. 128; S. 129 Sjuanstolen/Serie 7. Design Arne Jacobsen. Unternehmen: Fritz Hansen. (Bei den Tischen handelt es sich um anonymisierte Möbel.)

S. 139 *Mi 901,* Design: Bruno Mathsson. Unternehmen: Bruno Mathsson International.

S. 143 (o) Hejnum. Design: Kristian Eriksson. Unternehmen: G. A. D.

S. 143 (m) Flower mono. Design: Christine Schwarzer. Unternehmen: Swedese.

S. 143 (u) Couchtisch Tati. Design: Broberg Ridderstråle. Unternehmen: Asplund.

S. 184 Snö. Design: Thomas Sandell. Unternehmen: Asplund.

S. 198 (o) anonymisiertes Beispiel.

S. 198 (u) Konsolenregal. Design: Nirvan Richter. Unternehmen: Norrgavel.

S. 204 String-Regal. Design: Nisse Strinning. Unternehmen: String®.

S. 215 Garderobe. Design: Nirvan Richter. Unternehmen: Norrgavel.

S. 216 Altmodische Wandgarderobe. Design: Gunnar Bolin. Unternehmen: Essem Design.

S. 252; 256 Baby- & Juniorbett von Sebra.

S. 348 Sjuanstolen/Serie 7. Design: Arne Jacobsen Unternehmen: Fritz Hansen.

Anonymisierte Möbelbeispiele:
S. 28 (u/r); 42, 45, 49, 59 (u), 60 (o), 60, 61 (r), 65, 67 (u), 70, 73, 74, 77, 78, 81, 84 (u), 86, 88, 96, 101, 106, 111, 117, 122, 127, 137, 143 (o/M) 147, 149, 150, 151, 154, 156, 158, 159, 168, 172, 176, 178, 189, 190, 191, 193, 197, 205, 210, 212, 213, 227, 230, 239, 240, 242, 245, 247, 249, 340.

Dank

Ein großes Dankeschön an alle, die Wissen und Ratschläge beigesteuert haben:

Anders Lindholm, Experte für Betten, SOVA

Benny Hermansson, Experte für Bugholz, Gemla Fabrikers AB

Björn Nordin, Holzexperte, Swedish Wood

Emma Olbers, Möbeldesignerin

Jakob Sjögren, Experte für Polstermöbel, O. H. Sjögren

Johan Dahlin, Experte für Spiralfedern, Starsprings Sweden AB

Kersti Sandin Bülow, Architektin, Designerin und Gründerin des Möbeldesignmuseums

Lars Bülow, Architekt, Designer und Gründer des Möbeldesignmuseums

Maria Holmberg, Prüferin, Schwedische Verbraucheragentur

Markus Gotting, Experte für Schränke und Schiebetüren, Pelly Group

Martin Johansson, Möbelexperte, Stolab Möbel AB

Mikael Kuurne, Möbeldesigner

Nirvan Richter, Architekt und Möbeldesigner & Tomas Frödiing, Möbelhersteller bei Norrgavel

Patrick Nyberg, Lederexperte, Leathermaster Scandinavia AB

Pernilla Norling, Linoleum-Expertin, Forbo Flooring

Rebecka Ullholm, Fachfrau für Ergonomie und Innenarchitektin, Ergodesign

Sami Kallio, Möbeldesigner

Thomas Thorsson, Experte für Bücherregale, Taras Hallgren & Son AB

Tomas Ekström, Sachverständiger für Standardisierung, SIS/TK 391 Möbel

Victoria Tengstrand, Projektleiterin für SIS/TK 391 Möbel

Nicht bei allen Quellen konnte die Urheberschaft ermittelt werden. Wir freuen uns über sachdienliche Hinweise.

Wir verpflichten uns zu Nachhaltigkeit
ullstein.de/nachhaltigkeit

Die Originalausgabe erschien 2022 unter dem *Titel Handbok i möblering* beim Verlag Roos & Tegnér, Stockholm.

Das Möbelhandbuch wurde sorgfältig von Fachleuten überprüft, und die Autorin hat alle Anstrengungen unternommen, um die Richtigkeit der in diesem Buch enthaltenen Informationen zu gewährleisten. Beachten Sie bitte, dass sich die Informationen auf den schwedischen Markt beziehen und Normen, Standards und Vorschriften je nach Region variieren und sich im Laufe der Zeit ändern können. Die Autorin lehnt jede Haftung für Verluste oder Schäden ab, die der Leserin/dem Leser durch die Informationen in diesem Buch entstehen können. Druckfehler behalten wir uns vor.

MIX
Papier | Fördert gute Waldnutzung
FSC® C002795

Ullstein extra ist ein Verlag der Ullstein Buchverlage GmbH
www.ullstein-paperback.de

ISBN 978-3-86493-257-1

Infografiken: Sofia Gustafsson
Illustrationen: Saramara (Seiten 8, 21, 88, 193, 296),
Affisch Stockholmsutstallningen 1930 formgiven av Sigurd Lewerentz (Seite 330)
Redaktion: Friederike Arnold
Gesetzt aus der Adobe Garamond Pro
Satz und Repro: LVD GmbH, Berlin
Druck und Bindung: SIA Livonia Print, Riga